中野栄夫 著

荘園の歴史地理的世界

同成社 中世史選書 2

はじめに

本書には、筆者が今までに発表した論文のうち、個別荘園の立地ないしその動向に直接関係する論文を収めた。個別荘園史研究をする場合、史料の悉皆調査とともに重要なのが、現地調査であろう。現在では、空中写真あるいは詳細な地形図などが利用できるが、かつては古い村絵図ないし明治期に作成された地籍図（地券取調絵図）が大きなよりどころとなっていた。本書に収めた論文は、古い研究法から新しい研究法への端境期ともいえる時期に作成されたといってよく、新しい研究法を試行錯誤的に採用しての荘園史研究の試みのはしりともいえる。そういった心づもりで研究を重ねてきたつもりではあるが、収録した論文は、発表してから四〇年を経過しているものもある。したがって、その間には研究の進展が当然見られ、また環境あるいは問題意識の変化も当然考えねばならない。

しかし、現段階での問題意識にしたがって加筆訂正すると、執筆当時の意気込んだ問題意識が不明瞭となるであろうし、また、問題意識を惹起した自然環境・景観等もすでに遠い昔のこととなってしまい、今となって加筆訂正は困難なものも多い。それゆえ、それらについては、本文を訂正することは避けて発表時のままとし、必要な限りにおいて、コメントを付しつつ訂正するにとどめた（景観を示すにすぎない写真は削除した）。また、本書編集開始後の市町村合併にともない、発表時の地名と異なっているものも多く見られるが、それらについても本文はそのままとした。

以下、各論文ごとに、執筆当時の問題意識とねらいを示しておこう。ただし、問題意識を取り上げるので、私事にかかわることも記さざるを得ないことをお断りしておく。

〈第I部　荘園の成立とその歴史地理的環境〉

ここには、歴史地理学的現地調査の成果にもとづく論文を収めた。

①近江国愛智荘故地における開発と灌漑（『地方史研究』一三八、一九七五・一二）

本書に収めた論文のうちではもっとも古いものである。本論文は、修士論文の一部で「大国郷売券」を扱ったが（『律令制社会解体過程研究』塙書房、一九七九年、参照）、修士論文執筆時には現地調査を行う余裕がなかったので、修士論文提出後、現地調査を行い、その成果として得られたものである。現地で、圃場整備によって条里制地割遺構が破壊されると聞き、自分に何が出来るか、せめて記録保存だけでもしておきたいと感じ調査を重ねたものである。この論文では、明確に示していないが、地籍図などによる小字の調査、条里制地割の復元、用水系統、一筆一筆の田の水掛かりなども行った。既発表論文が、地図の上に正方形の格子枡を描いていること、段丘上に立地しているのに後背湿地に存在しているなどと指摘していること、などに疑問を持ったことが本論文を生んだといってよい。ここでは、「古条里」の存在を指摘したが、これは空中写真を見ていたら現在見られる条里制地割遺構と異なった方位（ほぼ南北方位）の用水路が何本もあることに気づいたことがきっかけであり、空中写真がなかったら考え及ばなかったことである。以後空中写真を必ず利用することとなった。また、現地の方が、ほとんど愛智荘ないし大国郷売券に関心を持っていないこと、それがそれまでに調査に入った研究者がほとんど入っていないことに由来することなども感じ、以後の調査の際の教訓となった。

②備前国香登荘故地およびその周辺における開発と水利（『信濃』一九七九・一二）

岡山の大学に勤務するようになり、岡山の歴史を研究し始めた手始めのものである。この論文は、自治体界の特異さに気づいたことが研究を進める大きなテコとなった。これらは歴史地理的調査にもとづくものであることはいうまでもないが、とくに考古学研究者のお教えによるところが多い。考古学研究が進んでいる岡山のありがたさを感じたものである。

③畿内村落の変貌（『古代の地方史　3畿内編』朝倉書店、一九七九・九）

櫟荘については、大学院生の時、稲垣泰彦先生のゼミで現地調査をしたときの史資料がもととなっている。微地形の観察方法、用水系統の調査や、一筆一筆の田の水掛かりを用水は赤色、排水は青色で地図上に落とす手法、聴き取りの方法、などの歴史地理的現地調査方法を、この時に稲垣先生から学ばせていただいた。愛智荘の現地調査も大和盆地で学んだことの応用ともいえる。

④東福寺領備中国上原郷の故地について（『法政大学文学部紀要』第二九〇号、一九八三・三）

『九条家文書』の中に上原郷関連史料があることを知り、少しずつ研究を始めた。ここでは、条里制地割遺構、水掛かりが大きな手がかりとなった。条里制地割の坪並の復元はできなかったが、条里制地割が現在までも影響を与えていることを感じた。

〈第Ⅱ部　中世荘園の動向〉

ここには、歴史地理学的現地調査を踏まえつつも、その荘園（所領）の歴史を通観した論文を収めた。なお、いずれも既発表研究がないので、史料の悉皆調査を心掛け、現地調査の際には、収集史資料をすべて、調査先に提供するよう心掛けた。

⑤美作国久世保（『岡山県史研究』創刊号、一九八一・三）

⑥備中国三成荘をめぐって（『岡山県史研究』三、一九八二年）

⑦備前国香登荘（『岡山県史研究』五、一九八三・三）

⑧美作国布施荘・布施社・富美荘について（『岡山県史研究』八、一九八五・一二）

以上は、岡山県内所在であり、岡山県史編纂事業の成果の一つであるが、史料の悉皆調査と歴史地理的調査を心掛けた。

⑨九条家領播磨国田原荘・蔭山荘の成立（『法政大学文学部紀要』三九、一九九三・三）

田原荘・蔭山荘については、史料に出てくる四至や寺社名・地名を、現在でも現地比定できることを知り、現地調査を行った。条里制地割遺構が見られるので、地籍図をもとに地字（小字）図を作成したが、坪並の復元はできなかった。

〈第Ⅲ部　地頭と悪党〉

ここには、荘園の歴史においてつねに注目される地頭および悪党を扱ったものを収めた。

⑩中世の百姓と地頭支配――鎌倉幕府追加法第二六九条をめぐって――（『日本歴史』四三四、一九八四・七）

「補論」で述べているように、筆者は中世の百姓の自立的性格――もちろん支配から自由ではないが――を認めようとする立場にある。また、地頭を在地領主と決めつけてしまうことに違和感を感じている。そんな問題意識の上に成り立った論文である。

⑪淡路の悪党――淡路国都志郷の公文と地頭――（『兵庫のしおり』四、二〇〇二・三）

ここでは、淡路国と源平内乱のかかわりを悪党と絡めて執筆した。都志郷の故地五色町（現洲本市）での調査の過程で、町域で条里制地割遺構を発見したが、それ以上の分析はできなかった。

〈附論　荘園制支配と中世国家〉

本論文は歴史学研究会大会の予備報告「一九七五年度大会に向けて　荘園制支配と中世国家」と大会報告「荘園制社会と中世国家」を一つにしたものである（『歴史学研究』四二〇、一九七五・五。『歴史学研究別冊特集』一九七五・一二）。そのころ、領主制論、あるいは封建制・農奴制といった議論がまだ盛んであった。また一方で黒田俊雄氏によって「荘園領主の封建化」が提起されていた（体系・日本歴史2『荘園制社会』日本評論社、一九六七年）。ここで述べた「租税型封建制」から「地代型封建制」へという図式はそのような説を意識したものであった。本論文は本書に収めた論文の中ではもっとも古いものであるが、基本的考え方は今もって変わっていない。なお、本論文で示した百姓の立場の理解については、第三部第一論文に具体的に示した。

一時期、荘園の研究は見向きされずにサビが生じたようすであったが、近年また、注目され出したようである。本書が今後の荘園史研究に役に立つことがあればと思い、世に問うこととした。

二〇〇六年一一月

著者

〔おことわり〕

本書編集開始後の市町村合併にともない、発表時の地名と異なっているものも多く見られる。それらについては、本文はそのままとした。

目次

はじめに

第Ⅰ部　荘園の成立とその歴史地理的環境 …… 1

一　近江国愛智荘故地における開発と灌漑　2

二　備前国香登荘故地およびその周辺における開発と水利　39

三　畿内村落の変貌　69

四　東福寺領備中国上原郷の故地について　101

第Ⅱ部　中世荘園の動向 …… 133

一　美作国久世保　134

二　備中国三成荘をめぐって　171

三　備前国香登荘　207

四　美作国布施荘・布施社・富美荘について　253

五　九条家領播磨国田原荘・蔭山荘の成立　295

第Ⅲ部　地頭と悪党……317
一　中世の百姓と地頭支配　318
―鎌倉幕府追加法第二六九条をめぐって―
二　淡路の悪党　345
―淡路国都志郷の公文と地頭―
附論　荘園制支配と中世国家　367
あとがき

第Ⅰ部　荘園の成立とその歴史地理的環境

一　近江国愛智荘故地における開発と灌漑

はじめに

日本における荘園の研究は、初期の伝領・系譜的研究から出発し、西欧のマナーとの比較研究を主とした比較法制史・経済史研究の段階を経て、次第に荘園の内部構造の究明に向かったのであるが、特に注目されるのは、六〇年代における、綿密なフィールドワークを伴った荘園村落史研究の進展であろう(1)。

さて、このように歴史地理学的手法を採用した荘園村落史研究を進展せしめた要因として、

(1)　戦後における「民主化」の一環として行なわれた「農地改革」等に起因する、地主制・村落規制・慣行等に対する認識の進化、

(2)　それがもたらした農村社会学(2)・農業経済学(3)の進展、

(3)　高度経済成長政策に伴う乱開発にもとづく、農村環境・景観の破壊、などによる村落史研究に対する問題意識の鮮明化と、それを進める方法として、

(4)　主として地理畑の研究者が鍛え上げてきた歴史地理学的手法を歴史畑の研究者が採用するに至ったこと、

(5)　米軍あるいは国土地理院が撮影した空中写真の利用が可能となったこと、

図1　愛智荘の故地

湖東町清水地区上空から北30度東方向を撮影。手前右下から中央へ大清水・南清水・北清水部落、中央右は清水中部落。この付近ではもう圃場整備が少しずつ始まっており、この写真は貴重なものとなった。74年4月25日撮影。

などがあげられよう。

ところで、私が本稿で取り上げようとする近江国愛智《えち》荘(4)の故地（以下、愛智荘地方という。図1を参照）では、今、戦後の「農地改革」に勝るとも劣らない画期的な変化が起ころうとしている。それは滋賀県が施行する圃場《ほじょう》整備事業である。今、私の手許には「豊国《とよくに》地区ほ場整備事業」に関する二枚の三千分一基本構想平面図がある。近江国は大和国についで条里制地割遺構がみられることで有名であるが、同平面図によると、圃場整備事業の終了後は、条里制地割遺構は跡形もみられなくなるという。(5)そんなわけで、現地では、最近、今の景観に対する関心がかなり高まっているといってよく、聞き取り調査にも多くの方々の好意的な協力をいただくことができた。しかしその反面、古代中世史研究を志す者なら誰もが一度は耳にし、関心を寄せる「大国郷売券」[6]や愛智荘に対する関心は、皆無といわざるをえないのが現状である。だが、それを現地の人の「無関心」と決めつけることはできないように思われる。私の感じたところでは、今まで多くの研究者が「大国郷売券」や愛智荘に関する論文を発表されているが[7]、現地調査を行なった研究者は意外と少ないようである。そのため、研究の成果が現地に還元されず、また、現地の人の関心を惹起するに至っていないのではないか、そのように私には思えるのである。近年、文化財保存問題が重大な関心事となっているが、その運動を進める上での一つの要件は、現地の人と「中央」の研究者との連帯であろう。したがって、この地方の歴史に関して、現地の人と研究者との交流がみられないとすれば、条里制地割遺構消滅という事態に直面している現在にあっても、保存ないし事前調査問題が提起されない、という現実は、当然のこととも いえるのである。

条里制地割の、一つの、そして最大の特色は、すでに過去のものとなったのではなく、今日に生きているという点であろう。愛智荘地方においては、長地割その他の遺構がみられるが、現地の多くの人々は、それを明治時代の耕地整理によって作り出されたものと信じてきたようである。その最大の理由は、おそらく一枚がほぼ一反である現耕地の合理性・適合性を感じ、それを近代的成果に違いないと判断したからであろう。そして、聞き取りの際に、私が〝これは古代人の手になるものです〟と説明する時、現地の人はおどろきの声をあげるのが常であった。

問題はまさにこの点にあろう。すなわち、古代人が作り上げ、中世・近世・近代そして現代の農民がじつに一千年以上も営々と耕し来たった耕地が、圃場整備事業によって、ブルドーザーで一瞬の間に消滅せられるとするなら、それこそ農民史にとって重大な画期といわねばなるまい。もちろん、農業技術・機械の進歩、家族形態の変化[8]などに応じて、耕地片も変化を必要とする場合があろうから、私は、現耕地景観をそのまま保存すべきであるとは思わない。ただ、今の状態の確実な記録を少しでも残しておきたい、と思うのみである。[9]

近年、高松塚古墳・伊場遺跡などの多くの古代遺物・遺構が脚光をあびている。そのような華々しい歴史考古学的成果の陰で、陽があたらなく、関心が薄いと思われるのが、考古地理学ないし歴史地理学の分野であろう。そのようにみる時、古代史家が愛智荘地方の現地調査を重視しないことも理解されないことはない。しかし、真の農民生活史にとっては、華々しい支配者側の遺物や官衙遺構に劣らず、陽のあたらないこういった分野の研究こそが必要なのではなかろうか。

私事にわたって恐縮であるが、私が愛智荘の故地に初めて関心をもったのは、一九七二年十二月に提出した修士論文で「大国郷売券」を取り上げた時であった。修論作成の際には、現地調査の必要性を痛感したものの、時間のゆとりがなかったので、「売券」の分析のみにとどまってしまった。しかし、その後、七三年四月・八月・十月・十一月、七四年四月・十一月、七五年六月と七度（延べ一七日間）訪問し(10)、遅々とではあるが、私なりに調査を進め、同時に、現地の人に記録保存を呼びかけてきた(11)。愛智荘の研究を「本業」とするわけでもない私が、この地方の現地調査を独りで続けているのは、いわば意地みたいなものである、圃場整備事業の完了まであと幾年もない。可能な限り現地に出かけ、一日でも多くそこに留まり、調査と記録保存を続けたい、というのが、現在の私のいつわらざる心境である。

本論に入る前に、使用した地図類を明示しておこう。

（A）　国土地理院（陸地測量部）発行のもの

（イ）　二〇万分一地勢図＝名古屋

（ロ）　五万分一地形図＝近江八幡・御在所山・彦根西部・彦根東部

（ハ）　二万五千分一地形図＝八日市・百済寺《ひゃくさいじ》・能登川・高宮

（ニ）　二万分一地形図（明治二十八年）愛知川・角井村

（ホ）　二万分一空中写真＝ＫＫ―63―11Ｘ、Ｃ6―2〜3、Ｃ7―7〜8、Ｃ8Ａ―7〜8

（ヘ）　一万分一空中写真＝KK―67―4、C8―11～13、C9―11～13、C10―12～14

（B）　現地で入手したもの(12)

（ト）　五万分一愛知郡全図

（チ）　二万五千分一愛知郡全図

（リ）　一万分一愛知郡全図（四枚一組）

（ヌ）　一万分一愛知川町全図（一枚は地字入）

（ル）　一万分一湖東町全図（地字入）

（ヲ）　一万分一秦荘町全図

（ワ）　三千分一愛知郡全図（二六枚一組）

（カ）　三千分一豊国地区ほ場整備事業基本構想平面図（二種類）

（ヨ）　一千分一豊国地区圃場整備平面図（地字・レベル入）

（タ）　一千分一秦荘町図（地字・レベル入）

（C）　現地で閲覧して、トレーシングをし、または6×9センチフィルムにおさめたもの

（レ）　各大字明治六年地券取調絵図

（ソ）　愛知《えち》井灌漑反別地図

（ツ）　滋賀県平坦地水田土壌図(13)〔多賀・甲良・豊郷・稲枝・愛知川・秦荘・湖東地区〕（滋賀県農業試験場）

（D）　その他

（ネ）　土地分類図〔地形分類図〕滋賀県(14)（国土庁土地局）

（ナ）　全国遺跡地図〔滋賀県〕（文化財保護委員会）

（ラ）　滋賀県遺跡目録〔第二輯〕（滋賀県教育委員会）

さて、本稿は「近江国愛智荘の故地について」のいわば第一次現地調査報告とでもいうべきものであり、それにもとづく大胆な仮説提示である。私は、歴史地理学的方法について、まとまった勉強をしたこともないし、いわんや自然地理学に関する知識においては皆無といわざるをえない。[15] そのため、以下で述べることも、誤りが多いかも知れない。それらの点については、諸先学の忌憚のない御批判・御教示をいただきたいと願っている。

1　地形的環境

(1)　湖東地方の地形[16]

滋賀県は、地体構造の上では、全域が西南日本内帯に属し、第三紀鮮新世以降活発化した「六甲変動」と総称される地殻変動が卓越する「近畿三角帯」の北東端に位置している。「六甲変動」によって形成された湖盆に帯水したのが琵琶湖で、南北性の卓越する山地が周囲をとり巻いている。琵琶湖と山地との間には、帯状に沖積低地と丘陵地が配列して近江盆地を形成し、一部地区を除いては分水嶺が県境を画しているため、県内の河川のほとんどすべてが琵琶湖に流入している。

(1)　湖東山地　湖東山地の主体をなす鈴鹿山脈は、三重県との県境を画して南北走し、西方に傾斜しながら隆起したスラスト性の地塁山地である。このため、三重県側へは急傾斜しているのに対して、近江盆地に向かっては比較的緩斜しつつ低下してゆく。山地の大部分は秩父古生層（一部、花崗岩・花崗斑岩・石英斑岩など）からなる。また、湖東地方では、佐和山・荒神山・繖《きぬがさ》（観音寺）山・箕作山などの小起伏山地が、沖積低地や丘陵地の中に島状に浮んでいるが、これらの島状山地は古生層や石英斑岩・流紋岩など岩質的に硬い地質から成り、かつてこの地域が侵食されていた時期に、その侵食から取り残された残丘と考えられる。

(2)　湖東丘陵地　湖東地方の鈴鹿山脈西麓には、標高一〇〇〜三〇〇㍍の広大な丘陵地がひろがっている。この丘陵地は鮮新世末期から更新世にかけて、古琵琶湖の湖底に堆積した粘土や砂礫層が地殻変動を受けて変位し、古琵琶湖の水位が低下したことによって乾陸化した結果形成されたもので、その構成層は古琵琶湖層鮮と呼ばれている。最大のものは、水口丘陵で東西約二四㌔㍍、南北の最大幅約八㌔㍍に達する。その北側には日野丘陵・布引丘陵が配列し、犬上川の谷口付近には多賀丘陵がみられる。

(3)　湖東低地　湖東低地は、鈴鹿山脈に源を発して北西流し、琵琶湖に注ぐ芹川・犬上川・宇曾川・愛知川・日野川などの諸河川によって形成された沖積低地で、各河川の谷口付近には砂礫段丘（下位）が、その下流には扇状地性低地が発達し、湖岸には三角州性低地がひろがって、近江盆地最大の低地となっている。砂礫段丘（下位）は愛知川・日野川とその支流佐久良川の沿岸に発達が顕著であるが、ことに愛知川の谷口からその両岸にひろがるものは八日市台地と総称されている。これは愛知川によって形成された旧扇状地が鈴鹿山脈の隆起に伴う基盤の傾動運動によって段丘化したもので、段丘面は良く保存されており、谷口から離れるにつれて愛知川河谷との比高を減じて、八日市市街地付近で愛知川の新期堆積層の下に没するが、箕作山にさえぎられて愛知川の新期堆積が及ばなかった八日市西部ではさらに下流までのびており、この地区は古来蒲生野と呼ばれてきた。扇状地性低地は、愛知川流域以北あるいは日野川流域においても一〇〇㍍等高線付近までひろがり、その傾斜はきわめて緩く、三角州低地へと漸移している。湖東平野には島状の山地が散在し、それらのかげには埋め残し性の低湿地がみられ、湖岸には多くの内湖が形成されていたが、戦後あいついで干拓され、現在では残るものは二、三にすぎない。また、湖岸線沿いには砂州が細長く続いている。

（2）愛智荘地方（愛知川中流域右岸）の地形

以上のごとく概観される湖東地方の内にあって、本稿で考察しようとする、愛智荘の故地たる愛知川中流域右岸の地域はどのような性格をもっているであろうか。[17]

近江盆地では第三位といわれる三九・六㌔㍍の流路と三三九・八平方㌔㍍の流域面積をもつ愛知川は、鈴鹿山脈の西斜面を下刻した後、永源寺の下手で平野に出て西微北流し、両岸に大規模な扇状地を展開せしめるが、八日市付近からは硬い地質から成る小起伏山地群（箕作山・繖山など）を迂回するために一度北に方向を転じ、さらにその前面に大きな三角州性低地を形成している。ただ、かつての愛知川は、現流路よりさらに大きく小起伏山地群を迂回していたらしい。旧流路は、条里制地割遺構の分布より推して、東円堂～豊満～中宿および長野出屋敷の諸集落南西方から、川原～山川原～白木～彦富～出路～田原～上岡部～上西川～下西川～甲崎～薩摩部落を連ねる線と考えられ、またこの線の大部分は、かつての愛智・神崎両郡界をなしていたのである。[18]

さて、鈴鹿山脈に源を発する愛知川は、谷口において比高約一五㍍を測る段丘を両岸につくっている。ここから青山部落付近まで下ると、比高約六㍍の下位段丘と約二㍍の最下位段丘とが明瞭に区別されるようになり、さらに下流に向かうに従って、両岸の段丘は高度を減じつつ、最下位段丘は早く消滅してしまうが、下位段丘崖は、小《こ》田《た》苅《かり》部落中心部まで追跡しうる。[19] この下位段丘とは、古愛知川によって形成された古愛知川（古期）扇状地とでもいうべき段丘地形のうち、低位もしくは新期の形成になるものである。ところで、この下位段丘上の平尾部落から園・下中野・池之尻部落を経て横出（横溝出屋敷）部落付近に至る線に、かなり明瞭な段丘崖がみられる。この段丘上が高位もしくは旧期に形成された上位段丘である。[20] なお、この段丘地形上には河川というべきものはみられないこと、をつけ加えておこう。

すなわち、愛知川中流域右岸の地形は次のごとく概観できよう。まず、大きく分類すると、古愛知川によって形成され、鈴鹿山脈の隆起に伴う基盤の傾動運動によって段丘化した古期扇状地[21]と、その後の侵食・堆積によって形成された新期沖積部とに区分される。そして、さらに古期扇状地たる砂礫段丘は上位と下位とに分けられる。また、新期沖積部は古期扇状地を愛知川が侵食している愛知川河谷部と、その下流で愛知川によって形成された新期扇状地部とに分けられる。要するに、この地方は新旧扇状地上に位置するわけで、このような地形はこの地方の歴史の展開を規定しているわけである。[22]

2　遺跡と条里制地割

図2は愛知川扇状地の用水系統図である。[23]これから明らかなのは、古期扇状地（段丘）上は、その末端を除くと、溜池掛り・ポンプ掛り、および山林・未墾地となっていること、これに対して、愛知川河谷部・新期扇状地面および古期扇状地の末端は河川水掛り地区と、河川水掛り・ポンプ掛り併用地区とであること、などである。

一般に、河川灌漑と溜池灌漑とを比較した場合、後者の方がより灌排水労働を必要とするという。[24]そのことをこの地方にあてはめて考えた場合、段丘上か否かが問題となろう。すなわち、両者を比較した場合、段丘上は灌排水労働をより多く必要とする溜池灌漑に属している。事実、段丘上は、その末端を除くと、条里制地割遺構がみられず、中世以降の開発とみられるのである。[25]これに対し、新期扇状地面は主として河川灌漑であり、条里制地割遺構もかなり残っていて、その開発の古さが推測できる。また、河谷部においても条里制地割遺構が確認できる。これらの点は、この地方が扇状地面上に位置する、という性格に由来するのである（後述）。

図3をみていただこう。[26]これから判明するのは、上位段丘上にはまとまった遺跡がみられないことである。この図からはずれた東側も含めて、上位段丘と下位段丘との段丘崖沿いに遺跡が多くみられるのは、おそらく、段丘崖沿い

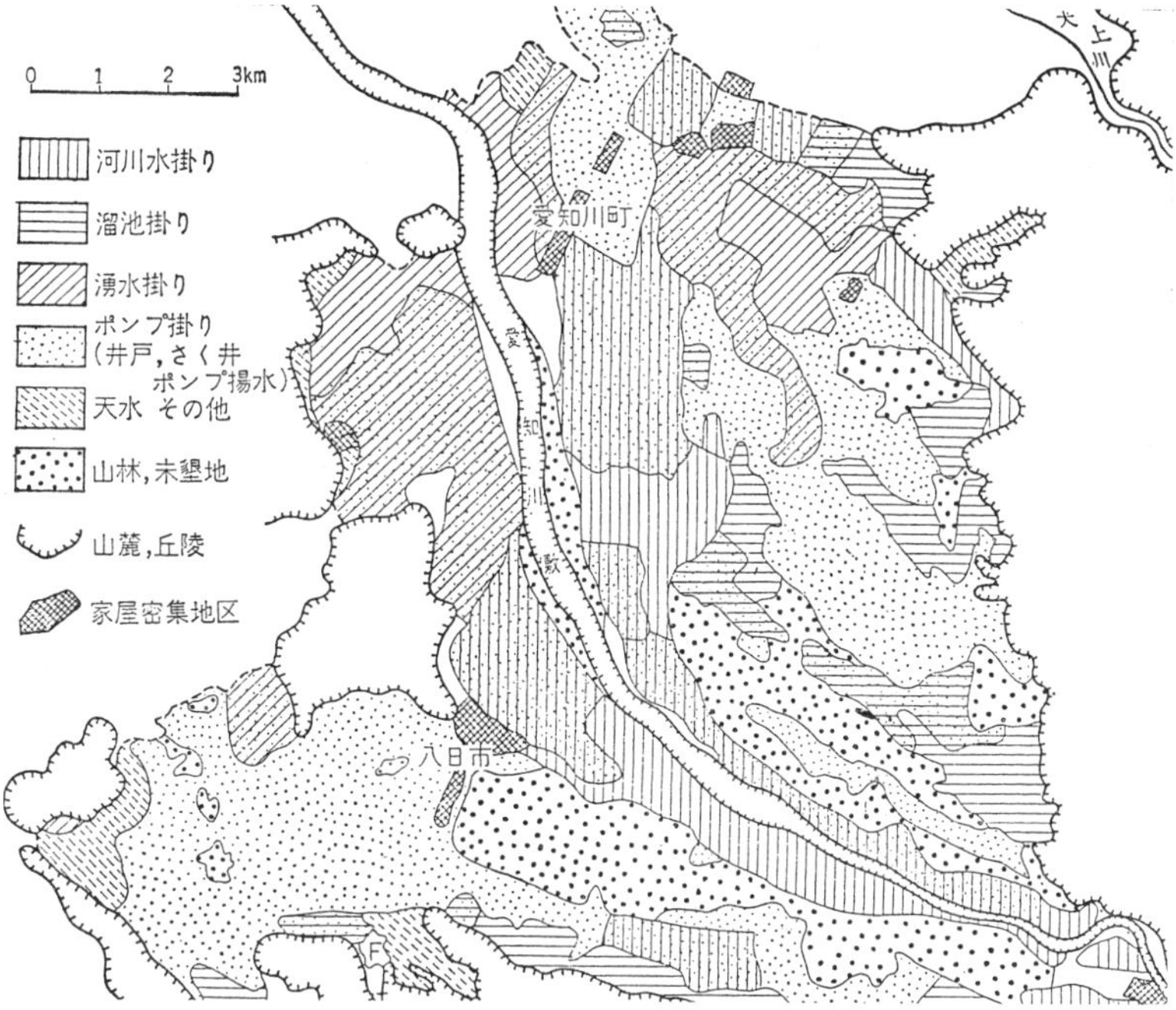

図2　愛知川扇状地用水系統図（竹内常行氏作図）

に湧水がみられたからであろう。これと同じことは下位段丘上についてもいえる。古墳その他の遺跡のひろがるのが段丘の縁部であることは注目される。特に、河谷沿いに点々と分布する遺跡のあり方は興味深い。それらは河谷部に耕地をもっていた人々が築いたものに違いないが、河谷部に古代遺跡が皆無であることとよい対照をなしている。これらに対し、新期扇状地面では遺跡は点在している。しかも、それらの多くが現集落に近接していることに注目すべきであろう。なかでも、群集墳のみられる勝堂部落、寺院跡が集中する菩提寺地区・南野々目部落、古墳・寺院跡の両者が報告されている清水《しゅうず》地区などは、古い時代からの集落であることを思わしめる。残念ながら、この地方においては、東円堂《とうえんどう》部落付近に弥生時代石鏃の散布地が求められるのみで、住居跡は確認されていない。したがって、断定はできないが、一応、新期扇状地面においては、現集落の地点に早い時代から人々が住みついていた、といって大過ないで

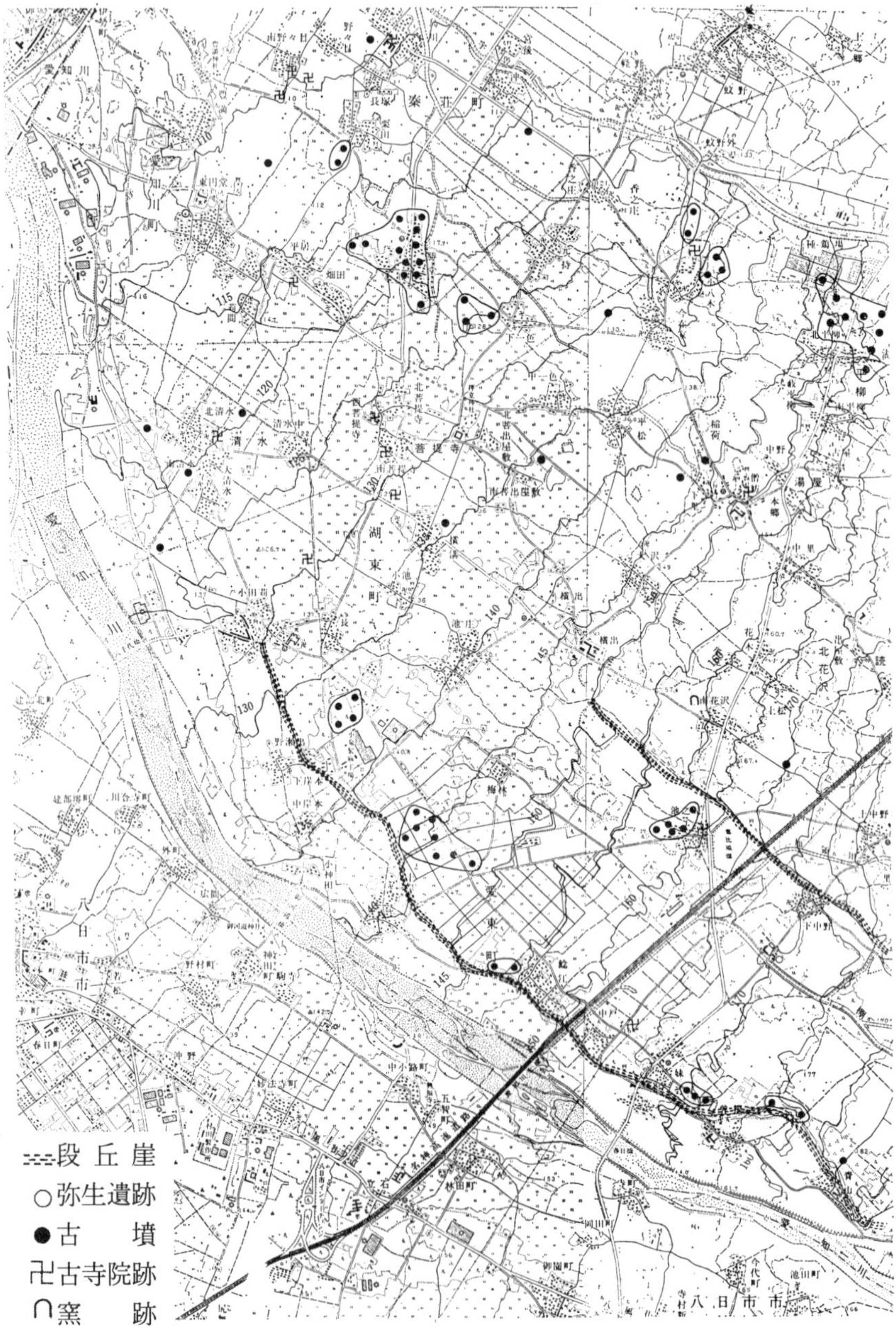

図3　愛智荘地方の遺跡図

あろう。このことと、この地域が河川水掛りであること、この地域には条里制地割遺構がみられること、などを合わせ考えた場合、この地方の開発について、大変興味深い問題が孕まれているように思われる。

いずれにせよ、原始・古代人は、古い時代から、水を求めやすい地域に住みついていたとみられるが、次に、この地方における開発の様相を条里制地割遺構の分布から検討してみよう。

さて、愛智郡の条里制地割は、阡線（南北に走る里坪の堺線）の方向はN31°〜32°E偏して、犬上・神崎両郡と同一系統に属し、北の坂田郡や南の蒲生郡のものとは明らかに異なる。(27) 条は北から南へ、里は東の山麓から西の湖岸へ向かって数え進み、また坪並は第一坪が条里の北東角に始まり南進する平行式であって、これは湖東全域に共通するところである。なお、愛智郡と神崎郡との条里は、前述のごとく、愛知川旧河道に沿う旧郡界によって区別されている。また、扇状地面が示す地勢に従って土地区画されたものであれば、阡線の偏向がN40°E程度になるはずであるが、そのようにはなっていず、古代の東山道の後身と考えられる中山道の方向に一致し、一部で重複する事実こそ注目すべきであろう。このことは、この地方（犬上・愛智・神崎三郡）の条里制地割計画と、東山道の施設との密接な関係をうかがわせる。(28)

ところで、愛智郡の条里については、『近江愛智郡志』巻壱に図が載せられているのみで、その後、全郡の条里復原を行なった仕事は発表されていないようである。しかし、これは『愛智郡志』における復原が完全であることを意味していない。たとえば彌永貞三氏は次のごとく指摘しておられる(29)（要点のみ掲げる）。

（1）愛智郡の一条は犬上郡の十五条と接触し、接触面の両条は共に不完全な形である。『愛智郡志』が一条の北方に条外の不完全な一条を設けたのは誤っている。

（2）愛智郡の一条は六里をもって終る。『愛智郡志』は他の条の里数に規制せられて二十一里まで数えたと推定しているが、これは誤りである。

（3）犬上郡の条里と愛智郡の条里は、里の堺線（南北の堺線）が一町ずつくいちがっているが、宇曾川の右岸地域の愛智郡条里は犬上郡の条里と、左岸地域の犬上郡条里は愛智郡の条里と一致している。

（4）愛智郡二条八里は三条十六里と並び、二条七里は三条十五里と並ぶ。

以上であるが、愛智郡全体の復原については言及されていない。谷岡武雄・小林博・日下雅義氏らが復原を試みられたようであるが[30]寡聞にして公にされたとの話をいまだ聞かない。今のところ、私も愛智郡全体の条里についての所説をもたないが、旧東山道（中山道）より東側の条里について、気がついた点を指摘しておこう。

（a）阡線・陌線（東西に走る条坪の堺線）ともに宇曾川に影響されることはなく、一貫した地割となっている。

（b）阡線は直線ではなく、若干曲線的にわん曲している。特に愛智郡北堺と宇曾川の間（宇曾川右岸）においてそれがはなはだしく、その中間では約一〇〇メートルも東側にふくらんでいる[31]。また愛智川に近づくに従って、再び東側にわん曲する。

（c）阡線と陌線とは必ずしも直交しない。特に愛知川に近い地域においてそれがはなはだしい。

（d）愛知川と宇曾川の間では、条里制地割遺構のみられる地域においても、地割は中断されている。統一的な地割を中断する顕著なブロックは、菩提寺《ぼだいじ》〜勝堂《しょうどう》〜栗田《くりた》部落をむすぶ地域と、清水中《しゅうずなか》・畑田《はたけだ》・平居《ひらい》・苅間《かりま》部落でかこまれる地域とである。特に後者においては、清水中部落を扇要とし、他の三部落を扇端とするような扇形をとっている（後述）。

（e）愛知川右岸沿いの地域では、愛知川の氾濫のため、遺構はほとんど残存していない。東円堂・豊満《とよみつ》部落は、一度は氾濫にみまわれたようである[32]。

（f）『愛智郡志』における条の数え方はほぼ正しいようである。ただ里の数え方は必ずしも正しくないようである[33]。

図４　愛智荘地方条里復原図

注⑴　番号は分水点等を示す。⑵　条里の数え方は『愛智郡志』に従う。

（g）『愛智郡志』のひく阡陌線の誤差は、阡線で最大一町程度であり、陌線で最大四町程度である。(34)

（h）『愛智郡志』は「実施区域より打算すれば十三条に於て終りたり」(35)とするが、十四条・十五条にあたると推定される上岸本《かみきしもと》部落付近（愛知川河谷部）にも遺構はみられる。(36)

以上の点を考慮しつつ、私が確信をもって引いた阡陌線を図4に示そう(37)（但し、里の数え方には若干の不安が残る。(38)なお、図1を参照）。

3　愛智荘地方の灌漑と条里制

愛智荘地方（愛知川と宇曾川にはさまれた条里制地割遺構残存地域）において、条里制地割が中断されていること、それを中断している顕著なブロックの一つとして、清水中《しゅうずなか》・畑田《はたけだ》・平居《ひらい》・苅間《かりま》部落でかこまれる地域があること、そしてそれが、清水中部落を扇要とし、他の三部落を扇端とするような扇形になっていること、などは先に指摘した。そのありさまは図1、および図5などから明瞭に理解していただけよう。

ところで、この条里制地割を中断する扇形ブロックは、いかなる原因によっていつごろ形成されたのであろうか。以下、私が本稿で述べようとする事柄は、それを究明しようとして調査した結果得られた成果なのである。すなわち、〝その扇形ブロックは川の氾濫によって条里制地割を破壊した結果形成されたのではないか〟、私はそのように仮説を立て、その仮説は正しいか、そしてそれはいつごろの出来事なのか、などを立証せんとし、現地に出かけたのであった。

説明が前後して申し訳ないが、南の長《おさ》部落から清水中部落を通り平居部落に至る直線状のすじを、図5によって確認していただけるものと思う。じつは、これは藤川《ふじ》と呼ばれ、北微西流する小河川なのである。先に図2を掲げ、愛

図５　愛智荘地方の空中写真

智荘地方（主として新期扇状地面）は主に河川水掛り地区であることを指摘しておいたが、それは、主としてこの藤川の水を利用したものなのであった。それゆえに、扇状地面上にありながら、河川水掛りが可能なわけである。また、図2で明らかなごとく、河川水掛りの北側に河川水掛り・ポンプ掛り併用地区がひろがるが、それは、その地区が北流する藤川の下流にあたるため、藤川にのみ頼っていたのでは水が不足する、という理由にもとづくのである。

要するに、この藤川が大雨の際に清水中部落付近で氾濫して土砂を流し、このようなブロックをつくったのではないか、と考えたわけである。そのように考えれば、この扇形のブロックを説明できそうである。そこで、この藤川について調べれば何か判りそうである。

さて、この藤川は、結論を先にいえば「愛知井《えちゆ》」と呼ばれる灌漑用水の幹流であり、したがって人工の川なのであるが、この地方の灌漑用水としては、他に、上岸本《かみきしもと》部落より上流の河谷の田地を灌漑する「新郷井《しんごうゆ》」（図4の㊱、以下同）、中岸本部落より下流の河岸（河谷面）を灌漑する「黒内井《くろちゆ》」（㊳）、東円堂・豊満部落等を灌漑していた「安《あん》壺井《こゆ》」（㊴）、などがある。このうち、新郷井は宝暦二年（一七五二）の開鑿と伝え、[39] その残水は愛知井に入る。[40] また、安壺井も江戸時代の開鑿とする史料が存し、[41] 黒内井は不詳であるが、さほど古いものとは思えない。[42] しかし、ここで問題としている愛知井は開鑿年代が不明なのである。

現在の愛知井（①）は、鯰江《なまずえ》部落の南下、標高一四六㍍付近で、愛知川の水を引いている。[43] しかし、そこから、標高約一四二㍍の「一《いち》ノ井《ゆ》」（②）と呼ばれる樋口に至るまでの堤防沿いの水路は、天明川と呼ばれていることから推測できるごとく、明らかに天明時代の開鑿とみられる。[44] ところで、郷土の歴史に関心を寄せている地元の人の話では、愛智井は彦根藩により開鑿されたのではないか、というが、その話は、天明川の開鑿の件と一致しよう。それでは、愛知井は他の用水と同様江戸時代につくられたものなのであろうか。

確かに江戸時代の開鑿と考えられる材料は多い。愛知井幹流は長部落の南の「内林《うちばやし》」（⑧）という分水点（小泉製

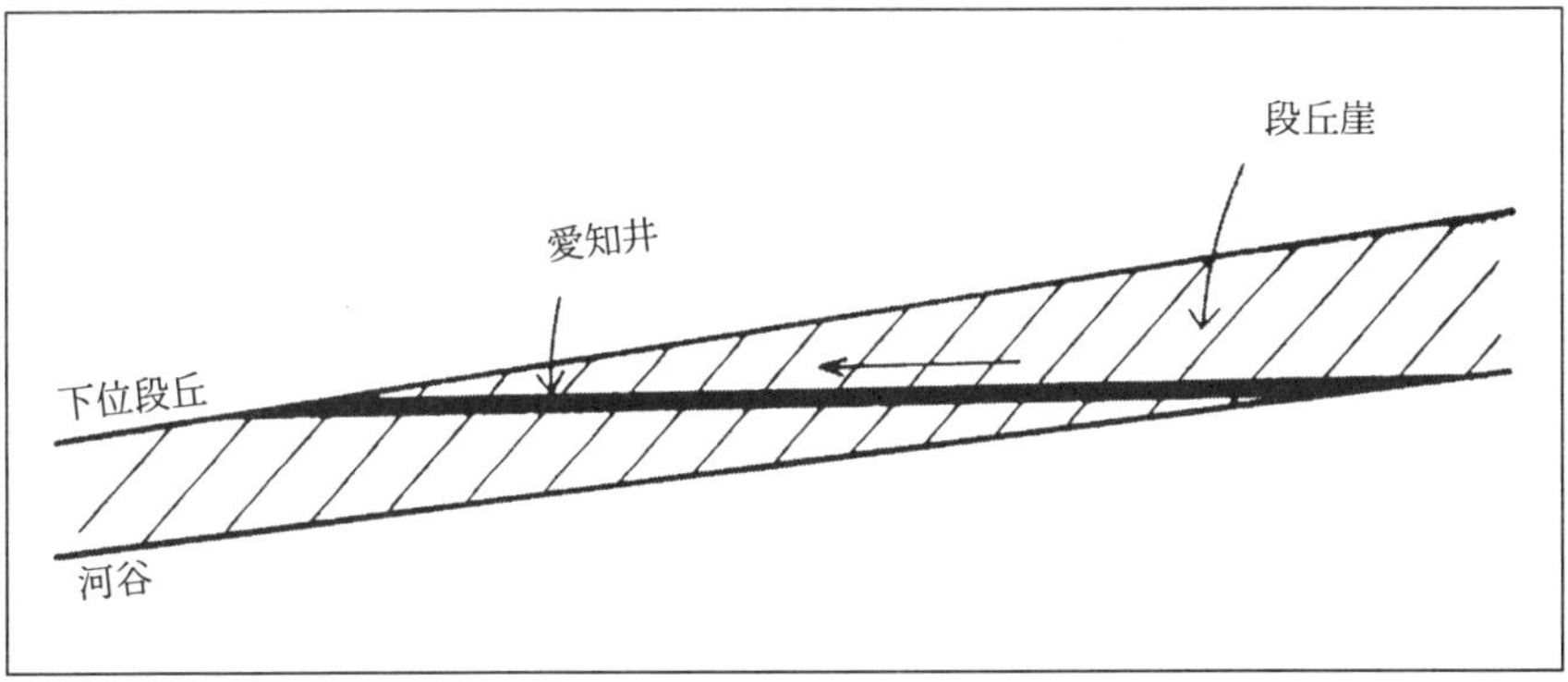

図6

麻工場の西側）から、ほとんど直線状に北に流れている。それが藤川であるが、条里制地割にとらわれないこの水路は、条里制地割施行時とある程度ずれた時代に、大規模になされたと考えざるをえない。しかも、この水路は、土木技術的にみても、かなり高度なものと思われるふしが存するのである。すなわち、先に指摘したごとく、愛知井の取水点は、鯰江部落の南下にあったが、図3を参照すれば知れるごとく、その地点は愛知川河谷である。ところが、長部落は明らかに下位段丘上に位置する。つまり、この愛知井は、どこかで、段丘下から下位段丘上にのってしまったわけである。つまり、模式図的に描くと図6のごとくなる事態が、どこかで起きているといわざるをえない。しかし、これは論理的に推測されることにとどまらない。現地を歩いてみれば判明するごとく、図6のごとき事態は実際にみられるのである。その地点は、上岸本部落の北側にある「口切《くちき》れ」（⑥）という分水点から、「内林」（⑧）分水点に至るまでの間である。上岸本部落付近で段丘の比高は約五㍍あるが、自然傾斜に比して水路の傾斜をゆるやかにすることにより、段丘崖を伝わらせ、水を段丘上にあげているのである。

一般に、治水・灌漑技術は、戦国時代に発展し、江戸時代に展開したといわれている。そのような常識を念頭に入れた場合、この愛知井も江戸時代に開鑿された、と考えたくなる。それでは、この愛知井は地元の人が話して下さったごとく、江戸時代の開鑿になるものなのであろうか。もしそうだとするなら、その開鑿以前において、現在の愛知井水掛り地区＝条里制地割遺構残存地域はいかなる水に頼っていたのであろうか。この地域では、ポンプ掛り地区に限らず、河川水掛り地区でも「井戸」(45)がみられるが、あるいは、愛知井開鑿以前はその「井戸」に水を頼っていたのであろうか。そうだとするなら、この地域の条里制地割にもとづく田地は、「井戸」に水を求めたということになる。

ところで、条里制地割遺構は、小池部落付近においては標高一三七㍍位まで確認できる。しかし、同じ標高であっても、北・南菩出《ぼで》屋敷地区には遺構はみられない。小池部落付近と北・南菩出屋敷地区とはいずれも古期扇状地上であるが、その顕著な相違を現在の状態に求めてみると、前者すなわち遺構のみられる小池部落付近は河川水（愛知井）掛りであるのに対し、遺構のみられない、中世の開発と思われる後者は、溜池掛りであること、であろう。ちなみにいえば、小池部落の東側にある池《いけ》ノ庄《しょう》部落付近には遺構はほとんどみられないが、この部落は溜池掛りである。

要するに、条里制地割遺構のみられる地域は河川水掛りであり、みられない地域は溜池掛りである、というのが一応の有力な仮説となるわけである。それに対して、これを「井戸」の有無に求めることは無理のようである。なぜなら、この付近では、補助的手段として「井戸」が広くみられるが、それは河川水掛り、溜池掛りのいずれにもみられる事象だからである。また、小池部落、北・南菩出屋敷地区のいずれも、古期扇状地上であるので、湧水の存在を考えることも無理である。

さて、愛知井が、①上流では天明川と呼ばれていること、②途中で段丘上にあげられていたこと、などは先に指摘しておいた。そして、それらは、愛知井が江戸時代の開鑿になるのではないか、という解釈を生んだ。ところが、以上で検討したところによると、条里制地割遺構のみられる地域は河川水掛りであるという。しかし、この仮説は、右の①②の事柄を説明しつくさない限り有効性をもたないであろう。そこでまず、右の②の点から検討を加えてみたい。

丹波国大山荘の西田井村が上流の宮田荘から余水の供給を受けていたこと、その用水契約に際して作られた徳治三

図7　丹波国大山荘絵図

年（一三〇八）の丹波国大山荘の絵図写し（図7）が伝存すること、などはあまりにも有名な事柄である。この宮田荘を通って大山荘に至る水は、一般には宮田川から引かれていると解されているようであるが、厳密には、その支流の小板川からの取水である。(46) すなわち、宮田荘の故地兵庫県多紀郡西紀町上板井の城山の南の「今井ね」という堰で取水し、大山荘方面へ至る用水がそれと考えられる。ところが、小板川はその上流からすでに河岸段丘を形成しており、「今井ね」は明らかに段丘上ではなく、河谷面である。ところが、その水路は三〇〇㍍程南に至ると、明らかに段丘上にあがっている。つまり、ここにおいても、水が段丘上にあげられている事実がみられる。

ところで、図7の徳治三年の絵図によると、水が川から引かれ、宮田荘に入る部分の水路の両側に、大げさな堤みたいなものが描かれている。私は、それを、水を河谷から段丘崖を伝わらせて段丘上にのせる設備である、と考えたい。(47) 要するに、この絵図によって、鎌倉時代においてすでに水を段丘上にのせる技術が存在していたことが確認されるようである。すなわち、そのような技術の出現を、戦国時代以降に限定して考える必要はないように思われる。(48)

このことより、愛知井を、戦国時代以前にすでに築かれていた、と考えてもさしつかえないという可能性が強くなったが、次に①の天明川の件を考察しよう。さて、天明川と呼ばれるのは取水点から「一ノ井」までであった。そこで、天明時代以前の愛知井は「一ノ井」より下流に求めるべきであろう。「一ノ井」をそれ以前の取水点と考えてもよいが、私はそのようには考えずに以下のごとく考える。

上岸本部落の南、標高約一四一㍍の所に、「池樋《いけひ》」（③）が存在し、そこから現愛知井までは水路でつながっている。この「池樋」は、愛知川の堤防の外側に接して穴を掘り、大きな石とじゃりを敷きつめた井戸であって、堤防側は石垣になっている。私は、この「池樋」が、昔からの形そのものではないにしても、古い時代の「池樋」のありさまを伝えているように思う。(49)すなわち、古い時代の取水点は、ほぼこの場所にあって、ほぼ今に残るごとき「池樋」であった、と考えたいのである。

要するに、愛知井を戦国時代以前に開鑿されたものであると考えても、一向にさしつかえないわけである。なお、次のことも重要であろう。それは、この地方にとって、これほど重要な役割を果たしている愛知井が、江戸時代に開鑿されたとするなら、何らかの史料が残存するはずであるが、そのような史料はみられないようである、という事実である。(50)以上の理由から、私は江戸時代開鑿説をとらないが、それでは、愛知井はいつごろ開鑿されたのであろうか。

図8を参照していただきたい。これは、ⓐ聖武天皇が先帝の勅施物で買得して成立したと伝えられる、元興寺のいわば「本願荘」(51)、ⓑ九世紀の史料で確かめられる、元興寺が買得した田地(52)、ⓒ東大寺が九世紀ごろ買得した田地(53)、などの位置を示し、合わせて愛知井を中心する主要な用水路を示したものである。この図から、これらの田地が用水と

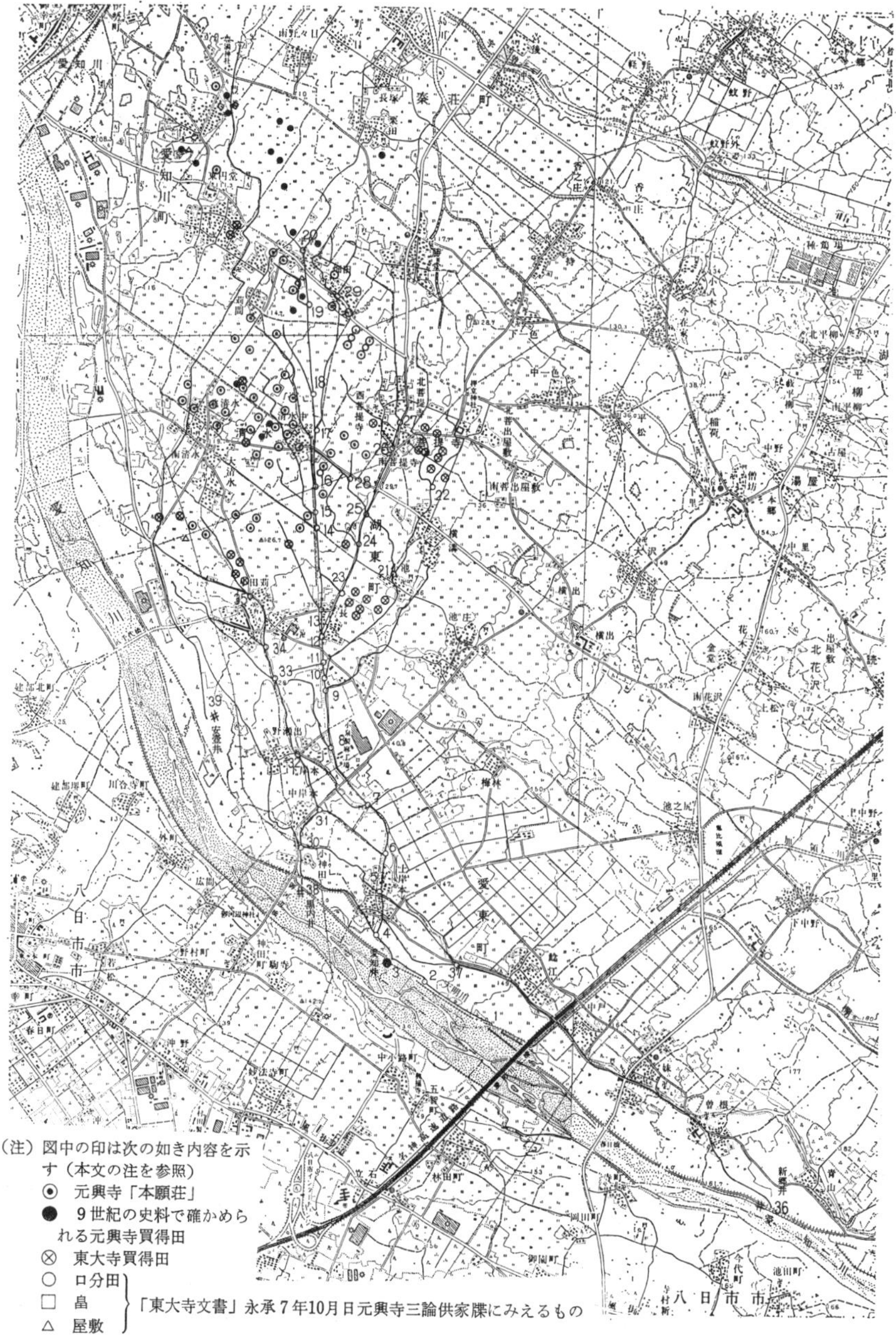

（注）図中の印は次の如き内容を示す（本文の注を参照）
⦿　元興寺「本願荘」
●　9世紀の史料で確かめられる元興寺買得田
⊗　東大寺買得田
○　口分田
□　畠
△　屋敷
（○□△）「東大寺文書」永承7年10月日元興寺三論供家牒にみえるもの

図8　荘田と灌漑用水路

密接な関係をもっていたことが明瞭であろう。特にⓐⓑⓒの各々の一定の集中性は、灌漑用水と開発とが切っても切れない関係にあることを示している。そして、ほとんどすべてに愛知井水掛りが可能と思われるのは注目される（安壺井は江戸時代の開鑿であり、黒内井も同様と思われることは既述）。また、小池部落付近や、菩提寺地区の東方に東大寺買得田が集中しているのは興味深い。これらは、愛知井なしには絶対開発不可能であったと考えられるのである。それに対して、溜池掛り地区には一つもみられない、という事実もまた注目される。

以上のことより、愛知井が古代から存したことが確認できたと思うが、若干の補足を行なっておこう。

一般に、一つの坪の地字は一つである、と理解されている。ところが十一条七里卅五坪は別々の史料で、「野依田」(54)および「門田」(55)と、相異なった二通りの名称で呼ばれており、常識的には「奇異」に属する。ところが、その坪を現地比定してみると、なるほど、と思われるのである。つまり、その坪のほぼ対角線上をななめに用水路が通っているのである。その用水路とは愛知井幹流たる藤川である。要するに、用水路が坪を二つに分断していたために、二つの地字がついたのであろう。このことを逆に考えれば、二つの地字を記した史料が作られた九世紀中葉に、この用水路すなわち藤川（愛知井）はすでに存在していたと考えられるのである。

同じような例はもう一つ存在する。十二条八里廿七坪は、「広田口切田」という地字がついている。(56)これは一通の文書にみられるものであるが、これも現地比定すると合点がゆく。この坪は、西南のすみを藤川の「乾角口《いぬいずみくち》」⑬という分水点から大清水部落に向かう用水路で分断されているのである。これは、おそらく、「ひろたくぎれた」と読むのであろうが、すみを用水路によって分断されたこの坪の姿をうまく表現しているといえよう。

以上、まわりくどく、謎ときめいた書き方をしたが、このことより、愛智荘地方の条里制地割遺構残存地域は愛知井を中心とする河川水掛りであること、愛知井は古代（条里制施行当時）からあったと思われること、などが明らかになったであろう。

4　愛智荘地方の開発と条里制施行

私は前節で、清水中部落から北に開く扇形ブロックは川の氾濫によって条里制地割を破壊した形跡ではないか、との仮説を立て、それを立証せんとして現地に出かけた、と述べた。本節ではその答を出すが、結論を先にいうと、私の見解は否である。以下、図3・図8などを参考にしながら、それを検討しよう。但し、その際には、愛知井は愛知川堤防沿いの「池樋」（現在は天明川）で取水し、段丘崖を伝わらせて段丘上にのせられた、人工の用水であることを念頭におかねばならない。

まず、仮に、この湖東地方に、まれにみる大雨が降ったと仮定しよう。[57]そして同時に強い風が吹き、木々の葉の水も落とされたとする。そのように仮定した場合、約一万三〇〇〇㌶（約一万一〇〇〇町歩）の山間集水面積をもつ愛知川には、まれにみる多量の水が流れるであろう。かつての愛知井は直接引水でなく、「池樋」による取水と思われるので、堤防が破壊されない限り、水勢はかなりおさえられようが、水量が増大するであろうことは明らかである。そのような場合、あふれんばかりの多量の水が素直に段丘崖を伝わって段丘上に上るであろうか疑問であるが、それはともかく、愛知井の用水路で真先に危険な箇所があるとしたら、「ほりわり」の箇所ではなく、堤を築いている箇所であろう。そのような箇所とは、自然の地勢にさからって段丘上に水を上げる工夫のみられる上岸本部落の北、「口《くち》切《き》れ」（図8の⑥、以下同）という分水点から「宮のたもと」（⑦）といわれる分水点までの間である。「口切れ」から中岸本部落方面に分けられる水は、現在でもかなりの水勢である。しかし、段丘上にのせるという工夫をしているため、清水中部落方面に向う愛知井幹流の水勢は、この付近では一度弱まる。つまり、真先きに危険なのはこの付近の水田である。しかし、この「口切れ」～「宮のたもと」の西側（反対はすぐ段丘崖）には明瞭な条里制地割遺構がみられる。そのことから、この付近の水田が大規模な冠水にみまわれたことはないといえよう。

要するに、愛知井に膨大な水が流れこんだ場合、それがわざわざ段丘の上にのってこようとは思われないが、その手前の危険と思われる箇所ですら、冠水を被った形跡はない、というのが氾濫説にくみしない一つの理由である。

次に、段丘上の水が流路を失い、段丘上で愛知井に流れ込む、というケースを想定しよう。この地域の等高線はほぼN40°E偏しているので、この仮定も充分考えられるようでもある。しかし、この仮定にも従えない。なぜなら、仮に段丘上を水や土砂が流れ落ちてきても、それは愛知井幹流たる藤川まで達せずに、何本かの愛知井分流に落ちこんでしまうと思われるのである（図8を参照）。なお、念のために、この付近には氾濫説を支持する伝承や地形がみられない、という事実もつけ加えておこう。(58)

それでは、このブロックはいかなる原因により形成されたのであろうか。まず、図5の扇形ブロックの部分をみていただきたい。よくみると、条里制地割を思わせる阡陌線がみられる。しかも、それは一箇所や二箇所にとどまらない。つまり、何らかの計画をもとにした区画割であると考えられるのである。そのような目でこの図5をみると、藤川沿いの地域に、藤川とほぼ直交する畔をみいだすことも可能である。また、図8を参照してみよう。これをみると、藤川の東側に、藤川と並走北流する愛知井分流が存在することが知られよう。なかでも、菩提寺地区の「よのぎまた」(27)と呼ばれる分水点から北流する用水は、約八〇〇㍍にわたって藤川と並走するが、この流れと藤川との間隔は約六町である。そして、その東側で並走する幾本かの流路との間隔も大体整数の町単位で測れる。

要するに、愛知井は条里制地割を無視して施設されながらも、無秩序に流れるのではなく、明らかに一定の計画にもとづいており、しかも、その水路がある程度周辺の耕地割を規定していると思われるのである。このような耕地割は愛知井の開鑿とほぼ同時になされたと考えるべきであろうが、それではそのような事業はいつごろなされたのであろうか。

常識的に考えた場合、少なくともそれは条里制施行以後ということになろう。しかし、そのように考えた場合、次のごとき疑問がわこう。すなわち、ほぼ整数の町単位で並走するように計画された愛知井が、なぜ条里制地割を無視して北を目指して流れているのであろうか、という問題である。たとえば、条里制施行時から、はるかに年代の降る江戸時代に開鑿された安壺井ですら、その水路は条里制地割に規定されているのである（図5・図8を参照）。それに対し、愛知井は末端部分ではともかく、基幹部分では全く条里制地割にとらわれていない。しかしながら、先に指摘したごとく、愛智荘地方の条里制地割遺構残存地域は、主として愛知井による河川水掛り地区であった。とするならば、この地方の条里制施行は、愛知井の存在と不可分の関係にあるといわねばならない。だが、その反面、愛知井はある一定の計画にもとづいて施設され、それは条里制地割を乱す地割を付随しているのである。

このような難問に答えるには、次のごとき回答のみが妥当性をもつのではなかろうか。すなわち一定の地割を付随する愛知井の開鑿は条里制施行以前になされたのではないか、と。

ここに至って、私の一つの仮説を提示する期が訪れたといわねばならない。私は、条里制施行以前に、一定の計画のもとにこの地方で耕地割がなされたと考える(59)。それを仮に「古条里」と呼んでおこう。つまり、清水中部落を扇要とする扇形ブロックや、一定の間隔で並走する愛知井流路など、そしてそれと直交する畔の残存、等々は、その「古条里」の「遺構」であると考えたい(60)。その「遺構」の全面的検討は今のところなしえていないが、扇形ブロックを含む藤川沿い、菩提寺地区から勝堂部落にかけて、および栗田部落付近、などを指摘しておこう(61)。

それでは、次にこの地域に「古条里」がみられることの意味についての私見を述べておこう。

さて、たびたび指摘してきたごとく、扇形ブロックの扇要にあたる部分は清水中《しゅうずなか》部落であった。また、その西方には、北清水・南清水・大《おお》清水といった部落がひろがっている。一般に、「清水《しゅうず》」といった地名をみた場合、そこに湧水がみられるのではないか、と私たちは考える。たとえば、近江国甲賀郡水口《みなくち》町の宇田《うった》部落に、甲賀郡中惣で有名な山中氏の屋敷（通称「山中屋敷」）があるが、そのすぐ東側に「清水《しょうず》」という地字がみられ、そこには滾々と水が出る湧水点が存し、その水は山中屋敷の北辺と西辺をめぐりつつ、下流の水田に配水せられている。(62)しかし、愛智荘地方のこの清水地区には湧水点はみられない。湧水点は標高一〇〇㍍付近であり（清水地区は約一二〇㍍）、水を求めて「井戸」を掘るなら、約一〇㍍は掘り下げねばならない。つまり、「清水」と呼ぶべき現象はみられないのである。(63)

それでは、なぜこの地が「清水」と呼ばれるに至ったのであろうか。ここでもう一度図3をみていただきたい。先にこの図をみながら検討したところによると、原始・古代人は水を求めやすい地域に住みついていたらしい、ということであった。ところが、この清水地区には古墳・古寺院跡がみられる。とするならば、それを築いた人々は、この地点で何らかの方法で水を得ていたということになろう。

結論を先にいおう。私は、古い時代にはこの付近に湧水点が存したと考えている。先に、この地区に湧水点はみられない、と指摘したが、それはあくまでも、現在ないし近い過去のことであり、それを遠い過去にそのままあてはめられるとはいえまい。私は、本稿の前の方で、この地方の地形についてくどくどと述べた。自然地理学に関する知識にうとい私が、地形について間違いをおそれずに言及したのは、じつは一つにはこの謎を解くためのものだったのである。

すなわち、この清水地区、古寺院跡が集中する菩提寺地区、そして群集墳のみられる勝堂部落などは、すべて標高一一五～一三〇㍍の間にひろがるが、この一帯は、古期扇状地（下位段丘）の末端、ないしそれと新期扇状地との接触面に位置する。いうまでもなく、扇状地においては、水は扇面上（扇央）では伏流となり、扇端で湧水となって地上に現われる。したがって、古期扇状地の末端たるこの地域には、いつの時代にか、必ずや滾々と水が湧き出ていたはずである。(64)地形学の方からこのことを断言できるのは、かなり古い時代についてであるというが、この地域には、「清水」という地名が残存している。そのことより、人間がこの地域に住みついたころにも、湧水がみられたといってさしつかえないであろう。

つまり、人々はこの地域に湧水を求めて住みつき、その一地区を「清水《しゅうず》」と呼ぶようになった、といえるのではあるまいか。

これは推測であるが、清水地区の中でも、清水中部落（地元の人は「中村」と呼んでいる）付近は早くから湧水を利用しての耕地がみられたのではあるまいか。そして、その湧水を利用しての耕地こそ、扇形ブロックに相当するものと思う。図8をみていただこう。不思議なことに、この扇形ブロックの内部には、元興寺や東大寺の田地は存在しないが、私は、それはそこが口分田地帯であったからではないかと思っている。それは、その周辺に口分田が存在したことを知らせる史料があることからも推測される。

それと同時に、「古条里遺構」のみられる菩提寺地区・勝堂部落には、古寺院跡や群集墳がみられることにも注意を向ける必要があろう。そして、これらの部落にも両寺の田地はみられない。

すなわち、古くから湧水を利用して耕作していたが、さらに開発を発展させるために、愛知井を開鑿し、古い耕地の地割を整備した。(65)これが「古条里」であろう。そしてその後、犬上・愛智・神崎三郡で統一的な条里（「統一条里」と仮に呼ぼう）が施行され、「古条里」計画は中止された。「統一条里」の施行は東山道施設と時期を一致するとみられるが、その際には、愛知井や「古条里」地区はあまり手をつけなかったとみられ、それでその「遺構」が今日に残っているのではないか。私はそのように考えたいのである。

そして、この「統一条里」施行に付随し、愛知井も整備されたに違いなく、その周辺で開発が一層進んだものと思われる。図8を今一度みていただこう。元興寺の「本願荘」はかなり水の便のよさそうなところである。おそらく、これは口分田地帯の周辺であろう。これに対して、後に元興寺や東大寺が買得したのは、主としてその外縁であり、条件は悪かったに違いない。(66)いずれにせよ、人々はより条件の悪いところをも次々と開発し、今日に至ったのである。

ここに、「土地に刻まれた歴史」が私たちに語りかけてくる姿をみいだせるのである。

おわりに

以上、私はあまりにも冗長な記述をくりかえしてしまったようである。

さて、本稿で述べたのは、愛智荘地方における古代の開発と灌漑について、そして、「統一条里」以前に計画され一部施行された「古条里」の存在について、などであるが、まだまだ問題は多いようである。特に、愛知井が後世(「統一条里」施行以後)の開鑿であることを示す史料が存在したら、本稿での問題提起は無価値なものとなろう。しかし、私自身としては、本稿の役割は、「古条里」についての問題提起のみにあるのではなく、方法論についての問題提起にもあると思っている。また、その点が諸先学の御批判・御教示を賜わりたい点でもある。

ところで残された問題も多い。それらを列挙してみると、

(1)「古条里」存在説の可否[67]
(2)この地方に住む諸勢力の問題
(3)九世紀における開発の問題
(4)愛智荘の経営をめぐる問題
(5)愛智郡条里の復原
(6)分析の基礎となる史料の検討[68]
(7)地質学的調査の必要

などであろう。そのうち、(3)と(6)とについては、ある程度の私案をもち、ことに(3)については、多少な

りとも本稿でふれる予定であったが、紙幅の都合でそれもできなかった(69)。それらの点については他日を期すことにしよう。

本稿の冒頭で述べたごとく、この地方の条里制地割遺構は、圃場整備事業のため、あと数年の命である。それまでに調査をしなくては「古条里」と「統一条里」についての現地調査も不可能となってしまう。それまでにぜひとも地理学（特に自然地理学）専攻の先学の手で調査を試みてほしいと願っており、そのことが、私が本稿を通じて一番述べておきたい点である。

注

（1）歴史学研究会編『現代歴史学の成果と課題2』（青木書店、一九七四年）Ⅲの二の1の（1）「中世前期」（中野栄夫執筆）を参照。

（2）その代表的な成果といえる潮見・渡辺・石村・大島・中尾共著『日本の農村』（岩波書店）が刊行されたのは一九五七年二月である。

（3）その代表的入門書たる金沢夏樹『稲作の経済構造』（東京大学出版会）が刊行されたのは一九五四年十二月である。

（4）愛智荘は、元興寺領と東大寺領とがあるが、それについては、坂本賞三『日本王朝国家体制論』（東京大学出版会、一九七二年）五三〜五四頁を参照。なお、その故地は、滋賀県愛知郡愛知川町の豊満《とよみつ》・東円堂《とうえんどう》・平居《ひらい》・畑田《はたけだ》・苅間《かりま》地区、湖東町北清水《しゅうず》・南清水・大《おお》清水・清水中《なか》・南菩提寺《ぼだいじ》・小池《こいけ》・長《おさ》・小田苅《こたかり》地区、およびその周辺地域である。

（5）この地方に特有な「ホタ木」（畔＝ホタに植えてある木）もみられなくなるという。

（6）『平安遺文』一五・一六・二二・三三・四四・四七・四九・五〇・六二・六五・八七・八八・八九・一一四・一一六・一一七・一二〇・一二三・一二八・一三一・一三二・一三五・一四〇・一四四・一四七・一四九・一五〇・一五一・一五九・一八七号文書などをいう。なお、同四四四三・四九〇一号文書は除外しておいた。

（7）紙幅の関係で研究史・文献等は省略する。

（8）この地方の農家では主人は大体勤めに出ており、いわゆる「三ちゃん農業」である。
（9）その意味でも、図1などを残すことができたことは、私自身うれしく思っている。
（10）このほか、一九七四年四月二十五日にはセスナ機に乗り現地を訪問した。その時撮影したのが図1などの写真である。
（11）条里制地割遺構残存地区の一筆一筆の水掛りおよび面積を一千分一地図（地字・レベル入）に載せて下さるようお願いしてある。
（12）これらは愛知郡町村会・愛知川町役場・秦荘町役場・湖東町役場などで、有償あるいは無償で頒布していただいたが、現在ではほとんど入手不可能である（もう作成していない）。なお、（ヨ）（タ）は一部分のみ入手。
（13）この地図は五万分一地図で、かなり詳細である（解説付）。
（14）この地図は、調査・作図を担当された小林健太郎氏よりわけていただいた。
（15）誤りをさけるため、次節で記述する地形に関する部分は、参照した文献の文章をそのまま引用させていただいた箇所が多い、ということをあらかじめおことわりしておく。
（16）以下、本書六頁前掲「土地分類図（地形分類図）滋賀県」付属資料A「土地条件等の概要の部」（小林健太郎氏執筆）による。
（17）以下、谷岡武雄・小林博・日下雅義「愛知川中・下流域における中世の土地開発と豪族屋敷」（『日本歴史地理学研究会紀要』第五巻、一九六三年）によるところが多い。
（18）現在は「愛知郡」と書くが、このような点を考慮し、以下では「愛智郡」と書くことにする。
（19）下位段丘のもう一辺は、平尾部落付近から読合堂・僧坊部落を通り、今在家ないし香之庄部落までに至る線である。そしてその両末端を等高線でむすんだ内側の扇形部分が下位段丘の範囲と考えられる。なお、ここでは、段丘を上・中・下位に三区分することをやめて、小林健太郎氏に従い、上・下位に二区分している（前掲注（16）文献を参照）。そのため、もう一つ下位の段丘を最下位段丘と呼んでおいた。二区分法に従ったのは、ここで分析対象とする範囲では上・下位段丘のみが問題となるからでもある。
（20）上位段丘のもう一辺は下位段丘のそれと一致するが、僧坊付近が末端であると考えられる。これもほぼ扇形になる。

(21)　小林健太郎氏の御教示によると、この砂礫段丘は「洪積台地」と考えてよい、ということである。
(22)　地形に関する基礎的な専門知識は日置美智子氏（当時東京学芸大生）に調べていただいた。
(23)　竹内常行「扇状地の水利と土地利用」（矢沢大二・戸谷洋・貝塚爽平編『扇状地―地域的特性―』古今書院、一九七一年）二〇七頁図6を転載させていただいた。
(24)　金沢夏樹、前掲注（3）書を参照。
(25)　谷岡他、前掲注（17）論文を参照。
(26)　「全国遺跡地図（滋賀県）」および「滋賀県遺跡目録〔第二輯〕」（いずれも本書六・七頁前掲）による。
(27)　以下、谷岡他、前掲注（17）論文一四三頁を参照。
(28)　なお、足利健亮「湖東平野の郷と正倉院」（『地形図に歴史を読む』第三集、大明堂、一九七三年、一八・一九頁）を参照。
(29)　彌永貞三『奈良時代の貴族と農民』至文堂、一九六六年、四三～四四・二一三～二一四頁など。
(30)　谷岡他、前掲注（17）論文、一四三頁
(31)　地形的要因にもとづくものと思われる。
(32)　東円堂部落付近は、近年まで安壺《あんこ》川の氾濫により、しばしば冠水したという。そのため、民家は五〇㌢メートル程度の石垣を築いてある。
(33)　四～六条あたりは、里の起点を少し西にずらした方がよいのではあるまいか。
(34)　『愛智郡志』の「条里図」は模式図と考えるべきであろう。
(35)　『愛智郡志』巻壱、一一九頁。但し「条里図」では十五条まで阡陌線を引いている。
(36)　『愛智郡志』の「条里図」の数え方によれば、十四条七・八里、十五条八里に該当しよう。
(37)　阡陌線の引き方は誤りないはずである（平居・苅間・北清水部落付近に数字坪が残っている）。なお、阡陌線が直線でなく、また直交していないことに注意してほしい。『愛智郡志』・足利健亮、前掲注（28）文献の図、宮本救「律令制村落社会の変貌」（坂本太郎博士古稀記念会編『続日本古代史論集』下巻、吉川弘文館、一九七二年）五四七頁「大国郷条里

図」、などが、地図上に正確な方眼を描いているのは、明らかに誤りである。方眼を地図上にのせるのではなく、現地の遺構に対応した線を地図上にのせるべきであろう。

(38) 九～十二条は『愛智郡志』の数え方で正しいと思われる。その他はあまり自信ないが、一応、『愛智郡志』の数え方を訂正するだけの材料もないのでそれに従った。

(39) 現地での聞き取りによる。

(40) 新郷井《しんごうゆ》は鯰江井《なまずえゆ》とも呼ばれ、井頭《ゆとう》（井元《ゆもと》）の妹《いもと》部落や、中戸・鯰江・上岸本・曾根部落などを灌漑する（但し、曾根部落は部落内を新郷井が通るので、「得水《とくすい》」として水を利用する権利をもち、経費は負担しない）。なお、愛知井と新郷井との関係を述べておこう。愛知井は、新郷井開発当初はその残水をもらっていた。明治年間に新郷井の樋門が破壊した際、新郷井郷（水掛り部落）の出労などでは復旧不可能なため、愛知井郷が加勢して大きな井口をつくった。ところが、そのことで対岸の神崎側との水争裁判になり、初審（彦根）で敗訴してしまった。そこで再審（膳所）に持ち込んだが、形勢不利なので、小田苅《こたかり》部落の前川金五郎・菱沢孫右衛門（勅選議員）・小林吟右衛門らは金（小判）で裁判官を買収し、勝訴となった。それ以来、新郷井郷は愛知井郷の恩をきるようになったという。

(41)『愛知郡志』巻弐、三一五頁を参照。

(42) 新郷井や安壺井がそうであるように、河岸を灌漑するこの黒内井も江戸時代の開鑿であろう。

(43) 愛知井郷は近年まで上四番・下六番に編成されていたが、上四番のみが計画などに際しての発言権をもっており、下六番はその結果を知らせられるだけであった。その構成は次の通り。

〈上四番〉

・小田苅＝井頭（井元）
・長（小池を含む）
・大清水
・南清水

〈下六番〉

・清水中（北清水を含む）但し、新郷井の関係は北清水が親方。なお、途中から上番に入った。
・横溝（半番）　溜池掛りが多いので経費は半分のみ出す。
・西菩・北菩・南菩
・勝堂（金割り＝経費を割る率＝七分五厘）
・畑田
・平居（苅間・栗田を含む。但し、栗田は後にぬけた）

現地の人々の話すところでは、愛知井の水掛りの部落は井頭たる小田苅部落に対しては頭があがらなかったという。なお、岸本地区は部落内を愛知井が通るため、「得水」として、経費を負担せずに水を利用する権利をもつ。

この愛知井も新郷井水争裁判の際に名をみせた菱沢孫右衛門（天保十三年二月生）の力によるところが大きい。すなわち、天明川（後述）は河筋が埋もれて用をなさなかったので、昔の書類等を調査して明治二十五年に再興を企て、その後、幾多の障害にもめげずその目的を達した（『愛知郡志』巻参、五二一〜五二三頁を参照）。こういったことが、小田苅部落の井頭としての地位を保ったのであろう。

（44）　取水口付近に昭和十一年十二月一日付の「天明川改修記念碑」がある。

（45）　この地方では、「井戸」は「野井戸《のいど》」「野壺《のつぼ》」「池《いけ》」などと呼ばれている。これは伏流水を汲むもので、かつては「はねつるべ」によっていたが、その後は動力ポンプによるようになった（まれに「自噴井」もある。なお、「井戸」については山本博『井戸の研究』綜芸社、一九七〇年を参照）。しかし、最近では、愛知川（永源寺）ダムの完成により、「井戸」はほとんど使われなくなった。

（46）　以下、大山荘西田井村の水利に関しては、水田義一「中世の用水相論絵図―丹波国大山庄西田井村―」（京都大学教養部紀要『人文』二一、一九七八年）による。なお、同論文は、去る（一九七五年）六月の愛智荘現地調査の最中に小林健太郎氏に御教示いただき、帰宅後読んだが現地調査のゆとりがないので、空中写真（KK―64―7X、C10―11〜12）を立体視検討した。

（47）　小林健太郎氏の御教示によるところが大きい。

(48)　このような用水設備は和泉国の二、三の荘園でもみられるという。

(49)　私はこのような装置を、信濃国海野《うんの》荘の故地でもみたことがある（但し、これは取水点ではなく、用水の着点）。

(50)　管見の限り、『愛智郡志』にも愛知井については何も指摘されていない。

(51)　「本願荘」とは「勝宝感神聖武皇帝、以先帝施納物、以去天平勝宝五六年所買也」（『平安遺文』一二八号文書）、「件庄本是五代　聖皇勅施入六十余町不輸租田」（同九五四号文書）、「右、件寺田等、五代聖皇為三論宗伝法講経、以大蔵省納物被買置、勅施入官省符不輸田也」（同二四〇一号文書）、「右件庄、聖武天皇御宇興隆諸宗被置学徒之時、以先帝之勅施物、買平民之私領田山野田代廿町宛行三論」（同三一五二号文書。但し、この文書は若干問題が残る。この点は、坂本賞三、前掲注（4）書、七八頁、注（5）を参照）などといわれる官省符荘的存在である。なお、その所在を直接知ることはできないが、「東大寺文書」永承七年十月日元興寺三論供家牒（坂本賞三、前掲書五四～五八頁）、同八年正月日元興寺三論供家牒（同五八～六一頁）にみえる「寺田」の記載により推定。これについては坂本賞三、前掲書五四～八一頁を参照されたい。なお、同文書は前欠（残存率約九〇％とのこと）であるので若干図示したものより多いはずである（ⓑの一部がそれにあたろう）。

(52)　『平安遺文』六二・一二八号文書などにみえるもののうちⓐに該当するものを除いたもの。したがって、ⓐⓑのみが九～十一世紀ごろの元興寺領愛智荘を構成していたのではない。

(53)　前掲注（6）にあげた文書の中から元興寺関係のもの（前注参照）を除いたもの。

(54)　『平安遺文』六五号文書

(55)　『平安遺文』一三五号文書

(56)　『平安遺文』四七号文書

(57)　たとえば、古くは延喜六年（九〇六）六月に「検神崎・愛智・犬上三箇郡河損使」が派遣された例がある（『類聚符宣抄』第八）。

(58)　仮に、愛知井が江戸時代に開鑿されたとの説を採用した場合は、氾濫説はなおのこと無理であろう。なぜなら、そのような場合、必ずやそれが人々に語り継がれるであろうからである。

(59)　小林健太郎氏の御教示によるところが大きい。

(60)　この地方の等高線は前述のごとくN40°E偏している、ところが「統一条里」はN31°〜32°E偏であって、地形とはくいちがっている。このように、地形をある程度無視して阡陌をつくるなら、阡陌を南北・東西に引く方がごく自然であろう。「古条里」は若干の偏向はあるにしても、南北・東西をさしている。この点からも、「古条里」の方がより「原始的」といえるのではあるまいか。それに対して、「統一条里」は三郡同方位なので、より大きな計画を必要としよう。

(61)　古期扇状地上の小池・横溝部落付近には条里制地割に従った愛知井分流もみられるが、その付近の水路は少しおくれてつくられたとも考えられよう。

(62)　宇田部落周辺の現地調査の際は、同地にくわしい宮島敬一氏に案内していただいた。なお、野洲川右岸にあるこの付近は下位段丘（砂礫段丘）上である（「土地分類図（地形分類図）滋賀県」前掲注（16）を参照）。

(63)　この付近には「グライ土壌」はみられない。

(64)　小林健太郎氏の御教示による。

(65)　古代における水利・土木技術を、従来あまりにも低く評価しすぎたように思う。なお、この場合には、この地方に蟠踞していた依智秦氏との関係などを考える必要があろう。

(66)　稲垣泰彦氏は、「実地調査によれば、本願の地が同荘《(愛知)》の周辺部に散在する劣悪地であるのに対し、のちに付加された部分は、荘域の中心部に集中する良田であることが認められる。結論的にいって私は、この荘の成立は本来中心部に古くから治田・口分田によって構成された耕地があり、その後、元興寺が周辺散在治田を買得して愛知荘をたて、それを本拠として、逆に中心部分をも、荘地にとりいれたものと考えている」（「律令制的土地制度の解体」竹内理三編『土地制度史Ⅰ』山川出版社、一九七三年、一五五頁）とされているが、それには従えない。図8に明らかのように、「本願荘」は水便のよい所であり、買得地（図示しなかったものも含めて）は、その周辺ないし愛知井の下流に位置している。なお、稲垣氏は、「元興寺領愛知荘は、愛知郡湖東町の中心部にあたり愛知川の自然堤防の北に接し、自然湧水にめぐまれた水田地帯である」（同一五四頁）とされているが、この指摘も問題が残ろう。

(67)　その分布・編年なども問題となろう。なお、「古条里」は「統一条里」より、坪の一辺の長さが短いと思われるふしがある。

(68)　なかでも特に、東京大学史料編纂所所蔵文書（『平安遺文』八九・一一四・一三五・一四〇・一四四・一五〇・一五一・一五九号文書）の吟味が必要であろう。すべて案文ではないか、との予測を立て、原文書を一覧したところ、その通りであるようにみえた。八通とも無印であり、また署名は「自筆影」のごとくである。詳細は他日を期したい。

(69)　私が担当した、集英社版『図説日本の歴史』4（川崎庸之編、一九七四年）の図版特集「平安初期の荘園」（七三〜八〇頁）に、愛智荘および丹波国大山荘関係の若干の史料と現地写真・図版を掲げて解説を加えておいたので参照されたい。

〔附記〕　本論文では、「古条里」の存在を指摘したが、この見解は市民権を得たように理解している（京都大学文学部博物館図録第七冊『荘園を読む・歩く』参照）。本論文発表後、「古条里」方位に沿った古寺院跡が発掘されるなど、「古条里」の存在を傍証する調査が行われたが、それらについては『愛知川町史』（二〇〇六年現在編纂中）に譲ることとしたい。なお、愛知川町は、愛知郡愛知川町との合併により、愛知郡愛荘町となった。また、近隣の愛知郡愛東町・湖東町、神崎郡永源寺町・五個荘町・能登川町、および蒲生郡蒲生町は合併して東近江市となった。

二　備前国香登荘故地およびその周辺における開発と水利

はじめに

六甲のトンネルをぬけ、播州平野をひた走りに西へ進む「ひかり」も、姫路を過ぎると山あいを走るようになり、相生を通過すると、播磨と備前との国境にあるいくつものトンネルをくぐるようになる。国境の長い帆坂トンネルを過ぎ、さらに短いトンネルを三つぬけて国道二号線をまたぐところで、注意深い人ならば左手前方に備前片上《かたかみ》の港をみることができる。それも束の間、再び小トンネルを三つくぐると、今度はほんのしばらく「ひかり」は街なかを走る。このあたりは岡山県備前市伊部《いんべ》地区であるが、左右に注意していただきたい（以下図1参照）。左手には国道二号線が走り、その向こう側に国鉄赤穂線がぴたりと沿っている。また右手をみれば、旧国道沿いに備前焼の窯元が立ち並んでいる。そして車窓に顔をつけて足元つまり下をみると、「ひかり」が池の上を走っているのに気づこう。この池が「大ヶ池《おお》」であり、その池の西端の堤防より先、吉井川までの小平野（香登《かがと》平野）が、本稿でとりあげる備前国香登荘の故地である。

ここで「ひかり」車中から香登荘故地の下見をしておこう。大ヶ池を過ぎたら右手前方に視線を注ぐと、迫り来る山のすそに二棟の鉄筋住宅（雇用促進住宅）が建っているのがみえる。その住宅のあたりから手前にかけてが大内廃

図1　和気

寺跡である。[1]それをみやる間もなく、右手の細い旧国道沿いに家並が続くが、それが備前市香登地区の集落であり、耕地は主として左手すなわち南側の香登平野にひろがっている。このあたりには条里制地割が残存しており、その開発の古さを偲ぶことができる。その香登平野の中央部に、こんもりとした小山をみることができるが、それが国指定史跡の丸山古墳である。そしてその背後の丘陵の向う側（南側）には長船《おさふね》平野がひろがっていることを記憶にとどめておこう。さて、香登の集落がとぎれるのが右手真横にみえるあたりで、「ひかり」は大門《だいもん》・船山両遺跡上を走りぬける。それもアッという間、右手車窓真近に切り崩しがみえるが、これが船山古墳の片割れである。てっとり早くいえば、新幹線は船山古墳の南半分をこわして、その上を走っているのである。それも瞬くうちに過ぎ、吉井川鉄橋にさしかかるが、このあたりも注意深く観察しておこう。船山古墳と吉井川との間に、一本の用水路があるが、これが吉井川左岸の岡山県邑久郡一帯約三五〇〇町の水田を養う、岡山県下最大の「大用水《おお》」の幹流であり、その取水施設である坂根堰[2]は、吉井川鉄橋の上流（右手）にみることができる。

香登の地を訪れるには、岡山駅で赤穂線に乗りかえて戻ってくることになるが、「ひかり」が岡山駅に着くのはもうすぐである。

1

備前国香登荘は、現在の岡山県備前市西部の香登地区にあった（二四九頁表1参照）。先にも指摘しておいたが、この付近には古代遺跡や条里制地割遺構がみられ、古くから人々が生活を営んでいたことが知られるのであるが、十二世紀の中ごろ、この地域の人々の生活に重大なかかわりをもつ事件が起こった。その事件のあらましは、『平安遺文』に採録されている次の二つの史料から知ることができる（以下、香登荘関係史料を引用する場合は、旧稿「備前国香登荘関係史料について」[3]で付した記号に従うこととする。傍点は筆者、以下同じ)。

〔B〕鳥羽院庁下文案（『平安遺文』六巻二五七七号）

院廳下　備前國在廳官人等

可使者相共實検四至内池成坪、以工（ママ）田加入其代、令満本数香登御庄田事

使公文修理少属伴兼光

右、香登御庄者、天養二年四月　日解状云、當御庄者、東河東側也、而奥郡田千餘町為養耕、字今堤奇（寄）先跡（ママ）地、始新堀奇當御庄之方、被築高堤、因茲為洪水、四十餘町已成池朽損、仍本数田不足、随去康治二年、申請御使實検注先早（進脱カ）、不被入替件池成代者、以何所出可進済御年貢哉、但任傍例、依為庄近邊、服部郷田被加入者、尤可為便宜歟者、任申請、使者相共實検池成坪、點入便宜公田、可立券注進之状、所仰如件、在廳官人等宜承知、不可違失、故下、

久安二年五月日（以下署名略）

〔F〕太政官牒（『平安遺文』七巻三三五三号）

太政官牒高野山菩提心院

應停止役夫工并造内裏已下勅事院事臨時國役、永為不輸地院領備前國字香登庄及同庄内池成田服部新庄等事、

右、得彼院去年十月廿八日解状偁、（中略）抑件香登御庄者、鳥羽禅定法皇御時、久安年中之比、当國往古公領之井口、依洪水損失之上、國領作田多以損亡、因茲自國衙香登庄傍築大堤畢、依件堤、當庄之内、又如國領洪水宛満、庄作田多以損失、然庄民等加制止之間、常喧嘩事出来、仍不被（破カ）件堤、可被減御年貢之由、依経　院奏、召在庁被決理非之処、被停止堤者、國領田多以可損亡、然者依件堤、當庄内可損失作田之代、以公領被使（便）補、國領・庄内共可無其愁之由、依在廳等計申、久安三年冬比、院庁御使・國使・庄官等、臨地頭加検知之処、池成損田

四十一町五段十五代也、件代當庄傍靭負・服部両郷内、便宜作田廿町八段令便補早、是雖不(足カ)可當池成損田之員数、服部庄田代・畠地・在家等被一圓者、同事之由、在庁等依計申、其定被仰下早、自厥以降、服部庄相加御年貢、所令弁済也、件池成田四十一町五反十五代者、雖為服部庄之替、依為四至内、先々國司不致其沙汰、當任又無其沙汰、（中略）

長寛三年七月四日（署名略）

右の二つの史料は、『平安遺文』にも示されているごとく、いずれも鎌倉初期に大伝法院の文書を集成した『根来要書』に収められており、原本は伝わっていない。『根来要書』編纂時の転写の誤りによるものか、旧稿でも指摘しておいたごとく、右の二つの史料とも、文意不明な箇所がある。[4] 長文をいとわず引用したのは、その理由にもとづくが、そうもいってはいられないので、現地の地形などを考慮に入れて、右の史料の内容を読みとってみよう。

まず、Bに「當御庄者、東河東側也」とあるが、この「東河」が吉井川をさすことは間違いあるまい。以下Bは脱漏があるらしく、文意がはっきりしないので、Fの傍点を付した部分を解読してみよう。

当国に往古からある公領の井口が、洪水によって損失してしまい、その上国領の作田が多く損亡した。そこで国衙は香登荘の傍らに大堤を築いた。ところが、その堤が原因で（香登荘は）国領のように洪水で水浸しになり、香登荘の作田は多く損失してしまった。

このように読みとれよう。さて、事件の発端は、「往古公領之井口」が洪水のために損失したことによる。これによれば、その井口は「往古」よりあったというが、ここでBの傍点を付した部分が気にかかる。なぜなら、それを素直に読めば、

邑久郡の田千余町を養耕するために、……、新堀を掘り、堤を香登荘の傍らに築いた。それが原因で洪水により、

……

となるからである。このように、この箇所は難解なのであるがBは井口のことについてはふれていないので、井口が往古から存在したこと、それが邑久《おく》郡の田の灌漑と何らかの関係があったことはいえるように思う。要するに古くから邑久郡一帯の国衙領を灌漑するための井口と用水路が存在したこと、そしてそれが香登荘に影響を与える場所にあったこと、この二点は指摘してよいであろう。とするならば、その井口は吉井川に造られたものであり、それは香登荘の近くにあったと考えるほかない。このようにみてくると、先に下見をした時に注意しておいた、坂根堰から取水されて、邑久郡一帯を灌漑する「大《おお》用水」が想起される。しかし、今それにかかわっている余裕はないので、右の史料の解読を続けることにしよう。

さて、B・F双方の記事を生かして無理なく解釈すれば次のごとくになろう。すなわち、おそらく台風か集中豪雨により、吉井川が増水して井口が決壊したのであろう。Fに「如国領洪水宛満」とみえたが、それから察するに、決壊した井口から濁流が用水路に流れ込み、邑久郡の国衙領は水浸しになってしまったものと思われる。そこで国衙は香登荘の傍らに大堤を築いて、国衙領に水が入るのを防いだ。しかし、水を完全に止めてしまったのではまた困ることになる。そこで「奥郡田千餘町為養耕」に「新堀」を掘った。これによって国衙領は助かったが、今度は洪水によって香登荘内に水が入り、荘作田が損失してしまった。以上の理解で大過あるまい。

ところで、この事件はこれで終ったわけではない。そこでそれ以後の事情を主としてFからうかがってみよう（以下二四九頁表1参照）。さて、このような事態が起こって香登荘の住民が黙っているはずがない。「然庄民等加制止之間、常喧嘩事出来」となるのはあたりまえである。そして、その堤をこわさないと年貢が減少する、と院に訴えたらしく、院の命令で在庁官人が呼び出され、「理非」を決したところ、〝その堤をやめたら、国領の田は損亡してしまう。だから、その堤のために香登荘内で損失した作田の代わりに、公領を便補すれば、国領も荘内も愁うところがなかろう〟と在庁官人が主張した。そこで院庁使と国使と荘官らが「臨地頭」み検知したところ、香登荘の「池成損田」は四一町五反一五代であった。そこでその代わりとして、香登荘の傍にある邑久郡の靭負・服部両郷内の「便宜作田」二〇町八反を便補したのである。〝これは香登荘の「池成損田」の数に満たないが、便補した服部新荘の田代・畠地・在家は一円なので、「同事」である〟との在庁官人の主張が通り、そのように決まった。そしてその後は服部新荘を加えて年貢を弁済することになった。また「池成田」四一町五反一五代は、服部新荘の替えであるが、四至内なので、今までの国司は関与せず、当任国司もそうである。引用したFの内容は以上である。この「池成田」はその後もそのままであったが、やがて水が減じたのであろうか。文治六年（一一九〇）に至って、それを作田したいとの申請が認められている。

以上がこの事件のあらましであるが、この事件は、単なる過去のものと一蹴できない性格のものである、と私には思えてならない。

そこで、背景となるこの地域の前史をさぐってみることにしよう。

2

『日本書紀』景行天皇二十七年十二月条、熊襲征伐の帰りの段に、

既而従海路還倭、到吉備以渡穴海、其処有悪神、則殺之、

とみえる。この「吉備の穴海」について、日本古典文学大系本『日本書紀』の頭注は、

今、広島県深安郡・福山市。芦田川の河口、簑島を控えた海が袋のように入り込んだ地で、古来瀬戸内海航路の要衝。(5)

と記しているが、岡山県地方の研究者の多くは、それを、現在の児島半島に囲まれた入海と考えているようである。(6)

いずれの説が妥当か否かの結論を急ぐことは避けなければならないが、いずれにしても、古くは現在の岡山平野が大きな入海であったことに誤りはない（図2参照）。すなわち、南を児島に囲まれ、他の三方を小丘陵に包まれた入海は、まさに「穴海」と浮ぶにふさわしいものであって、海は現在の平野部の奥まで入り込んでいたのである。そして、この入海は波もおだやかであるため、近世初頭まで瀬戸内航海のメインストリートであった。入海には、岡山県三大河川といわれる高梁川・旭川・吉井川が流れ込んでいたが、やがて三大河川が運ぶ土砂が州をつくり、さらには大きな平野を形成し、また江戸時代における干拓などとあいまって、現在の岡山平野を創出したのである。したがって、古代の官道たる山陽道は、入海の背後にある丘陵の北側を通っていた。現在、岡山平野には「島」のつく地名が多いが、そういった丘陵は、皆かつては入海に浮んでいた島だったのであり、その代表が児島にほかならない。[7]

では、香登平野・長船《おさふね》平野、ないし吉井川最下流域左岸はいかなる様相を呈していたのであろうか。遺跡・遺物などを参考にしながら、この地域の発展のあとをたどってみよう[8]（以下、図3参照）。

縄文時代には、吉井川流域においても海岸線はかなり奥まで入り込んでいたようであり、長船平野は一面海であったとみて、まず間違いないであろう。香登平野については確言はできないが、まず吉井川の運んだ土砂が香登平野の入口をふさいで内湖をつくり、そして徐々にではあるが陸地のきざしがみえていたと考えてよいだろう。この時代の遺跡としては、長船平野南端の宮下貝塚、それより南にある邑久平野の山手貝塚・大橋貝塚などが知られているが、みな丘陵沿いに位置している。

弥生時代に至るに及んで、長船平野にも変化が起こったと考えられる。吉井川の運ぶ土砂が、川の流れと海の潮流との関係で砂州をつくり、長船平野を内湖化（そして徐々に陸地化）していったものと思われるのである。特に注目されるのは、この時代にいたると、それまでと違って、沖積平野部に遺跡がみられるようになることである。すなわち、この時代の遺跡として、香登平野では船山・大門両遺跡、長船平野では細工原遺跡、邑久平野では門田貝塚・潤

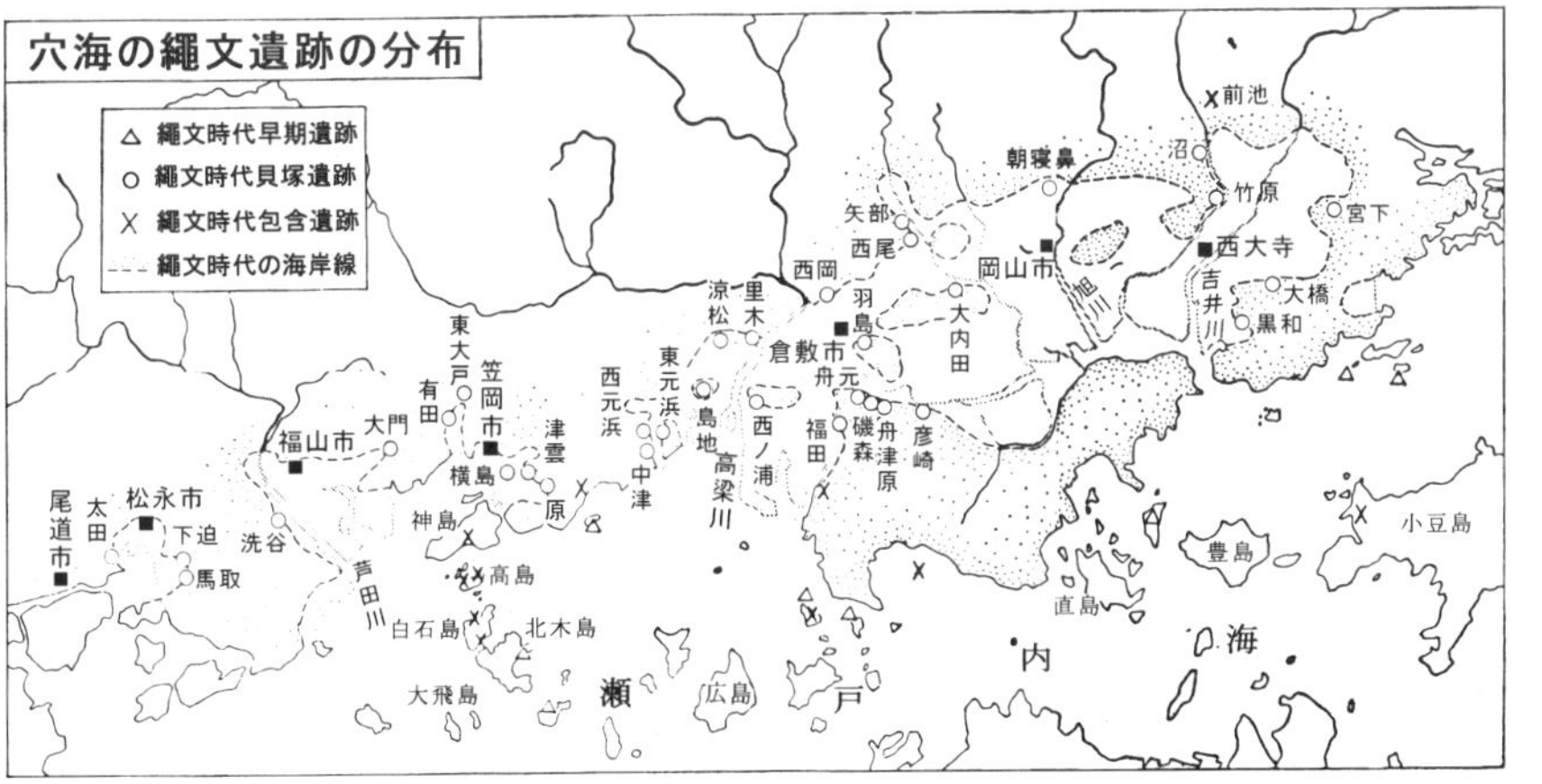

図2　穴海の縄文遺跡の分布（間壁忠彦・間壁葭子『古代吉備王国の謎』より）

徳遺跡などが知られるが、これらはいずれも吉井川の土砂がつくった砂州（あるいは自然堤防）上のベルト地帯に位置しているのが特徴であり、部分的にとぎれているが、直線距離で南北八キロメートルに及んでいる。この地域の人々は、このように環境を有効に利用しながら稲作経営を少しずつ拡大していったのである。

このような地形の変化やそれに伴った稲作の拡大によるものに違いない。古墳時代に入ると、この地域の歴史は活気を呈してくるのである（図3・図4参照）。すなわち、古墳時代前半期（四〜五世紀）になると、この地域では多くの大型前方後円墳・円墳が造られるようになる。まず四世紀前半には、香登・長船両平野を分ける丘陵（以下「両平野界丘陵」と呼ぶ）上に位置する長尾山古墳（前方後円墳七〇メートル）が造られ、四世紀後半には、長船平野西北端[9]の小独立丘上に天神山古墳（同一一七メートル）と花光寺《けこうじ》山古墳（同一一〇メートル）とが後円部を接するように造られている。[10]またそれにつぐ時期のものに、香登平野の丸山古墳（円墳六〇メートル）がある。そしてそれ以後、時期が降るにしたがって長船平野の奥に入り、牛文《うしぶみ》茶臼山古墳[11]（前方後円墳五五メートル）や築山古墳[12]（同九〇メートル）が造られている。それと同時期ないし少し降って、香登平野西端に船山古墳（同八五メートル）が造られている。また、このような比較的大規模な前方後円墳（ないし円墳）以外にも、前期群

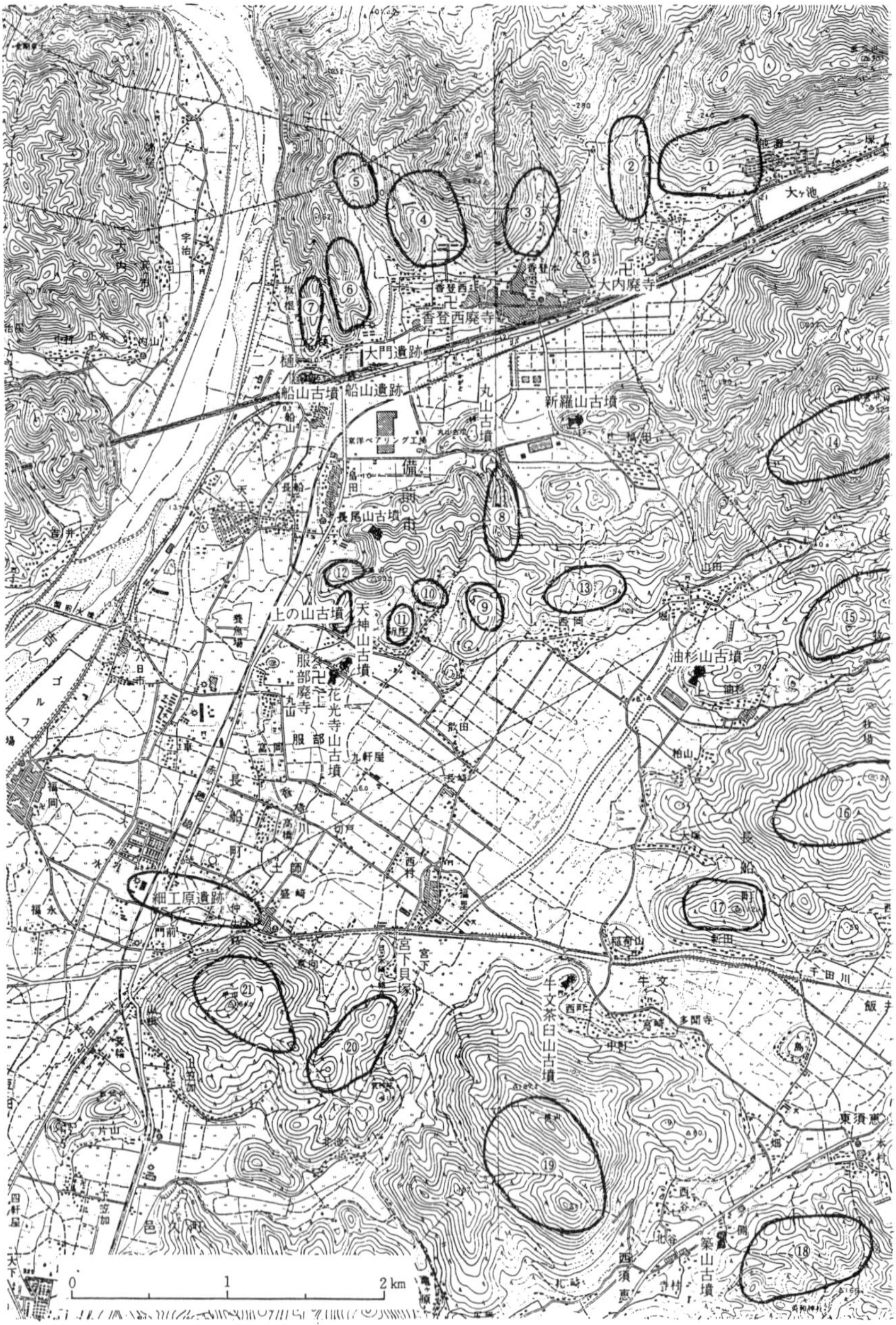
大ヶ池
大内廃寺
香登西廃寺
大門遺跡
船山古墳
船山遺跡
丸山古墳
新羅山古墳
長尾山古墳
上の山古墳
天神山古墳
服部廃寺
花光寺山古墳
油杉山古墳
細工原遺跡
宮下貝塚
千文茶臼山古墳
築山古墳
千田川
0
1
2 km

図3　備前瀬戸・片上

集墳として両平野界丘陵上に上《うえ》の山古墳群が認められている。

ついで古墳時代後半期に入ると、長船平野東北端の油杉山古墳などの前方後円墳も存在するが、やはり特徴的なのは、いわゆる群集墳の出現である。香登地区でいえば、北側山陵斜面に、「大内の四〇塚」（大内古墳群。図3①、以下同じ）をはじめとして、大滝道（②）・奥谷（③）・山根（④）・塚の元（⑤）・間山[13]（⑥）・坂根（⑦）などの古墳群が分布している。また、両平野界丘陵上には、宝万坂（⑧）・禿山（⑨）・荒神山（⑩）・地神山（⑪）・目田山（⑫）の各古墳群が密集している。また、長船平野周辺の丘陵に位置する群集墳のうち一〇基以上を擁するものとしては、西岡（⑬）・西大平山（⑭）・油杉山（⑮）・堂法山（⑯）・大塚（⑰）・佐山（惣田・西の山）・矢谷山・広高山（⑱）・高山・桂山（⑲、四〇〇基）・土師茶臼山（⑳）・甲山（㉑）の各古墳群などがあげられる。そして、

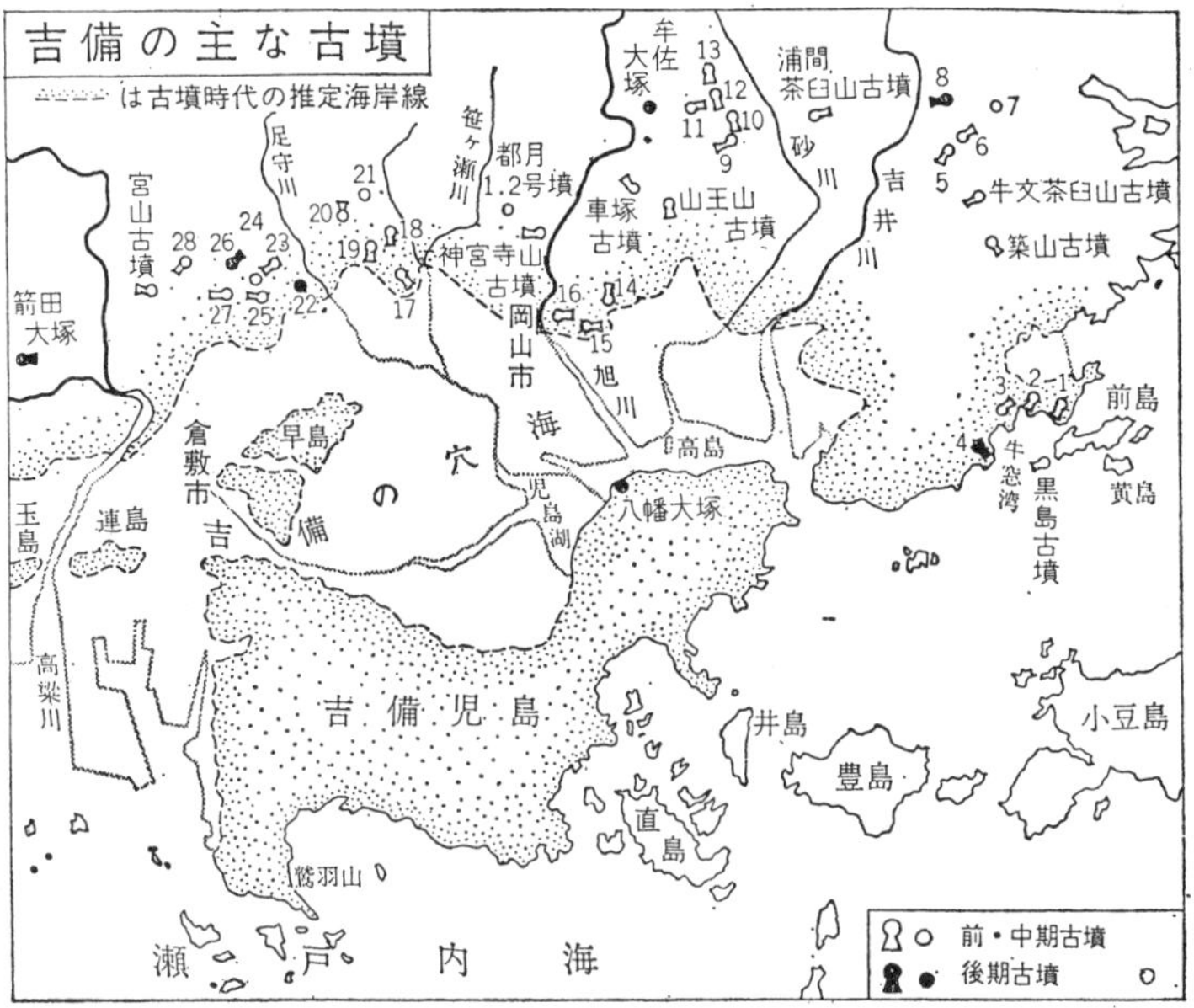

図4　吉備の主な古墳（間壁忠彦・間壁葭子『古代吉備王国の謎』より）
1天神山古墳　2波歌山古墳　3鹿歩山古墳　4双つ塚古墳　5花光寺山古墳　6天神山古墳　7丸山古墳　8船山古墳　9玉井丸山古墳　10小山古墳　11朱千駄古墳　12西もり山古墳　13両宮山古墳　14金蔵山古墳　15湊茶臼山古墳　16網浜茶臼山古墳　17車山（ギリギリ山）古墳　18辛川小丸山古墳　19中山茶臼山古墳　20堂山古墳　21小盛山古墳　22王墓山古墳　23遠山古墳　24榊山古墳　25千足古墳　26こうもり塚　27寺山古墳　28作山古墳

時代の少し降った七世紀初頭の古墳としては、香登平野東南端の丘陵の突端に位置する新羅山古墳(14)(円墳)がある。このようにみるならば、古墳時代のこの地域は、相当な勢力をもっていたといわねばならないであろう。

さて、少し煩雑になったが、以上をまとめると次のように考えることができよう。すなわち、第一に、比較的大規模な前期古墳は、まず主として両平野界丘陵西半部付近ないし香登平野に出現し、時期が降るにつれて長船平野の奥の方までみられるようになること、そして第二に、後期古墳は両平野周辺の丘陵上に万遍なく多数存在すること、以上である。そこで次にその意味を考えてみることにしよう。

3

古くは入海が吉井川流域のかなり奥まで入り込んでいたこと、そして長船平野と比べて香登平野の方が早く陸地化したのではないかということ、などは先に指摘しておいた。このことが、右に述べた古墳分布の特徴と対応しているように思われるのである。

いうまでもなく、弥生時代の最大の特色は稲作文化ということにあろう。そして、古墳時代の繁栄はそれ以後の稲作の展開によってもたらされたものに違いない。とすれば、この狭い地域内においても、稲作の展開度の差異によってその歴史の展開に地域差が生じてこよう。すなわち、前期古墳は稲作田のひろがりにつれて展開していったといわねばなるまい。

私は先に、香登・長船両平野ともに、まず吉井川の運んだ土砂が平野の入口をふさぎ、ついでその内湖が徐々に陸地化していったのではないかと指摘しておいた。けっして入江の奥から徐々に陸地化していって入海を狭めたとは考えがたいのである。その根拠は、遺跡(とくに弥生時代遺跡)の分布からもそれと知れるのであるが、現地に立てばすぐに判明するのである。長船平野を例にとって説明しよう(15)(以下、図3参照)。

赤穂線長船駅で降り、真直ぐ五〇㍍も歩むと県道坂根西大寺線にぶつかるが、その交差点中央の標高は五・六㍍である。そして左方すなわち吉井川上流に向かうに従って高くなり、下流に向かうにつれて低くなるが、さほどの傾斜ではない。この県道の標高でいえば、長船平野北端付近で約七・三㍍、南端付近で四・五㍍である。ところが、この標高は長船平野の奥に入るにつれて、東南に向って徐々に低くなっているのである。たとえば、平野東南隅の稲荷山西北端の道路上で三・九㍍となっており、さらに奥に入った「島《しま》」(16)付近の水田中の畔道では、じつに標高二㍍と計測されている。要するに、この長船平野は西北から東南へと、徐々に低くなっているのである。これが長船平野の地形の最大の特色といってよく、規模の違いこそあれ、香登平野においても同様なのである。

数年前(一九七〇年代半ば)、岡山県地方は台風の被害が顕著であったが、この長船平野も例外ではなかった。その被害の最大の特色は、平野東半部(旧国府村)にたまった水がなかなかひかないことであった。これは平野西半部ではみられない現象である。それはこの平野の地形がもたらした宿命的被害とでもいうべきものなのである。そして、それは今年(一九七九年)六月下旬の集中豪雨に際しても同様であった。つまり、平野東半部では現在でも深田が多いが、その地区の人々にとって最大の関心事は排水なのである。今では立派な排水路が完成しているが、大雨に対しては力及ばずといった状態であることは、右にみたごとく、被害がしばしば起こっていることからも察せられる(17)。先に掲げた史料Fに「如国領洪水宛満」とみえたが、そのありさまは、今でもこの平野においてみることができるのである。こういった事情を理解して、はじめて国衙が香登荘側の反対をおしきって大堤を守らねばならなかった事情を理解できるのである。

それはともかくとしても、この地形の特質と古墳分布の特徴とから、次のごときことがいえるであろう。この地域では、まず香登平野が徐々に水田化し、それに若干遅れて長船平野が西北端から少しずつ水田化されてゆく。香登平野の丸山古墳の周辺には標高六㍍前後の低地があり、しばしば冠水するが、おそらくこの付近は池（内湖）として残っていたに違いない。事実、古墳の北側と東側にはかつて「西沼」「東沼」と呼ばれる沼があったと伝えている。[18]また長船平野の東半部の低地も池（内湖）であったに違いない。こういった環境のもとで、水稲耕作が可能な地区――すなわち、香登平野および長船平野西部――で稲作を進めた人々の中から有力者が抬頭してくる。以上が弥生時代のこの地域の様相ではなかったろうか。そしてその後少しずつ水田は長船平野の奥へとひろがってゆく。また平野周辺の山麓からの開発も徐々に進展していったのであろう。そういった中から、有力な者が香登平野西部あるいは長船平野西北部にまず出現してこの地域の首長となり、死後大規模な古墳に葬られるに至る。そしてそういった首長の主導に負うところもあったに違いない。耕地のひろがりにつれて、長船平野の奥の方へと勢力もひろがり、古墳の分布もそれに伴って分散する。[19]しかし、当初の中心であった地域の人々の生活が途絶えたわけではない。それは、その後に出現する群集墳の分布からもうかがうことができる。

この地域の開発の様相は以上のごときものであったと私には思えるのである。なお、現在吉井川は長船町福岡集落の西側を流れているが、中世末（天正期）まではほぼ現在の大用水幹流付近――すなわち、福岡集落の東側、赤穂線の西側――を流れていたこと、このことを指摘しておこう。つまり、赤穂線は旧吉井川の自然堤防（砂州）上を走っていると考えればよいのである。

4

長船平野では排水が一つの大きな問題となっていたが、灌漑の方はどうであろうか。

まず考えられるのが平野周辺の丘陵からの流水であろうが、丘陵は低く浅いので多量の水は望めない。瀬戸内の平野でよくみられるごとく、このあたりでも谷の奥に溜池を造り、その水を農業用水としている。そういった状況であるので、この長船平野の水田を養うに充分とはいえない。したがって、吉井川の水に頼らざるをえないのはいうまでもない。

邑久郡一帯の水田を灌漑する用水として、大《おお》用水があることはすでに指摘した[20]。この大用水は新幹線鉄橋の一・二キロメートルほど上流の坂根堰（一ノ樋）で取水されて、船山古墳の西北にある二ノ樋で東用水を分け、その一三〇メートル下流で長船用水、さらに下流で服部用水を分けて、南の邑久平野の方へ流れている。このうち、長船・服部両用水は、香登川より西側の水田を灌漑するのみで、長船平野の奥に入らないので、東用水についてのみ説明しておこう。

東用水は、右にも記したごとく、二ノ樋で大用水から分かれるもので、船山古墳の北側をまわり、香登平野西半分の水田への分水を行ないつつ南下し、天神山古墳西北にある堂々橋横の逆サイフォンで香登川をくぐり、天神山古墳の近くで二つに分かれ、一流は同古墳の北を通って長船平野の北端沿いに流れつつ水田を灌漑している。もう一流も同古墳の西側を通って長船平野の中央部に入り、水田を灌漑している。そしてその悪水は長船平野の排水路たる千田川に落ちているのである。もちろん、この平野（とくに東部）の農業用水のすべてを吉井川からの水に頼っているわけでないことは、先に示したごとくである。一方、香登平野北部や東南部の水田は、溜池を活用しつつ背後の丘陵からの水に頼っているが、平野東部の水田は主に大ヶ池から流れ出る香登川の水に頼っている[21]。この香登川は、やがて悪水を集める排水路としてのみ機能しつつ、下流で大用水に合流し、その水は反復利用される。以上がこの地域の灌漑状況である。

ところで、その昔は今の灌漑状況とは異なっていたのであろうが、そのことを考える場合に、注意しなければならない点がある。まず、先に指摘しておいたごとく、吉井川は現在よりも東側を流れていたであろうことである。空中写真や地字から判断すると、長船平野付近では香登川あたりもかつては流路になったことがあるらしい。いつの時代にどこを流れていたかは、私には判断不可能であるが、現在の大用水あたりを流れていたと考えておけば大過あるまい。また溜池も少なかったか、あるいはなかったと考える必要もあろう。さらに、長船平野の排水は現在よりも困難であったであろうことも留意せねばならない。

その昔においても、長船平野の灌漑用水は吉井川に依存するところがあったであろうと考えるほかないのであるが、吉井川の水を引くようになったのはいつごろからであろうか。

さて、先に邑久郡一帯の国衙領を灌漑する用水路が古くからあったことを指摘しておいた。『和名抄』によれば、邑久郡には邑久・靭負・土師・須恵・長沼・尾沼・尾張・柘梨・石上・服部の一〇郷が存在する。[22] このうち、靭負・土師・須恵・石上・服部の五郷は長船平野に、長沼・尾張などの郷は邑久平野に比定できる。[23] このことや地形などから、その用水路の水のかなりの部分はこの長船平野を灌漑していたとみて間違いないであろう。しかも、Fに「当国往古公領之井口」とみえたことから、十二世紀の中ごろよりかなりさかのぼってさしつかえないであろうが、いつごろまでさかのぼることが可能なのであろうか。次にそのことを考えてみよう。

5

香登平野西端の船山古墳の東麓を二ノ樋で取水された東用水が流れているが、そのすぐ東側に船山遺跡があり、さらにその東に少し離れたところに大門遺跡がある（図5参照）。この両遺跡は、山陽新幹線建設に伴う事前調査として、一九六九年十二月二十日〜一九七〇年二月二十七日に、岡山県教育委員会によって発掘調査が行なわれている。[24] 調査の性格から、調査域は新幹線用地内に限られた狭いものであるが、非常に興味深い報告がなされている。

香登平野西北寄りの香登集落西端付近から船山遺跡の南方にかけて微高地がみられるが、船山・大門両遺跡はその

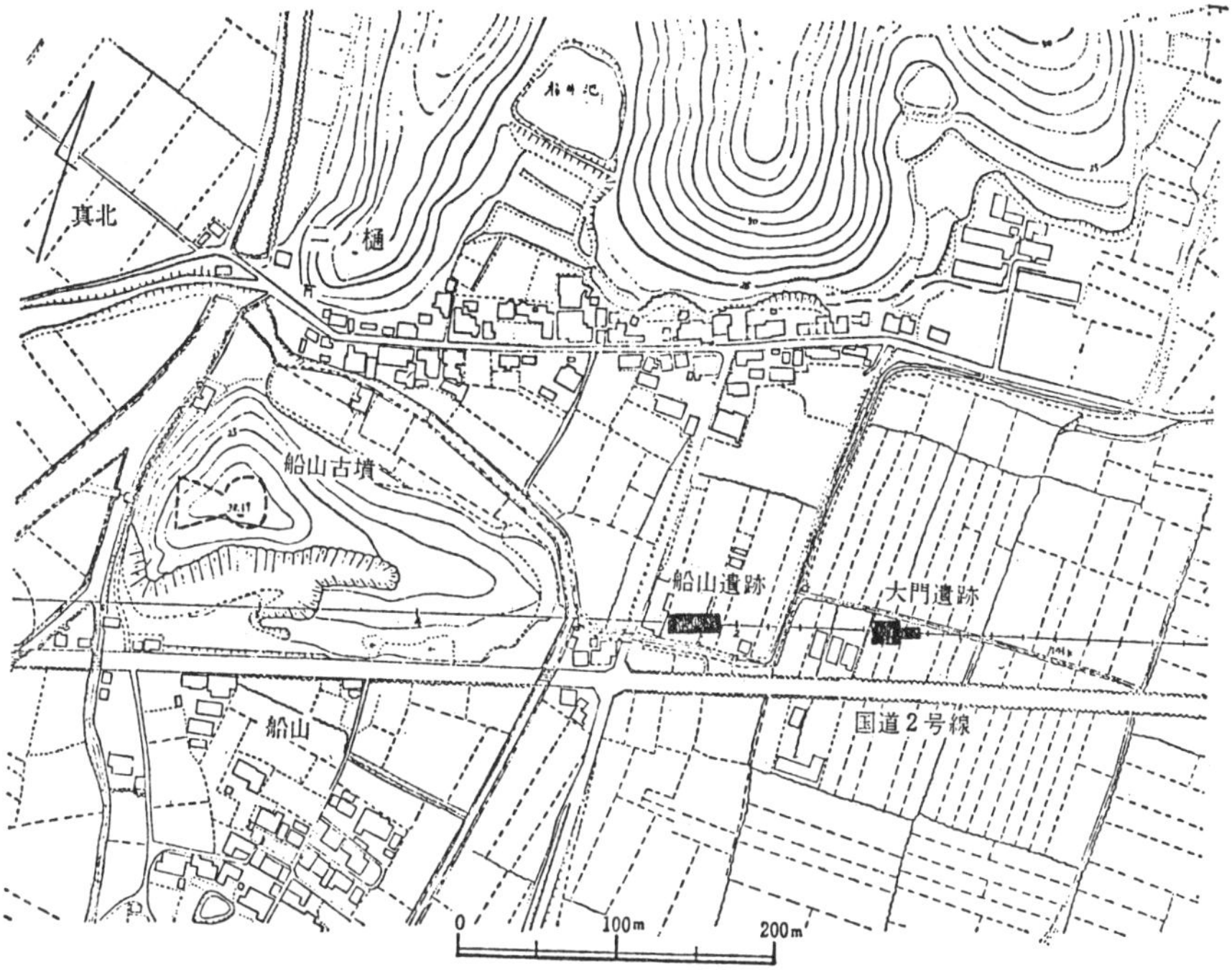

図5　船山遺跡・大門遺跡（岡山県教育委員会『埋蔵文化財発掘調査報告』1972.3より）

微高地上に位置している。そして、香登平野内では、現在のところ、これ以外に大規模な集落が立地する微高地は発見されていない。

さて、船山遺跡の調査域は三〇〇平方㍍であるが、住居址四、舟形土壙三、土壙一七、溝二の遺構、および遺物が発掘された。この地点では、弥生前期末から中期中葉までは継続的に生活が営まれていたと考えられるが、その後、後期末まで生活の痕跡が絶えているようである。そして弥生最終末ないしそれにつぐ段階に再び生活が営まれたが、これも短期間存続した後、住居地区としての機能を失った模様である、という。

次に大門遺跡であるが、調査域は三五〇平方㍍で、溝一、窯榔塚的遺構、築地状遺構およびそれに付属する暗渠遺構、条里制溝一の遺構、および遺物が発掘された。この遺跡には弥生時代の遺構はなく、また弥生式土器も「窯榔塚封土?」から数片出土しているのみ

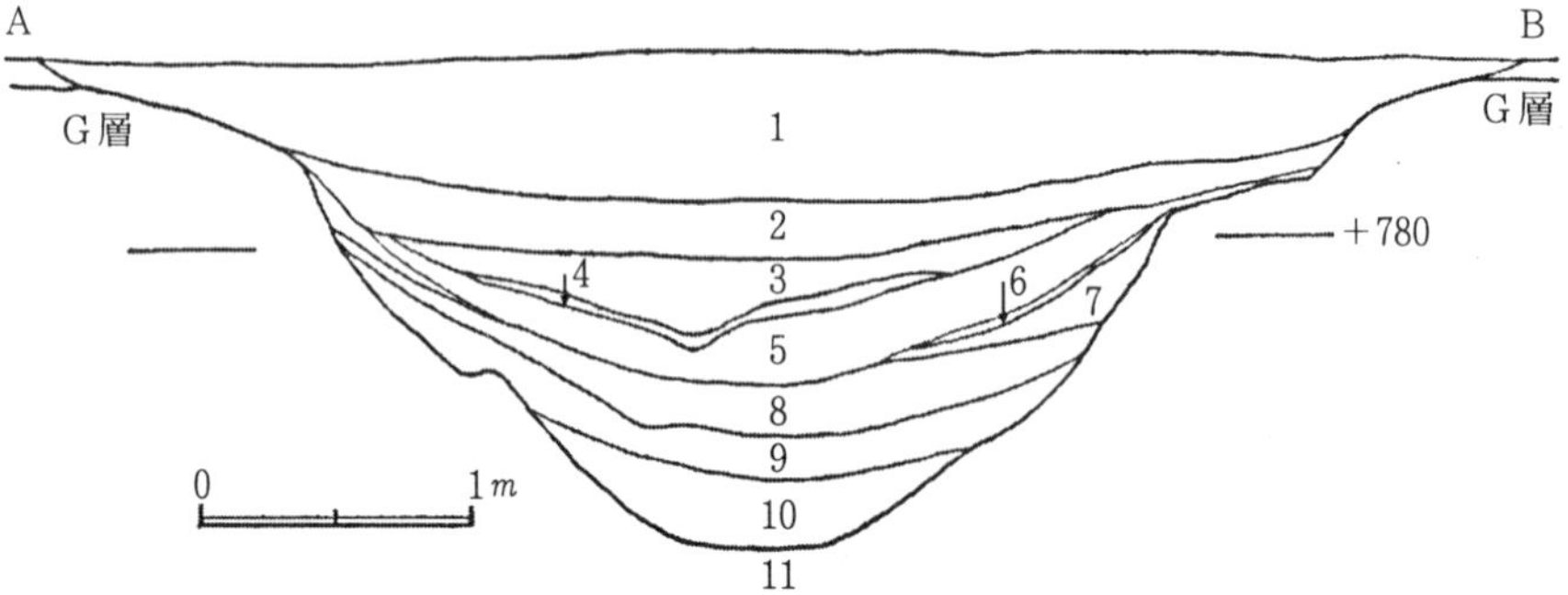

図6　溝2横断面図（岡山県教育委員会『埋蔵文化財発掘調査報告』1972.3より）
1黒褐色粘土　2灰色粘土(黄色粘土ブロック混り)　3暗灰色粘土　4暗灰色粘土(植物を含む)　5暗灰色粘土　6黒色粘土　7緑味灰色粘土　8黒色粘土(植物を含む)　9黒色粘土(青灰色粘土のブロックを含む)　10灰色粘土　11緑味青灰色粘土

で、弥生時代の生活の痕跡は希薄である。それ以後も住居址はないわけであるが、遺物は室町時代のものまでみられ、この付近で長い間にわたって生活が営まれていたことが知られる、という。

このように、大門遺跡については確言できないが、船山遺跡においては、弥生時代に人が生活していた跡が認められるという。しかも、船山遺跡は船山古墳の南の方にもひろがっており、そこでも弥生時代以降の土器の散布がみられるという。このことは、本稿で主張してきたことと矛盾がなく、ピタリと符合するというべきであろう。

ところで、非常に興味深いのは、この両遺跡から溝が発掘されたことである。船山遺跡からは、溝は二本発見されたが、その内の一本は小規模で掘った長さも短く年代も不明であるという。もう一本は非常に大規模であり、本来の幅も三㍍をこし、残存する深さも一・七㍍をこえている(図6参照)。この溝は、調査域の西端寄りを西北から東南方向に走っていて、弥生最終末ないしそれにつぐ時期のものとみられる住居址を切って掘削されており、灌漑用の幹線水路として使用されたものに違いないという。報告書には、

　取水は吉井川の可能性が大きく、二の樋地区付近からのびてくるものであろう。人為的に掘削されたことに疑問の余地はなく溝というよりも川の感を与える。大溝と呼ぶにふさわしいものである。後述

する大門遺跡のほぼ同時期の幅約一・八㍍の溝との関連性も十分考えられる。投加労働量は相当量のものであると推定される（中略）この大溝の掘削は周辺に分布する前期古墳の築造と密接な関連をもつであろう。それは、近年やっと緒についた日本古代社会における農業生産力および技術の発展を解明する上で一つの示唆を与えるものと考える。

とみえるが、この説明に何の異論もあるまい。

さて、大門遺跡の溝は、調査域西南端に存在し、西北方向から東南方向へ流路をもつと考えられ、幅一・八㍍、深さ六〇㌢㍍の人為的に掘削された溝で、古墳時代前期前半の終末期前後に埋没したと考えられるという。そして、おそらく、船山遺跡の溝も同時期のものと考えられるという。

先に私は、古墳時代前期に、有力な者が香登平野西部あるいは長船平野の西北部にまず出現してこの地域の首長となったこと、そしてやがて長船平野の奥の方へと勢力がひろがっていったこと、などを推測しておいた。その際、その歴史的背景として、耕地のひろがりを指摘しておいた。香登平野に限っていえば、それが誤りでないことはこの両遺跡が物語っているわけである。しかしそれにとどまるものではない。古墳の分布や史料B・Fなどを参看した場合、長船平野においても同様に考えてさしつかえないものと思われる。両平野における条里制地割の施行、そしてその後の歴史の展開も、おそらく、吉井川から引く灌漑用水に依拠するところ大とみるべきであろう。

以上より、この地域の古墳時代における飛躍的な発展は、稲作の展開に伴うものであることはもちろんであるが、それを可能としたのは吉井川からの灌漑用水であったと結論してさしつかえないであろう。おそらく、その工事を主導したのは、この地域に現われた首長たちであったと思われるが、その工事によって耕作可能となった土地からの収穫が、また彼らの富と勢力とを増大させたのであろう。そして、この地域におけるこのような開発の展開を前提として、やがて条里制地割が施行されることとなるのである。ただ、その場合も、両平野内にはまだ条件の悪い低湿地ないし池沼があったであろうことに留意する必要がある。平野の入口の方が高いという地形的特徴のため、排水が困難であったがゆえに、その低湿池（池沼）はなかなか消滅しない運命を背負っていたのである。

そういった条件をもちつつも、この地方はその後も発展をとげるのである。それは、長船平野あたりに比定できる和名抄郷が多いことからも推測できるし、その後の遺跡の分布からもうかがうことができるのである。

くり返し述べたように、長船平野西北部はこの地域の古い古墳の発生地であるが、その一つである花光寺山古墳のすぐ隣りには、白鳳期の創建と考えられる服部廃寺跡があり、白鳳・天平・平安期の瓦が出土している。[25]また、香登平野東北部には、奈良時代前半期の創建と考えられる大内廃寺跡があり、天平期の瓦が出土し、また礎石と思われる石も残っている。[26]さらに、最近香登集落内の万長姫神社に、それとほぼ同時期の創建と考えられる寺院址（香登西廃寺）が発見されている。[27]そういった寺院は、その付近に住む有力者の手によって建立されたものに違いないが、このことからも、この地域にいぜんとして有力者が蟠踞していたことが知られる。彼らは、この地域に勢力を張る首長とみてよいが、その下には、この周辺の耕地をこつこつと耕す人々がいたことも忘れてはならない。大門遺跡に遺物を残した人も、その一人であったに違いない。

6

次に条里制地割についてふれておこう。[28]香登平野における条里制地割の阡陌の方向はほぼ東西南北をさしている。丸山古墳の周辺で地割が乱れているのは、そのあたりがかつては池沼であったためであろうか。また長船平野においては、阡線（南北に走る里坪の堺線）の方向はN35°E偏している。この平野においては、東部に条里制地割のみられない地区があるが、その付近は既述したように、かつては池沼であったと思われる。

表1　郡郷変遷表

～715 ～霊亀1	721 養老5	726 神亀3	740～ 天平12～	766 天平神護2	769 神護景雲3	788 延暦7	和名抄
〔赤坂〕 〔邑久〕＜香止里＞	〔藤原〕 →	〔藤野〕	＜嶋村＞	□ □ □ ＜香登郷＞	〔藤野〕→〔和気〕	（河西を磐梨郡とす）	＜坂長＞ ＜藤野＞ ＜益原＞ ＜新田＞ ＜香止＞ ＜珂磨＞〔和気〕
			〔赤坂〕	＜珂　磨＞ ＜佐　伯＞			
			〔上道〕	＜物　理＞ ＜肩　背＞ ＜沙　石＞			＜物理＞ ＜肩背＞ ＜磯名＞ ＜石生＞〔磐梨〕

㈱〔　〕は郡名　＜　＞は郷名　→は改称

拙稿「備前国香登荘関係史料について」『岡山大学教育学部研究集録』50ノ1所収より

ところで、この両平野の条里制地割方位の違いはいかなる意味をもつであろうか。その両者の郡の帰属に留意するむきもあるが、[29] それはあたらないというべきであると思う。なぜなら、『和名抄』では、香登平野に比定される香登郷（のちの香登荘）は和気郡に属し、長船平野の諸郷は邑久郡に属しているが、香登郷は本来邑久郡に属しており、邑久郡から分割されて藤野郡（のち和気郡と改称）に編入されるのは、天平神護二年（七六六）のことだからである。また、以上でみたごとく、両平野の歴史は一体のものとして把握すべきと思われるからでもある。

長船平野は、たびたび指摘したように、西北から東南へと傾斜している。条里制地割方位の偏位はN35°Eであって、阡線はほぼ等高線に平行し、陌線（東西に走る条坪の堺線）はそれに直交していると考えてさしつかえないのである。要するに、両平野における条里制地割方位の相違は、政治的要因にもとづくとみるべきではなく、単なる地形的要因にもとづくものであると考えてさしつかえないのである。

さて、右に述べたごとく、香登・長船両平野の八世紀前半までの歴史は一体のものとしてとらえるべきであるが、その後、この二つの平野は別の途を歩むこととなる（表1参照）。先にもふれたが、香登郷は当初、長船平野の諸郷と同じ邑久郡に属していたが、天平神護二年に藤野郡（和気郡）に編入される。その後、この和気郡のうち、吉井川以西の諸郷は磐梨郡となり、また別の歴史を歩むのである。この間の推移は、この地方における和気氏の抬頭などと深くかかわると思われるのであるが、[30]ここではそのことを指摘しておくにとどめたいと思う。

7

十二世紀の中ごろ、この地域で起こった事件の発端は次のごときものであった。

すなわち、吉井川が増水して井口が決壊し、その井口から濁流が用水路に流れ込んで邑久郡（長船平野）の国衙領は水浸しとなった。そこで国衙は香登荘の傍らに大堤を築いて、国衙領に水が入るのを防ぐと同時に新堀を造った。それで国衙領は助かったが、今度は洪水によって香登荘内に水が入り、「池成田」ができてしまったのである。本稿では、この地域の前史を考察し、古くより吉井川からの引水が不可欠であったこと、そして、地形の特徴から、一度平野に水が入ると排水が困難であったこと、などをみてきたが、そのことを念頭に入れれば、右の事件の内容も理解が容易となるのである。

ところで、その時に決壊したという井口はどこに存在したと考えるべきであろうか。結論を先にいえば、私は、その井口は現在の二ノ樋付近にあったと考える。[31]私がそう考える根拠は次の通りである。

第一に、国衙が堤を造った場所は香登荘の傍らであるが、井口はそれより上流にあったと考えるべきであること。

第二に、船山古墳から南へ微高地がのびているので、長船平野に水を入れるには、現在の東用水のように、その微高地の東側を流すのが最善であるが、そのためには、二ノ樋付近で引水して船山古墳の北をめぐらす必要があること。

第三に、二ノ樋付近から水を引く溝が存在したことは、船山遺跡の報告書にもみられたこと。第四に、二ノ樋付近は背後に小山塊（船山古墳）があって、それに守られているため、比較的安全と考えられること[32]、などである。

次に、「池成田」は香登平野の地形からみて、丸山古墳の周囲にひろがる低地に比定できると思われる。先にも指摘したが、かつては丸山古墳の東側には「東沼」、北側には「西沼」があったといわれており、古墳の西南も含めて、現在でも水はけが悪く、大雨にあうとすぐ冠水してしまうのである。香登平野に「池成田」を求めるとしたら、このあたりをおいて他にはあるまい[33]。なお、平野西南端にある畠田集落もよく冠水にみまわれていたということもつけ加えておこう。

ところで、国衙側の主張が通って、その「池成田」四一町五反一五代はそのまま犠牲となったが、代わりに香登荘の傍らにある靫負・服部両郷のうちから、「便宜作田」二〇町八反が便補された。それを「服部新庄」というが、この「服部新庄」はどのあたりに比定されるであろうか。

そのヒントは、便補された地が靫負・服部両郷に所属していたこと、そしてその「服部新庄」という名称である。靫負郷・服部郷ともに和名抄郷であり、靫負郷は両平野界丘陵の西にある長船町長船集落あたりに比定されており、服部郷は長船平野西部に比定されている。便補された地は「服部新庄」とあるから、この二郷のうち、服部郷を中心として便補されたのであろう。したがって、その付近をさぐればよいことになる。そこでそれをさぐるために、まず現在の行政区画を調べておこう（図7参照）。

現在、香登平野は備前市に、長船平野は主として邑久郡長船町に、それぞれ属すが、この両市町の境界は意外と複雑なのである。長船平野の東側における両市町界は丘陵の尾根筋をほぼたどっており、北上して西大平山付近から西に向かって両平野界丘陵の尾根に至る。ここまでは常識的な行政区画界であるが、ここから境界線は、尾根筋を西に向かわず、意外な方向に進むのである。すなわち、一転して境界線は南下し、条里制地割遺構に沿って長船平野の中

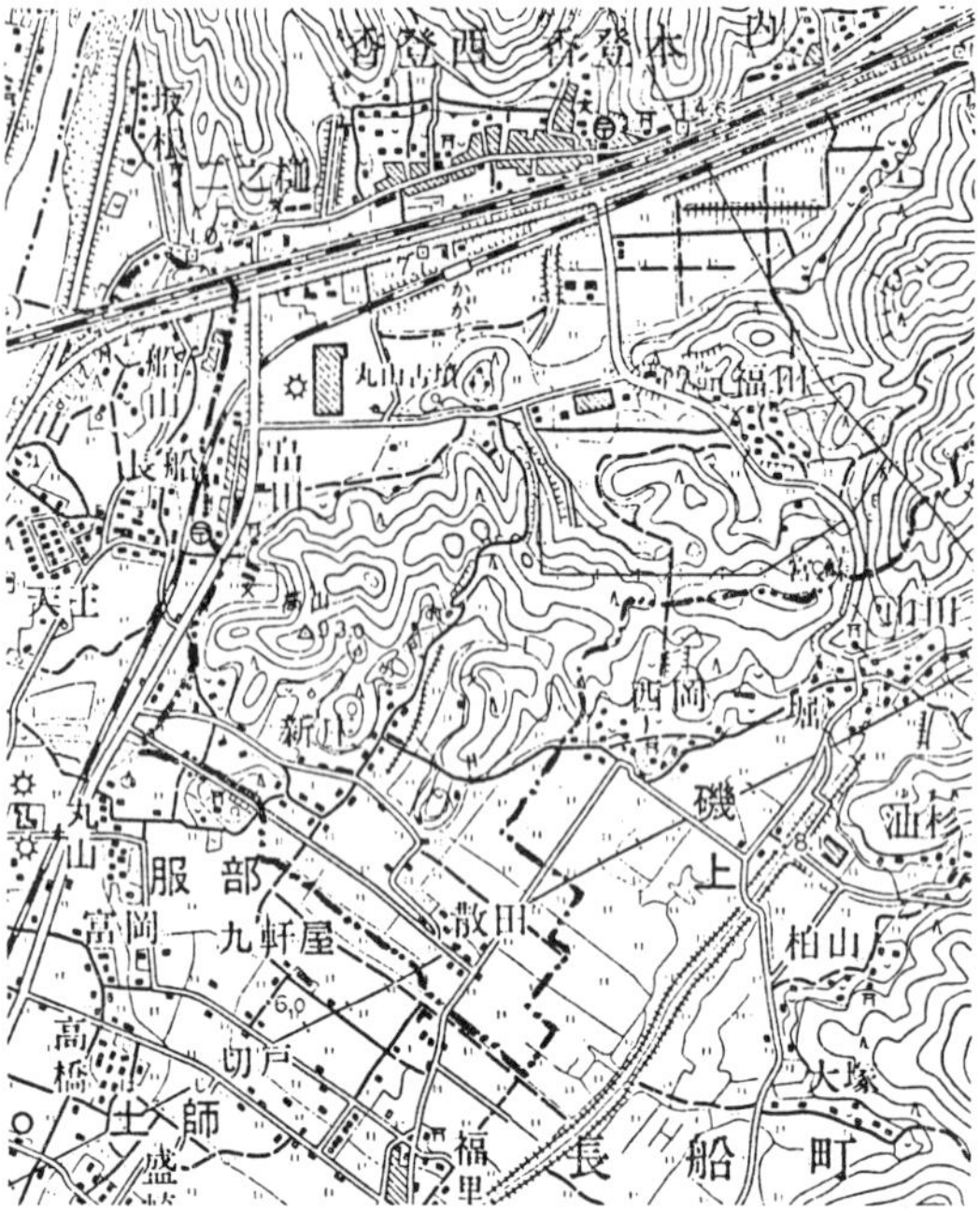

図7　和気（5万分1）より、備前市（上部）と長船町（下部）との境界線

央北部を走り[34]、花光寺山・天神山両古墳の真中をぬけ、香登川に至るとその川の中央を北上し、東用水との交差点（逆サイフォン）にくると今度は東用水の中央を北上して二ノ樋に至って、そこから西南に転じて吉井川に至るのである。このようにみると、この境界線は、二つの興味深い動きをしていることに気づこう。まず第一に、境界線は突如長船平野に張り出して、平野北端の一部は備前市になっていることである。そして第二に、東用水が境界線となっていることである。

まず、右の第二点から考えてみよう。二ノ樋から取水された東用水が境界となっているということは、とりもなおさず、その用水が重要な意味をもっていることを示す。なぜなら、下流の農民にとって大切な用水が他村落内を通過するのであれば、上流の村落に負目を負うことになるからである。境界を用水が走るのであれば負目は皆無となるか、ずっと軽くてすむ。

さて、次に第一点であるが、ここで懸念されるのは、現在の市町界は近年の市町村合併によるものではないかということである。しかし、これについては心配はない。幸い現在の備前市域はもと和気郡に属し、長船町域は邑久郡に属しているため、現境界は郡界として、江戸時代の絵図においても確かめることができるからである。したがって、長船平野に張り出した備前市のこの部分こそ、「服部新庄」ではないかと考えることが可能となろう。この地のすぐ西南部には、服部郷に比定される長船町服部地区があり、まさに「服部新庄」と呼ばれるにふさわしいと思われるのである。

以上より、長船平野に張り出した備前市域が「服部新庄」の地ではないかと推測できるのであるが、私は、そうであると断定したいのである。それは、その張り出し部分の地名を知ることによって判明する。そこを現在「備前市新庄」という。この地は、江戸時代は備前国和気郡新庄村であり、明治に入って香登平野側の坂根・福田・畠田の三村と合併して鶴山村となり、現在は備前市に合併されている。すなわち、平安時代の便補の地は、そのまま現在の行政区画として、またその名は「新庄」という地名として、今に残っているのである。

香登荘の研究を手につけた当初、地元の人に会うごとに、〝新庄は山向うなのに、なぜ備前市になっているのですか〟と尋ねたが、誰からもかえってくるのは、〝わからない〟であった。しかし、今や、〝「新庄」が備前市に含まれているのは、平安時代末期に、香登荘の「池成田」の代わりにもらったからだ〟と明快に答えることができるのである。

このように、この地域は、古い歴史をそのまま今にひきついでいるのである。この地域の歴史をみるとき、私には平安時代がさほど遠い過去であるとは思えないのである。

おわりに

十二世紀の中ごろ、備前国香登荘で起きた事件を手がかりとして、この地域の歴史を調べてみたが、次のようなことを明らかにしえたと思う。すなわち、この地域の歴史は香登・長船両平野の耕地のひろがりと深いかかわりがあること、またその地形の特徴から古くから水利が大きな問題であったこと、さらには香登荘に便補された地が「新庄」

という地名で香登平野と同一行政区域に属すこと、などである。また、次のことを強調しておきたい。私は先に、近江国愛智荘故地の開発について研究し、条里制地割施行以前の古代における水利・土木技術の問題についてふれたことがあるが、[35]本稿において、また一つの事例を提示しえたように思う。

しかしながら、残された課題も多いといわねばならない。今それらを列挙してみると、①この周辺の古代勢力の問題、②この付近にみられる靭負・土師・須恵・服部といった郷名のもつ意味に関する問題、③この地域で行なわれた窯業の問題などがあろう。

この地域には、古い時代に大陸からの渡来人が住みつき、以後の歴史の発展の担い手となったといわれているが、そのことと、右のことはどのように結びつくのか。これらはすべて今後の課題といわねばならない。

ところで、研究を進めてきて感じたのは、岡山県地方における古代・中世史研究の欠如であった。[36]たとえば、この香登荘については、数は多いといえないがいくらか史料はあるにもかかわらず、従来、一言も言及されたことはないのである。[37]そういった現状なので、本稿がその礎になればと願っている。

注

（1）この廃寺は従来「香登廃寺」と呼ばれていたが、「香登西廃寺」発見以後、岡山県教育委員会では「大内廃寺」と呼び直したのでそれに従う。この点、岡山県教育委員会『岡山県埋蔵文化財報告一』（一九七一年三月）、および後述を参照。
（2）現在の立派な水門は一九七八年三月完成したもので、それ以前の堰はその上流に現存している。
（3）拙稿「備前国香登荘関係史料について」（『岡山大学教育学部研究集録』五〇ノ一、一九七九年、所収）。以下、単に「旧稿」と呼ぶ。
（4）旧稿で指摘しておいたが、文意不明の箇所は、『根来要書』における行替り部分である。おそらく、転写の際にとばして記したためであろう。

（5）　日本古典文学大系本『日本書紀』岩波書店、一九六七年、上巻三〇〇頁、頭注六。
（6）　たとえば、谷川澄夫『岡山県の歴史』（山川出版社、一九七〇年）七二頁、間壁忠彦・間壁葭子『古代吉備王国の謎』（新人物往来社、一九七二年）など。
（7）　高梁川は、古くは総社市付近から東に曲り、現在の足守川につながる流路をもっていたといわれている。
（8）　以下については、間壁忠彦・間壁葭子、前掲注（6）書、近藤義郎・上田正昭編『古代の日本4中国・四国』（角川書店、一九七〇年）、岡山県教育委員会『岡山県遺跡地図』などを参照。なお、岡山大学考古学研究部編邑久地域遺跡見学会用パンフレット『邑久』が参考になったことを記しておきたい。
（9）　後にもふれるが、吉井川は長船平野付近では現在よりも東側、赤穂線の少し西側を流れていたと思われるので、以下の叙述では、赤穂線より東側を長船平野と呼ぶことにする。
（10）　この二つの古墳はほぼ同時期に造られたとみてよいという。
（11）　ここでは、通説的な時期比定に従ったが、岡本明郎氏によると、同古墳出土の副葬品に、貝釧・画文帯神獣鏡などがあるので、もう少しさかのぼる可能性があり、また上述の古墳などとは系列が異なるのではないかという。この古墳については、梅原末治「岡山県下の古墳調査記録㈡」（『瀬戸内海研究』9・10合併号、一九五七年）を参照。
（12）　この古墳については、岡山県教育委員会『埋蔵文化財発掘調査報告一——山陽新幹線建設に伴う調査——』（一九七二年三月）が、「築山古墳はこれらの地域において東南端に位置しており邑久平野との関連も考えられ、これらの集団として把握すべきものか否か、また両地域の統一的位置を示すのか否か検討される必要がある」（三三頁）と述べているのが参考になろう。
（13）　ただし、『岡山県遺跡地図』には「古墳前期？」となっている。
（14）　ここでは、通説的な時期比定に従ったが、岡本明郎氏によると、通説は、同古墳から須恵質陶棺片が出土したことやその名称から時期比定を行なったのであろうが、古墳自体が造られたのはもう少しさかのぼり、右の陶棺などは追葬されたものではないかという。
（15）　以下の微地形については、「備前都市計画図」「長船町都市計画図」（いずれも二五〇〇分一）、および空中写真解読による。

(16) この付近は、かなり後まで池（内湖）または湿地であったと思われ、「島」は文字通り島だったのであろう。

(17) 「吉井川の潮位、洪水位が高いため旧国府村一帯は洪水時には排水困難となることがしばしばある」（永田恵十郎『日本農業の水利構造』岩波書店、一九七一年、一二六頁）。

(18) 吉井川（一級河川）水系の治水は国が担当するが、かつて責任者が香登川（吉井川支流）の起点は「三ツ頭」（丸山古墳の西端部）であると報告したため、それより下流の香登川は国によって整備されたが、それより上流は未整備なので、今でも増水時には排水が困難だという。

(19) この前期の大規模古墳の立地の変化が、勢力の交替によるものか、根拠地の移動によるものなのか、単なる古墳造営地のみの移動なのかは一つの問題であろう。この場合、前掲注（11）に示した岡本明郎氏の指摘にも留意する必要があろう。

(20) 永田恵十郎、前掲注（17）書の第二篇「農業水利秩序の存在構造」の第二章「河川灌漑地帯における農業水利秩序の存在形態―岡山県吉井川下流（左岸）の場合―」は、副題から知れるごとく、この大用水を扱っている。この論文から学んだ点が多いが、同論文で指摘している事柄にふれることは、紙幅の関係で省略した。

(21) 大ケ池の水は、反対（東側）の片上側の水田をも灌漑している。

(22) 念のために述べておくと、『和名抄』の段階では、香登荘域の前身たる香登郷は和気郡に属している。この点後述する。

(23) なお、尾沼・柘梨両郷の故地は不明とされている。

(24) 以下、船山・大門両遺跡については、前掲注（12）『埋蔵文化財発掘調査報告一―山陽新幹線建設に伴う調査―』に、全面的に依拠した。

(25) 『岡山県史蹟名勝天然紀念物調査報告』第五冊、『岡山県通史』上編（岡山県、一九三〇年）などを参照。なお、間壁葭子「官寺と私寺」（『古代の日本4中国・四国』前掲注（8）所収）二六九頁を参照。

(26) 『岡山県史蹟名勝天然紀念物調査報告』第五冊、『岡山県通史』上編などを参照。

(27)　岡山県教育委員会『岡山県埋蔵文化財報告』(一九七一年三月) を参照。
(28)　以下、条里制地割については、『岡山県史蹟名勝天然紀念物調査報告』第七冊、永山卯三郎『岡山県農地史』(岡山県庁、一九五二年) などを参照。
(29)　前掲注 (12)『埋蔵文化財発掘調査報告一—山陽新幹線建設に伴う調査—』五八頁
(30)　とりあえず、平野邦雄「吉備氏と和気氏」(『古代の日本4中国・四国』前掲注 (8) 所収) を参照。
(31)　現在では二ノ樋より上流の坂根堰で取水しているが、二ノ樋より上流の用水路は後世に造られたものと思われる。また、かつては、吉井川の河床はもう少し東側まであったと考えられる。
(32)　但し、あくまでも「比較的」であり、万全でなかったことは、史料B・Fが語る通りである。
(33)　地元の郷土史家島村岦氏は、「備前通史 (香登地区) 一」(『農協だより　びぜん』八五) で、「池成田」を大ケ池と結びつけて考えておられるが、その説は成立しがたい。
(34)　この境界線は、条里制地割に沿って、稲妻形に複雑に曲がりつつ、平野の中を南に向かった後で西進するが、よくみると、平野東部の深田地区 (かつての池沼ないし低湿地) をうまく避けていることが知られる。
(35)　拙稿「近江国愛智荘故地における開発と灌漑」(『地方史研究』一三八、一九七五年。本書第I部一章)。なお、拙稿「畿内農村の変貌」(亀田隆之編『古代の地方史3畿内編』朝倉書店、一九五四年所収。本書第I部三章) において、大和国櫟荘を例として条里制地割施行後の水利・土木技術の問題を扱った。
(36)　岡山県地方では、古代史については、ほとんど考古学者によって研究が進められてきた。また、とくに荘園史研究は遅れている。
(37)　たとえば、永山卯三郎『岡山県農地史』の香登荘の項をみても、清水正健編『荘園志料』(角川書店、一九六五年) を丸写ししたものにすぎない。なお、『岡山県大百科事典』(山陽新聞社、一九八〇年) には香登荘の項があり、かなり詳しい説明がなされているが、大部分は旧稿の年表を写したものでしかない。

〔附記〕　本論文では、景観の復元作業のための図版は省略していることを明記しておく。最近、景観復元図を多数例示する論文がみられるが、景観復元図を多数例示することが歴史地理学的手法であるわけではないと思う。要は、それをもとに、その地域の歴史をいかに叙述するかであろう。

備前市新庄地区の特異な行政区画割りの理解については、本論文での理解が受け入れられたようである。なお、文中にもられる邑久郡長船町は、邑久郡邑久町・牛窓町と合併し、瀬戸内市となった。

三　畿内村落の変貌

はじめに

古代から中世への移行期において村落がいかなる変貌を遂げたか、という問題についての研究が本格的になされるようになったのは、戦後になってからのことであるといえる。その際、研究史的には、二人の研究者の業績がその出発点となったといえよう。すなわち、一つは、従来の比較法制史・社会経済史研究が、律令制＝古代的、荘園制＝中世的と評価していたのに吟味を加え、荘園が中世村落と本質的に異なるものであることを指摘した清水三男の『日本中世の村落』（校倉書房、一九七四年）をはじめとする一連の成果である。他の一つは、清水の業績を高く評価しつつも、清水にみられる荘園制の評価の一面性――荘園制が中世の形成過程において占める位置、これが第二義的になっている――を克服するためには、中世的領主の端緒的形態を平安時代に探るという問題の提出でなく、平安時代そのものの歴史的構造の分析から始めねばならない、との評価を下し[1]、荘園制は律令制を崩すが、本質的には中世的＝封建的性格をもたず、封建的土地所有の形成は、荘園制に対抗しそれを否定して行く領主制にある、と主張した石母田正の『中世的世界の形成』（東京大学出版会、一九五七年）である。そしてその描く村落像は、前者においては牧歌的・静止的であり、後者においては戦闘的・動態的であるというように対極的なものであったが、ともに戦後の村落史研究に大きな影響を与えたのであった。

ところで、石母田には、「辺境地方が重要な歴史的意義をもってきたことは中世の発端の特質をなす点で、古代研究が都市及び畿内から始まるのに対して中世の研究は辺境から始めねばならない」(2)との認識があったが、この立場も後の研究を大きく制約し、畿内地方の「中世化」の研究は大きく立ち遅れたといわざるをえない。その要因としては、戦後中世史研究の一大関心が領主制をめぐる問題に集中した、という問題関心＝研究課題上の理由もあろうが、耕地・集落を景観的にうかがえる史料は多いが、その変貌の様相を具体的に知ることのできる史料は少ない、という史料上の理由にもよろう。

さて、本稿の課題は、古代から中世への過渡期における畿内村落の変貌の様相を垣間みることにある。しかし、右から知れると思うが、その具体的な推移を知ることのできる史料は少ないし、また筆者の能力でどの程度明らかにしえるか心もとない。そこで、本章では、畿内村落の変貌の一般的様相を述べることは最少限にとどめ、東大寺領大和国櫟《いちい》荘の事例をあげて、具体的に述べることにしたい(3)。

ところで、歴史地理学的方法が採用され、研究が大きく進展した現在にあっても、古代の開発がいかに進められてきたかについては必ずしも十分に明らかにされてきたとはいいがたい。ひとり北陸の東大寺領初期荘園の研究のみが進展しているといってよいが、畿内に関しては、例えば櫟荘の場合など、古代史家によってはほとんど取り上げられたことがなく、そのため、貴重な開発の跡が何らの手もうたれることなく、名阪国道（国道二五号線）の犠牲となってしまったのである。また、これと同じようなケースとして、近江国愛智《えち》荘（大国郷）の例がある。古代行政区画上、近江国は東山道に属すが、経済的にも政治的にも畿内の一部と考えてよいであろう。ここではそういった配慮から、近江国愛智荘の事例をも取り上げてみることにする。

1　大和国櫟荘の開発

(1)　櫟荘の故地

名阪国道　一九六五年（昭和四十）十二月十六日、名古屋と天理インターを結ぶ名阪国道が開通した。この名阪国道は、二年ほど前から用地買収に入り、前年五月にほぼ全線同時着工し、その前日に全線の竣工をみたのであった。さて、名阪国道は奈良盆地に飛び出す前の少し東側でしばらく谷間を通る。この谷が高瀬川の流れる岩屋谷である。この付近も名阪国道の突貫工事中はダンプカーが砂ぼこりを上げて行き交い、ブルドーザーが谷間に騒音をとどろかせ、工事の人達が汗を流していたことと思われる。しかしながら、この工事に従事した人の中に、その昔この谷で同じように大勢の人びとが汗を流したことがあった、という事実を知っていた人は一人もいなかったであろう。といっても、そのことを知っている研究者も極めて限られた人数でしかないのだから、それも無理のない話である。

その昔ここで行われた工事は、東大寺がその所領たる櫟荘に水を引くために行ったものであるが、その開発の様相をうかがう前に、この櫟荘およびその周辺の領有関係をあらかじめ念頭においておこう。

櫟荘とその故地　図1を参照していただきたい。これは櫟荘およびその周辺の領有関係を図示したものであるが、ここでは官省符荘東大寺領櫟荘（以下、単に「櫟荘」という）が主人公である。櫟荘はごらんのように、五条三～四里の北辺（Aブロック）、六条三～四里の北辺一部（Bブロック）、五条五里・六条五里の一角（Cブロック＝「畠」）[4]、の三つの部分よりなる。そして、諸官司・寺社田に混ざって公田が楢川流域および櫟荘南側に多い、ということを記憶にとどめておいてほしい。

図より知れると思うが、櫟荘の故地は、奈良県天理市櫟本町一帯であり、国鉄桜井線櫟本駅が最寄駅である。駅を

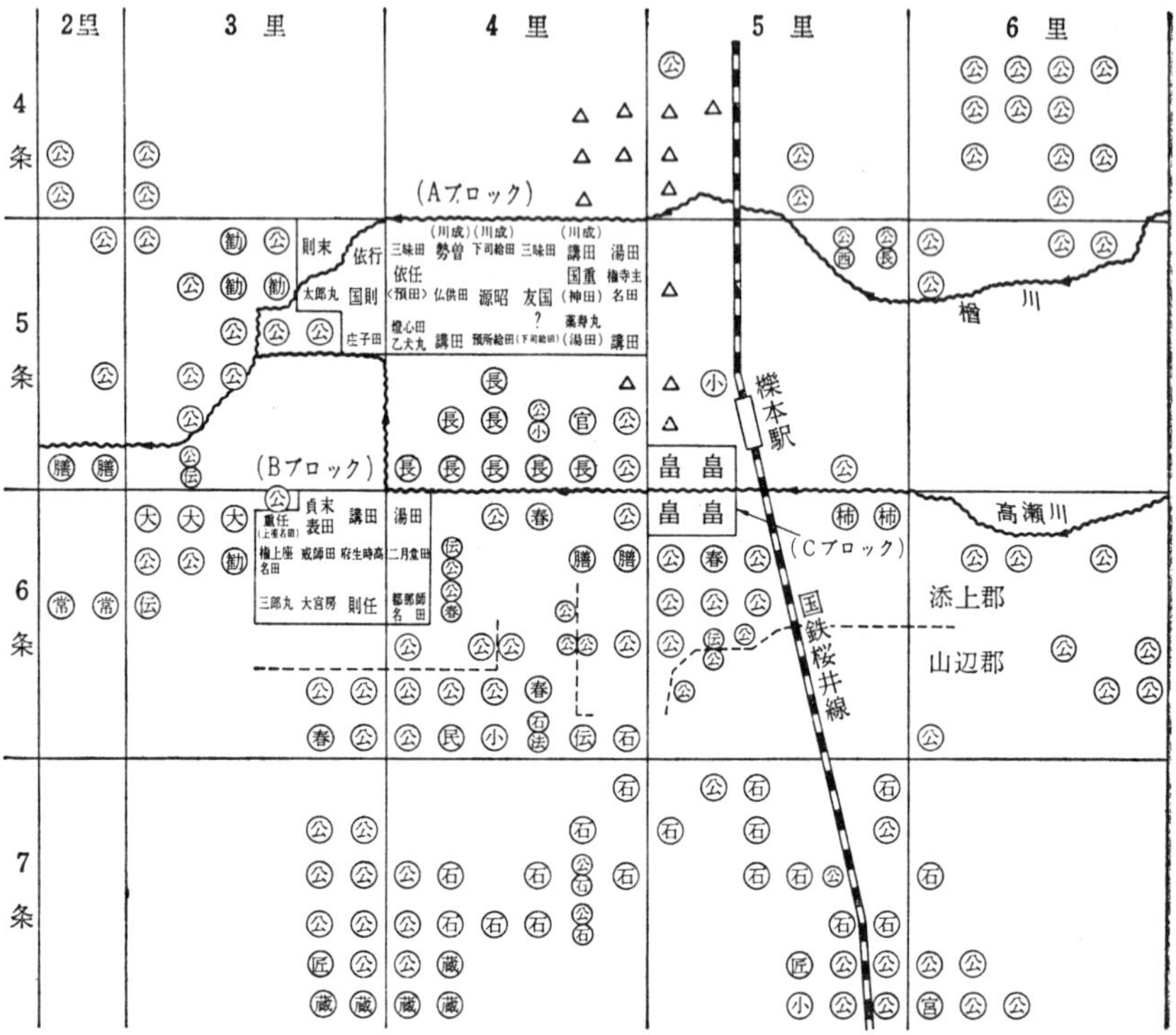

図1　櫟荘およびその周辺の領有関係

無印：官省符荘櫟荘（『平安遺文』5巻2374号文書による），○印：興福寺雑役免荘（『平安遺文』9巻4639号文書による）＝(公)；公田，(長)；長寺田，(西)；西金堂田，(官)；官田，(膳)；膳夫寺田，(伝)；伝法院田，(春)；春日神戸田，(柿)；柿本寺田，(勧)；勧学院田，(小)；小一条院田，(大)；大后寺田，(常)；常楽会免田，(民)；民部卿御位田，(石)；石上寺田，(匠)；内匠寮田，(宮)；春宮大夫御位田，(蔵)；内蔵寮田，(法)；法興院田，△印：香菜免田櫟北荘稲吉名（『平安遺文』4巻1531号文書による）

出て右手に線路沿いを進むと二〇〇㍍ほどで小河川にぶつかる。これがかつての高橋川たる高瀬川である。川の土手に造られた道を右手に進んでみよう。線路を越えて少し歩めば、そこの両側はもうかつてのCブロックであり、いまは住宅地となっている。住宅地をぬけ、右手に添上高校を過ごすと、天井川となり、道からの見晴しがよくなって、かつてAブロックのあった区域が北方にみえる。川が直角に北に曲がるあたりの南側の部分がかつてのBブロックである。その反対側すなわち川のコーナーの内側一帯は、川が天井川となったために水はけが悪く、耕地として不適なので、いまでは団地となっている。

この付近の土地にかかる水は、北辺部分のごく一部のみが楢川からの引水であるが、大部分は高瀬川からの引水である。この高瀬川こそ、岩屋谷から流れ出る川であり、その昔に行われた工事というのも、じつはこの高瀬川（かつての高橋川）にかかわる工事なのである。

すなわち、この高瀬川は地形的にみれば、もう少し南へ寄って山辺郡――櫟荘は添上郡――へ流れるべき川である。現地に立てばすぐ知れるごとく、奈良盆地に出る少し東側の岩屋谷では、谷の沖積部は南に向かってわずかに傾斜しており、流路としては谷の南沿いが自然と考えられ、事実そこには流路が現存する。それに対し、現高瀬川は谷の北沿いを流れているが、流路は不自然に侵食しており、明らかに自然の流路としてはそぐわない。地元の人は高瀬川を『人工の川』であろうといっているが、条里制地割にきちんと沿って流れるこの川は『人工の川』でなくて何であろう。すなわち、この高瀬川（高橋川）は、奈良時代に東大寺が櫟荘に水を引くために開さくした川なのである。

（2）開発と灌漑

高橋川開さく　いまをさかのぼること約一二〇〇年前の七六九年（神護景雲三）十二月十日より翌年四月一日までに、東大寺は延べ一万一五九三人の労働力と多大な費用を費し、高橋川（現高瀬川）の水を引き入れて、櫟荘の田地を灌漑したのである（表1参照）。

この東大寺領櫟荘は、「本願聖皇　勅施入官省符地也」[5]と伝えられているように、聖武天皇の勅施入にかかる官省符荘であり、したがってその成立はかなり早いわけである。しかし、

（A）而るに、庄内に水の便無く、田地潤いを受けず、之に依り数千万の夫功を以って、数十町の厳石を穿《うが》ち、高橋河の水を堰入れ、偏に当庄の田地を耕作し、其の来たるや尚し、[6]

表1　高橋川の開さく

	内	訳
「役人」	将　領	688人
	仕　丁	2,317人
	雇　夫	7,968人
	知　識	602人
	計	11,593人
「用　分」	銭	132貫420文
	米	322石5斗0升8合
	塩	3石3斗4升3合
	海　藻	1,400編
	滑海藻《あらめ》	150嶋
	未　醤	5斗1升
	漬　菜	1石8斗
	酒	3石8斗
	粉　酒	41石9斗4升

『東大寺要録』(『続々群書類従』第11，巻2）所引文書による。

と伝えられているごとく、この地は水の便が悪いところで、その経営が順調に行かず、そのためにこの高橋川の水を引く工事に着手したものと思われる。ところが、この工事については、（A）の史料を含めて、後世の断片的な史料しか伝存しない。一一三〇年（大治五）の文書目録[7]には、「櫟荘　池図一禎（幀）字桜田　神護景雲年中」とみえる。おそらく、この工事に関連してつくられた池の「池図」であり、伝存すれば大変興味深いものなのであろうが、残念ながらこれは現存しない。表1にこの工事の費用等を表示したが、それは一二七〇年ごろ（文永年間）に起きた水論の際に提出された証拠書類に示されているのである[8]。その水論の際に発せられた院宣[9]に東大寺別当権僧正定済の申状が引用されているがそれには次のごとくみえる。

（B）当庄の内に池有り、巌池と名づく、中古より以来、彼の堤を切れば、洪水せずと雖も、此の古池の中を通り、要水当庄に流れ入る、而るに雑役庄并びに他寺領の領主・庄民等同心して彼の池の堤を築き、流水を湛え満たし、他庄に懸け取る可きの由張行し、即ち庄民并びに彼の寺の寺僧、数万人の人夫を以って此の堤を築き了ぬ、此の儀若し成し弁ざば、櫟庄何の水を以って耕作す可けんや、仍って訴陳数度に及ぶの間、院宣并びに殿下御教書を以って、一乗院・大乗院に尋ね問わる、然れども分明を弁じ申さるること無きの間、随って勅裁に及ばず、徒に人力を費し、地（池）堤を築くと雖も、空しく又切れ崩れ了ぬ、殆んど大仏・八幡の御計と謂う可し、

さて、この「巌池」はさきの「池図」の池とは一致しないようである。なぜなら、神護景雲年中に高橋川の水を引いた際につくられたと思われる池は、史料には「高橋川一井三池」[10]とみえ、それはいまも現地に存在する「三ツ池」

に相当すると考えられるからである。

「巌池」と「高堤」　ところで、この「巌池」を「いわやいけ」と読めないであろうか。そう読むことが許されるなら、この池は岩屋谷のどこかに存在したと考えることが可能となる。そして、岩屋谷に「巌池」が存在していたとするならば、（B）の史料も理解しやすいものとなる。だが、残念なことに、名阪国道が施設される以前においても、岩屋谷にそれと思われる池は存在しなかった。ところが、近世初頭のものとみられる櫟荘沙汰人覚(11)には、岩屋谷在之櫟本池ニ付覚」とあり、近世初頭までは「櫟本池」なるものが存在していたことが知られる。そして、この池こそ「巌池」に当たるものとみられるのである。

さて、この問題は一六九五年（元禄八）の「櫟本村領絵図(12)」の発見により解決される。すなわち、同絵図によると、「大芝山分水」（後述）の上流に「古堤」が描かれ、その脇に「字大芝山古池堤ゟ分水迄、高堤六拾間余、櫟本村所持堤」とみえる。そして、その「古堤」があったとされる少し上流付近は、河床が広くなっており、また一度は沼地となっていたらしいと報告されている。(13)以上のことをもとに、現地の地形等を考慮に入れて考察すると、次のごとく考えられよう（図2参照）。

まず、元禄絵図にみえる「大芝山分水」は図2のⓐ地点を意味しよう。いまでもここからは櫟本の南にある石上方《いそのかみ》面への分水が行なわれている。ただし、古い分水点は現在では名阪国道の下であり、現分水点は名阪国道の土手の北側に移されている。かつて名阪国道ができるまでは、その箇所に古い時代に築かれたとみなせる石垣が存し、水が谷の南側へ落ちこむのを防いでいたのである。元禄絵図に記されていた「高堤六拾間余」とは、この石垣に守られた流路を指すものに違いない。その石垣の意味するところを研究者が明らかにしえなかったために、何らの調査・保存運動も行なわれず、名阪国道の下に埋められてしまったことは、研究者の怠慢としかいいようもなく、いまとなってはため息をつくほかかない。

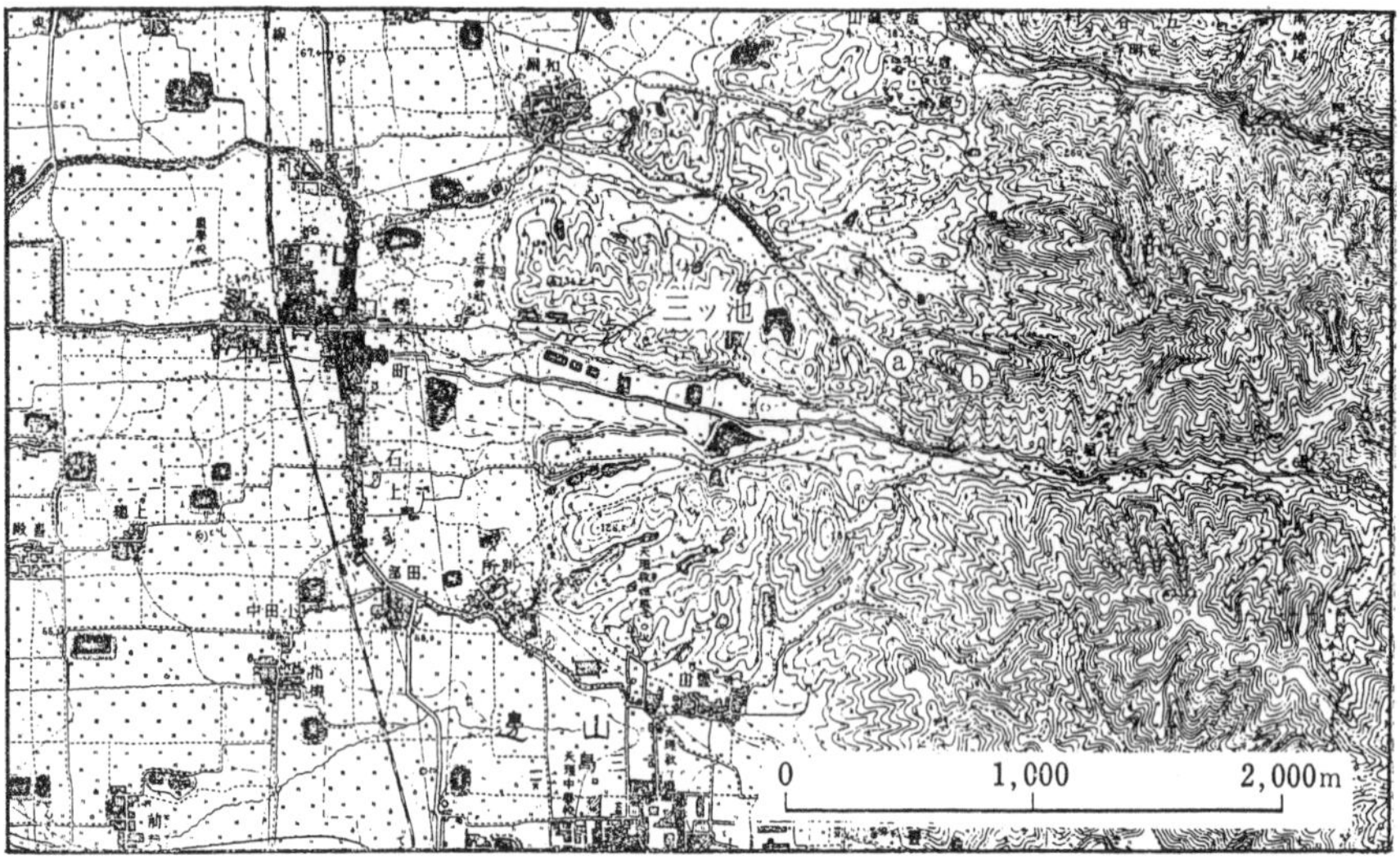

図2　「元禄絵図」にみえる「大芝山分水」と「古堤」の位置（2.5万分の1）

次に、「古堤」はⓑ地点であろう。そしてこの上方がかつての「巌池」=「櫟本池」である。このあたりは、若干河床が狭くなっており、堤を築いて池をつくるには好都合の場所と思われる。さきに指摘しておいたが、その少し上流付近は河床が広くなっており、また、一度は沼地となっていたらしく、さらにすぐ上流には旧岩屋谷村の集落もあり、「巌《いわや》池」と呼ばれるにふさわしい。さらに、この位置ならば、(B)の史料にみえるごとく、その池堤の操作により、櫟荘側にも南側の山辺郡側にも引水が可能なのである。

すなわち、神護景雲年中の工事以前より、岩屋谷には「巌池」なる池があった。おそらく右のように地形をうまく利用して堤を築いたものであったろうが、さほど大規模なものであったとも思われない。その場合、池より下流の流路は、本来的には谷の南寄りであったに違いない。ところが、それでは櫟荘方面には洪水の際にあふれ水が堤を越えて流れこむ程度であり、恒常的な流水はみられなかったのであろう。そこで東大寺は高橋川の開発計画を行ったのである。図2をみていただこう。等高線を一瞥すれば、櫟荘方面へ水を引くにはこの付近から流路を変えるのが最も妥当であることが知れよう。

櫟荘開発の様相　ところで、この工事の具体的な内容を史料に求めることはできないが、以上のような状況を参看した場合、次のごときものであったと思われる。すなわち、東大寺は「巌池」の堤のおそらく北寄りの地点を切り、そちら側から水が流れ落ちるようにし、かつ谷の北寄りの現流路に相当する場所[14]を水が流れるようにしたのであろう。なぜなら、谷の南沿いは北側に比して若干低いために、そちら側に流したのでは、櫟荘への引水や新造の溜池（「三ツ池」）への引水が困難だからである。そして、南側より一段高い北沿いを流れるようになった水が落ちるのを防ぐため、石垣で「高堤」を築き、途中で櫟荘の南側にある旧来よりの田地へ水を送るための分水を行い、また「三ツ池」に水をためる分水点を通過しつつ、現流路へ水が流れるように工事を行なったものに違いあるまい。現流路は、人為的に流路が設定されたために、谷口部では極端に流路部のみの侵食が進行し、また盆地の平坦部に至ると条里区画に沿って人為的に流路が設定・固定されたため、いまでは天井川となってしまっている。

以上を要するに、櫟荘の開発については、以下のようにまとめることができよう（図1参照）。櫟荘より北側および西側の田地は、おそらく楢川の水を利用することによって、早くから開発されていたものと思われ、現にその水掛りが可能な地域には多くの公田がみられる。[15]また南側は、現高瀬川よりも南側を流れていた「古高橋川」の水を利用して開発したものであろう。そしてその水の安定を計るために「巌池」を築造したものとも考えられる。事実この付近にも公田が多く、その開発の古さをしのべる。それに対し、櫟荘は、（A）の史料に「而るに、庄内に水の便無く、田地潤いを受けず」とみられたごとく、水便が悪かった。そこで神護景雲年中に、高橋川のつけ替えと「三ツ池」の築造により、一挙にこの地を水でうるおそうとしたのである。であるから、この工事は本来的に南側の田地の用水の一定の犠牲の上に成立したものといわねばならない。そこにかなりの無理があり、しばしば水論が起きる種があったのである。しかし、この工事は水論の種を後世にまで残したが、所期の目的を達し、成功を収めたといえよう。それは、櫟荘がその後まがりなりにも永く存続したという事実そのものが物語っている。

さて、櫟荘は「古高橋川」によって谷口部につくられた小扇状地上に位置するために、水便が悪くて開発が少し遅れたわけであるが、櫟荘の開発の様相を以上のごとく理解できるとするなら、次のような問題が起こってこよう。それは、大和盆地の平坦部分といえども、律令制社会当初より全面的に耕地化されていたのではなく、耕地化されていたのは比較的水便の良い所に限られており、未開発地が点々と存在していたのではないか、ということである（極端にいえば、開発された耕地および村落が点々と存在していた、ということになろう）。ここでは以上の指摘のみにとどめておくが、この点は今後解明されるべき課題であろう。

2　近江国愛智荘故地の開発とその展開

(1)　開発の様相

大和国櫟荘の故地にかつてあった石垣は、何らの手もうたれずに名阪国道の犠牲となってしまったが、同じように、古代の遺構が消滅せんとしているにもかかわらず、何らの手もうたれないケースとして、近江国愛智《えち》荘（大国郷）の故地の事例がある。(16)

愛智荘とその故地　愛智荘には、元興寺領と東大寺領とがあり、前者は、①聖武天皇が先帝の勅施入物で買得した、と伝えられる、いわば「本願荘」、②その後に買得した田地、とからなり、後者は東大寺が主として九世紀ごろ買得した田地よりなるが、やがて一一六〇年ごろ（永暦年間）までに合体し、東大寺領愛智荘とされるに至る。

愛智荘は、現在の滋賀県愛知《えち》郡愛知川《えちがわ》町の東南部および湖東町の西部に存在した。江州米を産出するこのあたりの水田は、まさに美田と呼ぶにふさわしいものである。ところが、この地域ではいま、戦後の「農地改革」にすぐるとも劣らない画期的な変化が起こりつつある。それは滋賀県が施行する圃場《ほじょう》整備事業であり、その事業の終了後は条里制地割遺構は跡形もみられなくなってしまうという。

近年、文化財保存問題が重大な関心事となっているが、その運動を進める上での一つの要件は、現地の人と「中央」の研究者との連帯であろう。ところが、いままで多くの研究者がこの地域に関する論文を発表しているが、現地調査を行った研究者は意外と少ないようである。そのため、研究の成果が現地に還元されず、また現地の人の関心を惹起するに至っていないようである。このように、この地方の歴史に関して現地の人と研究者との交流がみられないとすれば、条里制地割遺構消滅という事態に直面している現在にあっても、保存ないし事前調査問題が提起されない、という現実は当然のことともいえるのである。以下、そのような条里制地割遺構消滅という事態が目前に迫っていることを知った筆者が、微力ながら独自に調査して得た、とりあえずの結論を示しておきたいと思う（以下、図3参照）。

「古条里」と「統一条里」　愛智郡の条里制地割は、阡線（南北に走る里坪の堺線）の方向はN31°〜32°E偏して犬上・神崎両郡と同一系統に属し、北の坂田郡や南の蒲生郡のものとは明らかに異なる。ところで、愛智荘が存在した愛知川と宇曽川との間において、条里制地割遺構のみられる地域にあっても、地割が中断されている部分がある。統一的な条里制地割を中断する顕著なブロックとしては、菩提寺〜勝堂〜栗田部落を結ぶ地域、および清水中・畑田・平居・苅間部落で囲まれる地域、などがある。これらのブロックはなにゆえにできたのであろうか、という問題を追求することにより、一応の結論として、次のごとき仮説が生まれたのである。

すなわち、条里制施行以前に、一定の計画をもとにこの地方で耕地割がなされたと考えられる。それを仮に「古条里」と呼んでおこう。つまり、さきにあげた統一的地割を乱すブロックなどはその「古条里」の「遺構」であるといえる。その「遺構」の全面的検討はいまのところなしえていないが、さきにあげたブロックや大清水〜北清水部落付近などがあげられる。そして、これら「古条里遺構」のみられる地域には、古寺院跡や古墳（群集墳）がみられるこ

図３　愛智荘条里制地割（2.5万分の１）

とにも注意を向ける必要があろう。また、これら「古条里」地域は当時の集落あるいは口分田地帯であったと思われ、愛智荘の領主たる元興寺や東大寺の田地はみられないのである。

要するに、この地方では古くから湧水を利用しての集落とその周辺の耕地がみられたが、さらに開発を展開させるために「愛知井」という灌漑用水路を開さくして愛知川の水を引くと同時に、古い耕地あるいは集落付近の地割を整備した。これが「古条里」である。そしてその後、犬上・愛智・神崎三郡で統一的な条里（「統一条里」と仮に呼ぼう）が施行され、「古条里」計画は中止された。「統一条里」の施行は東山道施設と時期が一致するとみられるが、その際には、「古条里」地区にはあまり手をつけなかったとみられ、それでその「遺構」が今日に残ったのであろう。

以上の仮説は多くの問題を今後の課題として残しているが、一応この仮説に立脚すると、次のごときことが指摘できるのではあるまいか。第一に、この地方に地域的権力の担い手が存在し、その主導の下に一定の開発が行われたのではあるまいか、という問題である。この点に関しては、この地方に蟠踞した依智秦氏との関係が問題であろう。また、近年古代史家の間で注目されている「在地首長制」の問題とも関連しよう。第二に、そういった開発に伴い施行された「古条里」と「統一条里」との関係である。「古条里遺構」のみられる地域に古い集落があったことは、その地域に古寺院跡や古墳（群集墳）がみられること、あるいは現集落がそこに存在すること、などから推測できる。このことは、「統一条里」施行時に、そういった集落（および周辺の一部の耕地）には手をつけなかったことを意味するが、なぜそうなったかは一つの問題である。第三に、口分田と墾田・荘田との関連が問題であろう。従来、古代の農業経営のあり方については、ほとんどが墾田や荘園関係の史料をもとに分析が行われてきた。ところが、そういった史料は当時の社会の中でも流動性の高い部分に現れやすいので、そこに現れた状態をそのまま一般化することには問題があろう。この「古条里」地区の耕地は口分田地帯であると推測したが、この中には墾田売券や荘田は皆無である。つまり、口分田地帯については史料はほとんど残存してはいない。この点を十分に注意する必要があると思う。

「本願荘」と買得田　以上で述べたことは、愛智荘地方における条里制施行時までの開発の様相であるが、その後においてもこの地方の開発は進む(17)。先掲の図3をいま一度参照していただきたい。元興寺「本願荘」はかなり水便のよさそうなところである。特に注目されるのは、この「本願荘」が、「古条里遺構」のみられる菩提寺地区と清水地区との間およびその周辺に集中していることである。おそらく、このあたりは口分田地帯であり、付近の古い集落――たびたび指摘したごとく、それは「古条里遺構」のみられる地域にあった――に住む農民が耕していたのであろう。そして、口分田地帯の中や周辺にあって、何らかの事情により開発が少し遅れ、口分田化しなかった土地を買得して成立したのが、この「本願荘」であると推測される。これらの田地も、古い集落に住む農民の手によって開発されたとみてさしつかえあるまい。これに対し、後に元興寺が買得した田地は、主としてその外縁であり、条件は悪かったに違いない。また、その範囲もひろがっており、管理＝収取の面からみても条件は悪いといわざるをえない。

以上に対し、東大寺が九世紀ごろ買得した田地は、その立地条件的にみても大きな特徴を示している。それは、第一に、これらの田地は周辺地域で、条件的には必ずしもよいとはいえないが、一定の集中性がみられることである。すなわち、これらの田地は、(A)菩提寺地区の東側、(B)小池～長部《おさ》落の中間、(C)小田刈部落の北側、に集中している。しかも、第二に、これらの田地は水掛り的にも「本願荘」とは若干趣きを異にしている。(A)部分についてみれば、この辺は条里制地割遺構はかすかにしかみられない。また(B)部分も同様で、遺構はあるが、あまり明瞭でなく、(C)部分も同じことがいえる。いいかえれば、これらの地区は条里制地割遺構がみられる地域とみられない地域との接点に当たるといえるのである。

要するに、これらの田地は、「本願荘」と同様に愛知井《えちゆ》を灌漑用水とするが、「本願荘」と違って、条里制地割が施行された縁部に当たると思われるのである。あるいは、これらの田地をうるおす愛知井分流は少し後になって開さくされたのかも知れない。いずれにしても、従来開発が遅れていた地域のうち、何らかの事情で水掛りが可能となった部分が集中的に開墾され、それを東大寺が入手したがために、このような分布形態になったのであろう。このように、条里制施行以後も、人びとはより条件の悪いところをも次々と開発して行ったのである。

（2）愛智荘の経営

元興寺領愛智荘検田帳　当時の荘園の経営はいかなるものであったであろうか。一般的にいえばこの時期のそれを知ることのできる史料は少ないのであるが、幸い元興寺領愛智荘に関しては、八五九年（貞観元）十二月二十五日の検田帳[18]が存し、かなり具体的に知られる。この検田帳は、同荘検田使延保が八四八年（嘉祥元）から八五九年（貞観元）におよぶ永年にわたって、種々の原因にもとづく荘田の衰退を回復するために奮闘した記録である。彼自身の表現によれば、「身を龍樹聖天に投げ、自在天神に帰命す」という重大決意で荘田の回復に取り組み、「理《ことわり》に任せて勘し匡《ただ》し」た事柄の一つ一つを内容別に集計して巻頭に目録とし、さらに個々の田地についての事由の略を記し、特に典型的な事例についてはその経過を生々しい対話形式をもって記録して、「後代の為めに之を記し」たのである。豊富な内容の中から、農業経営・荘園管理のあり方を知ることのできる一節を引いて、その一端をうかがってみよう。

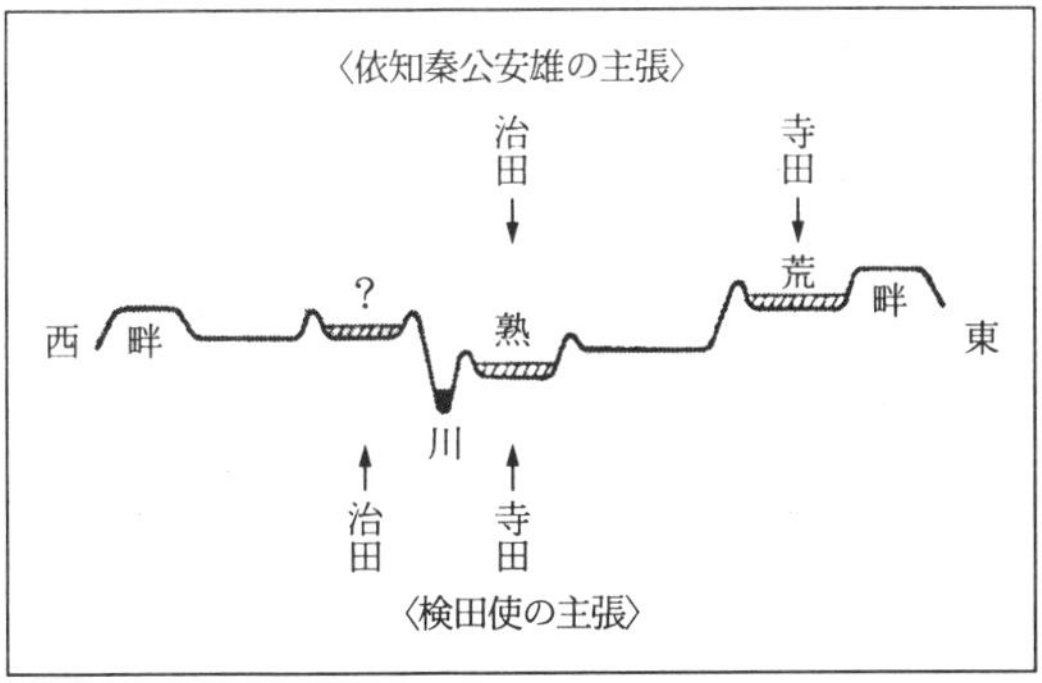

図4　田堵依知秦公安雄および検田使の主張
近江国依智荘検田帳の記載および現地調査にもとづき作成。ただし，現在の地形は当時とは異なっている（中野栄夫・作図）。

田堵と水利　元興寺検田使延保は、愛智荘の九条一〇里五坪梨本田一段一六〇歩の寺田が荒廃して地子（地代）が納入されていないと聞き現地に臨んでみたところ、その田が遠江掾依知秦公乙長《えちのはたのきみおとなが》という者の治田《はりた》（墾田）になってしまってイネが熟しているのをみつけた。そこで依知秦公安雄という「田刀（堵）」と問答する。この問答は大変興味深いのであるが、原文は読み下しても少しわかりにくいかと思うので、思いきって意訳してみよう（図4を参照）。

検田使延保「寺田をいつわって治田といっているのではないか」

田堵安雄「昔から寺田は東にあるといいます。でも治田は中ほどにあります。いいがかりをいうのはやめて下さい」

検田使延保「寺田が東にあり治田が西にあるといっているが、それは寺田が東の畔のところにあるという意味ではなく、寺田は治田より東側にあるという意味である。その上、田は低地から開き始めるものであるのに、昔からある寺田が高いところにあって、後に開墾した治田が谷にあるというのはおかしいではないか」

この検田使の主張に治田主側は反論できず、地子が納められることになった。

さて、右の話から注目されるのは、とりあえず次の二つのことであろう。第一は、現地の農民をいかに使うかである。このころの荘園では浪人を抱えたり、現地の有力農民を田堵として採用して、その運営を図っていた。特に後者の田堵はこの史料が初見であり、それゆえこの史料は研究者によって注目されているわけである。田堵はこの時代の農村が生み出した農業経営上のエキスパートといえ、平素は田堵に荘園の運営のある部分がゆだねられていたのである。第二は、水利の重要さである。耕地に水を引くことは稲作経営にとっては最も重要な要素の一つであり、それゆえこの史料にみられるごとき問答も生まれるのである。そこには、現地の農民が領主の隙をつき、荘田を自己の側に取り入れようとする狡猾さと、それに対応する領主側の才覚とがうかがわれる。この史料にはその他地子の引き上げ等の事例もみられるが、いずれにしても、ときとして荘園領主の検田使が現地におもむき、管理の目を光らせ、経営の衰退を防ぐ努力がなされていたのである。しかも、この時代の村落においては、大きな情勢の変化が起こっていたのである。

(3)　大国郷売券をめぐって

大国郷売券　東大寺が九世紀ごろ買得し、後に東大寺領愛智荘となった墾田の売券は、一般には「大国郷売券」と呼ばれて、多くの研究者によって考察されてきた。それらの研究は、一言でいうなら、この時期における在地情勢の変化＝村落の変貌について検討を加えたものであるといえよう。[19]

表2は大国郷売券を整理したものであるが、まず注目されるのは、同署人の肩書きから、表示のごとくの四時期に区分できることである（以下、売券はこの表の番号で呼び、特にことわらない限り、2、6、10、18、28売券は除く）。第Ⅰ期は原則として「保長」「保子」の同署が存するのみである。ここにみえる「保」は五保の「保」とは違うといわれている。[20]なお、唯一の例外たる4売券にみられる「証人」は、売買両人が大国郷以外の者であることによる。第Ⅱ期にみえる同署人は「保証」「証人」および「領」「徴部」等の収税吏である。その際に注意すべきは、「保証」とある場合、必ず収税吏の同署を伴っていることである。第Ⅲ期の同署人は「証人」のみである。なお、この期には東大寺僧安宝への墾田売却が多くみられるが、そういった過程を経て、これらの墾田はその後東大寺領愛智荘となるわけである。第Ⅳ期の同署人は「刀祢」である。

さて、このような同署人は、村落内の有力者と考えてさしつかえないようであるが、その肩書＝社会的地位の変化については、律令制的村落秩序の解体→新たなる村落秩序の形成、また同じことであるが、徴税体系の変化という観点からの指摘がなされてきた。しかし、第Ⅰ〜Ⅳ期の変化がなにゆえにかくもはっきりみられるのか、また大国郷では刀祢の同署がかくも遅れて現れるのか、などといった点についての説明は必ずしも十分でなかったように思われる。そこでここでは「出挙」との関連から検討してみよう。

従来の研究によって、公出挙の班挙基準が八一〇年代前後（大同〜弘仁期）に『人から土地へ』と変化したこと、またそれが墾田開発やその集積と深い関連があること、などが指摘されている。[21]つまりこのことは、富豪や諸司官人・王臣家人らが競って領作していた墾田（治田）が、新たな班挙の対象として取り上げられてきたことを意味するわけである。その転換の初見は河内国であり、その後いくつかの国の例がみられる。この近江国でいつごろから墾田等

表2　大国郷売券

期	番号	西暦	年代	売人	買人	保証人（人数）	収税吏（人数）	売却理由	出典
Ⅰ	1	七九六	延暦15・9・23	秦東人	○調首新麻呂	保長（1） 保子（3）		依正税	一五
	3	八〇二	延暦21・1・10	○依知秦公広麻呂	○調首新麻呂	保子（4）		依正税	二二
	4	八一一	弘仁2・3・2	右京戸口清江宿祢常世	蚊野郷戸主蚊野公成山	証人（3）		依正税	三三
	5	八一八	弘仁9・3・10	●調首富麻呂	○調首新麻呂	保長（1） 保子（4）		不明	四四
	7	八二五	天長2・10・3	●大蔵秦公広吉女	左京戸口清江宿祢貞成	保子（4）		不明	五〇
Ⅱ	8	八四〇	承和7・2・19	○依知秦公永吉	●依知秦公浄男	保証（2）	領（2） 徴部（2）	依官物	六五
	9	八四一	承和8・8・11	清江宿祢夏有	●依知秦公年縄	証人（3）		不明	五〇
	11	八四八	嘉祥1・3・17	左京戸口清江宿祢夏則	○依知秦公秋男	証人（4）		不明	八八
	12	八四八	嘉祥1・11・3	●若湯坐連継人	○依知秦公浄男	保証（4）	領（1） 徴部（2）	依正税	八九
	13	八五四	仁寿4・4・5	○依知秦公福万	○依知秦公浄男	証人（4）		依所負官物	一一四
	14	八五四	仁寿4・10・25	○依知秦公秋男	○依知秦公福行	保証（3）	領（1） 徴部（2） 頭領（2）	依正税	一一六
	15	八五四	仁寿4・12・11	●秦忌寸五月麻呂	東大寺衙	証人（2）	庸調領（2）	依庸米	一一七
	16	八五五	斉衡2・9・25	●依知秦公年縄	○依知秦福行	保証（2）	領（?） 徴部（2） 頭領（2）	依正税稲	一二〇

	17	八五六	斉衡3・11・19	●秦忌寸五月麻呂	東大寺僧安宝		庸領(1)		一一七
	19	八六一	貞観3・10・19	○依知秦公福万	□薬師安麻呂	保証人(4)	徴部(1) 税領(2)	依正税	一三一
Ⅲ	20	八六一	貞観3・11・13	○依知秦公福行	東大寺僧安宝	証人(4)		依官稲	一三二
	21	八六三	貞観5・3・29	○依知秦公永吉	東大寺僧安宝	証人(4)		依用	一三五
	22	八六三	貞観5・11・15	○依智秦公浄男	東大寺僧安宝			依官物	一四〇
	23	八六四	貞観6・3・5	●依知秦公安麻呂	東大寺僧安宝	証人(6)		依所負官稲	一四四
	24	八六五	貞観7・10・15	僧高徳	○依知秦公浄雄			依正税稲	一四七
	25	八六六	貞観8・10・11	○秦公宗直	僧行徳	証人(3)		依所負官物	一四九
	26	八六六	貞観8・10・24	僧高徳	東大寺僧安宝			依所負官物	一五〇
	27	八六六	貞観8・11・21	○依知秦千嗣	○依知公浄男	証人(6)		依正税稲	一五一
Ⅳ	29	九〇二	延喜2・11・7	依知秦文子	□□(元興カ)寺三論供家	刀祢(5)		伝灯料永施入	一八七
	2	七九六	延暦15・11・2	八木郷戸主民首次麻呂	○調首新麻呂	保長(1?) 保子(2?)	領(1)	正税	一六
	6	八二〇	弘仁11・12・5	依知秦富吉女	○依知秦公万歳麻呂	保長(1) 保子(3)	領(2) 了事(2)	依正税稲	四七
	10	八四七	承和14・9・3	八木郷戸依知秦真大刀自女	○依知秦浄男	証人(3)		不明	八七
	18	八五七	天安1・3・8	養父郷戸依智秦公酒富刀自女	雪麻呂	証人(5)		依用米	一二三
	28	八六八	貞観10・4・13	養父郷戸口依知秦公広成	○依知秦公浄男	証人(4)		依所負稲	一五九

注(1) ○は「大国郷戸主」、●は「大国郷戸口」あるいは「大国郷戸」を表す。
(2) 9は7の、17は15の奥にある。
(3) 出典欄は『平安遺文』の文書番号。

にも班挙され始めたかは知るよしもないが、一応河内国の例＝八二二年（弘仁十三）とさほど違わない時点とみて大過あるまい。ところで、表2で第Ⅰ期と第Ⅱ期とは、ほぼ八三〇年ごろが境となっているが、その区分と班挙基準の転換期とがほぼ合致していることに気づこう。これを単なる偶然の符合とみなすことは正しくないのである。

人から土地へ―その一　さきにもふれたが、第Ⅱ期の同署人の特徴は「証人」「保証」とならんで収税吏がみられることであった。ところが、12、14、16、19売券には収税吏の署名が「保証」の署名とともにみられるが、それらの売券にみられる売却理由はすべて「依正税（稲）」となっている。すなわち、第Ⅱ期における同署人の最大の特徴たる収税吏は「正税」にかかわるものと思われるときにのみ出現しているのである(22)。

さて、ここで「正税」にかかわりがある場合に収税吏の加署を必要とし、同時に加署したのが「保長」「保子」でなくて「保証」であったということは重要である。それが前述の、班挙基準が『人から土地へ』と変化したことと深い関連があるからである。

たとえ、「保長」「保子」が五保と関係のない単なる保証人グループであったとしても、それが律令制的支配秩序＝籍帳制度と深く関係していることに注意しなくてはならない。すなわち、4売券では売買両人ともに大国郷以外の人間であったため、加署したのは第Ⅰ期でありながら、「保長」「保子」ではなくて「証人」であった。その場合、「証人」が加署したのはその土地が大国郷内に存在したからである。これを仮に「属地保証」と名づけておこう。それに対し、第Ⅰ期の「保長」「保子」の加署がみられる他の売券は、売買人の本貫地が大国郷である事例だから、それを「属人保証」ということができよう。つまり、「保長」「保子」の消滅とはこの「属人保証」＝律令制的人身支配秩序の退転にほかならない。要するに、保証すべき対象が『人から土地へ』と変化しているのである。このことと、班挙基準の変化とを合わせ考えるなら、次のごとき結論が導き出せるであろう。すなわち、班挙基準の『人から土地へ』の変化、それに対応して、保証すべき対象の『人から土地へ』の変化、これが第Ⅰ期から第Ⅱ期への変化の意味である、と。

封戸としての大国郷　大国郷においてはなぜ刀祢の出現が遅いのであろうか、また東大寺がここの土地を入手するようになったきっかけは何なのであろうか。その理由として、大国郷がこの時期に東大寺の封戸郷であったらしいという事実を、まず指摘しておこう。[23] 大国郷と東大寺との関係はそのことから始まる。

既述のごとく、この時期になると墾田に対しても公出挙が班挙されるようになっていた。ところが、大国郷は封戸であるので、その租庸調は東大寺に行く。本来的な手続きとしては国衙を経由すべきであったが、東大寺と近江国（特に愛智郡）との関係からみて、東大寺がかなり大国郷に対する直接徴収権を行使していたものとみられる。その場合、墾田に対して租および正税が国衙から賦課されていたものとすると、その支配は東大寺と国衙との二元的なものとなる。この地の墾田が東大寺に集積される要因はそこにあったと考えたい。すなわち、まず東大寺側からすれば、墾田獲得の意を満たし、また封戸を一元的に支配する道をつかもうとしたのであろう。他方、当初からの傾向ではなかったかも知れないが、農民側からすれば、国衙の支配から脱却しようとしたのであろう。

さて、この地で刀祢の署判が遅くまで出現しないのも、このことと深い関係があるように思われる。すなわち、多くの研究者によって繰り返し主張されているごとく、刀祢とは公的側面においては、従来の郷――「戸」支配では貫徹しえなくなった国衙支配をつなぎとめる役割を担って出現したものであった。しかし、大国郷の情勢を以上のごとく考えるなら、この地において、売券上に刀祢が出現せざるをえない契機は、当面存在しないといわざるをえない。

村落と「郡雑人」　ところで、売券の同署人が、第Ⅰ期では「保長」「保子」であったが、第Ⅱ期以降は村落内有力者が「保証」「証人」として加署するようになっていた。ここにおいては、国―郡―郷（保）―「戸」という支配系列は崩れ、郷長の役割が低下する一方で、「郡雑任」[24] たる収税吏が出現し、さらにそれも変質し、やがて刀祢が現れるに至る。

元来、律令制国郡郷制においては、郡こそが一定の領域と政治的まとまりと首長とをもった農業共同体であり、郷は「戸」を、若干の村落＝「村」＝小共同体を一グループとして、五〇戸ずつにまとめあげることによって創出された収取の単位であって、郷そのものは何ら経済的・政治的単位とはみなせないものであったと思われる。(25)換言すれば、一つのまとまりをもった単位は、郡および個々の「村」であった。それゆえ、農業共同体的秩序が解体し、新たな村落関係が形成される場合に、一定の機能を果たしうるのも、やはり郡か「村」であった。ここに郡―郡雑任（収税吏）という支配系列が生まれるゆえんがある。したがってその場合、郡雑任（収税吏）になりうる人間は、「村」＝村落内での有力者たる「力田《りきでん》の輩《ともがら》」なのであった。さきにみた田堵と呼ばれる者も、こういった階層が多かったものと思われる。

3　中世への胎動

(1)　在地情勢の変貌

このあたりでもう一度櫟荘に目を転じてみたいが、残念ながら櫟荘の九世紀の動きを知らせてくれる史料は存在しない。そこでこの時代の一般的動向をみておこう。

在地情勢の変化　九世紀は、在地情勢を知ることのできる史料が比較的少ないため、その分野の研究が遅れているが、その中にあって、史料的にやや恵まれた大国郷売券と公営田制についての研究がかなり進められている。前者については述べたので、ここでは後者について要点のみ述べておこう。(26)

籍帳をもとに農民を支配する律令制支配秩序は早くから動揺をきたしていたが、その大きな転換の一つは天平期にあった。その際、律令政府が注目したのは「力田の輩」と呼ばれる有力農民であった。彼らは在地村落において私出挙・墾田活動等により自己の勢力を拡大しつつあったが、彼らの手工業部門での役割も重要である。すなわち、彼らは在地村落において手工業生産者を組織し、あるいは手工業生産物の流通機構を掌握していたのであった。

さて、調庸制の収取原理は、個々の農民が一定の手工業品を生産してそれを貢納するというものであろうが、実際には交易によりそれを入手し、それを貢納していたらしい。農民は交易の直の捻出に苦労していたものとみられ、また一度調庸物を手にしても生活に追われて再び手離すといったこともあるらしい。他方、田植・収穫などに田夫を雇うことも当時においては一つの難事であったらしく、財力が大きな決め手となっており、この点においても「力田の輩」は優位に立っていた。このような農民が苦労する調庸物の貢納と田夫雇傭とを結合させた方式こそが私営田の構造であった。すなわち、「力田の輩」は農民を自己の営田で耕作させ、その代わりに農氏の調庸物を代輸していたのであった。在地村落では、このような原理と構造とをもった私営田経営が盛行していたのである。

このような私営田の構造をまねたのが、八二三年（弘仁十四）に大宰府管内で施行された公営田制である。そこにおいては、徭丁の調庸をすべて免じ、彼らの耕作によって得た収穫の中から「調庸料」＝「准頴」としてその代価に相当する部分を除き、その「准頴」で調庸現物を交易したのであった（ただし、実際の運用では交易がさきに行われる）。この公営田制においては、農民の得るみかけの収入はわずかなものであったが、彼らは面倒な調庸物備進のわずらわしさからは解放されていた。また、国衙（大宰府）は「力田の輩」を相手に調庸現物を交易すればよかった。このように、公営田制は、在地において一定の勢力を振っていた「力田の輩」を自己の収取体制の中に組みこんだものであった。

人から土地へ―その二　ところで以上のこととともに注目すべきは、この公営田制においては「正長」がみられたことである。そもそも、律令制下においては、支配が順当に行われている限り、末端の納税責任者は戸主であった。すなわち、そこにおいては『戸主―戸口』という「戸」＝人脈を通じての支配が行なわれている。また、「正長」の多くはおそらく戸主がなったと思われ、その預かるところの一部ないし大半は戸口のもつ旧口分田に比定されるべき田地であろうから、一見両者に差がないようにもみえる。しかしながら、ここでは一応公営田という田地を媒介として「正長」の納税責任範囲が定められているのである。要するに、支配の基礎が、人脈をテコとしたものから田地をテコとしたものへ、と変化しているのである。つまり、「戸」の解体に応じた支配形態が、田地把握という形でここにおいて行われているのを知ることができる。

さて、右のごとき『人から土地へ』の変化は、さきの大国郷売券の分析の際の動向と一致しており、このような動向が九世紀において一般的にみられたといってさしつかえあるまい。じつに「名」の初見史料も、さきにみた八五九年（貞観元）の元興寺領愛智荘検田帳なのである。『人から土地へ』の変化、それは『「戸」から「名」へ』の変化であるといってさしつかえない。やがて十世紀に入ると、「名」が一般的にみられるようになるのである。

(2)　名・作手・古作

名

〝「名《みょう》」ほど妙《みょう》なものはない〟といった研究者がいるが、その言葉をつまらない駄洒落と一笑に付すことができないのが研究の実情である。さて、中世の荘園には「名」「名田」といったものがみられるが、それには普通人名が冠され、例えば「光貞名《みつさだみょう》」などと呼ばれている。そのためかつては、その人名はその田地の所有者の名《な》であると解して、種々の説が主張されていた。すなわち、「名」の成立は律令制の理念たる公地公民制が崩れて墾田・口分田などに対する私有権が発生したことを意味する、などといわれていた。その後、「名」は律令制下において口分田・墾田などの所有者の名《な》が田籍・田図に記されていたのが変質したものである、との説が出されてから、「名」の研究は一歩核心に近づいた。そして戦後になり、律令制下において人別に賦課されていた課役が土地別に賦課されるようになった際に、荘園よりもむしろ公領において成立したのである、との説が出され、研究が一層進展したのである。

さらにその後、平安時代における「名」と、平安末期からみられる「名田」とは区別すべきとの説も出されるに至り、現在では、平安時代の「名」は単一の経営体ではなくて、複数の経営体からなる徴税組織である、という解釈が通説化している。つまり、「名」は土地に対する権利を意味せず、徴税の単位であって、それに冠された人名はその責任者（「負名《ふみょう》」）を意味する、というのが一般的解釈なのである。(27)

作手・古作　それに対して、土地に対する権利として近年特に注目されているのが「作手《つくて》」である。かつては、「作手」は一年限りの有期的耕作権、「永作手」は永続的耕作権、と説明されてきたが、最近では、「作手」と「永作手」とを本質的に同一のものとみなし、ともに下級土地所有権とみる説が出され、筆者もその立場をとっている。(28)

ところで、「作手」に関しては、その初見史料たる一〇一二年（寛弘九）一月二十二日の和泉国符（案）があまりにも有名である。同国符は、まず、

（A）浮浪の者適《たま》ま其の心有るも、則ち作手無きに依り、寄作に便ならず、富豪の輩素《もと》より領田有るも、亦た偏《ひと》えに堯埆と称し、歴年荒らし棄つ、

と、この時期における和泉国の現実の情勢を指摘し、ついで、

（B）今事情を案ずるに、政《まつりごと》には沿革有り、時に随い弛張す、既に公田と謂うに何ぞ私領有らん、然れば則ち、寛弘五年以往の荒発（廃）の公田は、縦え是れ大名の古作と称すと雖も、小人の申請を許し作らしむべし、但し、本名有りて古作を荒らさず、猶共に加作せんと欲さば、郡司慥に其の新古の坪を検し、他名の申請を停むべき也、

と、それに対する国司の対応策を述べている。

さて、（A）部分は、浮浪の者が耕作しようと思っても、国内は皆富豪の輩が領田――おそらく、彼らはその土地の作手を有しているのであろう――としているので、国衙には彼らに分与すべき作手はない、逆にいえば、彼らが分与されるべき作手はない、だから寄作に不便である、という文意であろう。そして、このような和泉国の状況に対応

せんがためにうち出されたのが、（B）部分にみえる政策である。さて、この史料にみえる作手を容認するのは、（イ）国衙であるとする説と、（ロ）「富豪層」であるとする説とが対立していたが、筆者は（ハ）郡司であるという立場である。その立場から他の史料などを参看してこの史料の意義づけを行うと、次のごときことがいえよう。すなわち、この時期の和泉国における郡司層・富豪の輩の立場がいかなるものであったかは十分検討の余地があるが、この史料を一般化することが許されるなら、富豪の輩と手を結び、郡（郷）を私領化しつつあった郡司層の動きに対する国司の反撃が、（B）部分にみられる政策（理念）を生んだと考えられるのであろう。国司苛政上訴――その主体は諸国の郡司が中心であった――や、一〇四〇年代における地方政治・政策の変化などを生み出したこの時期特有の事象の背景には、このような社会情勢＝動向があったといわねばならない。

ところで、この史料では「古作」が一つの権利として認定されている。文面から推測できるごとく、おそらくそれは「口分田」の系譜を引くものであろう。農民が営々と耕し来たった土地、それに対する権利がここでは「古作」という形で表現されている。ここに、農民の土地（公田＝「旧口分田」）に対する権利の存在を認めるべきであろう。なお念のためにつけ加えると、「古作」の権利が否定的であるかのごとき表現がみられるのは、その記述が（B）部分（政策＝対応策＝理念）にみられるからであって、それを歴史的現実とみあやまってはならない。農民の土地に対する権利を、墾田や再開発田にのみ求める立場は認めがたい。

（3）　便田

櫟荘から目をそらしている間に時は十一世紀に入ってしまったが、ここで引き返して十世紀後半の櫟荘に目を向けてみよう。

表3は、大和国添上郡楢中郷五条五里一坪の家地の相伝関係を示したものである。(29) この家地は、史料の在所記載か

らみて、図5に示した地点に存在していたとみてほぼ間違いない。(30) この家地のある坪へは、高瀬川の水ではなく、楢川の水が入っている点にまず注目すべきである。これは、楢中《ならなか》郷に属する同坪が櫟荘域とは郷を異にすることに起因するものであろう。そして、五条四里卅六坪の北半分へも、この楢川の余水が引けるようになっていた――いまは南半分へも引ける――ことも注意すべきであろう。ところで、この一連の史料より次のごとき興味深い事実が知られるのである。第一に、この家地には「伍間板屋壱宇」が建っていたらしい。そして第二に、この家の「便田」として五条四里卅六坪その他に計九段三〇〇歩の公田が付属していることである。

表3　家地の相伝関係の例

西暦	年代	価格	旧所有者	新所有者	備考	出典
	?		多　安子	秦阿祢子	母子	二六八
九五四	天暦8・5・8	一五〇束	秦阿祢子	若江善邦		二六八
	?		若江善邦	藤原　某	父子？	三一七
九六八	康保5・3・22	一五〇束	藤原　某	丸部時忠		三〇〇
	?		丸部時忠	丸部犬平	父子	三一七
九八〇	天元3・2・7	二〇〇束	丸部犬平	高橋経三		三一七
九八七	寛和3・1・7	二〇〇束	高橋経三	勧修寺別当上綱御房	便田あり	三三三
九八八	永延2・3・10		勧修寺別当律師房	東大寺僧慶泉大法師	便田あり	三一九
九八八	永延2・4・19	二〇〇束	東大寺僧慶泉大法師	東大寺法春五師	便田あり	三三一
九九五	長徳1・10・5	二〇〇束	河内読師賢信（法春弟子）	在庁威儀師慶藝大法師	便田あり	三六一
一〇〇二	長保4・6・3	二〇〇束	東大寺都維那某（慶藝弟子）	東大寺知事明円大法師	便田あり	四二二
	……					
一〇六八	治暦4・11・25		坂上しかあつる	慶縁法師	母子	一〇二八
一〇七三	延久5・11・12	三　石	慶縁法師	信昭法師	兄弟	一〇九五
一一一七	永久5・12・14		信　昭	肥前得業御房	五師職所望	一八八〇
	?		（肥前）智禅得業	信　昭	悔返	一八九〇 二五七八

注　出典欄は『平安遺文』の番号。

　さて第二の「便田」は「便宜要門田」ともいわれるものであり、家地に付属する権利として公田に設定され、「便田」設定後もその地が公田であることに変わりなかった。この設定には在地の刀祢および郡司の

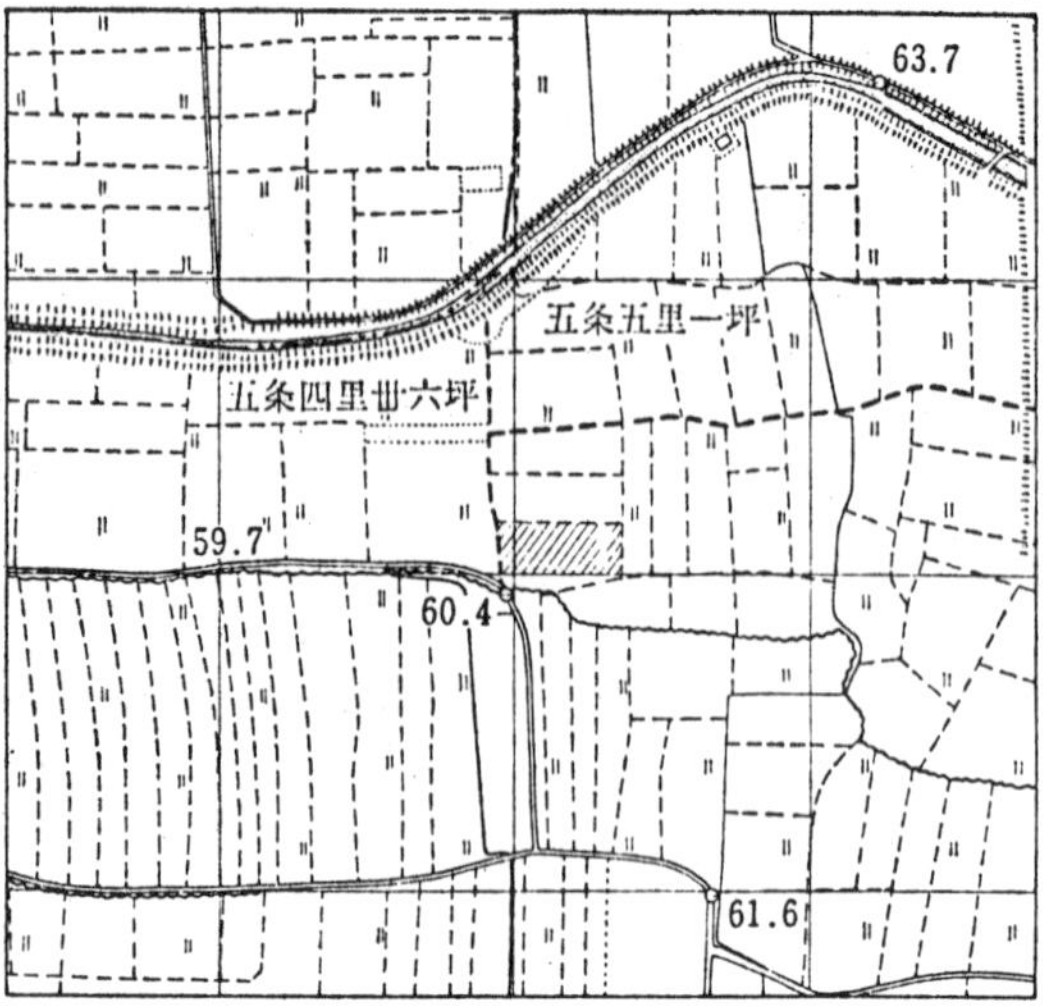

図5　大和国添上郡楢中郷五条五里一坪の家地の所在地

証判を必要とした。「便田」の権利は公田に対する占有権もしくは耕作権であり、得分権を含まないと考えられる。以上が、この「便田」についてなされている説明である。[31] ただし、この「便田」は「土風の例に依り」設定されるが、誰にでも許されるものではなく、おそらく大社寺もしくは上級官人に限られたものであったろう。[32] この五条五里一坪に付属した「便田」も、「勧修寺別当上綱御房」のときに初めてみられるのである。その後、この「便田」は家地とセットになって表示のごとく相伝されて行く。そして、五条四里卅六坪の九段の「便田」は、一一一八年（元永元）に東大寺温室料田として寄進され、櫟荘の一部を構成されるに至る。

ところで、五条四里卅六坪の北半分の田地には、家地の存在する楢中郷側からの余水を入れられるようになっていたことはさきに指摘した。このことと、五条四里卅六坪の田地が「便田」であったこととは、楢中郷に存在した家地と「便田」との関係の深さを物語っている。そしてまた、さきに第一点としてふれた、家地に「伍間板屋」が存在したという事実も興味深い。すなわち、大胆な臆測であるが、この「伍間板屋」は住居というより「田屋」的存在であり、「田屋」に付属した農作業場といった姿が当初の「便田」=「便宜要門田」の存在形態ではなかろうか、という考えを捨てがたいのである。

いずれにせよ、「便田」といった制度にみられるごとく、さまざまな契機がテコとなって、公田の私領化が進行するのである。そして、そのような動向の延長上に、さきにみた一〇一二年（寛弘九）の和泉国符（案）にみられるごとき状況が展開するのである。

おわりに

十世紀初頭の「延喜荘園整理令」を画期として始まる「王朝国家」[33]は、十一世紀四〇年代にその地方政策・地方政治を変更するが、それは小農民の自立、在地領主の成長、そういった動きの基底にある公田の私領化、開発の進展、等々といった在地情勢の変化に対応したものであり、国司対郡司の抗争もこの後なりを静める。そしてやがて「延久荘園整理令」を発し、「記録荘園券契所」を設置するが、ここに中世的な「荘園体制社会」が成立するといってさしつかえないであろう。そういった一般的動向と相呼応して、畿内荘園はその後も大きな変容を遂げる。例えば櫟荘においては十二世紀後半に早くも水利上の心配が現実化し、興福寺と水論するに至り、その後もその争いはしばしば起こる。おそらくそういった経験を経る過程で、櫟荘民は結束をかため、その村落は「共同体」としての側面を強固にしていったものと思われる。しかし、紙幅すでに尽きてしまったので、その後の動きを追うことは、別の機会に譲らねばならない。

さて、古代から中世への移行期において村落がいかなる変貌を遂げたか、という問題についての研究は、先述のごとく戦後大きく進展した。そしてそれらの研究の多くは、在地領主あるいは郡司・刀祢等を分析の媒介にするという方法をとり、それはそれなりに大きな成果を上げてきた。しかしそれにもかかわらず、この時期における変容の基底にある生産力の向上＝開発等が、具体的にはいかなる様相を示していたかという問題を明らかにしえたものは少ないといわざるをえないように思われる。

本稿はそういった事情を考慮に入れ、従来とは違った方向からテーマに取り組んでみたが、筆者の力量不足から、明らかにしえた点は少なく、残された課題は多いといわねばなるまい。しかし、ここで明らかにしようとしたこと、つまり農民あるいは荘園領主側が、いかなる条件の土地をいかに開発してわがものとしていったか、その様相・帰結いかん、という点については、十分とはいえないまでも、少しは明らかにしえたものと思っている。その際、筆者が別稿で具体的に論証・記述した点については、緒論部分のみをここに記したので、その部分については、別稿を参照していただければ幸いである。

なお、すでにお気づきと思うが、優れた先学の手により十分な成果が上げられている事例——例えば大和国小東荘(34)——については、ここでは省略したので、それらについては先学の業績を参照されたい。

注

（1）石母田正「古代史研究の回顧と展望（昭和十八年度）」、藤間生大『日本庄園史』所収、近藤書店、一九四七年、四六〇頁

（2）同右、四五七頁

（3）櫟荘に関しては、稲垣泰彦氏の調査の成果を全面的に採用させていただいた。記してお礼を申し上げたい。なお、阿部猛「平安時代における畿内荘園の構造—東大寺大和国櫟荘—」（『日本荘園成立史の研究』雄山閣、一九五七年）、泉谷康夫「東大寺領櫟庄について」（『ヒストリア』三〇・三二）が本荘について分析を行なっているが、本稿では後者が大変参考になった。

（4）この「畠」は「屋敷地」とみるべきであろう。

（5）年月未詳（一一七〇年前後）東大寺三綱陳状（東京大学史料編纂所蔵影写本「東大寺文書」四ノ二三、1／11／21）

（6）同右

（7）『平安遺文』五巻二二五六号

（8）『東大寺要録』（『続々群書類従』第一一）巻二所引
（9）同右
（10）同右
（11）年未詳申六月十七日櫟荘沙汰人覚（東京大学史料編纂所蔵影写本「東大寺文書」四ノ二三、1／11／33）
（12）天理市櫟本町松本嘉一氏所蔵。ただし、原本は行方不明とうかがったので、天理図書館架蔵の写真版によった。
（13）稲垣泰彦氏提供の資料による。
（14）ここには、もとから山から落ちる水が流れる小流位のものがあったとも思われる。
（15）楢川上流は、古代大和の有力豪族である「ワニ」氏の本拠地とされている。「ワニ」氏については、岸俊男「ワニ氏に関する基礎的考察」（『日本古代政治史研究』塙書房、一九六六年）を参照。
（16）以下については、中野栄夫「近江国愛智荘故地における開発と灌漑」（『地方史研究』一三八、一九七五年、本書第Ⅰ部一章）を参照。なお、集英社版『図説日本の歴史』4、一九七四年、七三〜八〇頁の図版特集「平安初期の荘園」（中野栄夫担当）をも参照。
（17）以下については、中野栄夫「近江国大国郷売券をめぐる二、三の問題」（『律令制社会解体過程の研究』塙書房、一九七九年、第二部第三章）を参照。
（18）『平安遺文』一巻一二八号。なお、この史料については、原秀三郎「田使と田堵と農氏―田堵論のための断章―」（『日本史研究』八〇）を参照。
（19）以下については拙稿、前掲注（17）論文参照。
（20）岸俊男「家・戸・保」『日本古代籍帳の研究』塙書房、一九七三年、三五九頁
（21）以下については、村井康彦「公出挙制の変質過程」（『古代国家解体過程の研究』岩波書店、一九六五年）に負うところが大きい。
（22）8売券も同様と考えられる。
（23）論証省略。拙稿、前掲注（17）論文参照。

(24) これを「郷雑任」とみるのは正しくない。

(25) 中野栄夫「律令制社会における家族と農業経営」（前掲注（17）書、第一部第二章）参照。

(26) 以下については、中野栄夫「律令制社会解体期の在地情勢―太宰管内公営田制の再検討―」（前掲注（17）書、第二部第二章）参照。

(27) 以上、「名」については、中野栄夫「王朝国家期における農民と国衙支配」（前掲注（17）書、第二部第五章）参照。

(28) 『平安遺文』二巻四六二号。なお、以下については、中野栄夫書評「竹内理三編『土地制度史I（体系日本史叢書6）』」（『史学雑誌』八五ノ二、一九七六年）参照。

(29) この売券については、泉谷康夫、前掲注（3）論文、鈴木鋭彦「平安時代の売券―大和国②―」（愛知学院大学論叢一般教育研究』三）参照。

(30) 現在は水田である。なお、金田章裕「奈良・平安期の村落形態について」（『史林』五四ノ三、六八・六九頁、一九七一年）参照。

(31) 以上、泉谷康夫「公田変質の一考察」（『律令制度崩壊過程の研究』、鳴鳳社、一九七二年）参照。

(32) 鈴木鋭彦、前掲注（29）論文四二頁。稲垣泰彦「初期名田の構造」（稲垣泰彦・永原慶二編『中世の社会と経済』、東京大学出版会、一九六二年、七六頁。のちに『日本中世社会史論』、東京大学出版会、一九八一年に収録、七七頁）

(33) 「王朝国家期」の収取体系・国衙支配の特色については、中野栄夫「王朝国家期における収取体系―臨時雑役をめぐって―」（前掲注（17）書、第二部第四章）、および拙稿、前掲注（27）論文参照。

(34) 小東荘については、稲垣泰彦、前掲注（32）論文、同「東大寺領小東荘の構成」（宝月圭吾先生還暦記念会編『日本社会経済史研究 古代中世編』吉川弘文館、一九六七年。のちに『日本中世社会史論』東京大学出版会、一九八一年に収録）、阿部猛『日本荘園史』（大原新生社、一九七二年）第二章など参照。

四　東福寺領備中国上原郷の故地について

はじめに

永仁七年（一二九九）四月六日、鎌倉幕府は淡路国志筑荘三分一のうちの半分の替として、備中国上原《かんばら》郷を東福寺に寄進した。(1) この時、鎌倉幕府が東福寺に寄進したのは地頭職のみであったが、(2) 建武三年（一三三六）十月二十六日、光厳上皇は上原郷の領家職を東福寺に同寺造営料所として寄進した。(3) その後、一時、上原郷の領家職は東福寺の手を離れたらしいが、永徳二年（一三八二）、ふたたび上原郷領家職は東福寺に寄進され、(4) 以後、戦国時代にいたるまで、東福寺は上原郷を領したのである。

この備中国上原郷については、一九五七年に刊行された『大日本古文書』家わけ第二十『東福寺文書』之二に若干の関係史料が収められ、その存在が知られるところとなったが、残念ながら、その歴史の具体像を知りえる史料は一点もなかった。ところが、一九七一年から刊行されはじめた『図書寮叢刊　九条家文書』の第六巻「諸寺院関係文書」その他に、鎌倉時代後期から戦国時代初期にいたるまでの、一四〇点ほどの上原郷関係史料が収録されたのである。この「九条家文書」に収録された上原郷関係史料は、単にその数が多いということのみにとどまらない。上原郷の内部構造を知りえる史料や、荘園支配の具体像、あるいはそれに対する農民の抵抗などについて、興味ある事実が知られる史料が多いのである。したがって、その後、上原郷は、多くの研究者から注目をあびるところとなった。

とはいえ、今日までに発表された備中国上原郷関係の論考は、石田善人「東福寺領備中国上原郷について（上）（中）（下）」（『岡山県史研究』一・二・三）、峰岸純夫「中世社会と一揆」（『一揆　1　一揆史入門』所収）のみにすぎない。前者は、上原郷の歴史を通観したもので、今後の研究の出発点となるものである。ただ、考察に片寄りがあり、また誤認も多いので、その点は、今後ただしてゆく必要があろう。それに対して後者は、文安元年（一四四四）十二月五日の上原郷百姓等目安[5]についてのみ言及したもので、上原郷の歴史についてはほとんどふれていない。

さて本稿では、上原郷の歴史を究明する第一歩として、その歴史的・地理的環境について、基礎的なことがらを明らかにしてゆきたいと思う。したがって、上原郷の歴史については、別の機会にゆずることとする。

1　備中国上原郷の故地

上原郷の所在については、それを明示した史料は一点もない。しかし、それについては、従来より、岡山県総社市の高梁川西岸の旧神在《じんざい》村、現在の総社市上原《かんばら》・富原《とんばら》地区に比定されている[6]（図1・図2を参照）。また、上原郷の範囲については、石田善人氏が、『吉備温故秘録附録』（『吉備群書集成㈤』所収）に、

上原郷中原（真壁枝）・富原・下原村・上原村、

とみえるのをうけて、

現在の総社市上原《かんばら》・中原・富原《とんばら》・下原を合わせた地域が、もとの上原郷だと説明している。しかし、私は後述する理由から、上原郷には下原は含まれていなかったと考えている。（（上）三頁）

と主張している。つまり、石田氏は、上原郷を、上原・中原・富原の三村とするのであるが、ここで、石田氏の主張

に、若干の疑問が生じる。それは、第一に、右の主張の通りだと、現在、高梁川の東岸にある中原が含まれることになるが、それについては、何もふれていないこと、第二に、石田氏は行論の中で、新本川の南岸の八代を含めているが、それについては、右の説明の中で何も言及されていないこと、以上である。そこでまず、上原郷の故地の範囲について吟味を加えることにしよう。

『延喜式』・『和名抄』などによると、古くは備中国は、

　都宇・窪屋・賀夜・下道・浅口・小田・後月・哲多・英賀

の九郡からなっていた。上原郷が属すべきなのは、このうちの下道《しもつみち》郡であるが、[7]『和名抄』によると、同郡は、

　穂太《(北)》・八田・邇磨・曽能・秦原・水内・訓《(釧)》代・近似・成羽・弟翳・穴田・湯野・河辺・呈《(呉)》妹・田上

の一五郷からなっており、上原郷の名はみられない。そんなことから、石田氏は、

　上原郷の郷名がいつごろから始まったのかも今のところよくわからない。『倭名類聚抄』にはその名がみえないから、古くから開けていたところでもなさそうである。（(上)三頁）

と述べている。

　たしかに、『和名抄』には、「上原」とはみえない。しかし、上原郷は、『和名抄』にみられる「秦原」が分割してできたものといわねばならないのである。すなわち、上原郷は、「原郷上村」・「原郷上方」・「原上郷」などともいわれているように、「原郷」が上と下との二つに分かれて成立したものである。

　ところが、上原の北隣に、旧秦村、現在の総社市秦地区がある。つまり、秦原郷が「秦郷」と「原郷」とに分かれ、さらに「原郷」が上原郷と下原郷とに分かれたと考えられるのである[8]（その根拠は以下の行論で明らかになろう）。したがって、上原郷に下原村が含まれないことはいうまでもない。

　それではつぎに先に指摘した、二つの疑問点についてて検討するが、これについては、すでに永山卯三郎『岡山県通

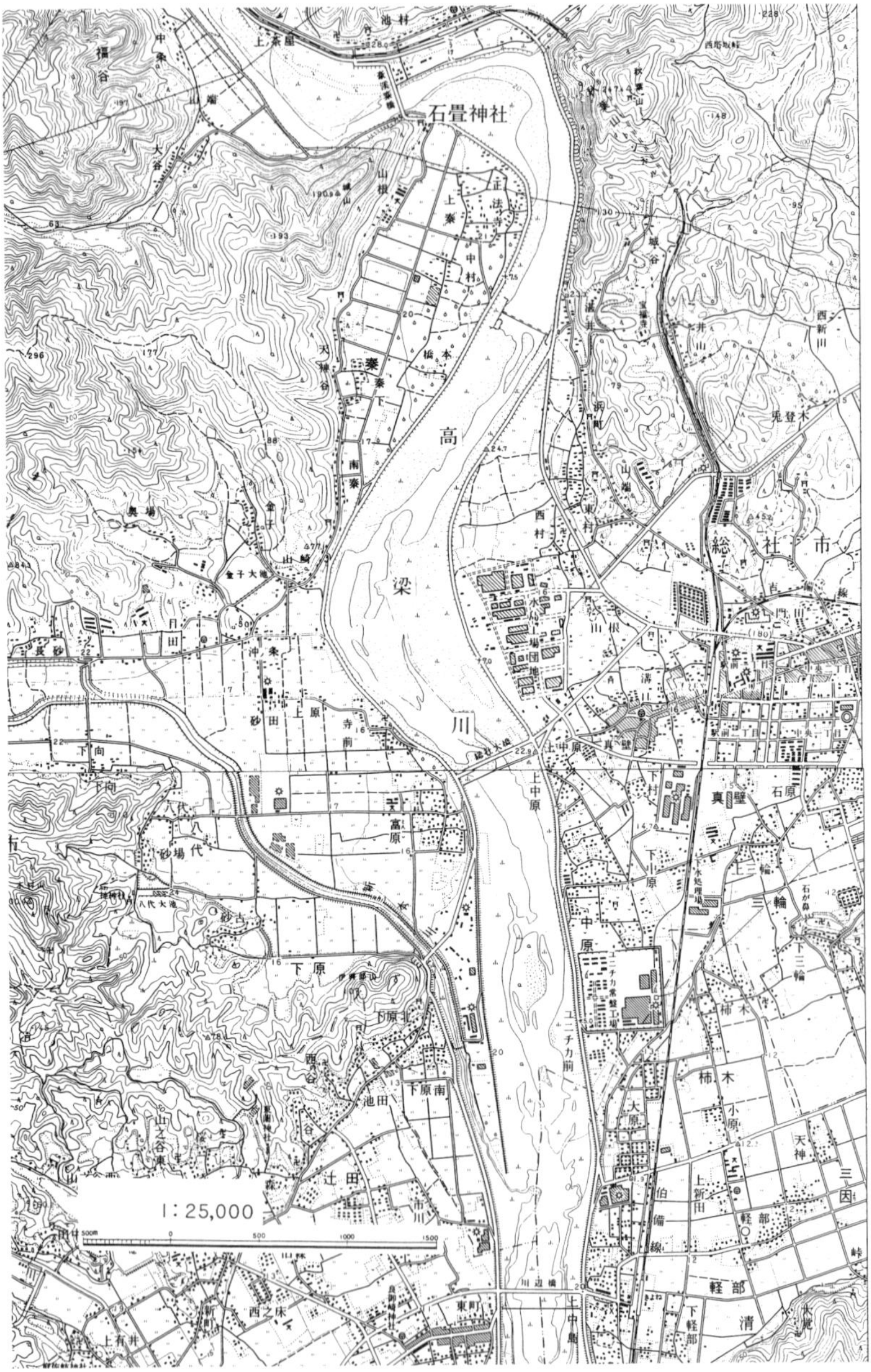

図１　上原郷付近地形図（2.5万分の１）

図2　上原郷付近の空中写真

史』が解答を与えてくれている。すなわち、永山氏は、秦原郷を、

今、秦、神在の二村と常盤村大字中原。[9]

とし、本稿と同じ比定を行なっているのであるが、そこにつぎのような按文を付している。

案に　神在村八代を含めることは、中島兵亂記にも八代の南境に在る木村山を原の木村山城とせるに徴すべし。

又常盤村中原が秦原の地なりしことは、高梁川の舊河道たる古川が中原の東邊を流れたるに徴すべし。[10]

すなわち、これを参考にするなら、秦原郷には、八代と中原とを含めた方がよいということになろう。しかし、この指摘からは、上原郷に八代が含まれるかいなかは不明である。石田氏は、八代を上原郷に含めるかいなかについて明示していなかったが、行論中では八代を含めていた。たしかに、史料にみえる「名《みょう》」名・地名が、八代地区の地字に一致する事例があるが、八代全体が上原郷に含まれると断定しうる材料はない。反面、八代は近世では下原村の枝村とされているので、[11]下原郷に属していたのではないかとも考えられる。そこで、これについてはのちにふれることにしよう。

つぎに、中原であるが、これは永山氏の按文でも指摘されているように、本来は高梁川の西岸にあったと考えられる。つまり、かつての高梁川は、中原よりもさらに東側を流れていたのであり、上原・富原とは、川をはさまずに地つづきであったのである。

図3として掲げた絵図は、この付近の高梁川の様子が比較的よく描かれている最も古い絵図とされる、正保二年（一六四五）の岡山大学附属図書館蔵『備中国十一郡之内下道郡之絵図』（部分）である。[12]この絵図によってみると、この付近の当時の高梁川は、ほぼ現在の河道をとっているが、その東側に「古川筋」と記された一筋の河道が描かれている。この古川筋は「井尻野村」「高木村」「三輪村」の西を通り「中島村」の上手で新河道と合流しており、「中原村」は両河道にはさまれた川中島となっている。

この古川筋は、少し前まで土地の古老の間では記憶されていたといい、かつての川床は水田となっているが、自然堤防の跡は水便が悪く畑地となっている。総社市真壁字上村下村はこの自然堤防上にできた集落である。高梁川がこの古川筋から西に新河道をとるようになったのは、江戸時代初期の慶長から寛永年中にかけてのことと考えられている。そして、古川筋は幕末には完全に廃川となり、そのころから明治初年にかけて、旧河床で新田開発が進められたとみられる。以上の経緯を『備中湛井十二箇郷用水史』はつぎのようにまとめている。

高梁川が新河道をとったことによって川中島となった中原は、もともと高梁川西岸に位置する上原・下原等とともに下道郡秦原郷に属しており、下道郡と窪屋郡の郡境は古川筋であった。正保二年（一六四五）の『下道郡之絵図』に描かれた郡境は依然として古川筋であったが、やがて古川筋の退化によって郡境が西の新河道に変わり、中原は窪屋郡に属することになった。その時期は明らかでないが、寛政三年（一七九一）に金井戸村の平田治右衛門が写した『備中村高留帳』によると、中原は岡山領として窪屋郡真壁村の枝村となっているから、少なくともこの頃までには下道郡を離れて窪屋郡に属していたことは確かである。なお、江戸中期頃の中原はその周囲に堤防をめぐらせており、いわゆる輪中集落を形成していたが、川中でありながら水の便が悪くその耕地の大部分は畑地となっていたようである。(13)

以上によって、古代・中世にあっては、高梁川は、中原の東側を流れていたことが明らかとなった（なお図4として、中原付近の様子の分かる絵図を掲げておいた(14)）。また、その古川筋が、下道郡と窪屋郡との郡境となっていたことも明らかとなったであろう。また、古代の高梁川は、総社市井尻野字六本柳付近から東へ分流する河道があり、その東流河道は総社平野を蛇行しながら、窪屋郡と賀陽郡との境界をもなして、児島湾に注いでいたことも知られている。これらのことを勘案して、地形図上に旧河道を示したのが図5である。なお、新本川が高梁川旧河道にいたる河道は不明なのであるが、条里制地割施行地域では、小河川は条里制地割に沿うように河道が設定されていることが多

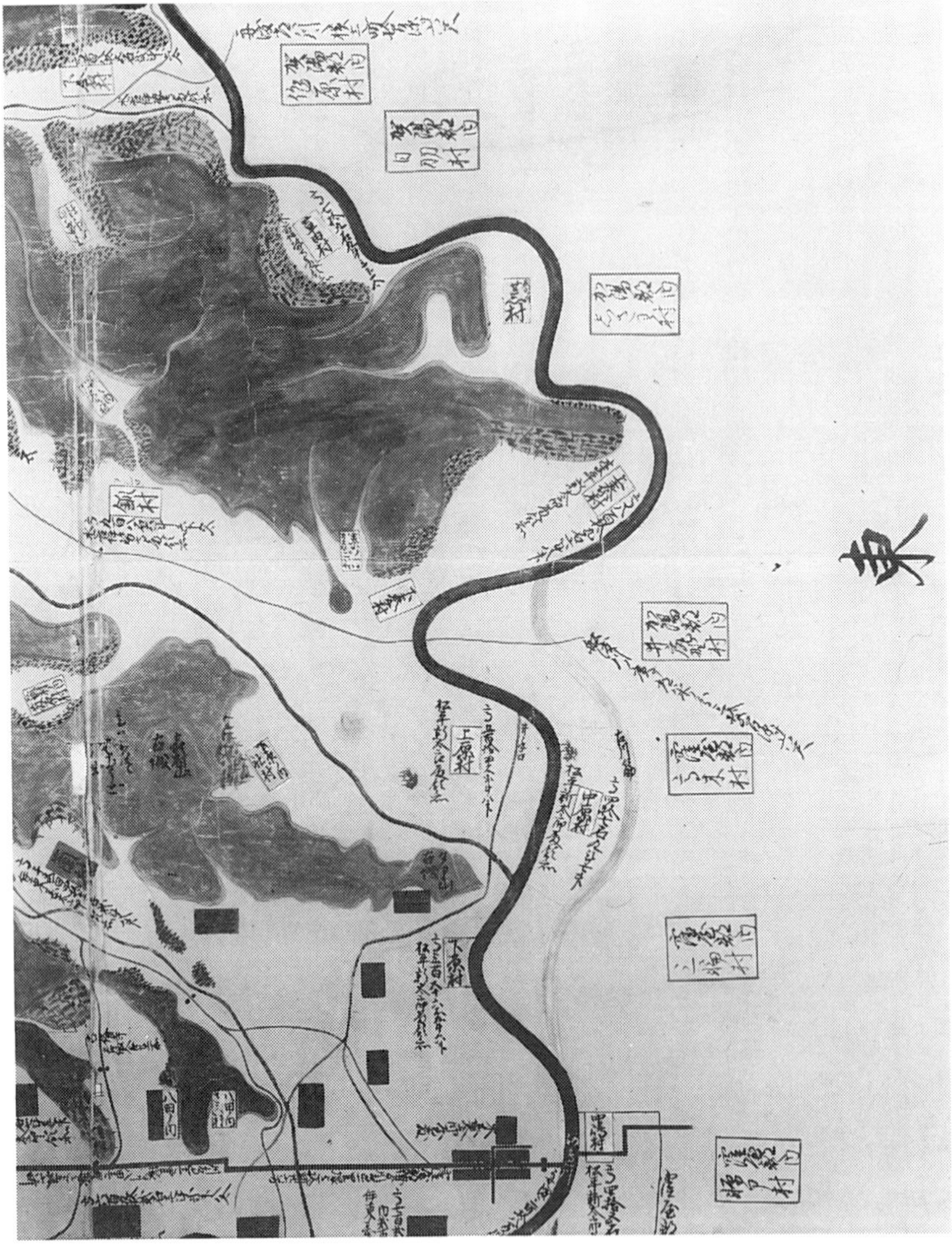

図 3　備中国十一郡之内下道郡之絵図

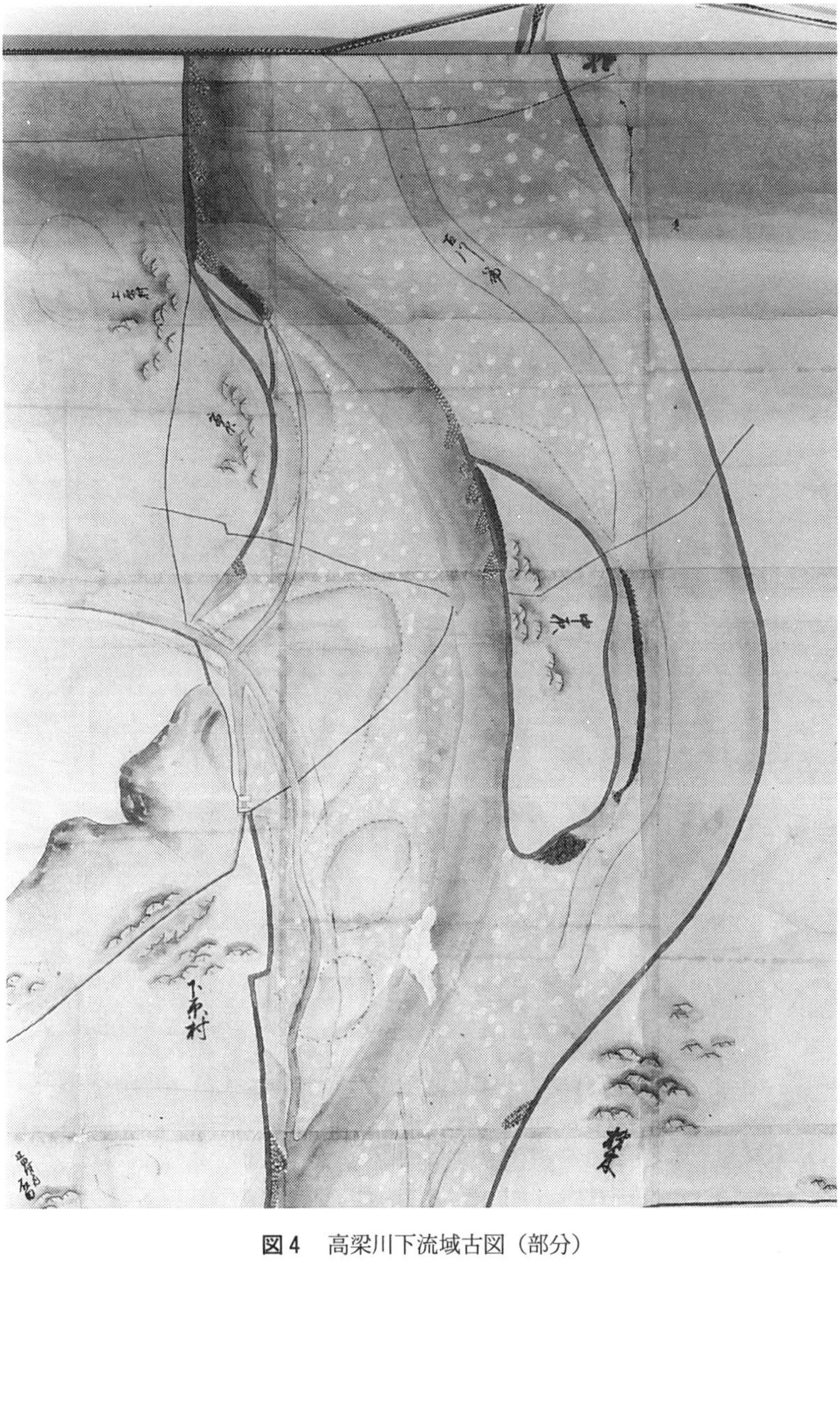

図４　高梁川下流域古図（部分）

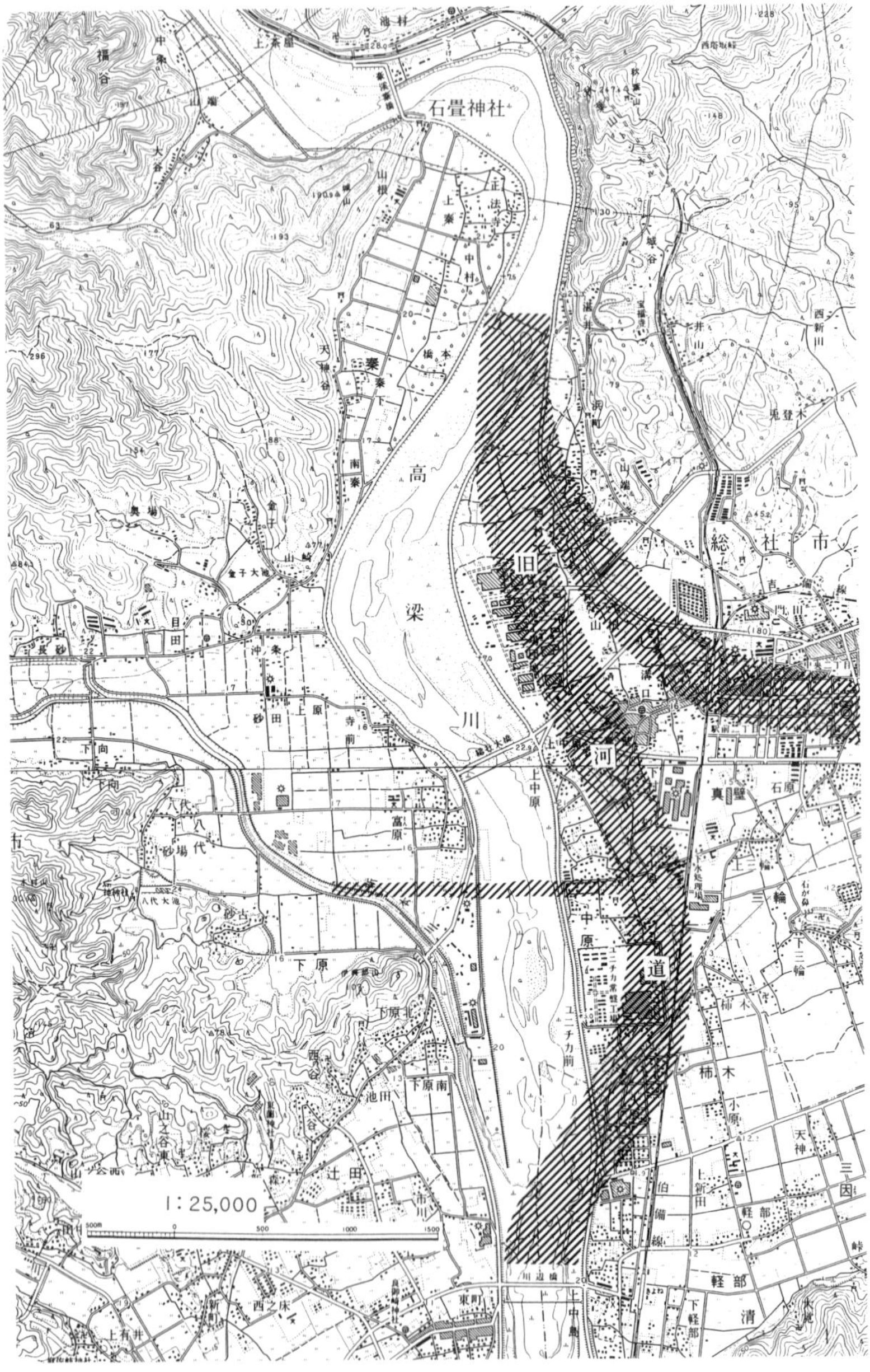

図5　高梁川旧河道復原図

いこと、原郷は上・下に分けられているので下原郷の方もある程度の広い領域をもっていたと考えられること(15)などを考慮し、東に直流するものとして図示した。

さて、今までみてきたことより、上原郷の歴史をみる場合、現在の景観をそのまま古代・中世にあてはめてはならないことが明らかとなった。その最大の変化は、近世初頭における河道の移行である。その河道の変化により、上原郷・下原郷の土地のかなりの部分は高梁川の河道化してしまったのである。このことを考慮しないかぎり、この地域の歴史を正しく理解することはできない。

2　上原郷周辺の歴史的環境

石田善人氏は、上原郷は「古くから開けていたところでもなさそうである」と述べていた。そこで、この付近の開発のありさまをおおまかにみておくことにするが、残念ながら、この周辺の遺跡について、系統的な調査は行なわれていない。したがって、ここではとりあえず、岡山県教育委員会編『岡山県遺跡地図』を手がかりとして、この付近の遺跡の分布状況を概観することにする（以下、図6を参照。数字は『岡山県遺跡地図』の遺跡番号。なお、61・62・64～67・69・72は古墳群）。

さて、この付近においては、縄文時代の遺跡は、今のところ報告されていない。ついで弥生時代の遺跡は、散布地が二ヵ所、墳墓が二ヵ所、それぞれ知られている。そのうち散布地はいずれも沖積部からかなり山寄りの地点である（図6の68。以下同じ）。現在の集落より、少し高いところにあるように思われるが、二ヵ所の事例からのみでは、はっきりしたことはいえない。また、墳墓は、下原の集落の背後の山頂にある（72―5・6）。

そして、古墳時代になると、この付近は遺跡だらけといわなくてはならない。そのうち、前方後円墳は三基知られ

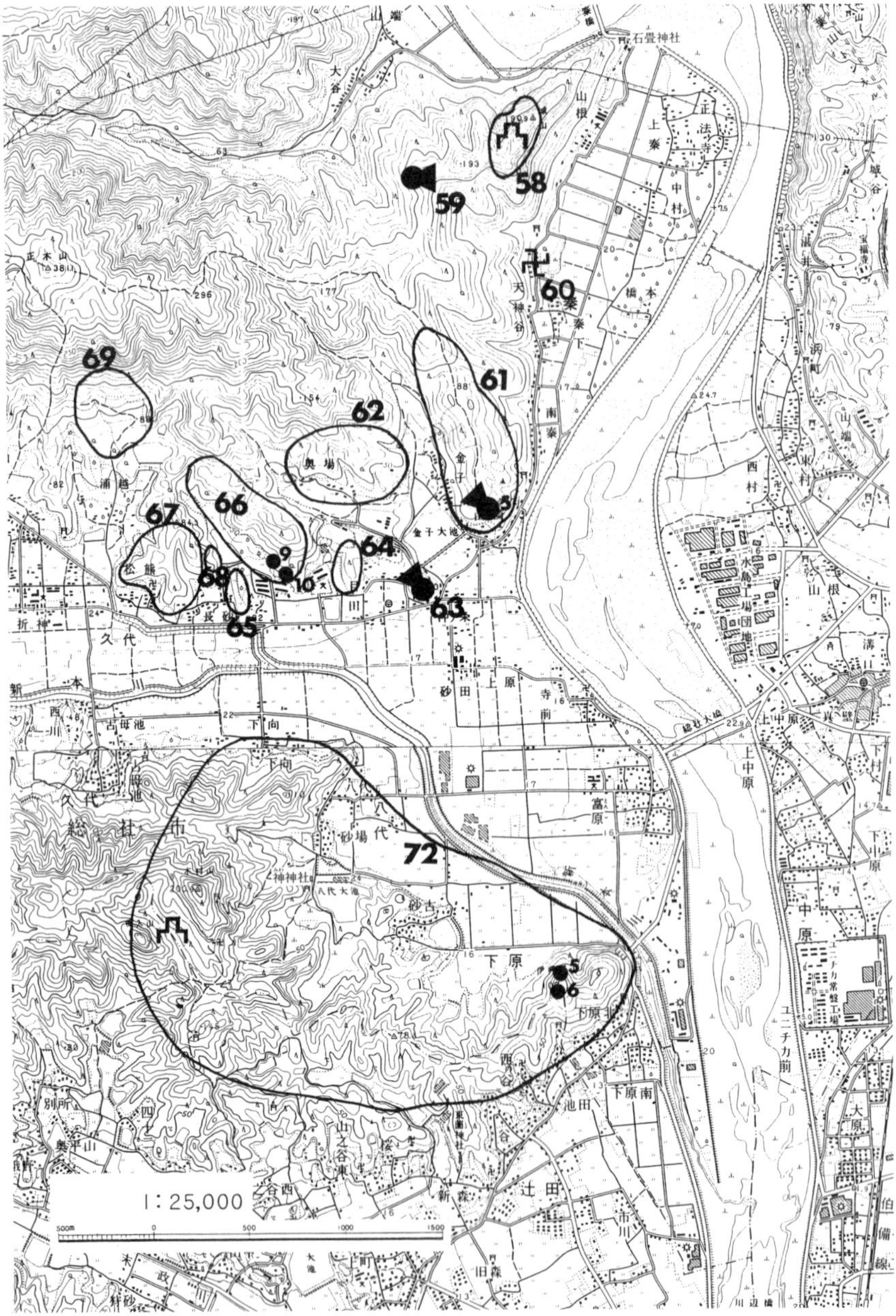

図6　遺跡分布図

ている。山根古墳（59）の規模は不詳であるが、金子5号墳（61―5）は長さ四〇㍍（竪穴式。完存）、石塔塚（63）は長さ三〇㍍と報告されている。また、難波9号墳（66―9）は径二〇㍍、難波一〇号墳（66―10）は径一五㍍の円墳であるが、前者は「竪穴式」、後者は「木棺直葬？」とされているので、前期古墳の可能性が高いであろう。これらの前期古墳は上原郷の北方の秦地区ないし久代地区の丘陵の突端から山頂にかけてみられる点に注目しておこう。

ついで、後期古墳の分布をみよう。ここでは、『岡山県遺跡地図』にみられる、右にみた以外の円墳・方墳をすべて後期古墳とみておくが、その分布は、上原郷をとりかこむ丘陵の突端から山頂にかけて万遍なくみられる。このようにみると、この地域の開発は、かなり進行していたものとみなければならない。

さらに、それにつぐ時代になっても注目すべき遺跡がみられる。その一つが、秦原廃寺（60）であり、『岡山県遺跡地図』には、時代は「飛鳥」、遺跡概況は「方一町の寺域」と記されている。現在その遺跡には、心礎や礎石などが残存しているが、ここから発見された瓦は、備中地方に限ってみられる特殊な文様をもつ形式のものであることが知られている。(16)おそらくこの付近に住む豪族が建立した寺院であろうが、そのことから、この付近が、かなり栄えていたことが知られるのである。(17)

秦原廃寺とならんで注目されるのは、この地域に式内社が二社みられることである。(18)その一つは、秦地区の北端、高梁川岸にある石畳神社であり、これは、その背後にある高さ五〇～六〇㍍の石柱をご神体とするもののようである。今一つは、八代字宮山にある神《みわ》神社であり、この所在する地域を八代《やしろ》というのは、この神社が鎮座するからであるという。ただし、この神神社については、高梁川東岸の総社市三輪から、十七世紀に今の地に遷されたとの異説もある。

このように神神社については、断定できないが、秦原廃寺および式内社たる石畳神社の存在は、古くから、この地域に人々が住みつき、それらをまつっていたことを裏づけるものであろう。しかし、何よりも、この地域の人々の活動のありさまを知ることのできるものは、条里制地割遺構である。

図7は、一万分一地形図である。これをみればただちに判明するように、この地域には条里制地割が施行されているのである（なお、図2も参照）。もちろん、この地域の条里制地割施行時に、その土地すべてが耕地化されていたとはいいきれない。しかし、その開発を中世以降にまで降らせることも、これまたできまい。今までみた、この地域の歴史的発展の様相を考え合わせれば、この条里制地割施行地域の耕地化は、主として古代までに進行していたとみるべきであろう。

ところで、図8は、この地区の大字界（旧村界）を示したものである。これを見てまず気づくのは、第一に、新本川が大字界になっていることである。これは、ごく自然の境界線と解せよう。ところが、第二に、大字界が、沖積部では、直線をなしているのが目につく。この現象は、沖積部に条里制地割が施行されたことにもとづくものであり、人為的な区画設定ではあるが、奈良盆地などでもしばしばみられるものであって、これも、もっともな境界線と理解できる。

しかし、この人為的な大字界をもう少し観察すると、もっと興味深いことが判明する。まず、ABのラインに注目しよう。このラインより西は久代《くしろ》であり、東側は、新本川以北は秦、以南は八代である。この久代は、『和名抄』にみえる「訓《釧》代郷」に比定されている。(19) また、先に指摘したように、秦と八代は「秦原郷」に含まれる。つまりこのABのラインは、古代の「秦原郷」と「訓代郷」との境界をなしているわけである。

しかしながら、これのみでなく、もっと興味深いことがある。それは、CDおよびその延長上にあるEFのラインである。CDについてみれば、これは秦と上原との境界の一部をなし、またEFは八代と下原との境界をなしている。このようにC〜Fのラインは、古代の「秦原郷」の内部を分割する重要な直線なのである。ところが、このC〜Fのラインと、ABのラインとは、六町をへだてて平行しているのに気がつく。ここで念のためにことわっておくなら、この二つのラインが六町をへだてて平行であるということを、偶然の出来事と片づけてしまうことはできない。なぜ

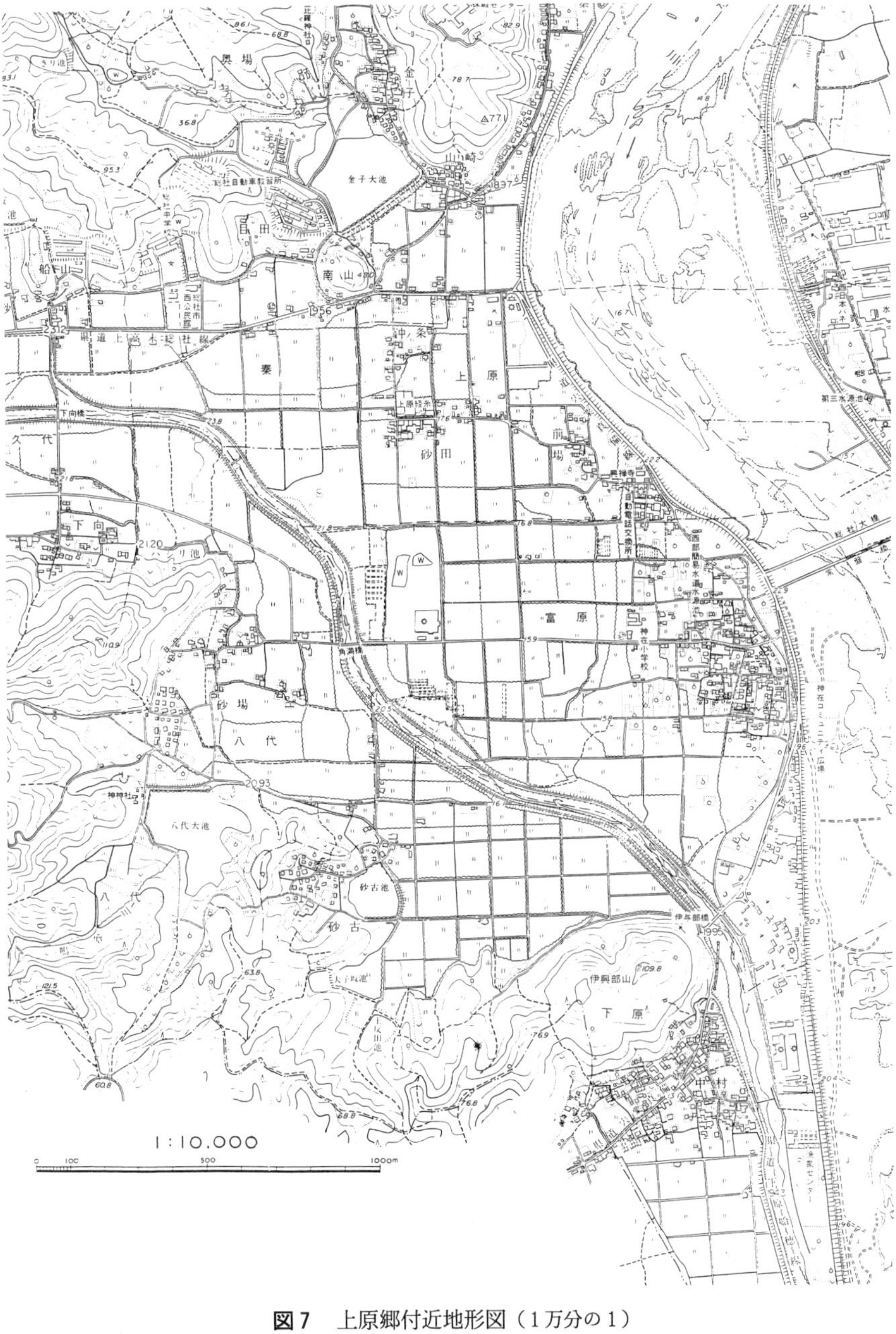

図７　上原郷付近地形図（１万分の１）

なら、CDは秦と上原、EFは八代と下原というように、お互いに別個の大字の境界をなしているからである。要するに、ABと同様、C～Fは、重要なラインとみなければならない。

ところが、六町間隔の平行線をもう一組見出すことができる。それは、GHとIJとである。GHは、秦と上原との境界の一部なしている。そしてIJは、上原と秦との境界線となっているのである。つまり、上原は、南北を、六町へだてた平行線によって切られているのである。この点は、八代が東西を、六町へだてた平行線によって切られているのときびすを一つにしている。

さて、今さら指摘し直すまでもなく、条里制地割は、土地を六町四方に区切ってこれを里とし、里はさらに各辺を六等分されて、三六の坪に区切られる。このように、六町という数字は、条里制地割を見る際には、看過できない重要なものである。

とするならば、この六町間隔の直線を利用して、この地域の条里制地割プランを図9のように復原することができよう。(20) しかし残念ながら、条里呼称・坪並呼称を示す地名は残存せず、それを復原することは、今のところ不可能である。(21)

以上、この地域の歴史的発展を概観してきたが、以上をまとめれば、つぎのごとくなろう。すなわち、この地域では、沖積部では不明だが、周辺の丘陵に少し入り込んだところに弥生時代の遺構がみられ、すでにその時代から人々がここで活動を開始していたものと思われる。おそらく眼前にひろがる沖積平野の一部において、稲作経営を行なっていたのであろうが、やがて、稲作を進めた人々の中から有力者が抬頭してくる。第一の有力者は、上原郷の北の丘陵縁部の秦地区に居をかまえ、周辺を開発していた。おそらく、周辺の人々を威圧しうる権力者になりつつあったにちがいない。その後、古墳時代の後期になると、周辺の人々も群集墳を築造するが、秦地区に居をかまえる一族が有勢であったことに変わりはなかった。彼らを小首長と呼んでさしつかえないであろう。そして、彼ら小首長の後裔は、

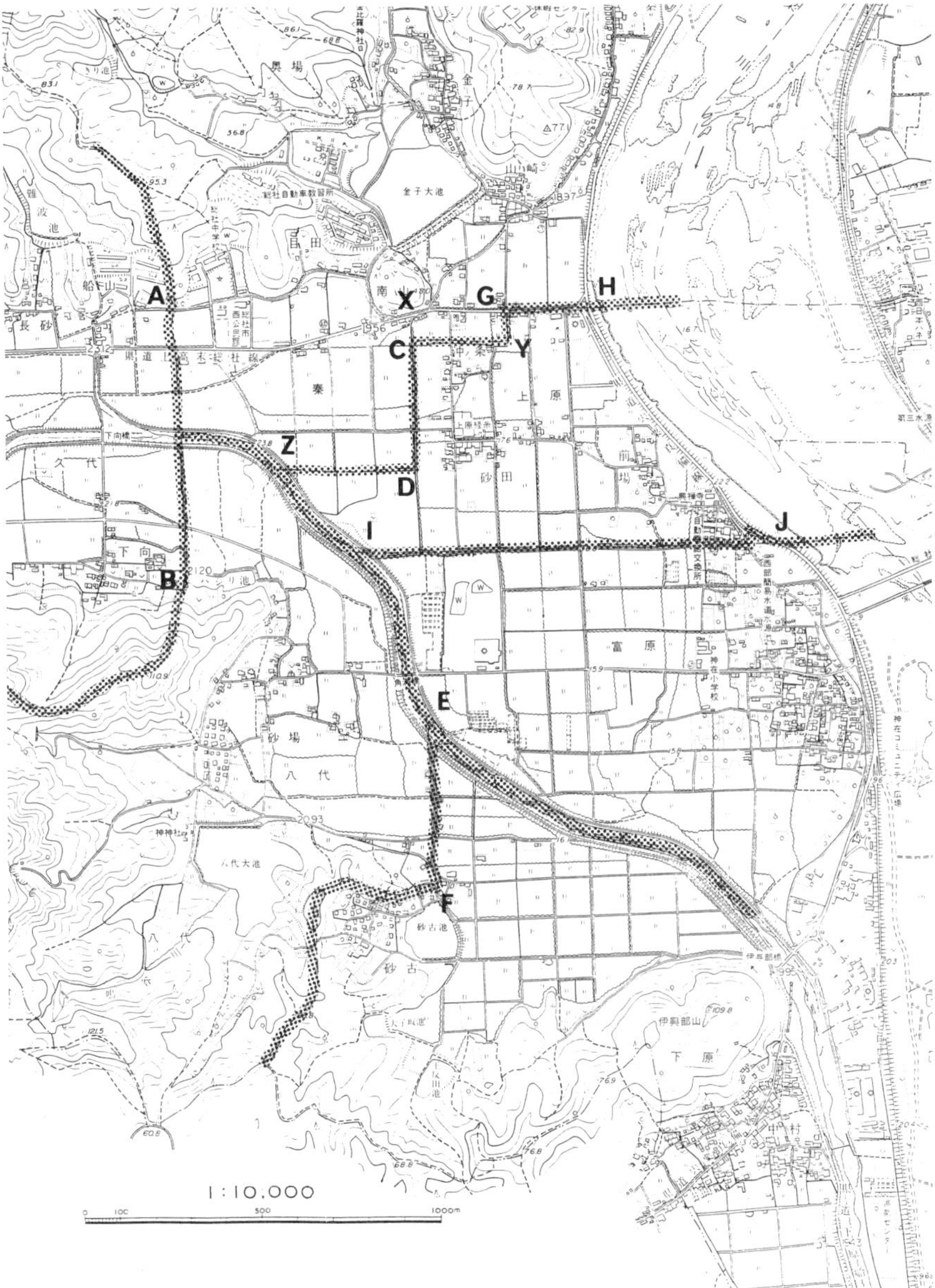
A
B
C
D
E
F
G
H
I
J
X
Y
Z
奥場
金子
金子大池
山崎
目田
南
船山
長砂
難波池
秦
中条
上原
久代
下向
砂田
前場
富原
砂場
八代
八代大池
砂古池
砂古
伊與部山
下原
中村
県道上高木総社線
総社自動車教習所
神在小学校
1:10,000
0
100
500
1000m

図8　大字（旧村）界

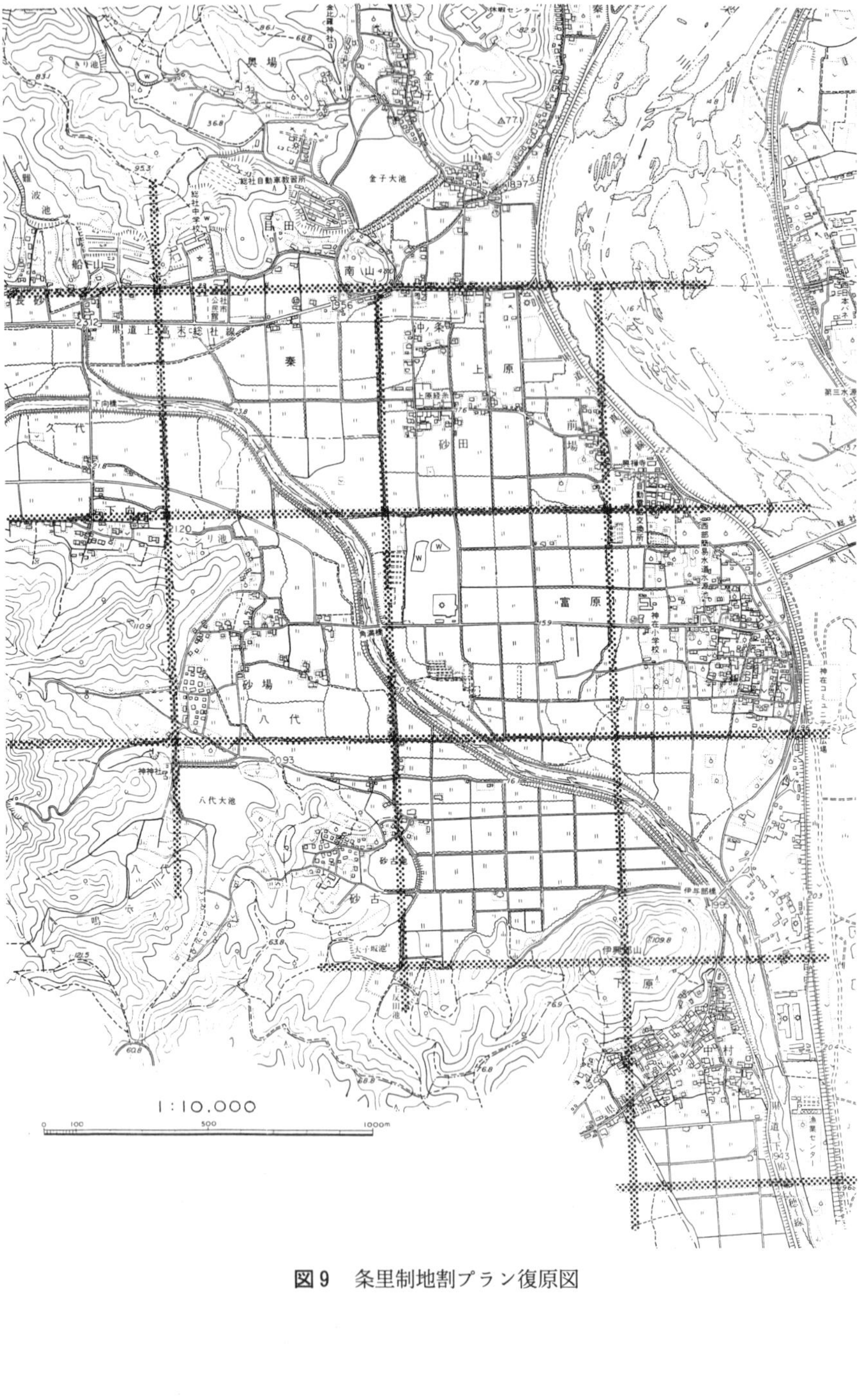

図 9　条里制地割プラン復原図

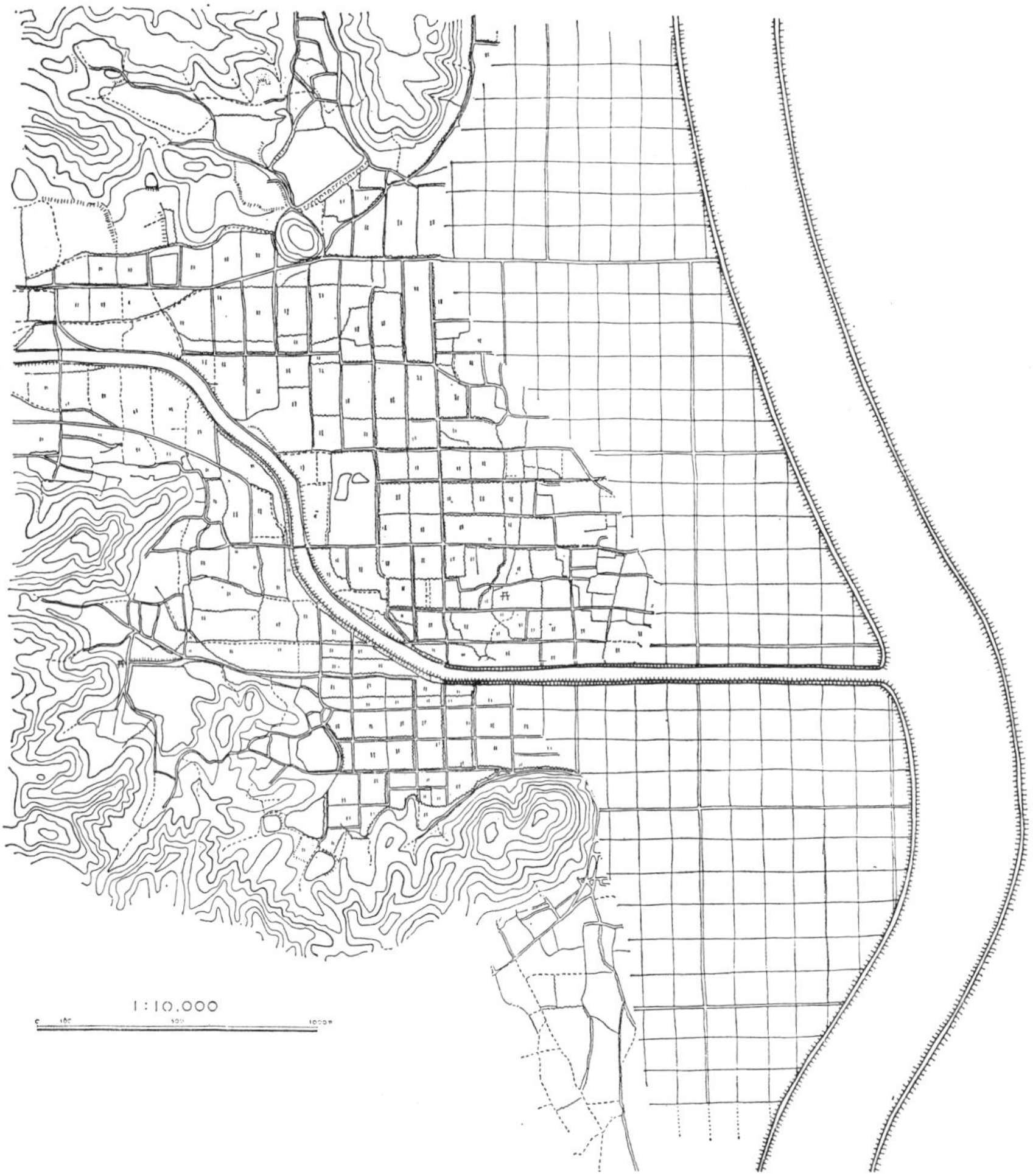

図10　条里復原図

やがて「秦原廃寺」を建立する。やがて、この付近は秦原郷とされるが、その際のサトの長にも、「秦原廃寺」を建立した一族の者がなったであろう。「秦」という地名から、この地区の人々は、「秦氏」の一族、すなわち大陸からの渡来人と一般に考えられているが、その説も俗説としてすてさるわけにはゆかない。ここにいち早く寺院を建立したというのも、彼らが渡来人であったことのあかしとなるともいえよう。

その後、この地域はさらに発展をとげ、また一方で条里制地割も施行される。やがて、秦原郷は、その北部が「秦郷」、中南部が「原郷」とされるにいたる。このように郷が分割されること自体、その発展のありさまが急速であったことを示していよう。そしてさらに、「原郷」は、おそらく新本川を境として、北は「上原郷」、南は「下原郷」とされるにいたったものと考えられる。

かくして、中世を迎えるが、上原郷および下原郷の名は、ここにいたってはじめて史上に姿をあらわすこととなる。とくに、上原郷は、『九条家文書』および『東福寺文書』の中に姿をあらわし、それによって、この地域の中世の歴史が知られるのであるが、近世に入ると、この地域は、大災害にあう。それは、高梁川の氾濫とそれによる流路の変化である。これによって、上原郷・下原郷のかなりの部分は河道と化してしまい、かつて高梁川西岸にあった中原地区は高梁川東岸となり、やがて、中原地区は、下道郡から窪屋郡へと帰属が変更されるにいたったのである。

以上、この地域の発展のあらましをみたが、これによって、「古くから開けていたところでもなさそうである」などとはいえないことが明らかになったであろう。

ところで、先に図9として、この地域の条里制地割のプランを示しておいたが、これは高梁川の現河道を前提としたものであって古代・中世における河道を示したものではない。そこで、試みに、図10として、復原図を示しておいた。(22)

3　上原郷関係の地名

備中国上原郷を総社市上原・富原地区に比定しうる根拠の第一は、以上でみたように、その「上原」という地名にある。ところが、この比定が正当なものであることは、この地区の小地名（小字＝地字）をみれば、ただちに判明する。図11は、この地区の「地字」を地形図に載せたものである。ここにいう「地字」とは、いわゆる「公称地字」であって、このほかに「私称地字」の存在が当然想定されるが、調査はそこまで及んでいないので、ここではこの「公称地字」を手がかりとしよう。[23]

さて、上原郷の「名《みょう》」名を知ることのできる史料はいくつか存する。また、文明十一年（一四七九）十月日上原郷内検帳[24]および文明十三年（一四八一）三月日東福寺御領上原郷内検帳[25]によって、それら「名」の所在地名を知ることができる。それを、図11に示した地字をもとに、復原してみたのが図12である。[26]これでみられるように、五〇〇年の年月を経ているとは思えないほど、地名が一致している。もちろん、比定しえない地名も多いのであるが、かっての上原郷のかなりの部分が河道と化してしまったことを考え合わせれば、一致する面を強調してさしつかえないであろう。とくに、文安元年（一四四四）十二月五日上原郷百姓等目安[27]で問題となっている「田中池」が地字として残り、また一九三七～三八年（昭和十二～十三）までその水が農業用水として利用されていたという事実に注目すれば、五〇〇年の年月の差はさほど感じないといってよい。

これで分かるように、「定宗名」の遺称たる「定旨」、「山根（名）」の遺称たる「山根」や、地名として内検帳にみえる「社石尻」・「社竹下」は、八代地区に比定しうる。したがって、八代地区の一部分が、上原郷の一部として東福寺によって領されていたことは否定しえないものであろう。内検帳には、「中田」・「沙田」といった地名がみられ、

森ノ下
猿尾
南山
古池
池東
目田池
砂子
宮林
東池田
彼岸田
四反田
柳ケ坪
正田
亀尻
高見田
西五反田
五反田
仲田
四反田
稲田
小井手
久代
壱本木
九条
四ツクロ
竹ノ元
大坪
寺ノ前
大橋
大段
三窪
池田
食天
千原
東千原
南定旨
五反田
黒添
鎌倉
下向
石尻
大西上
西ノ山
扇谷
鳥追山
奥宮砂古
宮砂古
宮ノ谷北平
宮ノ谷
神社
宮ノ下
後ノ谷
木村山
鳴谷
塚ノ風呂
陽露
巣
鷺
八幡山
東八幡坂
南八幡坂
砂古
王子坂
北坂
南坂
西浦山
五反田
東浦山
本郷
伊与部山
城ノ下
山崎
西ノ谷
池中
池南
納添
垣渕
森清田
八反田
村ノ前
亀尻
竹ノ下
東仲田
東小山
西小山
大坪
上高田
下高田
山崎川田
北城之下
南城之下
池之内
今田
砂田
田中池
池面
政畠
村
中
上
内
林
通
喜瑞所
中島
荒神
稲荷
梅宮
美納田
東牛神
西美納田
宮南
鯰袋
油免
京免
三町田
八町田
東吴町
風呂ノ元
大倉
七内橋下
西河原
大下原
上向
上り渡
北下向
南下向
上新開
北大向
中大向
南大向
東前田
西前田
石田
西町田
東町田
西高畑
中高畑
東高畑
下高畑
北後田
南後田
東市場
南市場
北中村
東中村
西中村
賽之神
北田中
南田中
西山根
1:10,000
0
100
500
1000m

図11　地字図

図12　「名」および中世地名の遺跡

それは、下原地区北半部の「中田」・「沙田」にも比定しうるが、その地名は上原地区内にもあり、それらに比定した方が妥当と思われる。(28)

以上より八代地区すべてが上原郡に含まれると断定するには、材料が少し不足しているが、少なくとも一部分は上原郷に属していたと考えざるをえない。したがって、ここでは一応、八代地区も上原郷に含まれていたと考えておく。

4　上原郷周辺の水がかり

文安元年（一四四四）十二月五日、上原郷の百姓等は、かねてから対立していた荘主光心の非法を東福寺に訴えたが、その目安につぎのような一条がある。(29)

一[4]、秦之井手御ほらせ候て、水上候ハんすれはとて、かわらけ河の井手并仁田中池をは、手作の田ニめされ候ハんとて、水なきニより当年も皆々地下の田共かんそん（干損）仕候、殊ニ適々上候井河の水をも、御手作を本ニ被入候て、御公田にわ一てきの用水をも不給候間、弥々御百性のなけきに候事

つまり、「秦之井手」を掘って水を引くといって、(30)「かわらけ河」の井手と「田中池」との水を手作田に引いてしまうので、水が無くて今年も百姓たちの田は干損になり、ときたま上がってきた「井河」の水も手作にまず入れてしまって、一般の田には水を一滴も分けてくれない、というのである。ここで「かわらけ河」とは新本川と考えられよう。おそらく、水があまりない石ばかりの川なので「かわらけ河」とよんだのであろう。また、「田中池」とは、現在も地字として残り、また一九三七～三八年（昭和一二～一三）ごろまで存在した田中池のことであろう。

そういった水を手作地に入れるかわりに、荘主光心は「秦之井手」を掘るといったのであるが、この「秦之井手」は高梁川にかけたものにちがいない。要するに、この上原郷は、その用水源を主として新本川と田中池とに求めてい

たと考えられ、高梁川の水には頼っていなかったと思われる。田中池の水も究極には新本川の水を引いているのであるから、上原郷の用水は新本川に求めていたといってもさしつかえあるまい。

なお、近世初期の記録によると、(31) 今から四〜五〇〇年前に、貝原源内親光という侍が石畳神社の下手に水の取入口を設け、上原郷より下流域の岡田・薗・川辺・尾崎・妹村の一本堰の辺まで水を引くための井手を開いたが、思うように通水しなかったという。その失敗原因は、秦が砂地であるため、水が抜けてしまったためであるといわれている。(32) これは伝承のみで確認できる史料はないが、荘主光心もおそらく石畳神社付近に井手を設けたものと考えられ、それも取入口付近の河床の移動や秦の砂地のために水がこなかったのであろう。(33) ちなみに、江戸時代にも何度か高梁川の水を秦地区に引こうとし、いずれも失敗しているが、その原因は、秦の砂地に求められよう。(34)

ここで、この地域の水がかりについてふれておこう。最近では、高梁川の水をポンプでくみあげて農業用水に用いているが、図13は、それ以前の水がかりを調べたものである。(35)

この図を見るとすぐ分かるように、若干の入り組みはあるが、大字界を境として、水がかりが大きく異なっている。つまり、各大字（旧村）は、それぞれ別個の用水系統を有しているわけである。ここでは、念のために個々について少しコメントしておこう。

まず、古代の「訓代郷」と「秦原郷」の境界線は、水がかりの上からみても大きな分岐点となっている。これは、新本川以北でも以南でも同じことである。ただ、河北でも河南でも、新本川からの引水は、少し上流の山田地区あるいは久代地区内に堰を設けて行なっている。これは、地形的要因にもとづくものと解され、どこにでもみられる現象である。

つぎに、上原は、主として金子大池がかりである。金子大池の水は、他に秦や田中池がかりの地区へも行き、それらを含めて金子大池がかりは五四町といわれている。しかし、この金子大池は、十七世紀中葉の築造と伝えられてお

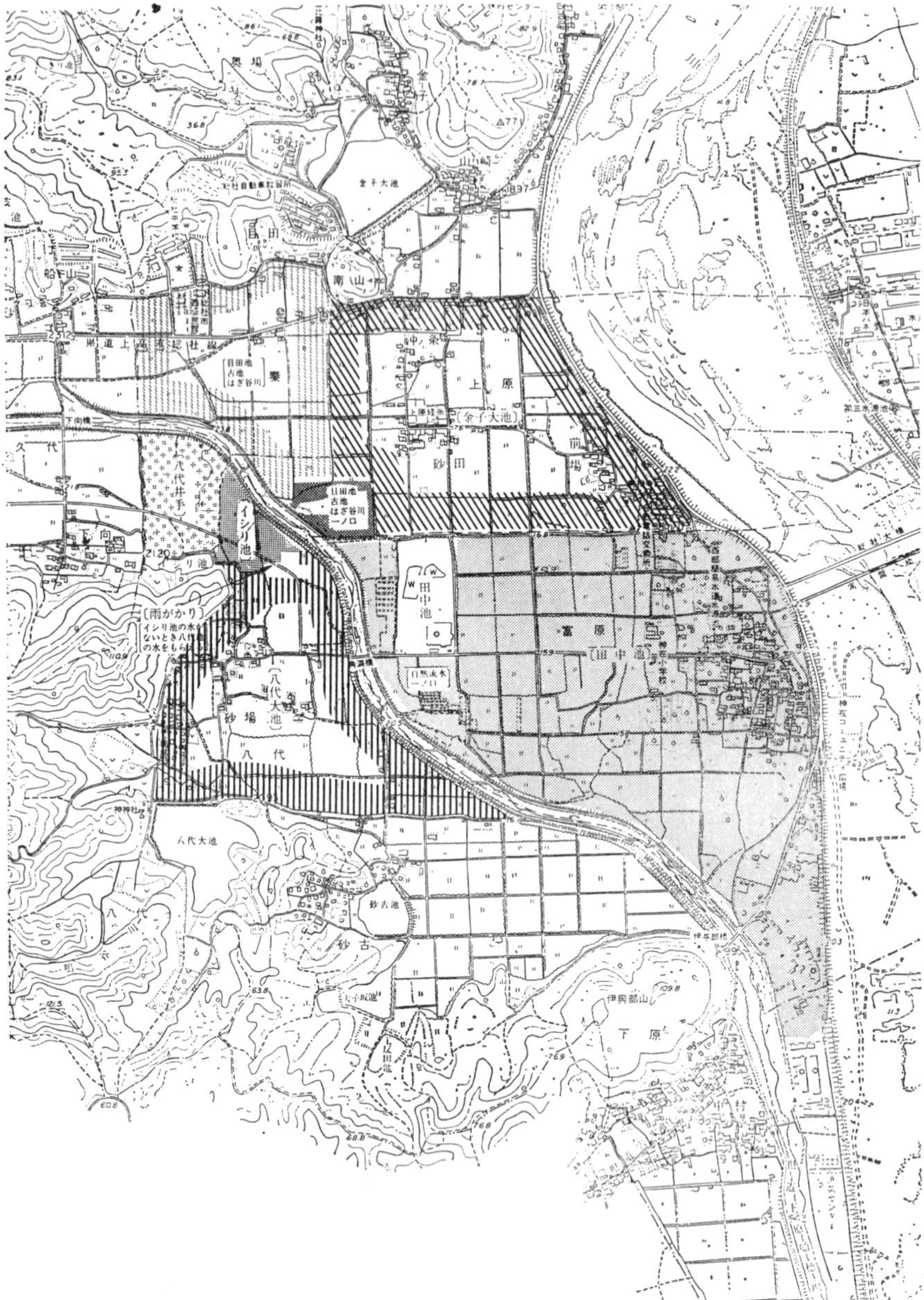

図13　上原郷周辺水がかり図

り、[36] 中世における水がかりからは除去して考えねばならない。とすれば、その水は、新本川あるいは田中池[37]に求めざるをえないが、地形的にみると、田中池の水を上原郷の北部に引くことは不可能と思われる。したがって、その水は新本川や付近の山からの流水のみに求めざるをえない。そこで目につくのが、金子大池の南にある南山の近くにある「古池」「東池田」という地字である。金子大池の水も南山の西麓と南麓をめぐって、つまり「古池」と「東池田」の縁部を通っている。

「古池」の水は秦地区にかかっていたと考えられるが、私は「東池田」にも池があって、そこに溜められた水が上原に引かれていたと考えている。そして金子大池が築造されるにいたって、この「東池田」の池は水田化されたのであろう。図8をもう一度みていただきたい。秦と上原との境界は、ZDCYGHと稲妻状になっているが、私は古くはZDXHを結ぶ線が境界であったのではないかと考えたい。つまり、XCYGでかこまれる一画は今は秦に属すが、古くは上原に属し、その大部分には「東池」という池があって、その水が上原の用水源であったのではあるまいか。[38] ところが、その後、金子大池が築造されるにいたり、その池はつぶされたが、金子大池の池代あるいは溝代として、XCYGの一画が秦に譲られたのではあるまいか。以上は推測であるが、大字界・水がかり・地字などをみていると、さほど突飛な空想とはいえまい。

つぎに富原であるが、この地区は西辺の一部を除きほとんどが田中池がかり（約二四町）である。また先に指摘したように、金子大池の水もかかる。これについては別にコメントを必要としないであろう。

八代の水がかりは大きく分けて三つの系統に分かれる。一番西端は八代井手がかり（八町）である。この取入口は、久代地区内にあり、八代井手（亀樋）から新本川の水を入れている。久代地区内では水は田より低く、利用されない。ついでイシリ池がかり（一町二～三反）がある。しかし、このイシリ池が中世に存在したかどうかは不明である。さて、八代の残りは、八代大池がかり（二五町）で八代井手の水も使っている。ただ一部では池の水がなければ耕作が不可能な所もある。この八代大池は、十七世紀中葉に築造されたもので、(39) 現在では、その水の五五%が八代に、四五%が下原に利用されることになっている。したがって、中世においては、この八代大池は除去して考えなければならないので、八代の中世における用水のほとんどは新本川に求めることとなる。もっとも、八代地区は丘陵にかこまれているので、山からの落ち水や、それを溜める小規模な池の存在も充分考えられるが、それにしても、新本川の水に頼る割合は大きかったにちがいない。

以上、上原郷地区の水がかりをみたが、そこでは、主として新本川からの引水と、田中池その他の中小溜池に灌漑用水を頼っていたことが知られる。しかし、頼みとする新本川は「かわらけ河」と呼ばれているように水量が少なく、この地域の人々には水不足には常になやまされていたようである。そこで、文安元年（一四四四）の目安にみられる荘主光心のように、高梁川の水を引く試みもなされたが、いずれも失敗したようである。そんな苦しみにもかかわらず、ここに住む人々は、稲作を維持していったのであった。

ところで、この地域の水がかりをみると、古代の郷界、あるいは条里区画にそった大字界を境として、水がかりが大きく異なっていることが知られた。そこに強固な用水慣行の存在を知ることができるのであるが、と同時に、古代の郷界あるいは条里制地割が、後の世まで、大字界（旧村界）・水がかり界として根強く残っていることを確認できたのである。

おわりに

以上、東福寺領備中国上原郷のいわば前史として、その歴史的・地理的環境について、基礎的なことがらについて述べてきた。上原郷の歴史はこれから始まるわけであり、また調査が完了していない点も多いが、ひとまずこれにて、本稿をとじることにする。

私はかつて、つぎのように述べたことがある。

最近、景観復元図を多数例示する論文がみられるが、景観復元図を多数例示することが歴史地理学的手法であるわけではないと思う。要は、それをもとに、その地域の歴史をいかに叙述するかであろう。(40)

本稿はまさに、右の文で批判した景観復元図を多数例示したにすぎないものとなってしまった。しかし、上原郷が最近かなり注目され出したにもかかわらず、必ずしも正しい理解が行なわれていないようなので、これも一つの必要な作業と考えてあえて記した次第である。

〝要は、その地域の歴史をいかに叙述するかである。〟

この言葉をあらためて自戒の弁とし、機会を得て上原郷の歴史を記すことを約して、ひとまず擱筆することにする。

注

（1）『九条家文書』六巻一六三二号　永仁七年四月六日関東下知状

（2）『九条家文書』六巻一六三五号　正安元年十二月二十五日東福寺住持山叟恵雲并宗像氏往返状などを参照。

（3）『九条家文書』六巻一六四二号　建武三年十月二十六日光厳上皇院宣

（4）『東福寺文書』之二、四七七号　永徳二年六月二十四日後円融上皇院宣

（5）『九条家文書』六巻一七〇五号　文安元年十二月五日上原郷百姓等目安

（6）たとえば、すでに『吉備郡史』に「東福寺領　備中上原郷　神在村大字上原」とみえる（中巻一二五〇頁）。

（7）明治時代の郡の再編で吉備郡に属す。

（8）『岡山県史蹟名勝天然紀念物調査報告』第七冊（名著出版、一九七四年、復刻）には、「秦原郷、訓、波多八良、今ノ秦村、神在村ノ大字上原富原下原、都窪郡常盤村大字中原等ニ當リ帰化、秦人ノ開発土着シタル原野ヲ意味ス」とある

（一一九頁）。

(9) 永山卯三郎『岡山県通史』上編、岡山県、一九三〇年、九七頁

(10) 同右、九八頁

(11) 「吉備温故秘録附録」（『吉備群書集成㈤』所収）四頁などを参照。

(12) 以下、『備中湛井十二箇郷用水史』六〜一〇頁を参照。

(13) 同右、八〜九頁

(14) 総社市蔵「高梁川下流域古図」（旧神在村役場蔵）。

(15) 後述するように、新本川は上原郷と下原郷とを分ける境界ともなっている。

(16) 間壁忠彦・間壁葭子『古代吉備王国の謎』（新人物往来社、一九七二年）一七九頁を参照。

(17) この地は「秦」と呼ばれていることから、大陸から渡来した秦氏が蟠踞したと考えられている。この秦原廃寺もおそらくその一族が建立したものであろう。この点、後述する。

(18) 以下、石畳神社・神神社については、『式内社調査報告』二二巻（皇學館大學出版部、一九八〇年）、四六五〜四七一頁を参照。

(19) たとえば、永山卯三郎、前掲注（9）書は、「釧代郷、今、久代村、山田村」としている（上編九八頁）。

(20) ＧＨのライン以北については、現景観でみるかぎり、南北界線が少しずれているように思われる。その点は今後の課題となろう。

(21) 『岡山県史蹟名勝天然紀念物調査報告』第七冊では、「第十　神在村附近ニ於ケル條里ノ遺址」として、この付近の条里制地割を復原している。そこでの方法は、本稿の方法とほぼ同一であるが、ＩＪの以北と以南とでは、本稿での復原と東西に一坪分のずれがある。何かの手違い、あるいは元になった地形図の不正確さに由来するものであろう。

なお、同書では、備中国の坪並の進行方向を、東南隅を起点として西進する平行型としており、この付近でもそれを適用している。しかし、第一に、備中国の原則の摘出の仕方が充分な説得性をもつとは思われないこと、第二に、その原則が備中国すべての郡で同一であったとはかぎらないこと、第三に、この付近の復原でもそれを適用し、「字九條ガ九ノ坪、

解六ガ六坪ニ相當スルヲ以テ之レガ里ヲ推定シタリ」（一一九頁）としているが、右に述べたように、ＩＪのラインをはさんでずれがあるので、「九条」は東南隅起点西進平行式では九ノ坪にならず（東南隅起点西進千鳥式ならば九ノ坪になる）、また「解六」は正しくは「斛尺」であるので、その根拠は失われていること、以上の理由から、その見解にはしたがえない。

(22) 先にも指摘したように、ＧＨのライン以北は、東西に少しずれているものとみなした。

(23) 津組淳子氏（当時岡山大学教育学部学生）が「私称地字」の採集調査を試みたが採集できなかったという。なお、ここでは、公簿（土地台帳）に登載されている小地名を「公称地字」と呼んでいる。

(24) 『九条家文書』六巻一七一七号　文明十一年十月日上原郷内検帳

(25) 『九条家文書』六巻一七一八号　文明十三年三月日東福寺御領上原郷内検帳。なお、同文書で「櫛」と判読している字は、原本写真版でみると、文明十一年内検帳で「桜」と判読している字と同一書体であり、また、内容的にみても同一のものである。よってここではともに「桜」と判読しておく。また、「旧井」と判読している地名は、たしかにそのように読めるが、「旧」は「臼」の異体と解し、「臼井」と解釈しておく。

(26) ここでは、石田善人氏が「東福寺領備中国上原郷について（上）」（『岡山県史研究』一、一九八一年）二四頁に図2として復原したものを若干訂正している。

(27) 『九条家文書』六巻一七〇五号　文安元年十二月五日上原郷百姓等目安

(28) なお、文明の内検帳（前掲注（24）・（25））には「山北」という地名がみえ、その地名は、下原郷にある伊与部山の北、という意味にとれて、その地は、新本川以南というイメージを受ける。しかし、「旧神在村役場文書」には、しばしば「備中山北上原村」と記された文書がみられる。これによって、上原村（富原はその枝村）は「山北」とされていることが知られ、内検帳の「山北」も上原郷に比定してよいことが分かる。

(29) 『九条家文書』六巻一七〇五号　文安元年十二月五日上原郷百姓等目安

(30) 石田善人「東福寺領備中国上原郷について（中）」（『岡山県史研究』二、一九八二年）は、この部分を「水上にあるから」（三〇頁）と解している。これは「水上候ハんすれはとて」を「水上《みなかみ》に候わんずればとて」と読んだからであろうが、私は、これは「水上《あ》げ候わんずればとて」と読むべきと考えている。この解釈の違いは、「秦之井手」を新本川に設けたか、高梁川に設けたかの理解の相違となるが、下文に「適々上候井河の水をも」とあるのを考え合わせると、石田氏の解釈は成り立ちえないものと思われる。

(31) 以下、大月雄三郎「上原井領用水と小原七郎左衛門の義挙」（高梁川流域連盟編『高梁川』三四、一九七七年）による。

(32) また、取入口付近の河床の移動によることも考えられる。

(33) 貝原源内親光が開鑿を試みたのは、今から四〜五〇〇年前だという。一方、荘主光心が「秦之井手」を造ったのは、文安元年（一四四四）の少し前のことである。この両者は、時代的には一致しているとみてもよいであろう。あるいは「親光《しんこう》」と「光心《こうしん》」とは同一人物であり、「光心」の試みが「親光」の事蹟として後の世に伝わったのであろうか。

(34) 高梁川からの引水については、総社市秦の松野博氏に御教示願った。

(35) 水がかりについては、津組淳子氏が調査したものを使用させていただいた。

(36) 金子大池の築造年代ははっきりしないが、熊沢蕃山のころ造られたといういいつたえがあるという。

(37) 田中池は一九三七〜三八年（昭和二十一〜二十三）ごろまで使用されていたが、その後生産量増強のため水田化された。戦後一時作付されないで放置された時期があったが、その後、工場用地となった。

(38) この付近（新本川以北）は、高梁川が北から南、新本川が西から東へ流れていることからも知られるように、北西から南東に向かって少しずつ低くなっている。したがって、北西から水を入れれば、水は万遍なく行きわたる。田中池と田中池がかりとの関係などは、その典型といえよう。このＸＣＹＧで囲まれる地区は、上原地区の北西隅であるので、ここに水を溜めておけば、水は上原地区に行きわたる。そのことからみても、この地区に池があったことは充分考えられよう。

(39)『吉備郡史』下巻三二〇四〜三二〇六頁所引、宝暦十一年九月七日「下原村八代池水論之義御役介申上候ニ付御越双方御吟味之上左之趣ニ被仰聞得心之上御請申上候一札之事」に「右大池百六年已前出来」とみえるので、八代大池の築造は、明暦元年（一六五五）のころと考えられる。

(40) 拙稿「備前国香登荘故地およびその周辺における開発と水利」（『信濃』三一―一二、一九七九年。本書第Ｉ部二章）六五頁附記。

第Ⅱ部　中世荘園の動向

一　美作国久世保

はじめに

美作国久世保については、従来まとまった研究はないといってさしつかえない。というより、一般にはその存在すら知られていないといった方がよいであろう。わずかに、奥野高広・橋本義彦氏らが若干ふれているが、(1)これらの研究は久世保自体の研究を目的としたものではないために、必ずしも充分な分析がなされてはいない。しかし、私が知りえた限りにおいても、久世保に関する史料は、充分とはいえないまでも、ある程度現在に伝わっている。そこで、ここでは知りえた史料を手がかりとして、中世における久世保の歩みを、可能な限りトレースしてみたいと思う。

1

美作国久世保は、現在の岡山県真庭郡久世町中央部に比定されるが、元禄年間（一六八八～一七〇四）に作られた美作国の地誌『作陽誌』は「久世保」として、

臺金屋村　　多田村　　久世村久世原方村 久世山方村　　鍋屋村

三坂村　　山久世村

をあげている[2]（図1参照）[3]。これは近世における領域であるが、中世においても、それとさほど異なるものでなかったと考えておいてよいであろう。

現在の久世町は、岡山県下三大河川の一つである旭川とその支流である目木川・三坂川・小谷川などの合流点にひろがる小盆地を中心として、目木川・三坂川・小谷川などの水系地域にひろがっているが、かつての久世保は、三坂川・小谷川水系の地域、および旭川の北側そして目木川との合流点より西側の沖積部ないし台地上にひろがっていたと考えられるわけである[4]。

さて、旭川と目木川の合流点付近は、かなり広い沖積平野をなすが、そのあたりには明瞭に条里制地割遺構がみられる[5]。両河川の流路の移動によって、その地割が破壊されたとみられる部分もあって、川の氾濫による危険も考えられるが、それにもかかわらず、この付近は、この地域における一大穀倉地帯であったとみてさしつかえないであろう。

ところで、両河川の合流点の北側にかなり広い台地

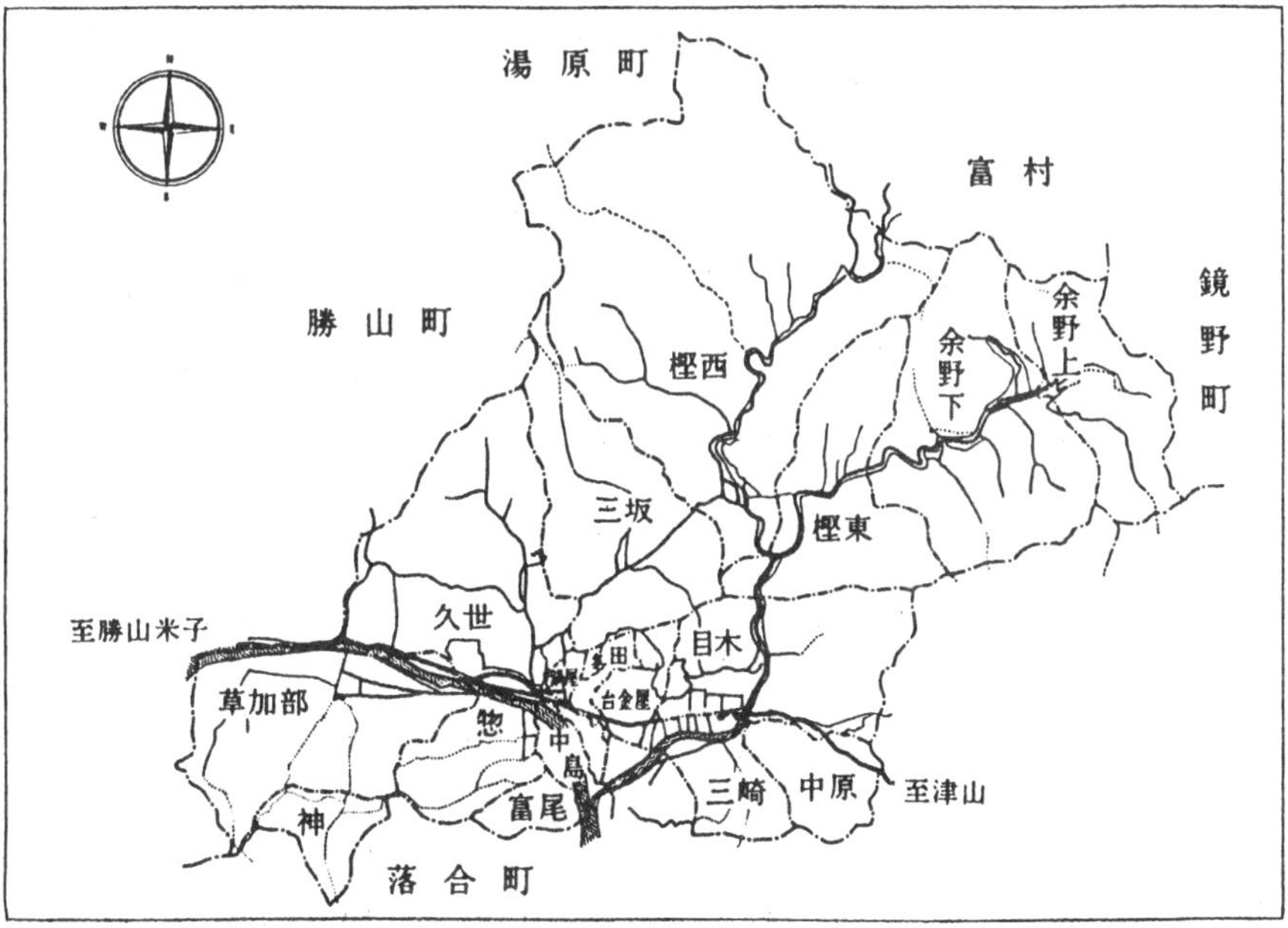

図1　久世町の大字境界（近世の村界）

がある。それが五反台地であるが、その台地が、南へつき出たあたりに「五反廃寺」址がある。正式な発掘調査が行なわれていないため、その規模や伽藍配置についての詳細は不明であるが、地字などより、北から講堂・金堂・塔・中門・南大門と配置された一町四方（約一〇九メートル四方）の寺域が推定されている。ここからは多量の瓦が出土して、それから、美作地方で最古の寺院であることが知られ、またその瓦は特異なものであることでも知られている。そして今日では、①五反廃寺を含むこの地域一帯が白猪《しらい》屯倉に設定された土地であること、②白猪屯倉が蘇我氏と密接な関係をもつ地域であること、③五反廃寺出土の瓦が蘇我氏のもつ高句麗系統の技術でつくられた、などの理由から、五反廃寺は白猪屯倉の管理者である白猪氏によって建立された、と関係者の間では考えられている。そして、白猪氏によって建立された五反廃寺は、時が経過するにつれて創建当初の氏寺としての機能は失われ、やがて大庭郡の郡寺としての機能をもつ寺院として、平安時代末ごろまで経営されたと推定されているのである。(6) 現在でもその付近の畠から土器や瓦の破片をみつけ出すことは容易である。

さて、五反廃寺想定地の一画に、大正四年（一九一五）建立の「白猪屯倉遺跡碑」がある。今日の学界での論争をみると、必ずしも白猪屯倉をこの地に比定する説が有利であるとはいえないようであるが、この地域の歴史をみるとき、このあたりに屯倉が置かれたと解することに、何ら異和感を覚えないのである。(7)

従来、白猪屯倉の所在地を問題とする場合、この地域が交通上・軍事上の要衝にあたることは指摘されてきた。しかし、白猪屯倉をこの地域に比定する彌永貞三氏ですら、「美作の国府は山一つへだてた東の盆地に立地する津山市に置かれたのであって、古代においてはけっして農業生産力に大きな期待をかけうる場所ではないし、地方行政の中心を置くにふさわしいところとも思われない。農業生産力に期待するならば、豊かな岡山平野に屯倉を点定すればよいのである」(8) と述べておられるように、古代におけるこの地域の農業生産力は高い評価を与えられていないのである。

先にも指摘したが、この地域の沖積平野部には条里制地割遺構がみられた。また五反廃寺址出土瓦は特異なものであり、五反廃寺は美作地方の最古の寺院であった。そして次のことも考慮に入れるべきである。それは美作国は水系からいって、二つに分けて考えるべきことである。すなわち、美作国のうち、大庭・真島の二郡は旭川水系に属すが、他の諸郡は吉井川水系に属している。要するに、本稿でとりあげているこの地域は、美作国に属してはいるが、水系からいって、国府の存在する津山盆地とは異なった地域をなしているのである。

さて、この地域の前代の歴史を遺跡・遺物からみるとき、ここは、古くからかなり発展した地域であったことが知られる。それを概観すると次のごとくなろう。(9) 縄文時代については、台金屋を中心として、数ヵ所の遺跡が確認されているが、出土物が少なく詳細は不明である。ついで弥生時代についても、やはり系統的な調査・研究があまり進んでいないのであるが、『久世町史』によれば、「一口でいえば久世町の大部分が弥生時代に開拓されたといってもよいであろう。とくに弥生時代中期中葉以降の遺跡数が急増加していることから、人口の飛躍的な増加と水田の造成は久世町においても急ピッチで進んでいたことが十分に予想され(10)」、また、「久世町での有力な地域集団は、やはり旭川と目木川によって形成された沖積平野を背景として成長していった五反・大旦地区の集団がもっとも強力で、かつ政治的にも権力をもつ集団であったと思われる(11)」という。そして、その様相は古墳時代へとひきつがれる。詳細については省略するが、沖積平野の周辺の山沿いに無数といってよいほどの古墳がみられる。それが、この地域の稲作の展開を基礎とすることはいうまでもないであろう。そして、こういった歴史の延長上に、五反廃寺の建立、条里制地割の施行といった注目すべき事実がみられるわけである。

このようにみると、この地域は、美作国にあっても、国府の存在した津山盆地とは別個の、一つの勢力をなすほどの、古くから開けたところであったことが知られるのである。

2

古代においては、久世保の地域は美作国大庭郡久世郷に属していたが、『和名抄』によって郷名が知られるのみで、具体的な歴史を知ることはできない。ただ、沖積平野部には条里制地割が施行されていること、また五反廃寺その他の遺跡から出土する遺物から、その後も、この地において人々が生活を営んでいたであろうこと、などが推測されるにすぎない。

古代において、久世郷は史料上にその名を現わさない。久世郷が歴史上に登場するのは鎌倉時代になってからのことであるが、そのときは久世郷と呼ばれずに、大炊寮《おおいりょう》領美作国久世保と呼ばれている。すなわち、古代において久世郷と呼ばれたこの地は、中世においては久世保と呼ばれ、大炊寮領――後世の史料によると、殿上米（殿上熟食米）料所であったらしい――としてあらわれるのである。しかし、この地が郷から保へと変化したのがいつのことか、また大炊寮領となった契機とその時期、などについて知ることのできる史料は存在しない。とはいえ、およその見当はつくと思われるので、以下それについてみておこう。

さて、大炊寮は宮内省の被管官司であり、職員令42大炊寮条に次のごとく定められている。

頭一人、掌、諸国舂米、雑穀分給、諸司食料事、助一人、允一人、大属一人、少属一人、大炊部六十人、使部廿人、直丁二人、駈使丁卅人、

これにみられるように、大炊寮は、諸国からの舂米《つきしね》《しょうまい》をはじめとする穀類を収納し、現物あるいは炊飯して諸司に分給する官司である。このように、「諸司食料」[12]の料米は、「諸国舂米」をあてたが、『延喜式』によれば、表1に表示したごとく、諸国舂米＝年料舂米の運京国は二三ヵ国に及んでいる。ところが、表1に表示したように、後世の殿

上米（殿上熟食米）料所所在国は、年料舂米運京国と対応している。[13] したがって、殿上米を年料舂米の系譜をひくものと考えてよいものと思われる。

ところで、『延喜式』民部下年料舂米条には、

美作国大炊一千百石、糯十石

とみえるが、これによれば、美作国は毎年正税を割いて、白米一一〇〇石、糯一〇石を大炊寮に送進することになっていた。そして、送進されたこの米が諸司に分給されていたわけである。それが、律令制度下における年料舂米の制度なのであるが、実際には、時代の推移とともにその形態は変化していったものと考えねばならない。

律令財政制度のもとでは、本来諸国から運京された輸納物は監督・担当官衙が検査・

表1　年料舂米運京国と殿上米料所所在国

年料舂米運京国	殿上米料所名（所在郡）	典　　拠
伊勢		
尾張		
参河		
近江	朝日郷内小横山殿上米料所（浅井） 賀茂領内殿上米料所（高島）	康富記 康富記
美濃	玉村保（不破） 席（莚）田保（席田）	師守記・康富記 師守記　康富記
若狭	田井保（三方）	師守記　康富記
越前		
加賀	田上保（加賀）	康富記
丹波	今安保（天田）	師守記・康富記
丹後		
但馬		
因幡		
播磨	香山保（揖保）	師守記
美作	久世保（大庭）	師守記・師郷記・壬生文書
備前		
備中	隼島保（都宇）	壬生文書
備後	栗原保（御調）	師守記
安芸	高屋保（賀茂）	師守記・康富記
紀伊		
讃岐		
伊予		
土佐	香宗我部保（香美）	香宗我部家伝証文

注（1）「年料舂米運京国」は『延喜式』民部下年料舂米条による。
（2）「殿上米料所名」は，橋本義彦「大炊寮領について」（『平安貴族社会の研究』所収）212～215頁の表による。

保管したのちに、諸司等に分給されるきまりであったが、やがて、輸納物は直接各官司に送られ、監督官司は帳簿のみを検査するように変化していった。ところが、そういった形態も時代の推移とともにさらに変化しなければならなかった。その典型的な一つの形態が「便補保《べんぽのほ（ほう）》」の成立であろう。それは、諸国から中央へ輸納すべき、国衙正税備進物あるいは封戸物の進納が円滑に運営されなくなった段階に、それらの代わりに、国衙領の一部を割き、それを当該官司・封戸主等に便補する制度であり、十一世紀後半からかなりみられる。この便補保は、官衙領成立の一つのコースといえるわけである。

ここで、一般にはなじみが薄いと思われるので「保《ほう》《ほ》」について若干説明を加えておこう。[14] 保は、名・別符・村などとともに「別名《べちみょう》」の一種であるが、別名には得分の別名と下地《したじ》の別名との二つがある。下地の別名とは、一定地域の占有を国から認められ、その内部の荒野を開発私有する特権を付与されたものをいい、得分の別名とは、給主（もらった人）が下地の管理に直接関与せず、ただ規定の田数に応じた得分を収納する権利のみをもつものをいう。要するに、国衙領の中にあって、私領的性格が強いところなのである。この別名は、――下地の別名についてとくにいえることであるが――在地領主が中央貴族・寺社と結びつき、それに土地を寄進して成立する寄進地系荘園が広汎に成立してくるようになった時点において、その土地が荘園化することを防ぐ目的で、在地領主に一定の特権（たとえば雑公事免）を与えて国衙領としてとどめておくために成立したものであると説明されている。一口でいえば、国衙領の中にありながら、特別会計である半荘園的存在なのである。そして、別名の一種たる保については、従来、①名が田地支配に即した制度であるのに対して保は在家支配からみた制度である、②保は別名とともに在地領主の領域支配実現のテコとなった制度である、③保には開発・領有のあり方に領主主導型のものと農民主導型との二形態がある、④保は収取形態からみて通常の保と便補保との二形態がある、などの点が指摘されている。[15]

ここ美作国において、年料舂米送進から便補保への転化を示す史料は何ら存在しない。しかし、この大炊寮領たる久世保が、『延喜式』にみられる年料舂米の便補保として成立したものであることは、間違いないであろう。すなわち、美作国では、正税を割き、あるいは時代が降ると国衙領官物の一部を割いて大炊寮に年料舂米を輸納していたのであるが、おそらく何らかの支障が生じたので、久世保を便補し、そこからの官物を大炊寮に送るようにしたのであろう。(16)その時期は、その状況から、平安時代末期と思われるのであるが、確実な根拠がないので幅を広くとり、一応平安末・鎌倉初期とみておこう。(17)

ただここで看過してはならないのは次のことがらである。それは、この久世の地は、美作国にあっても、国府の存在した津山盆地とは異なった歴史・地理的環境にあり、かつ、古くからひらけたところであること、これである。この点、領域内の開発を条件として立保される、という保成立の一般的傾向とは性格を異にしている。久世保は、おそらく開発をめざしたものではなく、純然たる便補保として成立したのであろう。

それでは年料舂米の便補の地として何故にこの地が選ばれたのであろうか。その理由として、この地が国府周辺とは歴史・地理的環境を異にしながらも、一つのまとまった地域であったからではないか、との推測はゆるされるであろう。それに加えて、私は次のような仮説を心ひそかに立てているのである。それは白猪屯倉をこの地に比定することを認めて論を立てることである。大化前代におけるミヤケは性格を変えながらも、一部令制の官田（屯田）(18)にその影を残すが、この畿内に置かれた官田（屯田）は宮内省の直営であった。ここに、屯倉—屯田・官田—宮内省—大炊寮という関係が考えられる。すなわち、古代における白猪屯倉は、中世において大炊寮領久世保として再生したのである、と。(19)もちろん、白猪屯倉を久世の地に比定することが是とされた上での推測であるが、私は、この理解に、捨てがたい魅力を感じるのである。(20)

なお念のためにつけ加えておくと、大炊寮の長官たる頭《かみ》は、平安時代末期以降、中原氏が世襲している（この点、後述）。

3

美作国久世保が歴史上に初めてその姿を現すのは、次に示す関東御教書（写）(21)においてである。

A関東御下知傍例所見事

美作國御家人久世左衛門尉頼連法師法名道智代子息唯親與大炊寮雑掌覺證相論下司公文両職事、道智越訴之處、両方申詞子細雖多、所詮、道智曾祖父貞平入文治五年景時軍兵注文以降、勤仕御家人役之条、寛喜・寛元・建長・弘長・文永・弘安関東并六波羅数通御教書分明也、雖為本所進止之職、無殊罪科者、不可改易之条、天福・寛元被定置畢、然則、於道智者、如元安堵両職、任先例可勤仕年貢已下課役・関東御家人役由、可相觸寮家之状、依仰執達如件、

正應五年八月十日　陸奥守御判

相模守御判

越後守殿

丹波守殿

これは、美作国御家人たる久世左衛門尉頼連＝法名道智（代子息唯親）が越訴《おっそ》し、大炊寮雑掌覚證と下司《げし》・公文《くもん》両職について争った際に、関東（鎌倉幕府）から六波羅宛に出された御教書《みぎょうしょ》である。これから知られる鎌倉幕府のこの裁判に関する判断は、次のごとくである。

久世頼連の曾祖父貞平が文治五年（一一八九）に梶原景時の軍兵注文に記載されて以降、御家人役を勤仕してきた。そのことは、寛喜・寛元・建長・弘長・文永・弘安に出された関東や六波羅の御教書に明らかである。本所進止（本所が任免権等をもつ）の職であっても、これといった罪科がなければ改易してはならない、と天福・寛元に定め置か

れた。したがって、頼連については、元のごとく下司・公文両職を安堵し、先例に任せて年貢以下の課役や関東御家人役を勤仕するように、と。

以上から、次のごときことが知られよう。

①この相論となった地は大炊寮領であったこと。

②そこには美作国御家人で、久世を名のる者が、下司・公文両職についていたこと。

③久世氏は、文治五年（一一八九）に梶原景時の軍兵注文に記されてから関東御家人となったこと。

④本所進止の職であっても、これといった罪科がない限り、その職を改易されないという先規があること。

さて、梶原景時が軍兵注文を作成したのは、守護としての職務にもとづいたものに違いあるまい。文治五年当時、梶原景時が守護であったのは美作国のみであった。(22) また、久世氏は西遷御家人ではなく、美作国土着の武士で、その出身地「久世」を苗字の地としていたものと思われる。そして、彼は大炊寮領の下司・公文両職についていたわけである。これらのことから、この相論の対象となった地は、大炊寮領美作国久世保であったと断定できよう。(23) その判断をもとにAの史料を読み直すと、次のごとくなろう。

久世氏はいつの頃からか大炊寮領美作国久世保の下司・公文両職を勤めていた。また一方で、文治五年に梶原景時の軍兵注文に記された。これはおそらく、同年に奥州藤原氏攻め（奥州合戦）があり、景時も参加しているので、その軍事動員にかかるものとみてよいであろう。そして、それ以後、関東御家人役を勤めてきたが、何か事情あって、その帯びる両職を領主たる大炊寮によって改易されてしまった。そこで久世頼連が関東に訴えたわけである。

ここで、久世氏が帯びた所職が「本所進止之職」であったことは注目される。一般に関東御家人は、所職としては地頭に補任されるのが普通であるが、(24) ここで久世氏は下司・公文として現れている。そもそも、下司と地頭とは、名称は異なっているが、その所領に関する職務内容はまったく同じであって、地頭は下司に相当するといってさしつかえない。しかし、所領内での職務は同じであっても、その名称が異なるごとく、その性格もまた異にするところがある。それは、地頭の進止権（任免権）は関東がもつこと、である。すなわち、下司は本所（領主）の進止下にあるが、地頭は本所の進止下にないわけである。地頭を進止できるのは鎌倉殿をおいて他にない。そして、地頭は御家人として御家人役を勤めるわけである。

平氏を滅ぼすと、鎌倉幕府は平氏没官領などに地頭を送り込んだが、その地頭は、下司とは以上のような点で異なるところがあった。ここから、おそらく久世氏は、元来久世保の下司・公文であったこと、そして源平の争乱に際しても平氏方につくことがなかったために、その所職を奪われることもなかったが、奥州合戦を契機に関東の御家人となったのであろう、との推測が成り立とう。

さて、Aの史料に、

雖為本所進止之職、無殊罪科者、不可改易之条、天福・寛元被定置畢、

とみえるのは注目に値する。そもそも、本所側の成敗については、御成敗式目第六条に次のごとく規定されている。

B一　国司・領家成敗、不及関東御口入事、

右、国衙庄園神社仏寺領、為本所進止、於沙汰出来者、今更不及御口入、若雖有申旨、敢不被叙用、次不帯本所挙状、致越訴事、諸国庄公并神社仏寺、以本所挙状、可経訴訟之処、不帯其状者、既背道理歟、自今以後、不及成敗、

これによれば、国衙・荘園・神社・仏寺領の本所の進止には関東の口入（干渉）が及ばないこと、また、それに関して本所の挙状（推薦状）をもたずに関東に「越訴」することを禁止している。この越訴とは、所定の手続きを経ず、つまり、本所の挙状をもって訴訟を経るべきところ、それを得ずに関東に訴訟することをいうが、この式目第六条の精神にのっとれば、Aの史料にみられた久世保の下司・公文両職に関する久世氏の越訴はゆるされないことになる。

ところが、この式目第六条の精神には、じつは大きな問題がある。それは、御家人が「本所進止之職」についている場合、その身は御家人として鎌倉殿の進止下にありながら、その所職は本所側の進止下にあるという、相対立・矛盾する性格をもつからである。[25]はたして、その矛盾は早くも顕在化したらしいことが、天福二年（一二三四）五月一日の関東御教書[26]によって知られる。

C於本所御成敗事者、不及関東御口入之由、被定畢、就之、何忽可及御家人等之侘傺哉、但為本所現奇怪、蒙其咎者、可謂勿論歟、然者、訴訟出来之時、各觸申本所、可被注申罪科之有無於関東者也、兼又、於自今以後者、被觸仰子細者、可有尋沙汰之由、面々可被申置、

この御教書によって、「本所御成敗事」についても、「尋沙汰」[27]がなされるようになったのである。そして、この路線を踏襲した寛元元年（一二四三）八月三日の関東御教書[28]には、久世保の事例とまったく同じ法理がみられる。

D諸国御家人跡、為領家進止之所々御家人役事、御家人相傳所帯等、雖為本所進止、無指誤、於被改易者、任先度御教書之旨、可被申子細也、其上不事行者、可被注申関東候

この御教書こそ、Aの史料にいう寛元の関東御教書に該当すると思われるが、傍点を付した部分は、久世保の場合にみられた法理と同一である。この変更された法理は、その後もくり返し主張されて、たとえば、宝治二年（一二四八）七月二十九日の関東御教書[29]にもみえる。また、Aの史料と深いかかわりがあると思われるのが、次に示す関東御教書[30]である。

E西國御家人者、自右大将家御時、守護人等注交名、雖勤大番以下課役、給関東御下文、令領掌所職輩不幾、依為重代之所帯、随便宜、或給本所領家下文、或以神社惣官充文、令相傳歟、雖為本所進止之職、無殊罪科者、不可被改易之條、天福・寛元所被定置也、然者、安堵所職、可勤仕本所年貢以下課役・関東御家人役之由、可相觸之状、依仰執達如件、

陸奥守　御判
相模守　御判

正應五年八月七日

越後守殿
丹波守殿

この御教書に至って、Aの史料とまったく同一の文言がみられるわけであるが、この史料およびAの史料にみえる、「天福・寛元所定置也」とは、先にあげたC・Dであることに間違いあるまい。すなわち、式目が出されたのは貞永元年（一二三二）八月のことであったが、その二年後の天福二年（一二三四）五月には、早くも「本所進止之職」についての鎌倉幕府の対応は変化したのである。

さて、Aの史料の解釈に意外と手間どってしまったが、この久世保でおきた一つの訴訟事件は、西国御家人の複雑な性格を端的に示しているといえよう。それはともかくとして、幕府側の見解は六波羅を通じて大炊寮に伝えられ、久世氏はその後も久世保の下司・公文の職にあったと思われるが、二度と久世保の歴史の表面にでることはないのである。

ところで、久世氏は土着の武士で久世保の下司・公文を勤め、その後もそうであったらしいと述べたが、じつはその解釈に矛盾する史料（系図）[31]があるので、それを示し、私の判断を示そう。

次頁の系図によれば、富永惟時（あるいは資村）が承久の乱の勲功として、美作国粟井荘・備前国包松保（あるいは松保）と並んで久世保をもらっている。一般的に承久の乱の勲功として所領をもらうとしたら「地頭職」であろうから、富永惟時（資村）は「久世保地頭」になったと考えるのが自然であり、田中稔氏もそのように解しておられる。[32]しかし、先のAの史料にみられたごとく、承久の乱後の正応五年（一二九二）当時、久世保の下司・公文として久世頼連がいた。

先に指摘したごとく、地頭は下司に相当する。したがって、下司が存在するからには、地頭は補任されなかったと考えるのが常識である。ところが、承久の乱後に富永氏が久世保地頭になったというが、そこには下司が存在している。これを矛盾なく考えるには、次のどれかの解釈をとるほかない。

①富永氏は入部したのち久世氏を名のった。

②富永氏の入部したあとで久世氏と代わった。

③どちらかの史料（系図）のあやまり。

まず、久世氏は少なくとも土着の武士であると解すべきなので、①は成り立たない。次に、地頭は関東進止職であるが、下司は本所進止の職であり、また、久世氏の下司・公文職は相伝であるらしいので、②の可能性も少ない(33)。残るは③であるが、Aと系図(イ)・(ロ)とを比較した場合、Aをとるべきであろう。Aは久世氏に伝わったものではなく、参考史料(34)として多田院に伝わったものと思われるので信憑性は高い。それに比して、(イ)・(ロ)はその両者にくい違いがあるくらいであるので、史料的価値は低いといってよいであろう。ただ、何故にこの系図に他の所領と並んで久世保

(イ)　實時 ── 惟時
- 實時　鎌倉右大将於奥州追罰泰衡之時、為十七歳于栗原合戦射敵蒙疵畢、又承久合戦之時、墨俣川宇治以下軍致忠節、仍預勲章
- 惟時　富永三郎　承久乱、同父於墨俣宇治橋蒙疵、賞美作國栗井庄久世保備前國松保、法名西蓮

(ロ)　俊實 ─┬─ 實時 ── 惟時
　　　　　　└─ 資滿 ── 資村
- 惟時　富永三郎　法名西蓮
- 資滿　号富永九郎、左馬允、法名迎圓、承久合戦之時、進而墨俣河於鏡野負手於宇治橋致忠節被疵、仍預勲章三个所
- 資村　富永三郎、法名行阿、承久乱同父於墨俣宇治橋蒙疵、賞美作國栗《マヽ》井庄久世保備前國包松保

がみえるかは、大変興味深いことである。(35)

ちなみに、久世保の領域からは少しはずれるが、現在の久世町大字草加部の寿和地区に「梶原屋敷」「梶原の池」と称される地がある。(36) その地に立つとき、この地域をおさえるのに絶好の地であることが知られ、そういった伝承も、むやみと否定しえないものであることが知られる。美作国守護梶原景時（ないしその一族）がこの地に屋敷をもっていたとしても不思議ではない。中世においても、この地は美作西半の要地であったのである。

4

久世保が大炊寮領殿上米（殿上熟食米）料所であったらしいことは先にも指摘しておいた。殿上米とは、殿上において侍臣や公卿が朝夕台盤(37)について食を給わることをいうが、久世保はそれを負担する料所であったらしいのである。ところが、暦応二年（一三三九）七月に、殿上米の負担についての問題がもちあがり、久世保の去就がとりざたされている。その間の事情は『師守記』にみられるので、それによってみよう。

その年の七月二日の夕方近く、大炊寮務中原師右(38)は、四条隆蔭・高階雅仲の許に向かったが、それは殿上米についての話があったからであった。その日の夕刻には、久世保から未進分の年貢が三〇貫文送られてきた。(39) そしてその月の二十日は一日中雨が降っていたが、朝、久世保から未進分の残りの年貢二〇貫文が送られてきたので、中原家は大よろこびであった。(40) ところがその二十六日には中原家にとってありがたくないことが起こった。

F今日、大蔵卿雅仲卿進院宣、是殿上熟□(食)間事、此間有沙汰、所詮、於半分者、自寮家可有□□(沙汰)、残於半分者、為新足、可切賜美作國久世保公人等云々、仕人菜粁可下行物、不可及下行沙汰□□(云々)、久世保□□□□(公文以下事)、相觸交名、家君(寮家)、可有寮下知云々、是寮領牢籠歟、可歎存者也、聖断参差此事也、但始終家君寮家致本法沙汰者、如元、管

領之條、勿論也[41]、

すなわち、高階雅仲が院宣を送ってきたが、それによれば、殿上熟食を半分は大炊寮が沙汰すること、残る半分は、大炊寮が沙汰しないでよいが、その分として、久世保を公人（下級役人）に切り賜うように、とのことであった。したがって、中原師守が「是寮領牢籠歟」と歎いたのは無理もない。しかし、反面、「但始終家君寮家致本法沙汰者、如元、管領之條、勿論也」とみえることから察するに、久世保を領しても、殿上米をすべて沙汰することは、現実にはかなり困難であったものと思われる。結局、その後しばらく、久世保は大炊寮の手を離れていたらしい。

ところが、その六年後の貞和元年（一三四五）十月に至って、久世保を大炊寮に返付するという動きがみられる。

G廿四日、甲戌、天晴、今朝、一臈外史束帯為家君御使、被向新大納言(柳原資明)第（割注省略）、頭弁宗光朝臣申次云々、殿上熟食、以本法可被勤仕、可被返付久世保之由、有其沙汰之由也、難懃仕之由、大略(概)被申之、然而、被仰下之趣、可傳申寮務之由、申之退出云々[42]、（下略）

H廿五日、乙亥、天晴、今夕、家君令着平絹狩衣給、渡御新大納言資明卿第、頭弁宗光申次云々、昨日熟食半分事、二人(ママ)等申所存、可被付久世保、可致本法沙汰之由、致(被)仰之間、彼御返事為被申也、暦應二年再往有沙汰、半分析足被付久世保於二人(ママ)、勅裁治定之處、今又二人(ママ)申子細之条、無謂之旨、被申之、所詮、載事書可賜、可　奏聞云々[43]、（下略）

これによれば、貞和元年（一三四五）十月二十四日に、殿上米を、本法すなわち、元のごとくすべて大炊寮が勤仕するように、その代わりに久世保を返付するというのである。このときの使は、勤仕しがたいと申し入れたが、ともかくも、その趣を寮務（寮頭）[44]に伝えるといって退出した。ついで十月二十五日、今度は寮頭中原師茂自身が柳原資明第へ向かい、昨日の件の返事をいった。そのいい分からうかがうと、この度の返付については、先に久世保をもらった二(公)人側からいいだしたものらしく、大炊寮側はどうも不満であったようである。今までの経緯からみると、久世保を得て、殿上米半分の勤仕をすることはかなり難事であったようである。逆にいえば、殿上米を半分勤仕するだけの分を、久世保から得ることはできなかったと推測されるのである。このような状態は当初よりあったものではなく、やはり時代の推移によるものであろう。ともかく、久世保はその年の十一月十三日に、

I 暦應度再往有沙汰、被付久世保□□□（之上者ヵ）、軽忽、又被仰事不可有之由、有勅答云々、安堵之由、被申返事云々、(45)

と念がおされ、再び大炊寮領となったのである。(46)

5

令制では、大炊寮には、頭・助・允・大属・少属各一人の四等官が存したが、中世になると助以下は名目化し、寮領支配は寮務―目代―年預の系列で処理されていた。寮頭（大炊頭）は、太政官少納言局の下級官僚である大外記の兼務となっていたが、寮頭は大外記中原氏が世襲したので、大炊寮領は中原氏の家領（私領）化していた。やがて文安五年（一四四八）九月に、大炊頭中原師孝が公武の下知に従わぬために、その職を免ぜられ、代わって清原業忠が寮頭となるに至るが、その原因は、中原氏――とくに中原師夏・師孝父子――が、公領(47)たる大炊寮領を雅意に任せて売却したことにあった。(48) 久世保もその例外でなかったことは次の史料から知られる。

J （端裏書）「綸旨案」

大炊寮領美作国久世保、任寮頭大外記師夏契約、可被知行領掌者、
天氣如此、仍執達如件

應永九年
六月六日　　右中将在判(49)
実清卿（三条西）

四位史殿

K大炊寮領美作国久世保事、早任　綸旨可被沙汰付雑掌之由、所被仰下也、仍執達如件、

應永九年六月十二日　　　沙　弥　在判(50)

赤松上総入道殿

すなわち、ときの寮頭師夏と官務壬生兼治との契約によって、久世保は中原家の手を離れて壬生家の知行となり、それは公武権力によって認められているわけである（但し、依然として大炊寮領であることには変わりはない）。後に示す史料(51)によれば、この時の契約は、年貢の三分の一（二〇貫文）を壬生家が中原家に支払うことになっていたようである。しかし、契約によって久世保を手に入れた壬生家の支配も、なかなかうまくゆかなかった。それは毎年出された管領施行状(52)からうかがうことができるわけであるが、その一つを次に示そう。

L官長者彦枝申、大炊寮領美作國久世保事、可被沙汰付之旨、度々施行之處、不能左右云々、甚不可然、不日退被管人等押妨、可被渡付雑掌、若猶不叙用者、可有殊沙汰之由、所被仰下也、仍執達如件、

應永十二年十一月廿一日　　　沙　弥　在判(53)

赤松上総入道殿

これによれば、美作守護赤松氏の被管人が押妨を働いたとある。しかし、これを一面的に、守護ないしその被管人の押妨とのみ決めつけるわけにはゆかないようである。赤松氏が再び美作国守護職を得たのは明徳の乱（一三九一年）を契機としている。明徳の乱直前の守護が誰であったか今のところ確定できないが、その少し前までは山名氏が美作守護であった。あるいは、久世保は山名側につき、そのために赤松氏の被管人が久世保に入部した、というような事情も考えられるからである。それはともかくとしても、毎年出された管領施行状をみるとき、壬生家の久世保支配、赤松氏の美作国支配は容易でなかったろうと推察できるのである。(54)

さて、壬生家の久世保支配の行く手には守護被管人の押妨もあったが、壬生家は久世保をより完全に支配するために、「下地支配」にのりだしたようである。次に示す史料(55)は年欠であるが、内容から、応永年間のものと思われる。(56)

M　美作國久世保給人等謹言上

右當所者、為地頭進止之地之間、無本所知行例者也、仍古老地下人等、捧寶印御起請文、然間、領家分者、請料定本所執継申、於下地者、地頭進退事、自往古至于今無相違之處、今更可有直務之旨、官長者企新儀、被掠申之条、無謂次第也、既先守護山名方時者、寺社本所領悉（守護）被進止之間、領家不知行之處、何乍取公用、至下地可競望哉、次――

右によれば、「古老地下人等、捧寶印御起請文」とあることから、久世保においても、すでに地下請（百姓請）が成立していたものと思われる。ここに、この地に住む人々のまとまりがうかがえるのである。しかも、傍点を付した部分が注目される。すなわち、本所の直務とは、公用（年貢）をとることのみで満足せずに、下地（現地）を競望することをいうわけである。

それはともかくとしても、先守護山名氏の場合は、寺社本所領の悉くを守護が進止していたこと、そして久世保の給人等がそれを支持していたことは、守護と在地との結びつきとかかわりあう問題であり、興味深いものがある。

このように、壬生家による本所直務のもくろみ、そしてそれに対しての在地側の反発、さらには守護勢力の動向があったわけであるが、その後のようすからみて、どうやらこの直務支配の計画は失敗し、守護請（守護代官請）が行なわれたようである。

N　(包紙)「永享七二　廿八　久世保事　恒屋

壬生殿御内　八木殿　直清」

以前二百疋も御請取不給候、并四百疋分之請取、令申給候者、恐存候

去年分公用相残分事、先日も申ことく、今月中致催促、可京進候、未無音候、無御心元候、若少事候共御急用もや
と存候て、以他足、引違貳百疋此使ニ進入候、到来候者、不替時、可進候、此由御心得候て、令申候ハヽ、恐存
候、恐々謹言

二月廿八日　　　　　　　直清（花押）[57]

壬生殿御内
八木殿
進之候

O（端裏書）
「送文　永享九　十二　廿三（ママ）」

送進　料足事

合五貫文者

□□□□（右美作国）久世保公用内、所送進之状、如件

永享九年十二月廿日　　　　　恒屋
　　　　　　　　　　　　　　直清（花押）[58]
壬生殿
御納所

これらによれば、永享年間（七年＝一四三五、九年＝一四三七）に恒屋直清なる人物が久世保の年貢納入にかかわっている。[59]この人物は「代官」とみなすべきと思われるが、この人物については、今のところ何ら明らかでない。しかし、この間における美作国の守護が赤松満祐であることを考えると思いあたるふしがある。それは赤松氏の被管に「恒屋」を名のる者がいることである。すなわち、赤松氏の本国たる播磨国神西郡の恒屋城主恒屋氏である。[60]右の史料にみられた恒屋直清はその恒屋氏の一族ではあるまいか。とすれば恒屋直清は守護赤松氏の口入により、久世保を請け負っていたと考えられるわけである。しかし、右の史料からみる限り、年貢の納入状況は必ずしもよいとはいえ

まい。守護被管の請負といえども、うまくはゆかない世であった。

しかも、今度は思わぬところから、壬生家の久世保支配にケチがつくのである。『師郷記』(61)永享十一年（一四三九）九月三日条に次のごとくみえる。

P今日、大炊頭師孝庭中訴申官務美作久世保契約無沙汰事云々、

すなわち、中原家から、久世保の契約が守られていないとの訴訟がおこされたのである。右の史料からは、その内容を知ることはできないが、次に示す年未詳の壬生晨照《あさてる》言上状（案）(62)は、この訴訟に際して作成されたものとみて間違いないであろう。

Q　官長者晨照謹言上

大炊寮領
美作國久世保

右、美作國久世保大炊寮領也、雖然、依為不知行、師夏令〔依〕契約於兼治了〔（事ヵ）〕、実也〔令安堵畢〕、然間、彼年貢毎年三分一〔□□〕、押而二十貫文被其沙汰間〔自守護方以三〕、分分一与之処〔此内二百疋充行雑掌人、其余十八貫文内〕、應永廿年不慮題目出来之時、遣使〔師夏〕於官〔（守ヵ）〕護方破契約畢、仍□□被返〔令安堵〕下間、不及其沙汰、雖然、晨照継亡父周枝跡〔之〕以来、以憐愍之儀、如元三分一〔任時有無〕、割分於師孝者〔致其沙汰、師孝請取在之〕、爰去年依放生會出仕時、依借物〔為銭〕入置於質物間、依不和于今未進〔全〕□□未□□可取乱之儀哉、爰〔去年〕放生會御参向供奉之時、被〔可〕任鹿苑院殿御佳例、被仰下間、奉行飯尾肥前守彼在処事、押二千〔御尋〕疋於守護方処、依所見、不申是非之間、奉待〔仰〕御成敗、亦致一円知行者、師夏〔（ママ）〕所成安堵之思歟、

案文（下書）で書き入れが多いこと、判読しがたい字が多いことなどから文脈不明の部分があるが、さしあたって必要な限りの大略は、次のごとくである。久世保は大炊寮領であるが、不知行であったので、中原師夏が壬生兼治に

契約をかわして譲ったが、その条件は毎年年貢を三分一（二〇貫）中原家に送るということだったので、その後工面してそれを沙汰していたこと。その後、応永二十年（一四一三）に「不慮題目」が起きて、「契約」も無効となったが、晨照は「憐愍之儀」で元のごとく三分一を沙汰していたこと。しかし、永享十年（一四三八）の放生会に出仕のとき、久世保を借銭の質物に入れてしまったこと。そして、若干文意明瞭でないが、その返付を奉行人を通じて申し入れているらしいこと、などが知られる。これによると、壬生家の台所も火の車であったようである。この訴訟の結末を知ることのできる史料は存在しないが、ともかくも、その後、久世保は壬生家の領するところであった。

ところで、赤松氏の美作国支配も永くは続かなかった。嘉吉元年（一四四一）、赤松満祐は将軍足利義教を殺し、播磨国に帰った。幕府は山名持豊らに満祐追討を命じたが、満祐は同年九月自らの命を断った。ここに赤松氏の美作国支配は終わり、再び山名氏が美作国守護職を手に入れる。山名氏の美作守護在職は、徴証の欠ける年代があるが、応仁初年までは続いたものと思われる。このように美作守護が赤松氏から山名氏へと交替するのにつれて、当然赤松氏被官一族と思われる恒屋氏の久世保代官も終わりをとげる。

R　「(包紙)契約　壬生殿
補任案　嘉吉三　七　八　進了　久世保高山右京亮(清重)□」

＼契約
美作國久世保事（領家職事）
右、件領家(職)年貢事、所令契約高山右京亮殿也、彼年貢参千疋(三月中千疋)六月千疋　十一月千疋(各千疋充)可有御沙汰、(於)有地下再興之時
者、可被増(加)、御請口者也(任文之旨)、不法懈怠之儀者(無)、不可有改動之儀者也、仍為契約之状、如件、
嘉吉三年七月八日

左大史小槻宿弥[63]

これによれば、壬生家は久世保領家職を、高山右京亮と三千疋（三〇貫文）で契約しているわけであるが、この高山右京亮なる人物についても、詳細は不明であるが、若干はわかる。すなわち、『建内記』嘉吉元年十二月廿七日条に「守護代子高山右京亮先日来」とみえる人物と同一人物とみられる。[64]すなわち、守護代の子ということとなる。とすれば、嘉吉の乱により、守護が赤松氏から山名氏へと変わっても守護口入たることにかわりなく、代官として高山右京亮なる人物が久世保を請け負ったものと推測できる。

さて、それから数年後、壬生家の久世保支配にとって容易ならざる事態が起こったのである。先にも述べたごとく、文安五年（一四四八）、中原師孝に代わって清原業忠が寮頭になるや、彼は左のごとき綸旨[65]を得て、寮領の再興をはかったのである。

S大炊寮（領脱カ）目録在別事、近年多及非分之違乱、當知行頗有名無実歟、或又前寮務任雅意、令沽却云々、為公領之上者、太以不可然、縦雖有其証文、不能許容、早致興行之沙汰除師益別相伝分可専公役者、
天氣如此、可被存知之状、如件、

文安五年十二月卅日　　左大弁判

大炊頭殿

先にも述べたごとく、中原師夏・師孝父子は大炊寮領を多く売却した。この久世保もその中の一つであった。寮領が中原家から清原業忠へと代わった原因はそこにあったわけであるが、彼らが売却した寮領は一〇ヵ所以上に及んでいたらしい。[66]しかし、このとき久世保がどのような処置をうけたか、残念ながら不明である。しかし、文明十一年（一四七九）正月元旦の政所初めの吉書[67]には久世保がみえるので、そのころまでは壬生家の手にあったものと思われる。[68]

6

その後の久世保の歴史を語ってくれるのは、以下に紹介する六通の「一色家古文書」(69)である。

T 義政公御教書

同御判

美作國旧久世保事、所充具一色七郎政具也者、早守先例、可致沙汰之状、如件、

文明十三年十二月卅日

U 同断四△印
義澄公御教書

（花押写）

美作國久世保事、早任當知行之旨、一色式部少輔政具弥可全領知之状、如件、

明應五年六月十四日

V 竪紙奉書紙

美作國久世保事、被返付訖、早可被全領知之由、所被仰下也、仍執達如件、

永正拾三年十月十九日

上野介（斎藤時基）（花押写）
對馬守（松田英致）（花押写）

一色式部少輔入道殿

W 竪紙奉書紙

美作國九世保事、任當知行之旨、領掌不可有相違之由、所被仰下也、仍執達如件、

大永元年十月十日　　散位（松田頼興）（花押写）
　　　　　　　　　　美濃守（諏訪長俊）（花押写）

一色鶴壽殿

X一色七郎晴具申、作州久世保事、先年依有被望申之子細、一旦雖被成奉書、公用儀不及其沙汰、一向無音之条、任　慈照院殿（足利義政）并　法住院殿（足利義澄）御判以下度々御成敗之旨、被返付晴具訖、早可被去渡之、更不可有遅怠之由、被仰出候也、仍執達如件、

大永六
十二月十六日　　亮（松田）致（花押写）
　　　　　　　　盛（松田）秀（花押写）

三浦殿

Y竪紙奉書紙
美作國久世保事、先年三浦依有申子細、一旦（ママ）雖被成奉書、公用之儀、不及其沙汰、一向無音之条、任　慈照院殿并　法住院殿御判以下度々御成敗之旨、如元、被返付之訖者、早守先例、可被全領知之由、所被仰下也、仍執達如件、

大永六年十二月十六日　　散（松田亮致カ）位（花押写）
　　　　　　　　　　　　右衛門尉（松田盛秀カ）（花押写）

一色七郎殿

文明十三年（一四八一）十二月九日、足利義政は故一色政熙の子を元服せしめ、自分の名の一字を与えて政具と名のらせたが、その月の三十日、御判御教書（T）を発して久世保を一色政具に与えたのである。そして、明応五年

（一四九六）六月十四日、将軍義高（のちに義澄と改名）は一色政具の久世保当知行を安堵している（U）。なぜこの安堵の御判御教書が与えられたかは不明であるが、あるいはその年の五月末に美作守護であった赤松政則が死去し、守護が赤松義村に変わったからであろうか。しかし、その後、何かの理由により、久世保は幕府に召し上げられたらしく、永正十三年（一五一六）十月十九日に至って、久世保が一色政具に返付された（V）。そして、大永元年（一五二一）十月十日、幕府奉行人連署奉書（W）によって一色鶴壽の久世保当知行が安堵された。では、この一色鶴壽とは誰のことであろうか、一見してこの鶴壽は幼名であろうと思われる。とすれば、この鶴壽は、政具の子で後に久世保を領している晴具ではないかと見当がつく。そこで、『一色丹羽系図』(70)をみると、晴具の注に、

天文二正叙従五位下、式部少輔、義晴公賜諱字、

とみえる。すなわち、晴具は将軍義晴より名をもらうわけであるが、義晴が将軍になるのは、この年の十二月である。晴具を名のるのは、義晴が将軍になってからのことと解されるので、それ以前は幼名を名のっていたのであろう。その幼名とは、おそらく鶴壽であったに違いない。(71)このように、久世保は、一時幕府に召し上げられはしたが、政具・晴具父子に伝えられたとみてよいであろう。

ところが、X・Yの史料によると、その後、「三浦」なる者が望んで久世保を得たが、「公用之儀、不及其沙汰、一向無音」であったので、再び、一色七郎晴具に返付されている。それでは、ここにみえる「三浦」とは誰であろうか。私はこの「三浦」とは美作国高田城主三浦氏のこのときの当主三浦駿河守貞國であると考える。(72)

長享元年（一四八七）、近江半国守護の六角高頼を討つために、将軍足利義尚みずから近江へ出陣するが、その時の第五番衆の一人に、「三浦駿河守貞連」なる人物がみえる。(73)この人物こそ、貞国の父貞連にほかならないのである。

室町幕府において、日常、将軍に近侍して護衛していたのが、近習・帯刀・衛府侍などの、いわゆる親衛隊であり、足利一門・譜代と東国出身の地頭御家人からなっていた。そして、その外辺に奉公方（その所属者が奉公衆）と呼ば

れる将軍直轄軍が組織されていたのである。この奉公方は、大族を番頭として、五番に編成されていたのである。すなわち、三浦氏は将軍の直轄軍の一員、つまり奉公衆なのである。そして、じつは一色氏も奉公衆であった。将軍は、こうした奉公衆に闕所地を含む御料所を預けて一定の年貢を納入させ、直轄軍を経済的に維持するとともに、その所領に対する召し上げの自由を将軍が握ることによって、逆に直轄軍の支配を固めることができたのである。(74)

以上によって、あるいは一色氏が久世保をたびたび召し上げられたり返付されたりし、あるいは三浦氏が望んで与えられたり召し上げられたりする意味が理解できたであろう。すなわち、久世保は、壬生家の手から闕所地として幕府に召し上げられたわけである。つまり、室町幕府直轄地となったのである。そして、それが奉公衆たる一色氏や三浦氏に与えられたのであった。おそらく、その時にはすでに久世保の大炊寮領としての命も終わっていたと思われる。ときはすでに戦国の世に突入しているが、久世保は二度ともう史料上には現れない。戦国時代、宇喜多直家が出した書状(75)には、「大庭郡久世村」とみえる。(76)久世保の歴史は、中世の終わりとともに終わるのである。

時代は降って享保十二年(一七二七)五月、津山藩(一〇万石)は、東北条・西西条・西北条・大庭・真島五郡のうち五万石を幕府に差し出した。幕府はその支配役所として、その年の八月、久世代官所を創設し、代官陣屋を久世村原方(現久世町上町)においたのである。すなわち、江戸時代に至ってもこの久世地は美作西半の要地なのであった。

おわりに

久世保の歴史をみてきたが、思わぬほどの紙幅を費やしてしまった。今まで空白であった「中世の久世」を、いくらか埋めるとともに、この地の歴史的・地理的重要性を指摘できたものと思う。

すなわち、久世保の地は興味深い歴史を歩んだのである。それを一口でいえば、一貫して朝廷あるいは幕府の直轄地的色彩が濃厚であった、ということになろう。古代にあっては――この地に白猪屯倉が置かれたと考えることが許されるなら――大和朝廷の屯倉として、中世においては大炊寮領あるいは室町幕府闕所地として、そして近世後半においては江戸幕府代官所として。これらのことから、この地は、古代から近世にかけて、美作国西半の要地であったと結論できるのである。

注

（1）奥野高広『皇室御経済史の研究』畝傍書房、一九四二年、第二章四「主殿寮領及び𥝱家所領」、橋本義彦「大炊寮領について」『平安貴族社会の研究』吉川弘文館、一九七五年。また、『津山市史』第二巻中世（一九七七年）が久世頼連についてふれている。なお、久世町教育委員会発行『久世町史』（一九七五年）は久世保については何もふれていない。同町史の原始・古代・近世の部分はすぐれているだけに、中世のこの欠落はおしまれる。

（2）矢吹金一郎訂『新訂作陽誌』大庭郡目録、作陽古書刊行会、一九一四年

（3）『久世町史』第三章図4（一五一頁）を複製した。

（4）現在の久世町域は旭川の右岸（南側）にも及んでいるが、かつては、そこは真島郡に属していた（久世保は大庭郡）。

（5）『岡山県史蹟名勝天然紀念物調査報告』第七冊（名著出版、一九七四年、復刻）、『久世町史』第二章図30（九一～九二頁）などを参照。

（6）以上、『久世町史』第二章第四節（九〇頁以下）を参照。

（7）白猪屯倉の所在地については、大きく分けて、①のちの美作国大庭郡に求める立場、②吉備地方北部の山間部に求める立場、③吉備地方主要部（南部）に求める立場、などがある。なお、白猪屯倉の研究動向については、栄原永遠男「白猪・児嶋屯倉に関する史料的検討」（『日本史研究』一六〇）を参照。

（8）彌永貞三「大化以前の大土地所有」（彌永貞三編『日本経済史大系1古代』東京大学出版会、一九六五年、所収）一二〇～一二一頁。

（9）以下『久世町史』、久世町教育委員会編『埋蔵文化財包蔵地分布地図』、ならびに、落合町教育委員会編『落合町遺跡

地図』・『落合町内遺跡の地理的歴史的環境』・『落合町文化財及び天然記念物』などを参照。
(10)『久世町史』四六・四九頁
(11) 同右、六四頁
(12) 橋本義彦氏によれば、この「諸司食料」は、広狭二義に用いられたらしく、広義には「諸司朝夕給常食」と「月一度給月粮」(月料)の両者をさし、狭義には前者(「諸司朝夕給常食」)のみをさしていたようである。このうち、月料の支給は大幅に節減され、また要劇料・番上粮に肩代わりされたが、なお一部には引続き大炊寮より月料が支給されたらしく、延喜大炊式にも「親王已下月料」とみえる。他方「諸司朝夕給常食」については明確ではないが、延喜大炊式に侍従以下作物所にあてられる「毎日料熟食」がそれにあたると思われるが、時代が降るにつれ、それらの熟食米の支給が、各々の官司に肩代わりされたり、廃絶したりして、大炊寮の支給から離れていったなかで「毎日料熟食」のうちの「内裏殿上侍所日米二斗五升」のみが中世末期まで存続したらしい。以上、橋本義彦、前掲注(1)論文二二五～二二六頁を参照。
(13) 近江国の二例を除き、すべて「保」であることは注目すべきである。橋本義彦氏は、「大炊寮便補保は概ね殿上熟食米料所とみなすことが出来る」(前掲注(1)論文、二二五頁)と述べている。
(14) 保・別名については、大山喬平「国衙領における領主制の形成」(『日本中世農村史の研究』岩波書店、一九七八年)、河音能平「院政期における保成立の二つの形態」(『中世封建制成立史論』東京大学出版会、一九七一年)、坂本賞三『日本王朝国家体制論』(東京大学出版会、一九七二年)第二編第三章、石塚栄「国衙領私領化に関連しての小稿―公田および保・別名のこと―」(『法政史学』一九六七年)、竹内理三「保の成立」(森克巳博士還暦記念論文集『対外関係と社会経済』塙書房、一九六八年、所収)、西山克「院政期に於ける便補保の形成――祇園社領四ケ保の成立について――」(『神道史研究』二二―二・三、一九七四年)、義江彰夫「『保』の形成とその特質」(『北海道大学文学部紀要』二二―一、一九七四年)、勝山清次「便補保の成立について―『納官済物』納入制度の変遷―」(『史林』五九―六、一九七六年)、などを参照。
(15) ここでは義江彰夫氏の整理(前注(14)論文、一二三頁)に従ったが、これら従来の見解を認めるわけではない。とくに①については異論がある。
(16) おそらく、表1にみられる他の保も、同様の経過をたどったと考えられるであろう。

(17)　橋本義彦、前掲注（1）論文二二六〜二二七頁を参照。
(18)　大宝令では「屯田」、養老令では「官田」という。
(19)　ミヤケと荘園との関係については、西岡虎之助「ミヤケより荘園への発展」（『荘園史の研究』上巻、岩波書店、一九五六年、所収）を参照。
(20)　この近在は古くより鉄の産地として知られているが、この場合は米穀の収納を目的としているので、その面の配慮はとりあえず必要ないと思われる。
(21)　東京大学史料編纂所謄写本「多田院文書」（2371/18/52ゥ〜53ォ）。なお『中世法制史料集』第一巻（岩波書店、一九五五年）四〇一〜四〇二頁に引用されている。なお、一行目の「関東御下知傍例所見事」は、追筆と考えるべきである。なお、この史料については『津山市史』第二巻が二七〜二九頁で言及している。
(22)　佐藤進一『増訂鎌倉幕府守護制度の研究』（東京大学出版会、一九七一年）を参照。
(23)　久世保以外の大炊寮領は、美作国では知られていない。
(24)　もちろん、元暦二年（一一八五）八月十七日源頼朝下文（『平安遺文』八巻四二七二号）にみられるごとく、御家人が下司に補任される例も散見されるが、それは地頭設置勅許以前あるいは鎌倉幕府に好意的な本所に対して礼を尽くすために行なったものであって、例外的といってよい。
(25)　これはとくに鎌倉殿から関東進止の所職を与えられていない西国御家人の場合に起こりうるケースである。
(26)　『中世法制史料集』第一巻追加法六八条。以下、単に「追加法」という場合、同史料集に依拠する。
(27)　事実を調査して、相応の処置を加えること。
(28)　追加法二一〇条
(29)　追加法二六四条
(30)　追加法六三三条
(31)　(イ)＝『続群書類従』七下所収伴氏系図（二八九頁）。これとほぼ同系統の記載を示すのが『系図纂要』第一四冊（二七一頁）、『大日本史料』五―一所引「諸家系図纂」（一七〇頁）。

(ロ)＝『大日本史料』四―一六所引「諸家系図纂」(一四五頁)。

(32) 田中稔「承久京方武士の一考察―乱後の新地頭補任地を中心として―」(『史学雑誌』六五―四)四〇頁別表一(のちに『鎌倉幕府御家人制度の研究』吉川弘文館、一九九一年に所収)。田中氏は前注(31)の(ロ)の史料に依拠しているが「史料価値は下るが系図等に見られるものを拾って見ると」(三九頁)とコメントを付しておられる。

(33) 下司として富永氏が入部したとの考えも、この理由、および承久の乱の処置の性格から考えられまい。

(34) 前掲注(21)を参照。

(35) ずっと後の史料であるが、『大館常興日記』天文九年(一五四〇)一月十日条に、「小林民部少輔知行分作州布施郷富永弥六跡」とみえる。この富永氏がもしも富永惟時(資村)の後裔であり(直系ではない)、その布施郷入部が承久の乱にさかのぼりうるとしたら、フセ(布施)がクセ(久世)と誤り伝えられたものと考えることもできよう。なお、この「富永弥六」は『親基日記』寛正六年(一四六五)八月十五日条の「走衆」にみえる「富永彌六久兼」と、あるいは同一人物であろうか。但し『吾妻鏡』建久元年(一一九〇)四月十九日条には、布施郷地頭として前隼人佐三善康清の名がみえる。

(36) この「梶原屋敷」は段丘の上にあり、前面を流れる旭川水面との比高は三〇㍍近く、東西を望みわたせる所である。なお、その地から、弥生中期後半、平安期の土器などが表面採集され、また五輪塔の破片なども散在している。

(37) 宮中の調度品の一つで、食器類を載せる脚付きの台。おぜんの類。

(38) 中原師右は大炊頭を嫡男師茂に譲った後も「寮務」として大炊寮領の管理にあたっていた。この点、橋本義彦、前掲注(1)論文を参照。なお『師守記』の筆者中原師守は師右の次男。

(39) 『師守記』暦応二年(一三三九)七月二日条

(40) 『師守記』同年七月二十日条

(41) 『師守記』同年七月二十六日条

(42) 『師守記』貞和元年(一三四五)十月二十四日条

(43) 『師守記』同年十月二十五日条

(44) この時には、中原師右は死去しており、その嫡男師茂が寮頭＝寮務である。

(45)『師守記』貞和元年（一三四五）十一月十三日条
(46)『師守記』の①貞和三年（一三四七）五月十八日条、②貞和五年（一三四九）閏六月六日条、③同七日条、などにも「久世保」とみえるが、これは校訂者が②に標出しているように山城国久世保（正確には保でないが）のことである。
(47)実態としては中原家の家領化していたが、たてまえはあくまでも大炊寮領＝公領であった。
(48)星川正信「室町期における大炊寮領と中原氏」（『法政史学』三二、一九七八年）がこの間の事情を考察している。
(49)『壬生家文書』一―一九〇。以下『壬生家文書』については、巻―号と示す。
(50)『壬生家文書』五―一三一二
(51)後掲史料Qを参照。
(52)Lのほかに、応永九年（一四〇二）六月十二日付（K）・同年九月二十三日付・応永十年（一四〇三）九月十七日付・応永十一年（一四〇四）七月二十五日付の管領施行状がある（以上は順に『壬生家文書』五―一三一二・一三一四・一三一五・一三一六号。一三一三号は一三一二号と同文）。
(53)『壬生家文書』五―一三一七
(54)後述するが、嘉吉の乱（一四四一年）で美作国守護職は再び山名氏にもどる。なお、応永二十一年（一四一四）十月十九日には、壬生周枝（彦枝）の久世保知行が安堵されている（『壬生家文書』二―三三〇、若狭国国富庄知行安堵関係文書案）。これは前年の応永二十年（一四一三）に、官長者が壬生周枝から大宮為緒に移ったので、壬生家の国富荘と久世保の知行を確認するために出されたのであろう。ちなみに、壬生周枝は応永三十五年（一四二八）に、再び官長者になっている。
(55)『壬生家文書』二―三五四
(56)文中に「先守護山名方時者」とあるので、赤松氏が守護になってから、さほど時がたっていないと思われる。なお、文中に「地頭」とみえるが、これは「下司」をさすものとみられる。これから承久の乱で地頭が入部したとみる必要はあるまい。
(57)『壬生家文書』五―一三一九。但し『壬生家文書』では、発給者を「通信」と読んでいる。

(58)『壬生家文書』五―一三一〇。同右

(59)また、このほかに、永享七年（一四三五）十二月十五日恒屋直清書状（『壬生家文書』二―三九七）がある。なお、奥野高広氏はこの差出人を「垣屋下清」と読んでおられる（前掲注（1）書、三〇八頁）。「垣屋」であれば山名氏の重臣垣屋氏が思い起こされる。しかし、原本を調査したところ、明らかに「恒屋」と読め、また、赤松治下にあって、山名の重臣の一族と思われる人物が代官をしていたと考えることはむずかしいであろう。

(60)恒屋氏は、『赤松盛衰記』・『赤松家播備作城記』・『赤松秘士録』・『播州諸城交替連綿記』・『播磨後風土記』などに散見する（以上の史料は、藤本哲『赤松氏の史料と研究』㈠㈡、講談社出版サービスセンター、一九七六年、による）。なお、『兵庫県史』第三巻（一九七四年）八二四〜八二五頁に恒屋城および出土瓦についての記述がみられる。また、石田善人氏の御教示によると、恒屋氏はその後黒田家の家臣（足軽級）として九州に下り、子孫が現存されるとのことである。

(61)国立国会図書館所蔵。なお、永享十一年（一四三九）目録九月三日条にも「大炊頭師孝庭中訴申事」とみえる。『師郷記』検索については、富沢清人氏のお世話になった。

(62)『壬生家文書』五―一三一八

(63)『壬生家文書』二―四〇三

(64)たとえば『明徳記』中に「高山」、下に「高山ノ上総守」とみえる。また、『親基日記』寛正六年（一四六五）四月二十六日は特に注目すべきであろう。なお、奉公衆にも高山を名のる者がいるが、ここでは守護との結びつきを考えた方がよいであろう。

(65)『康富記』文安六年（一四四九）五月十四日条紙背文書

(66)星川正信、前掲注（48）論文を参照。

(67)『壬生家文書』一―一〇一

(68)なお、言及しなかったが、応永三十二年（一四二五）八月日壬生彦枝申状案（『壬生家文書』二―三三二）にも、「彼領家職一円之儀、美作国久世保下地、可渡当方雑掌之旨等、去年既伺申上之処」云々とみえる。
また『晴富宿禰記』文明十年（一四七八）の十一月十日・十四日・二十四日および十二月二日条に「久世年貢」につい

ての記事がみえるが、同書の校訂者は、十二月二日条の「久世年貢」の右傍に「(美作国久世保)」と注記している。しかし、十一月十四日・二十四日条に、年貢を抑留している者として「久我斎藤」がみられるが、これは山城国久我荘の名主＝侍衆の斎藤氏あるいはその一族であろう（この点、杉山博『庄園解体過程の研究』東京大学出版会、一九五九年、第二編を参照）。とすれば、少なくとも、その両日条は、山城国久世に関する記事とみなすべきである。そして、その理解をもとに一連の記事をみると、十二月二日条も含めて、みな山城国久世に関する記事とみるべきであると思われる。

(69)　東京大学史料編纂所所蔵謄写本「一色家古文書」(2071.62/29)。これは宝暦十四年（一七六四）の写本である。なお、以下のうち、Tは『大日本史料』八―一三、Vは同九―六、Wは同九―一三に採録されている。

(70)　『続群書類従』五上所収。

(71)　父政具は周鶴を名のっていた。

(72)　この三浦氏は、相模の三浦氏の後裔であるという。三浦氏については、寺阪五夫編『美作古城史』第一輯（作陽新報社、一九五八年）にくわしい。また『政所賦銘引付』文明十五年（一四八三）八月二十五日条を参照。なお『新訂作陽誌』を参照。

(73)　『長享元年九月十二日常徳院殿様江州御動座當時在陣衆着到』（『群書類従』雑部所収）。

(74)　以上、佐藤進一「室町幕府論」（前岩波講座『日本歴史中世3』一九六一年、所収。のちに『日本中世史論』岩波書店、一九九〇年、に所収）を参照。

(75)　『新訂作陽誌』一四七頁

(76)　なお、疑点の多い、年不詳の「美作国献上記」（『吉備群書集成』二所収「作州記」所引）には

　久世保　纐纈二疋　高島益満

とみえる。

〔附記〕　久世町は、町村合併により、現在は真庭市となった。真庭市となったのは、旧久世町の他、旧真庭郡勝山町・落合町・湯原町・美甘村・川上村・八束村・中和村、および上房郡北房町である。

表2　久世保略年表

西暦	年月日	事項	出典
?		大炊寮領となる	
一二九二	正応5・8・10	久世頼連（道智）と大炊寮雑掌覚証との下司・公文両職の訴訟に関する御教書	A
一三三九	暦応2・7・2	久世保年貢三〇貫文進上、殿上米についての相談	4-(39)
〃	〃2・7・20	久世保年貢、年々抑留残分二〇貫文進上	4-(40)
〃	〃2・7・26	殿上米半分料足として久世保を公人に賜う	F
一三四五	貞和1・10・24	久世保を大炊寮に返却する話	G
〃	〃1・10・25	〃	H
〃	〃1・11・13	〃	I
一四〇二	応永9・6・6	中原師夏が久世保を壬生家に渡す契約についての綸旨	J
〃	〃9・6・12	久世保を壬生家雑掌に沙汰し付けよとの管領施行状	K
〃	〃9・9・23	〃	5-(52)
一四〇三	〃10・9・17	〃	〃
一四〇四	〃11・7・25	〃	〃
一四〇五	〃12・11・21	〃	L
一四一四	〃21・10・19	義持、小槻周枝の久世保知行を安堵する	5-(54)
?		壬生家が久世保を直務支配しようとする	M
一四二四	応永31	久世保の下地沙汰し付けを申上	5-(68)
一四三五	永享7・2・28	久世保代官恒屋直清よりの書状	N
〃	〃7・12・15	〃	5-(59)
一四三七	〃9・12・20	〃　より年貢送状	O
一四三八	〃10・	久世保を質物に入れる	P、Q、5-(61)
一四三九	〃11・9・3	中原師孝が久世保の契約について訴訟	P、Q、5-(61)
一四四三	嘉吉3・7・8	久世保を高山右京亮に請負わせる	R
一四四八	文安5・12・30	大炊寮領再興についての綸旨	S
一四七九	文明11・1・1	壬生家領についての政所初め吉書	5-(67)

?		闕所地となる	
一四八一	文明13・12・30	義政、一色政具に久世保を与える	T
一四九六	明応5・6・14	義高、一色政具の久世保知行を安堵する	U
?		幕府、久世保を召し上げる	
一五一六	永正13・10・19	幕府、一色政具に久世保を返付する	V
一五二一	大永1・10・10	幕府、一色鶴寿の久世保当知行を安堵する	W
?		幕府、久世保を一色晴具から召し上げて三浦氏に与える	X、Y
一五二六	大永6・12・16	幕府、久世保を三浦氏から召し上げて一色晴具に与える	〃

注（1）出典欄のA～Yは本文中の史料符号
（2）出典欄に、4-(39)などとあるのは、節―注番号を示す。

二　備中国三成荘をめぐって

はじめに

本稿でとりあげる備中国三成《みなり》荘は、現在の岡山県小田郡矢掛町の中央部東寄り、小田川沿い北岸の矢掛・東三成地区にほぼ比定できる。この三成荘については、桜井景雄『南禅寺史』上が断片的に言及し、また『増訂小田郡誌』『美星町史』などがわずかにふれているのみで、従来まとまった研究はみられない。清水正健編『荘園志料』をみても、

和名鈔小田郡実成郷の地にて、南禅寺、之を領せしが、興国五年、寺僧申請して、荘号地とす、今郡中に東西三成村存す、（一六二一九頁）

と記し、その徴証として、康永三年（一三四四）の二通の史料をあげているのみである。

このように、三成荘に関しては、従来ほとんど関心がもたれていないが、「南禅寺文書」のなかに関係史料がいくらかあり、近年刊行された『南禅寺文書』（上巻・中巻）に収録されている。拙稿「備中国三成荘関係史料について」(1)に、私が知りえた限りの史料を掲げ、また略年表を付しておいたが、それをもとに、本稿では、三成荘の歴史を少し具体的にみることにしたい。

『荘園志料』も指摘しているように、三成荘は『和名抄』にみえる「実成郷」の地が荘園となったものである。(2)小田川に沿うこのあたりは、条里制地割がみられることからもうかがえるごとく、古くから栄えた土地で、古代の山陽道も、小田川沿いに東西に走っていたのである。(3)そこで、ここでは、古代におけるこの付近の様相を、おおまかにみておくことにしようと思うが、この付近の遺跡について、系統的な調査はなされていないので、ここではとりあえず、岡山県教育委員会編『岡山県遺跡地図』を手がかりとして、この付近の遺跡分布状況を概観することにしよう。

1

さて、この付近においては、縄文時代の遺跡は、今のところ報告されていない。ついで弥生時代の遺跡は、散布地が広くみられ、一部「墳墓」とみられるものも報告されている。『岡山県遺跡地図』からみる限り、小田川の南側の中・里山田地区あたりに遺跡が多く、そのあたりが、弥生時代における中心的集落であったことをうかがわせる。とくに注目すべきは、山沿いにひろがるそれらの遺跡（散布地）は、現集落と重なり合うところが多いことである。もとより、現在そこで生活している人々が、かつての弥生人の子孫であるなどとはいえようはずもないが、永い年月をへだてても、人の住む場所がさほど変化していないということは興味深い。

ついで、古墳時代に入ると、この付近はまさに遺跡の宝庫といわねばならない。矢掛町域の全二五八遺跡のうちの過半は古墳時代のものであるが、とくに後期古墳が多いのが注意をひく。その分布をみると、比較的広い沖積平野を擁する地域に万遍なくひろがるが、とくに、前代からひきつづいて、中・里山田地区付近と、東三成地区付近の遺跡の多さは注目される。それについで東川面地区も多い。すなわち、小田川の北側も、かなり栄えてきたといえるわけである。

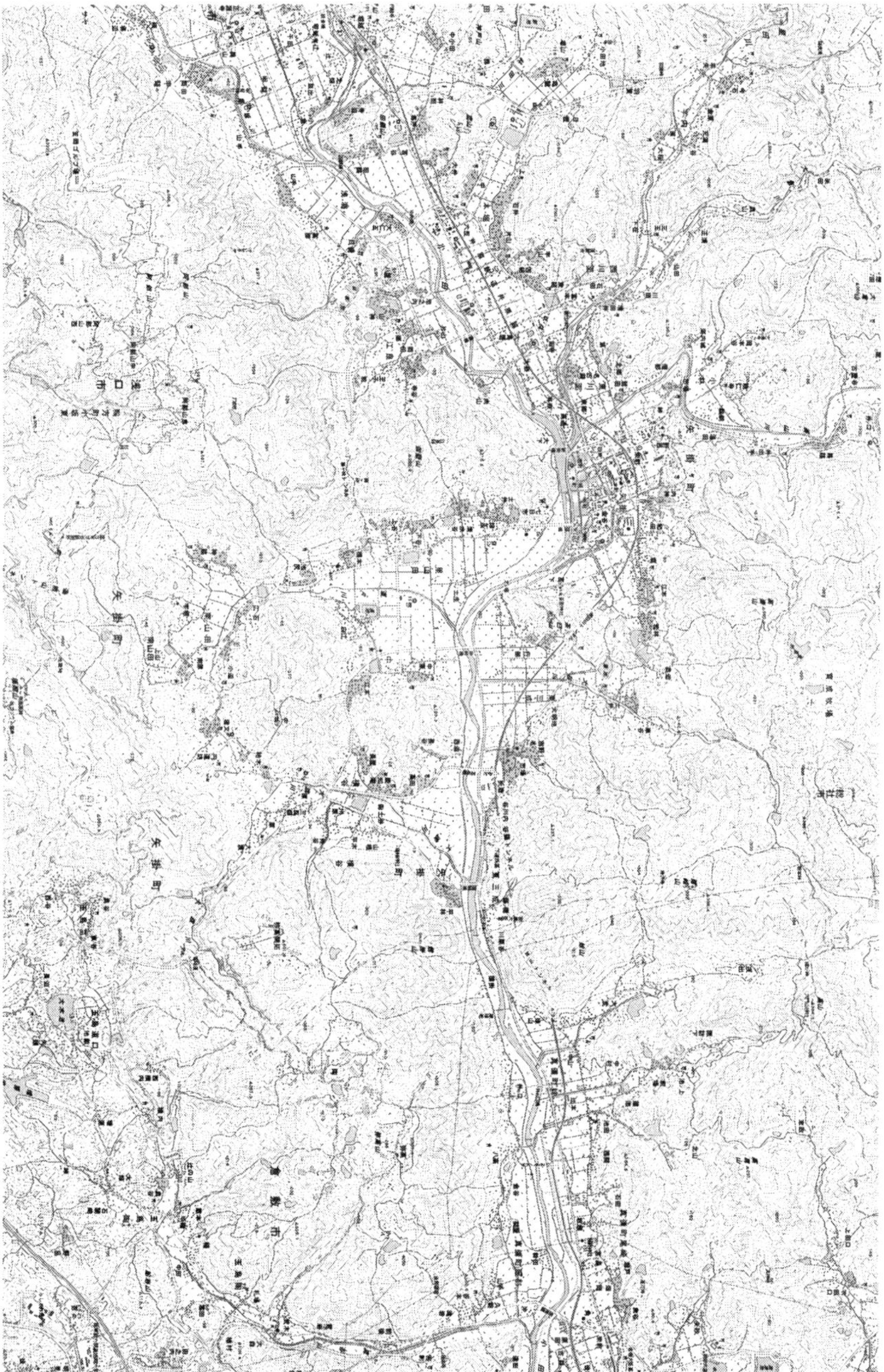

図1　三成荘周辺図

この付近の古墳時代までの遺跡は、数は多いが、さほど目をひくものはみられない。しかし、これにつぐ時代になると、古代史研究者の目をひきつけずにはいないのである。その第一に、現在、東三成地区の圀勝寺に所蔵されている、

銘、下道圀勝弟圀依朝臣右二人母夫人之骨蔵器故知後人明不可移破
以和銅元年歳次戊申十一月廿七日己酉成

の銘を有する「下道圀勝圀依母夫人骨蔵器」があげられよう。(4) 銘文中の圀勝は、かの吉備真備の父であり、右衛士府少尉であったことが知られている。この骨蔵器の出土地は、東三成字谷川内の山の南斜面であるが、現在その近くの一画には、「吉備公累代墓域」「史蹟下道氏墓」「右大臣真吉備公之墓」などの石標が立っており、国史跡に指定されている。また、その少し東側の東三成字藤ノ棚には、「吉備公館址」あるいは「下道氏館址」などと呼び伝えられている「藤棚遺跡」がある。「藤棚遺跡は平城宮六二二五、六六六三、型式類似の軒丸瓦、軒平瓦を出土しており、その性格は寺院址、吉備一族の館址、あるいは柵とも言われるがその詳細は不明である」(5) というが、このあたりこそ、上道氏と並ぶ吉備地方の大豪族で、備中国南部に勢力を張った下道氏の本拠だったことは疑いない。

さて、「吉備公館址」「下道氏墓」の南側を旧山陽道が通っているが、それに沿って西に進み、矢掛町の中心部を通りすぎてしばらく行くと、今度は「毎戸遺跡」にぶつかる。(6) この付近から瓦が出土することは古くから知られていたが、遺跡の性格は不明のまま、「毎戸《まいど》」の地が『和名抄』(高山寺本)記載の小田郡駅里郷と考えられること、また「毎戸」の地名が「ウマヤド」の転化したものと考えられること、などの理由から、『延喜式』(兵部省)記載の「小田駅」の跡の可能性も指摘されながらも、一般に「小田寺跡」または「毎戸廃寺」と呼ばれてきた。先年、発掘が行なわれたが、その性格はあいかわらず不明だという。ただ、奈良時代前期に成立し、平安時代中期ごろまでは使用されたらしいことなどが明らかにされている。(7)

要するに、小田川沿いのこの地域は、古くから人々が住みつき、やがては下道氏を生み出したところであった。旧山陽道もこの小田川沿いを走っているのであり、注目すべき遺跡が多い。先に指摘したとおり、条里制地割も整然と施行されており、古代におけるこの地域の勢力はかなりのものであったことが推測される。また、三善清行の『意見封事十二箇条』に、勝兵二万人を出したと記されている「二万郷」は、この地域のすぐ東側であることも指摘しておこう。

さて、この地域で、中世に入って注目されるのは、東三成地区と、小田川南岸の横谷地区とに遺跡が多いことである。この、横谷地区は、古代には草壁郷、中世では草壁荘に属したが、備中国の有力国人で守護代の荘氏の本拠地であり、そのことから、その遺跡の多さはよく理解できる。一方の、三成荘域たる東三成地区に、いかなる氏族が勢力をのばしていたかは不明であるが、中世においても、このあたりはかなり栄えていたことが知られるのである(8)。

以上を要するに、この付近にあって、三成荘の地域は、中世にいたるまで一貫して有勢な地であったとみなすことができるのである。ただ、鎌倉時代末期、十四世紀の初頭まで、「三成郷」あるいは「三成荘」の名は、『和名抄』を除いて、史料上に姿をあらわすことはないのである。

2

永仁七年（一二九九）十二月五日、亀山法皇は遠江国初倉荘・加賀国小坂荘・筑前国宗像社の三ヵ所を南禅寺に寄進し、その経済的基盤とせしめた(9)。これらの三ヵ所のうち、初倉荘と宗像社は「八条院領」に属す院領であり、それを寄進したわけである。小坂荘については未詳であるが、院領であったことだけは確かであろう。ところが一年ほど経た翌正安二年（一三〇〇）七月二十五日に、次のごとき院宣が発せられた。

播磨国矢野別名・同国大塩庄・但馬国池寺庄等、為小坂庄替、被寄附当寺、早可令領掌之旨、依　院宣、執達如
件、

正安二年七月廿五日　（吉田）経長卿(10)
（規庵祖圓）如鏡上人御坊　在判

これによって、播磨国矢野別名・同国大塩荘・但馬国池寺荘の三ヵ所が、小坂荘とひきかえに南禅寺に寄進されたのである。(11)そして、それから二年後の正安四年（乾元元年＝一三〇二）に、今度は宗像社とひきかえに、加賀国得橋郷・同笠間東保・備中国三成郷の三ヵ所を南禅寺(12)に寄進するように、鎌倉幕府が申し入れたのである。

加賀国得橋郷并笠間東保得橋介跡・備中国三成郷事、為筑前国宗像社替、被進禅林寺殿之由、可申之旨候、以此趣、
可令披露給候、恐惶謹言、

正安四年十一月廿二日　（北条）相模守師時　在判(13)
（北条）武蔵守時村　在判

進上　左京権大夫入道殿

この幕府の申し入れは、翌十二月に朝廷側に伝わり(14)、その結果、次のごとき二通の亀山法皇院宣が発せられた。

筑前国宗像社替事、関東案如此、□（可）被存知候由
御気色候也、仍執達如件、
（押紙）正安四　十二月廿一日　（吉田経長）中納言（花押）(15)
（如）（規庵祖圓）□鏡上人御房

筑前国宗像社替、加賀国得橋郷并笠間東保・備中国三成郷等、所被寄附南禅寺也、令興隆仏閣、可奉祈　聖朝者、
依

院宣、執達如件

乾元〻年十二月廿一日　（異筆）「経長卿」中納言（花押）(16)

如鏡上人御房

すなわち、幕府の申し入れによって、宗像社のかわりに得橋郷・笠間東保・三成郷の三ヵ所が、南禅寺に寄進されることとなったわけである。ここに南禅寺領は、先に寄進された遠江国初倉荘・播磨国矢野別名・同国大塩荘・但馬国池寺荘と合わせて計七ヵ所となった。

以上にみられるように、古代において実成郷と呼ばれたこの地は、中世に至って、はじめて史料上にあらわれる時も、やはり三成郷と呼ばれているのである。

それでは、三成郷が南禅寺に寄進されるにいたるいきさつはどのようなものであったのであろうか。その事情を知るためには、南禅寺および宗像社の歴史を概観しておく必要があろう。

3

臨済禅には二つの流れがあるという(17)。一つは、明菴栄西によって伝えられ円爾弁円に至るもので、多くは天台あるいは真言の研究より出発して禅に転じた僧侶たちによって布教されたもので、天台あるいは真言の影響を強く受け、それゆえに、それらの要素を多分にもったいわゆる教乗禅である。他の一つは、蘭渓道隆をはじめとし、無学祖元以下、多くの中国僧によって直接伝来され、また発達せしめられた純粋な中国式の禅、すなわち祖師禅といわれるものである。

南禅寺創建以前、京都には栄西創建の建仁寺、円爾弁円創建の東福寺などがあったが、それらはいずれも教乗禅で

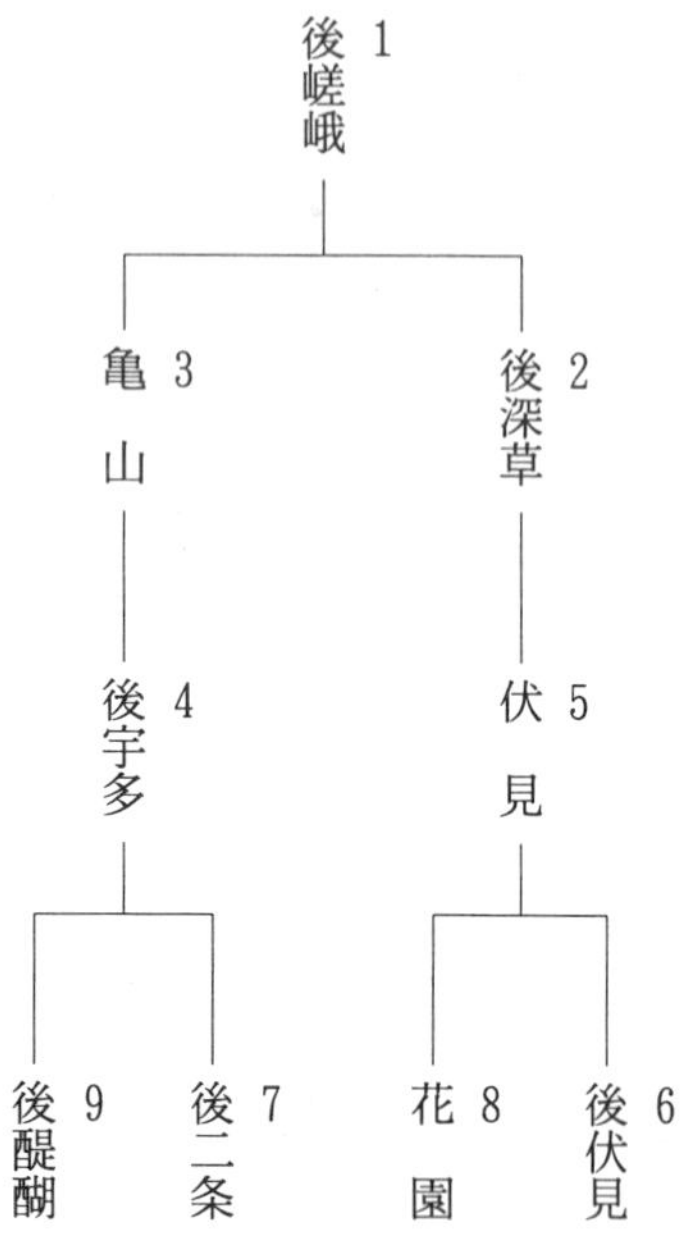

（数字は即位順を示す）

あり、純粋たる禅寺としての南禅寺創建は京都における禅宗の発展に新時代を画するものであったといわれている。

さて、京都東山のふもとの禅林寺(18)の南に接し、六勝寺(19)の東につらなる一角の土地は、平治の乱に敗れた藤原信頼の子が配流の身をゆるされて奥州より帰り、ここに邸宅をかまえ、その持ち帰った金を埋めたという伝説があることから、古くから「福地」と称されていた。

文永元年（一二六四）亀山天皇は母大宮院の御所として、この地に離宮を造った。これが「禅林寺殿」と呼ばれたものである。ところが、弘安九年（一二八六）八月十八日、その離宮に火災が起こり、禅林寺殿の一部が焼亡した。そこで翌年、亀山上皇は新たに一宇を創建した。これが禅林寺松下殿であり、禅林寺の南にあることから、南禅院と名づけられた。要するに、亀山上皇は当時まだ禅宗とはとくに深い関係があったわけではなく、したがって、南禅院というのも、禅宗との関係に根拠をおいた名称ではなかった。

しかし、その間、亀山上皇はしばしば名声のあった心地覚心を召して禅を問い、さらには禅林寺殿をあらためて禅寺とし、覚心を開山第一祖に請わんとしたが、覚心の固辞によりそれは果たせなかった。

弘安十年、亀山上皇の子後宇多天皇は、鎌倉幕府の干渉によって後深草上皇の子伏見天皇に譲位し、皇太子には伏見天皇の皇子が立てられた。その結果、院政も亀山上皇の手より後深草上皇の手へと移った。当然、亀山上皇は幕府の処置をこころよく思わなかった。また、そのような事情から、亀山上皇を開基とする南禅寺は、その後、大覚寺統と密接な関係をもつにいたるのである。そして、正応二年（一二八九）九月七日、亀山上皇は禅林寺殿南禅院において、突如として落飾したのであるが、それも右のことと無関係ではない。

ついで亀山法皇は、正応四年、東福寺の三世であった無関普門を請じ、南禅院をはじめとして、禅林寺をあげて禅寺としたのである。これが南禅寺の起源であるが、この時はまだ南禅寺とは名づけられてはいない。(20)

4

宗像社大宮司氏信は、久安二年（一一四六）に鳥羽院庁下文によって大宮司に任ぜられたと伝えられている。(21) そのことから、宗像社は領主権を留保して、社と社領とを原則として一体化して寄進を行ない、鳥羽院を本家（本所）とあおいでいたことが知られている。

鳥羽院は崩御に先だって、その所領を美福門院に譲与したので、宗像社もまた美福門院の管領に帰すこととなった。ところが美福門院は崩御する永暦元年（一一六〇）十一月以前に、その所領を八条院に伝えた。ここに宗像社は「八条院領」となったのである。そしてその後、平氏の全盛時代には、宗像社は八条院領でありながら、平清盛の弟池大納言頼盛の所領ともなっていた。それは頼盛の妻が八条院の女房であったことと深くかかわると思われるが、平氏没落後も頼盛のみは、源頼朝からその所領を元のごとく安堵された。(22) すなわち、鎌倉幕府成立後も、宗像社は八条院を本所とあおぎ、頼盛を領家とあおいでいたのである。

ところが、一方で宗像社大宮司氏実は、頼朝によってその所職・所領を安堵され、御家人の列に加わったのである。ここに宗像社をめぐる複雑な支配関係が生まれることとなった。さて、その後、承久の乱により、宗像社は一時将軍家領となったが、幕府は宗像社を含む八条院領を後高倉院に献じたので、宗像社はふたたび皇室を本所とあおぐこと

待賢門院（璋子）
　　＝
鳥　羽
　　＝
美福門院（得子）

（待賢門院・鳥羽の子）2 崇　徳　4 後白河
（鳥羽・美福門院の子）3 近　衛　八条院（暲子）

となった。また、幕府は領家職（あるいは預所職）を持つこととなった。ところが、後高倉院に献ずるにあたっては、『武家年代記裏書』承久三年（一二二一）条に、

以先院御領所々、悉進（後脱）高倉院、但武家要用之時者、可返給之由、以義村朝臣被申入了、即被許云々、

とあるように、武家要用の時は、返し給うべしとの条件付きであったようである。後に幕府が、一度は南禅寺領とされた宗像社を、他の三ヵ所の所領とかえるように要求しえたのも、この条件と関係があるとみてよいであろう。

それはともかくとしても、ここに皇室を本所とあおぎながらも、幕府領（三浦泰村が預所を知行）としての性格をももつことになり、宗像社と幕府との関係は、さらに深いものとなったのである。

しかし、宝治元年（一二四七）の宝治合戦により、宗像社を領知した三浦泰村が誅され、その後、三浦泰村が知行していた宗像社と肥前国神崎荘は、後嵯峨上皇に献じられるところとなった。それ以後、幕府の所領としての性格は消えるが、やがて、宗像社は大宮院の手をへて、その子亀山上皇の管領に属すところとなったのである。

そして、亀山上皇は永仁七年（一二九九）、宗像社と遠江国初倉荘・加賀国小坂荘とを、南禅寺に施入した。ここに宗像社は南禅寺領となったわけであるが、わずか三年後の乾元元年（正安四年＝一三〇二）、幕府は宗像社を南禅寺から返付させ、そのかわりに、加賀国得橋郷・同国笠間東保および備中国三成郷を寄進したい旨を朝廷に申し入れ、一ヵ月後にそれが実現したのである。

これにより、宗像社はふたたび幕府と関係をもつにいたった。すなわち、皇室を本所とあおぎつつも、幕府領とな

ったわけである。しかも、その本所の支配は形式的なもので、領家職は得宗の領有するところとなり、宗像社の司祭権と社領の領知権は、得宗の強力な支配下におかれたのであった。

5

乾元元年（一三〇二）にいたって、幕府は三成郷その他の三ヵ所を割き、宗像社のかえとして南禅寺に寄進し、宗像社を南禅寺から切りはなしたのであるが、幕府はなぜそのような処置をとったのであろうか。このことについては、二、三の見解があるので、その主張をみておくことにしよう。

相田二郎氏は、『蒙古襲来の研究』において、「幕府鎮西の本所領家所領と鎮西以外の武家領とを交換す(23)」というテーマのもとに、金剛三昧院領筑前国粥田荘と河内国新開荘との交換についてふれ、幕府がこのような処置を講じたのは、異国警固の必要からであること、幕府は交換して得た筑前国粥田荘に地頭を入れたであろうこと、要するに、幕府が自由に処置できる荘園を鎮西地方に増加しようと企てていたこと、などを指摘する。そして、「次に述べる事実は判然とその理由はかいてないが、右と同じ意味のことを示すものと考えられる(24)」として、筑前国宗像社と、加賀国得橋郷・同国笠間東保・備中国三成郷との交換の例を指摘したのであった。

これに対して、石井進氏は、幕府が単に宗像社を南禅寺から皇室領へ移転させるためだけの目的で、三ヵ所の替地を寄進したと考えることはとうてい不可能であること、幕府はこの時、三ヵ所の替地に相当するだけの宗像社に関する権利を獲得したとみなければこの寄進の理由は理解できないこと、を指摘し(25)、次のごとく述べたのである。

この時幕府はモンゴル襲来以後顕著となった九州地方直接把握という方針の一環として、三ヵ所の替地の代償に当社を拝領したのであった。ここでかつての承久の乱後の後高倉院への寄進が、「武家要用之時者、可㆑返給㆑」

との条件付きのものであったことを想起することも無駄ではあるまい。翌乾元二年（一三〇三）三月廿八日付を以て大宮司充てに宗像庄内宮方社務職の安堵状が出されており、……これは恐らく当社の幕府直領への転移に伴なう安堵状と解すべきであろう。当時における幕府権力のあり方からみても、幕府直領としての当社が即ち「得宗領」であったことには何等不思議はない。……もとより宗像社が、得宗支配下に帰したとはいえ、その上部にはなお従来の本家職が皇室の手に伝領されていた。(26)

なお、石井氏は、「相田氏がこの事実の意義を、筑前国粥田庄の場合と同じく社領に地頭を入れるためであったと論ぜられたのは如何であろうか。宗像社領はすでにそれ自体が地頭職であり、宗像氏自身が御家人であった(27)」、と相田説に批判を加えている。

また、『宗像神社史』は、まず、相田氏は必ずしも「地頭を入れるため(28)」とは限定せず、ひろく「異賊警固の必要から」としているので、石井氏の相田氏批判は必ずしもあたらないとした上で論を進める。そしてこの交換の理由を次のごとく指摘する。

異国防衛の問題が、幕府当面の重大課題となつてゐたこの時代において、玄界灘上の二つの海島と宗像内陸の一角を占める、三宮にわたる海陸の広汎な地域と、北九州数国にわたる数十の社領とを有した当社を、一禅林寺の支配に委《ゆだ》ねることは、幕府の異国防衛体制の上からも黙止し得なかつたところであらう。……さればこそ本家職は、旧によつて大覚寺統であつたけれども、領家職は……、得宗領として執権北条氏がこれを領知し、幕府は実質的に当社を掌握したのである。(29)

以上のように、若干のニュアンスは異なるが、この交換は、モンゴル襲来後、異国警固を大義名分とする幕府の九州地方直接把握方針の一環として行なわれたものであること、交換後、幕府は領家職を得たが、その支配権は得宗家が握ったこと、などの点は一致している。

ところが、これらの説明をみても、交換の意義づけが宗像社中心になされていて、替地たる三ヵ所については何も述べられていないのである。たとえば、石井氏は、「幕府はこの時、三ヵ所の替地に相当するだけの宗像社に関する権利を獲得したと見なければ、この寄進の理由は全く理解できないであろう[30]」とするが、その三ヵ所に対して、幕府が本来いかなる権利を有していたかについては一切ふれていない。ところで、幕府が得た宗像社に対する権利は領家職であった。とすれば、三ヵ所の替地に関して、幕府が手離したのは領家職であったのであろうか。要するに、三ヵ所の替地に対して、幕府が有していた権利とはいったいいかなる性格のものであったのであろうか。加賀国の二ヵ所については、管見にして、なんらの手がかりももたないので、ここでは三成郷についてのみ、考えることにしたい。

しかしながら、幕府が備中国三成郷にいかなる権利を有していたかを直接知ることのできる史料は、管見では一つもない。そこで情況証拠を求めてみることにしよう。

さて、三成郷は「郷」を称しているので、南禅寺に替地のうちの一ヵ所として寄進されるまでは国衙領であったと解せよう。それは、のちに三成郷に荘号を賜わるよう願い出た際の願状に、「且割国衙領、被寄附寺社之時、改郷之字、被庄号者、古今之通規也[31]」とみえることからも裏づけられる。

ところで、国衙領の一部――たとえば郷――を、特定の人物が「知行」するようになった事例として、備中国では、次のごときものをあげることができる。

（A）備中為中宮御分、相国(西園寺公経)撰三ヶ郷被申請、蒙御恩由悦喜云々[32]、

（B）今日、為供花御幸六条殿、予(吉田経俊)向四条大納言(隆親)許、依招引也、備中国五ケ郷可為亀山殿御堂領事、被示合之[33]、

さて、（A）の内容は明瞭であろう。備中国が「中宮御分」すなわち中宮鷹司院長子の分国となったので、西園寺公経が三ヵ郷を選んで、ねだってもらったという。また（B）は、吉田経俊が四条隆親のもとにいって、備中国五ヵ郷を「亀山殿御堂領」すなわち、後嵯峨上皇御所の御堂領とするように示し合わせたというのである。ところが、こ

の四条隆親は、建長四年（一二五二）七月一日に、法勝寺阿弥陀堂造営のために備中国を知行国としてもらっていることが知られる。(34)すなわち、備中国五ヵ郷を亀山殿御堂領とするために、知行国主四条隆親のところに相談に行った、というのが（B）の内容なのである。

これらのことより、国衙領の一部を知行するには、知行国主（分国主）に願い出ればよい、ということが知られよう。もちろん、むやみやたらともらえるわけではなく、しかるべき資格と理由とがあってのことなのであろう。ともかく、このことから、知行国主は国衙領の特定部分――右の例でいえば郷――を誰かに与える権限をもっていたことが知られるわけである。この場合、知行国主は「本所」と呼ばれることもあるので、知行者は「領家」とでも呼ぶべき立場となろう。(35)

とするならば、幕府は備中国知行国主であって、国衙領たる三成郷を南禅寺に寄進したと考えるか、または知行国主に三成郷をもらっていたが、この際、知行国主のゆるしを得て、南禅寺に寄進したと考えるか、そのいずれかが妥当となろう。

しかしながら交換以前に、幕府が三成郷をもらっていたという徴証は、いまだ見出しえない。また、幕府が備中国知行国主であったことを確認できる史料も、今のところ目にふれていない。そして逆に、幕府が知行国主であったことを否定する材料も管見にふれていない。それでは、備中国が幕府（将軍）知行国であった可能性はまったくないのであろうか。

今までの調査(36)によると、宗像社が他の三ヵ所の替地と交換された正安四年（乾元元年＝一三〇二）に一番近い時点で備中国の知行国主が知られる史料は、『勘仲記』弘安十一年（一二八八）七月二十七日条にみられる、次の記事である。

厳下御分国被申任国司
備中守藤原信基　　兼

つまり、この日、藤原信基が備中守に任ぜられたわけであるが、備中国は「厳（殿）下御分国[37]」すなわち関白二条師忠の知行国であったことが知られる。これ以前は、大体、中宮、女院、殿下などの知行国（院宮分国）であったことが知られるが、これ以後は残念ながら不明である。したがって、備中国が幕府知行国となったと考えるとしたら、この時点以降ということになる。

さて、この弘安十一年（一二八八）から、正安四年（一三〇二）の間に、仮に備中国が幕府知行国となったと考えるならば、その契機は、正応二年（一二八九）の久明親王の将軍就任に求められよう。すなわち、久明親王の将軍就任のとき、あるいはそれに少しおくれて、備中国が将軍知行国として幕府に与えられたのではあるまいか、と。以上、仮に、備中国が幕府（将軍）知行国であったとの理解を強引におし進めてみたが、それを傍証する史料はない[38]。したがって、反証史料が一片でもあればこの理解は成り立たない。

要するに、はっきりしているのは、備中国三成郷に対して幕府がいかなる権利をもっていたかについては、不詳ということである。ただ、それを一切不明ということにしないで、少しなりともアプローチしてみようと試みたにすぎない[39]。

6

魚澄惣五郎・松岡久人両氏は、「厳島神社所蔵反古裏経について」（『史学雑誌』六一―三）において、厳島神社所蔵の元徳二年（一三三〇）書写反古裏経紙背文書を紹介しているが、その中に次のごとき史料がある。

自木無許、可申之由□被仰候、三成郷定重名春□畠、正和四年洪水流失、呼々御検見候て、正直に御注進候へく候、御覧候□名元に未進多にな□被参候、相構御覧候ひ、任正直可有御注進候歟、恐々謹言

九月七日　□□（花押）

反古裏経は、備後国歌島（現広島県尾道市向島）を本拠とする知栄（法名明仏）の後継者たちが、雑多な消息文書類をつなぎあわせて、それを料紙とし、華厳経・大集経・月蔵経等を書写したものである。したがって、その紙背文書は、知栄ないしその一族関係のもので占められている。

さて、この知栄は両氏によると、歌島（大炊寮領）の公文兼預所であったが、その他、備後国泉荘の年貢請負や、備前国金岡東荘・金岡西荘の年貢収納にもかかわっているという。この史料は欠失部分もあり、文意明瞭でないが、おおよその内容は、三成郷定重名の「春□畠」が正和四年（一三一五）の洪水によって流失してしまったので検見を行ない、その結果をまちがいなく注進せよ、といったものである。差出者が判明せず、受取者も不明であるが、反古裏経（紙背文書）の性格からみて、知栄ないしその一族がこの文書の受取者、あるいは受け取るべき立場にあった、と考えてよいであろう。また、内容からみて、この文書は正和五年ごろのものとみるべきであろう。

以上のことから、知栄（明仏）ないしその一族が三成郷の経営にかかわっていたとみられるのである。すなわち、備後国歌島の公文兼預所であった知栄（明仏）は、備後国泉荘、備前国金岡東荘・金岡西荘などの年貢収納にもかかわっていたのであるが、この備中国三成郷の経営にも関係するところがあったのである。魚澄・松岡両氏によると、彼は備後守護長井氏の被官として、在地において確固たる地歩を占めていたようであるが、残念ながら知栄（その一族）と三成郷とのかかわりは、右のこと以外、何も知ることはできない。

さて、三成郷が南禅寺領となってから十五年たった文保元年（一三一七）に、次のごとき後宇多法皇院宣が出された。

(端裏書)「後宇多院宣案」
備中国三成郷事、為故院(亀山法皇)御影堂并一山(一寧)塔頭(大雲庵)料所、永代門徒中、撰器用、為彼院主、令管領之、御忌日御布施・経
衆衣服以下、任先例、致其沙汰、可被奉訪
亀山法皇・大宮仙院(藤原姞子)両所御菩提者、依
院宣、執達如件、
文保元年八月十一日　　故院(ママ)　御判(40)
南禅寺長老

これによって三成郷は、亀山法皇および大宮院の仏事費用ならびに一山一寧の塔頭大雲庵の費用にあてる料所となったのである。この大雲庵は南禅院とほぼ軒を接していたらしいが、その創建の年次は明らかでない(41)。一山一寧は後宇多法皇の殊遇を受け、南禅院をも兼管していたという。

さて、文永・弘安両度の日本遠征に失敗した元は、軍を三度進めることの不利をさとり、それにかわって僧侶を派遣して、日本に隷属するように勧告しようとした。その使者として選ばれたのが一山一寧であった。一山は信書をもって両国通交のことを説くべき使命をもって日本にいたったのである。幕府は当初一山を疑惑の目でみて、伊豆修禅寺に幽閉した。一山が外交上の使命を果たしたか否かは不明であるが、幕府の疑惑もいつしか解け、また一山を訪れる関東の僧侶も多くなった。そこで幕府は、正安元年（一二九九）十二月、一山を建長寺住持に任じ、ついで同四年（一三〇二）には円覚寺にも兼住せしめた。やがて一山は、後宇多法皇の招請によって南禅寺住持となって上京したのである。

後宇多法皇は一山一寧に帰依するあまり、とくに三成郷を一山の塔頭大雲庵にゆだねたわけであったが、後述するように、この処置は後に、三成郷が南禅寺に帰属するか、大雲庵に属すかの問題をひき起こす原因となった。

その後、嘉暦年間（一三二六〜二八）には、「土民等」が検注を抑留しているとの訴えが三成郷からあったので、それをやめるようにとの綸旨が出されている[42]が、その詳細は不明である。

ところが、鎌倉幕府の滅亡、建武政権の成立、それに続く室町幕府の成立、といった一連の出来事は、大覚寺統（南朝方）と密接な関係をもっていた南禅寺にとっても、重大な事件であった。

ここでひるがえって、五山制度について述べておくことにしよう。[43]北条貞時のころ（十三世紀末〜十四世紀初頭）には、建長・円覚・寿福・浄智寺などの諸寺に五山の称号が与えられ、五山の制度が成立されるにいたっていたが、それは北条氏の一存によって決定されるような段階で、いまだ純粋に公的な性格を帯びたものとはいえなかった。しかし、徳治二年（一三〇七）には、後宇多法皇が南禅寺を五山に準じようとして関東の意向をうかがい、それに対して幕府は執権・連署がそれに応じて、南禅寺が五山に準ぜられるなど、五山の制度がかなり公的なものとみなされているのは注目される。

ところが、建武政権が成立すると、後醍醐天皇により、五山の改定が企画され、元弘三年（一三三三）十月一日には、後醍醐天皇の厚い帰依をうけていた大徳寺が一躍五山の一に列せられた。また翌元弘四年（建武元年＝一三三四）正月には、それまで十刹であった南禅寺が五山第一位に列せられ、その直後には、後醍醐天皇は大徳寺を南禅寺と並ぶものとしている。ついで建武年間ごろ（一三三四〜三六）には、建仁・東福両寺も五山として認められたらしく、ここに建武新政権による五山が設立されていたらしいことが知られる。

これらの序列は、南禅寺は亀山法皇の開基で大覚寺統と緊密な関係に立ち、大徳寺は後醍醐天皇の開基であり、東福寺は九条道家の開基で九条家をはじめ藤原一門と特殊な関係にあったこと、建仁寺は栄西の創建であること、などを考えればよく理解できるであろう。

しかし、足利尊氏が室町幕府を開くや、五山制度も大きく変容をとげる。ことに無学祖元（仏光国師）の法系をひく仏光派から出た夢窓疎石は、積極的に新政権に接近し、それときわめて緊密な師壇関係を結んだので、その一派は五山叢林において急激に発展し、ついに五山諸派の中心門派として確固たる地位を築くにいたる。すなわち、幕府は暦応四年（一三四一）に五山順位の評定を行ない、その結果、第一、建長寺・南禅寺、第二、円覚寺・天竜寺、第三、寿福寺、第四、建仁寺、第五、東福寺、此外、浄智寺、となった。これは明らかに後醍醐天皇の決定した五山順位の否定である。京都・鎌倉それぞれ四ヵ寺を配し、京都側では後醍醐天皇開基の大徳寺が五山から除外されて、仏光派の夢窓疎石創建の天竜寺が一躍五山第二位に列せられたのに対し、鎌倉側では建長・円覚・寿福の三ヵ寺が五山に、浄智寺は五山に準ぜられることとなったのである。

この改定は、全体的にみて鎌倉優位となっている。これは、おそらく、政権の中心が鎌倉から京都に移ったとはいえ、いまだ日も浅く、鎌倉方がより重視されたためとみられる。しかし、それにしても、後醍醐天皇開基の大徳寺が五山から除外されたのに、大覚寺統と関係のあった南禅寺が五山第一位とされたのは注目される。(44) 南禅寺の、この特異な待遇はその後も一貫しており、やがて、至徳三年（一三八六）には、南禅寺は「五山之上」とされるにいたるのである。

7

南禅寺は、以上のように、特別の待遇をうけたが、その所領も、新政権によって安堵され、元のごとく領掌するところとなった。ところが、そのような安堵のみでは、その所領支配が保障されるわけでもない。現地支配こそが問題であろう。

康永二年（一三四三）五月、備中守護南宗継は次のような請文を提出した。

（端裏書）「□（南）遠江守請文康永二・五・十五」
南禅寺領備中国三成郷雑掌良玄申、平石四郎入道以下輩濫妨狼藉事、任被仰下之旨、不日可参洛之由相触之処、行祐請文如此候之由、代官時基請文謹進覧之、以此旨、可有御披露候、恐惶謹言、

康永二年五月十一日　　遠江守宗継請文（花押）(45)

（付箋）京極殿奉覧

これによれば、平石四郎入道以下の輩が三成郷で濫妨・狼藉をはたらいたという。私はこの「平石」は、正しくは「弘石」あるいは「広石」であり、この「平石四郎入道」は、次に示す史料にみえる「弘石大和守資政」と一族あるいは父子であったのではないかと考えている。

石清水八幡宮領備中国水内北庄雑掌家継申、当所事、訴状副具書如此、弘石大和守資政濫妨云々、事実者、太不可然、早退彼妨、沙汰付下地於雑掌、可被執進請取状、使節更不可有緩怠之状、依仰、執達如件、

貞治三年十月十四日　　左近将監（斯波義高）（花押）(46)

宮下野入道（兼信）殿

備中守護宮兼信宛に出されたこの室町幕府管領（斯波義高）奉書によると、貞治三年（一三六四）に、弘石資政が、三成郷の少し北にある石清水八幡宮領備中国水内北荘で濫妨をはたらいた、と同荘雑掌家継に訴えられている。この事件はながびき、翌貞治四年九月八日にも、ふたたび弘石資政の妨げをとどむべき旨の室町幕府管領（斯波義高）奉書が出されている(47)。

弘石氏の水内北荘に対する濫妨はさらに続く。

石清水八幡宮雑掌申、弘石大和入道、森戸次郎左衛門入道以下輩、備中国水内北庄致濫妨由事、重申状、具書如此、度々被施行之処、不事行云々、甚不可然、不日止彼妨、沙汰付雑掌、可執進請取、更不可有緩怠之旨、可被下知代官之状、依仰、執達如件、

応安六年十二月十四日　沙弥（吉見氏頼）（花押）(48)

渋河右兵衛佐入道殿（義行）

この施行状にみえる「弘石大和入道」は、先にみた大和守資政と同一人物にちがいない。とすれば、彼は応安六年（一三七三）にいたっても、水内北荘で濫妨をはたらいているわけである。しかも今度は「森戸次郎左衛門入道以下輩」と行動をともにしている。この「森戸次郎左衛門入道」は別の史料(49)では「守護家人」とみえるので、この事件は複雑な背景をもっていると思われる。

しかし、「弘石」氏の濫妨はさらに続く。

一　嵯峨善入寺雑掌申、備中国草壁庄内永平名案主職事、広石次郎押妨云々、理非糺決之間、可被置所務於中之由候也、仍執達如件、

永享四
十月廿一日　貞連(50)
為種

細河治部少輔殿（氏久）

草壁荘は、三成郷とは小田川をはさんだ対岸、南側にあるが、その中の永平名案主職を「広石次郎」が「押妨」した、と永享四年（一四三二）に善入寺雑掌が訴えているわけであるが、この「広石次郎」は先の「弘石」氏と一族であるとみて間違いあるまい。そこで以下、「弘石」「広石」を統一して「広石」氏と呼ぶことにしよう。

それにしても、たび重なる制止にもかかわらず、何度も濫妨をはたらく広石氏一族は、この地域でかなりの勢力をふるっていたとみてよいであろう。このような広石氏の姿をみれば、先の「平石四郎入道」もその一族、あるいは資政の父親と考えてさしつかえあるまい。

さて、小田川の北岸は三成郷、南岸は草壁荘であったが、草壁荘域内の中・里山田地区の少し南に、南山田地区がある。その一隅に「広石」の集落があるが、この「広石」こそ、広石氏の本拠地であったにちがいない、と私は考えている（以下、図2参照）。

南山田地区は、五万分一地図からもうかがえるように、この地域にあっても、他の地区とは隔絶した一つの小世界をなしている。周囲は二五〇～四〇〇㍍ほどの山がとりかこむ。幅の狭い道道川沿いに北に向かって里山田・中地区に出るか、あるいは東に向かって低い峠をこえて横谷地区に出れば、外界とは容易に接触できるが、小盆地の中は、外界の存在をまったく思わせない。広石は、その南山田盆地の陽当たりのよい北側に、南斜面にだかれている集落である。この地点からは、横谷方面へぬける道は死角になるが、道道川沿いに出入する者の姿は一目瞭然である。

この広石の集落の田畑の中の道を背後の山へと少し登ると、左手前方に今は荒廃している本覚寺があり、その墓地の片すみに多量の五輪塔や宝篋印塔がまとめられている。宝篋印塔は江戸時代のものと思われるものばかりであるが、五輪塔はまごうかたなく中世のものである。『岡山県遺跡地図』は時代を「戦国」と記しているが、室町時代とみなせるものも存する。かの「平石四郎入道」や「弘石大和守資政」あるいは「広石次郎」の墓も、この中のどれかであるにちがいない。

要するに、広石氏はこの広石を根拠地とした土豪であり、ここから、あるいは三成郷へ、そしてあるいは水内北荘へと出かけていたものと思われる。また、広石四郎は、地元の草壁荘永平名案主職を「押妨」しているが、案主職は、一般に有力名主・土豪層がその任にあたるものである。広石氏がここを根拠とし、近くの案主職を「押妨」したと考えればこの事件も無理なく理解できる。なお、南山田地区に、「永平」という小字が残っているが、その地こそ、永平名の名残であろう。

広石氏の行為は、「濫妨」「押妨」などとみられるが、その実態は知るよしもない。しかし、その「濫妨」の性格は

◀ 本覚寺の五輪塔

図2　「永平」名とその周辺（1万分の1）

複雑なものであったと思われる。すなわち、先に引用した応安六年（一三七三）十二月十四日の施行状にみえたごとく、弘石大和入道（資政）は森戸次郎左衛門入道らと水内北荘で「濫妨」したが、その事件はながびき、翌応安七年十二月二十四日にも、「沙汰付」の引付奉書（？）が「松田左近将監入道」と「庄四郎」とに出されている。[51]この荘氏は、備中国の有力国人で、室町時代には代々守護代をつとめている。この施行状の一通が「庄四郎」[52]に宛てられたのも、彼が守護代であったからであろう。

ところが、荘氏は、広石氏の住む草壁荘の地頭[53]でもあり、その本拠地は、広石のある南山田地区のすぐ東隣の横谷地区なのである。[54]とするならば、広石氏は荘氏と深いつながりをもっていたとみるべきであろう。また、応安六年に、広石氏とともに水内北荘で「濫妨」した森戸氏は、「守護家人」であった。

このようにみるならば、広石氏は、守護あるいは守護代と密接にむすびついていたといわねばならない。そしてまた、彼らの「濫妨」もそのことと深くむすびついていると考えるべきであろう。これは推測であるが、広石氏の三成郷あるいは水内北荘への入部は、守護側の使としての行為だったのではあるまいか。三成郷についていえば、そこを「国衙領」とみなして、何らかの課役の賦課・徴収のために、守護使あるいは「国使」として入部したように思われるのである。

右の推測を、間接にではあるが、裏づけるのが次のことがらである。すなわち、「平石四郎入道」が三成郷で「濫妨」を行なった康永二年（一三四三）の翌年、次のような願状が提出されたのである。

南禅寺住持沙門妙受誠惶誠恐謹言
　請特蒙　鴻慈、因准先例、以寺領備中国三成郷、被成下庄号官符、専備後代亀鏡、永断他方狼唳、全寺用弥奉
　祈　天長地久御願状
副進

一通　御寄附　院宣案
右当寺者、（中略）然而、於当所者、被載郷之名字之間、後代史〔吏也〕務猶可致国衙之孫（強）望歟、且割国衙領、被寄附寺社之時、改郷之字、被庄号者、古令之通規也、然早停止　院使国使等入部、造　内裏造宮（営）米以下大少（小）国役吉備津宮等役、一円不輸為庄園、被〔成〕下三成庄号者、弥保護　朝廷於万歳、誓祈天下於豊稔、仍不耐懇款之至、誠惶誠恐謹言、

康永三年七月　日[55]

つまり、三成郷は、荘号をとなえずに郷名をとなえているので、「後代史（吏）務猶可致国衙之孫望歟」というのである。これは、前年に起きた「平石四郎入道」の「濫妨」と無関係ではあるまい。その事件が、この荘号下賜願い提出の動機となったのであろう。そして、その翌八月、この申請は受けいれられ、荘号が与えられたのである。[56] すなわち、三成荘の成立である。この地が南禅寺に寄進されてから四二年目のことであった。

要するに、郷を名のる限り、公領とみなされて不都合が起きるおそれがあるので、荘を名のろうとしたのであった。それまでは事実上、荘園でありながら、郷を名のっていたわけで、ここに郷といい、荘といい、その実態はさほど変わらないという、中世の土地制度のむずかしさの一端がみられる。

8

康暦二年（一三八〇）冬、蘭洲良芳は南禅寺四一世の法を継いだ。ところが、その座があたたまる間もなく、その年の十二月十六日、仏光派の帰雲院と一山派の大雲庵との門徒の間に寺田をめぐる争論が起き、大雲庵の徒が首座・維那の二寮を破壊する事件が発生したのである。その事件のため、良芳は同日、退院するにいたった。[57]

ことの起こりは備中国三成荘の帰属問題であった。先にも述べたごとく、大雲庵は一山一寧の塔頭であり、文保元年（一三一七）に院宣が下され、三成郷を亀山法皇および大宮院の仏事用途ならびに大雲庵の費用にあてるべきことが定められた。そのことが、三成荘が南禅寺に属すか大雲庵に属すかの問題をひき起こしたと思われるのである。

一方の帰雲院は、二世南院国師規菴祖円（如鏡上人）の塔所であるが、南禅寺内に隠然たる勢力をもち、開山塔たる天授庵や、三世一山の塔所大雲庵などの勢力をはるかにしのぐものがあり、そのことから、その住僧の横暴はしばしば寺内紛争の根源をなしたという。

事件(58)は翌康暦三年（一三八一）にもちこされ、正月十八日には、良芳の同門で将軍足利義満の信任の厚かった一山派の太清宗渭が、それを幕府に訴えた。義満はただちに近臣を南禅寺に遣わして帰雲院の徒二人の僧籍を奪って、これを処罰した。ところが、これに不満をいだいた南禅寺評定衆は十九日に天竜寺雲居庵に僧録普明国師春屋妙葩を訪れて処断を求め、翌二十日には南禅寺上生院主月舟周勛・天受庵主大中玄任らがそろって幕府に参入し、亀山法皇起願文をもち出して大雲庵の処置を求めた。その後、頻繁に交渉が行なわれたらしいが、二十六日にいたって、結果は「三成郷公文」を改書して、一山派に有利な解決が与えられた。次の文書はこの時のものであるという。

（端裏書）「鹿苑院（足利義満）殿御書案」

南禅院・大雲菴并三成郷事、任文保院宣、門徒管領不可有子細候、恐々謹言

正月十七（ママ）日　　義満　御判(59)

一山（一寧）国師門徒中

ここにいたって事件はおさまり、蘭洲良芳もふたたび南禅寺に住することとなった。

おわりに

以上、三成荘の歴史における主だったことがらについて述べてみた。思わぬほどながくなってしまったが、これからもわかるように、この三成荘の歴史は、日本全体の歴史の流れと深くかかわっているのである。そのため、三成荘の歴史を知るためには、一見無関係ともみえる歴史事象をも、くわしくみておかねばならない。要するに、社会の移り変わりが、三成荘の歴史を運命づけていたのであった。

三成荘の歴史はここで終わるわけではない。しかし、以後の歴史は略年表を参照していただくことにして、これにて筆を擱くことにしよう。

注

（1）拙稿「備中国三成荘関係史料について」『岡山大学教育学部研究集録』五三、一九八〇年

（2）『和名類聚抄』（道円本）備中国小田郡条に、

実成《美奈利》　拝慈《波也之》　草壁《久佐加倍》　小田《乎多》

甲務《加布乃》　魚緒《伊保須奈》　駅家　出部《伊都倍》

とみえる。

（3）この付近の条里制地割については、『岡山県史蹟名勝天然紀念物調査報告』第七冊（名著出版、一九七四年、復刻）を参照。

（4）以下、同骨蔵器については、奈良国立文化財研究所飛鳥資料館図録第三冊『日本古代の墓誌』（一九七七年）を参照。

（5）岡山県教育委員会『岡山県埋蔵文化財発掘調査報告』五、一九七四年、二頁。

（6）以下、「毎戸遺跡」については、『岡山県埋蔵文化財発掘調査報告』五、一二～四〇頁を参照。

（7）なお、『岡山県遺跡地図』では、小田郡衙の候補地として、「毎戸遺跡」より西方の矢掛町小田字中小田の一角をあげている。

（8）なお、矢掛町西川面字大鳥居に「川面館跡」がある。これについてはその一部が発掘され、『岡山県埋蔵文化財発掘調査報告』五にその成果が示されている。それによれば、

小田郡誌において、当遺跡を小田郡家址として推定されており、現在も西濠の畔上に小田郡家址という標柱が建てられている。郡家という推定は調査の結果からそのようなものではなく、中世の居館としての性格付けがなされた。館の西半分は冠水のため遺構の検出をみなく、又、他の地表遺構は確認されなかったが、……。これらを考慮すれば濠の内側に土塁を巡ぐらしていたと推定される。

この土塁の存在により中世館址における一般的な形として把握することができる。

時期については、備前焼及び亀山焼から推定すれば室町以降であり、下限は天目茶碗の破片から戦国末までとして、その間を館の存続期間とすることができる。

廃絶の直接的な要因は、遺構遺存面及び各遺構の埋土中に多量の灰・焼土・炭化粒が含まれていることなどからして、火を受けることにより絶えたと考えられるのである。（一一頁）

という。この館跡がいかなる性格をもつのかは、これからの課題であるが、この地域の歴史をみる上で無視しがたいものである。

（9）桜井景雄・藤井学共編『南禅寺文書』南禅寺宗務本所、一九七二年、上巻二号。以下、同書からの引用史料は、「上巻二号」のごとく、巻名・文書番号のみを示す。なお、拙稿「備中国三成荘関係史料について」（前掲注1）の史料番号を、〔　〕内に示した。

（10）上巻一二五号(2)

（11）この処置は、小坂荘の由来・性格がはっきりしないことと、かかわりがあるのかも知れないが、一切不明である。

（12）ここでは、史料にみえる「禅林寺殿」を南禅寺をさすものと解しておいた。『南禅寺文書』上ではその傍らに「（亀山法皇）」と注記しているが、法皇をさすものとしたら闕字とすべきはずである（同文書は案文であるが、前後の一連の案

文をみても、闕字とすべきところは闕字としているようである）。また、幕府と法皇との間の交換であったのなら、その後の宗像社の領主権は幕府側に一元化されるはずであるが、形式的にせよ、その後も「八条院領」としての性格は失われていない。ただし、「禅林寺殿」の意味がどちらであるにせよ、右に指摘したこと以外、以下の行論には何らさしつかえない。

(13)　上巻一二五号(3)〔1〕

(14)　この間の事情は、『吉続記』乾元元年（一三〇二）十二月二十日・二十一日条（〔2〕〔3〕）にみえる。なお、この時、幕府からの申し入れは、「梨下門跡事、国々津料関米停止事、宗像社替領等可進禅林寺殿事」の三ヵ条であった。

(15)　上巻三号〔4〕

(16)　上巻四号〔5〕。なお、この文書が「南禅寺」の寺名の初見文書であるという。

(17)　以下、桜井景雄『南禅寺史』（大本山南禅寺、一九四〇年）上によるところが多い。

(18)　禅林寺は、京都市左京区南禅寺にある浄土宗西山禅林寺派総本山。一般には永観堂と呼ばれている。斉衡二年（八五五）空海の弟子真紹の開基。元慶元年（八七七）定額寺となり禅林寺の号を賜わった。亀山法皇や南禅寺とは無関係。

(19)　院政期に京都東山岡崎付近に建てられた、皇室の御願寺の総称。法勝寺・尊勝寺・最勝寺・円勝寺・成勝寺・延勝寺の六ヵ寺で、いずれも「勝」の字がつくのでこの名がある。

(20)　この時の寺名は不明であるが、永仁七年（一二九九）三月五日亀山法皇宸翰禅林禅寺起源文（上巻二号）には、「禅林禅寺」とみえる。なお、「南禅寺」の号がはじめてみられるのは、先にも指摘したように、乾元元年（一三〇二）十二月二十一日亀山法皇院宣（上巻四号〔5〕）である。

(21)　『鎌倉遺文』一一巻七九五八号、建長八年（一二五六）正月日大宮院庁下文。以下、宗像社については、『宗像神社史』下巻六八七〜七二三頁を参照。なお、石井進「一四世紀初頭における在地領主法の一形態—『正和二年宗像社事書条々』おぼえがき—」（『日本中世国家史の研究』岩波書店、一九七〇年）四六六〜四八二頁を参照。

(22)　周知のごとく、この処置は、頼盛の母池禅尼の恩に報いるためであった。

(23)　相田二郎『蒙古襲来の研究』吉川弘文館、一九五八年、二九八頁

(24) 同右、二九九頁
(25) 石井進、前掲注(21)論文、四七六頁
(26) 同右
(27) 同右、四八二頁註(76)
(28) 『宗像神社史』下巻、七〇七頁
(29) 同右、七〇七～七〇八頁
(30) 石井進前掲注(21)所引論文、四七六頁
(31) 「壬生家文書」新写古文書康永三年(一三四四)七月日南禅寺妙受願状并外題銘案〔13〕(『大日本史料』六編之八、三六四頁)。
(32) 『明月記』寛喜三年(一二三一)九月二十五日条
(33) 『経俊卿記』建長八年(一二五六)九月九日条
(34) 『経俊卿記』建長五年(一二五三)十二月二十二日条
(35) なお、国衙の国衙領に対する領主権の内容は、「領家(職)」と表現できることが指摘されている(大山喬平『日本中世農村史の研究』岩波書店、一九七八年、九八頁を参照)。
(36) 備中国の国衙支配については、いずれ詳論する予定である。
(37) 引用史料の「厳」は「殿」の誤字であろう。
(38) ちなみに、この時期の備中国の国守についてみておこう。
『公卿補任』(第二篇)によれば、正安三年(一三〇一)十一月四日に、藤原俊言が大嘗会国司として、備中守に任ぜられているが、彼は翌正安四年三月二十三日に備中守を去っている。しかし、それ以降(鎌倉時代)の備中守は、元亨三年(一三二三)の四月十四日から九月二十八日まで、藤原頼教が任じられていることが知られる(『公卿補任』)ほかは、管見にして未詳である。

なお、藤原俊言以前では、『勘仲記』正安二年(一三〇〇)二月二十日条に、

東使備中守時藤上洛、今一人遅引云々、山門事可致其沙汰、云々、とみえることから、二階堂時藤が備中守であったことが知られる。時藤は翌正安三年八月に出家しているので（『尊卑分脈』）、備中守在任は、ながくともその時点までということになろう。そして、その年の十一月四日には藤原俊言が備中守に任ぜられたわけである。

右にも記したとおり、藤原俊言のあとは、元亨三年に藤原頼教が一時備中守に任じられたことが知られるのみで、それ以外では「権守」が判明するのみで、「守」は未見である（藤原俊言以前はかなり判明している）。したがって、国守の補任状況から知行国主をうかがうことも、残念ながら、今のところ不可能である。

なお、石田善人氏は、「東福寺領備中国上原郷について（上）」（『岡山県史研究』創刊号、一九八一年）において、

承久三年（一二二一）十月廿九日に、宣旨を下して備前・備中両国を幕府に給わり、諸国諸荘に兵粮米の徴発および武士の狼籍を停められたことがある（「承久三年四年日次記」）。備中はその後、寛喜三年（一二三一）八月に中宮（鷹司院藤原長子）の御分国とされているが（『明月記』『民経記』）、幕府の国衙領に対する進止権は続いていたのかも知れない。（六頁）

と述べているが、備中国支配をめぐる推移は、そのように単純なものではない。断続的ではあるが、弘安十一年（一二八八）までの備中国知行国主は、かなり知ることができる。

(39)　備中国の守護は、文永九年（一二七二）から建治二年（一二七六）の間に得宗の分国となり、弘安二年（一二七九）から正応五年（一二九二）の間に得宗の手から離れたが、その後、おそらく北条氏一門の何人かに与えられたものと考えられるという（佐藤進一『増訂鎌倉幕府守護制度の研究』東京大学出版会、一九七一年、一六七頁を参照）。

(40)　上巻一四号〔6〕

(41)　以下、一山一寧および大雲庵については、桜井景雄、前掲注（17）書、六一～七一頁、四〇九～四一〇頁を参照。

(42)　上巻一八号〔7〕

(43)　以下については、桜井景雄、前掲注（17）書、今枝愛真『中世禅宗史の研究』（東京大学出版会、一九七〇年、第二章第二節「中世禅林の官寺機構―五山・十刹・諸山の展開―」）を参照。

(44)　桜井景雄は、この南禅寺の特殊な地位について次のごとく述べている。
　南禅寺は亀山法皇の禅林禅寺起願文に依り、住持は開山の法流よりも、住持たるべき人の人格に重点を置いて選任された……。此の点他寺が法系相続に重点を置いたのとは顕著なる相違を有し、南禅寺住持職の特殊性とも言ふべきものであった。従って南禅寺は何れの一派をも嫌ふことなく、各派の巨匠が交互に任用され、各派の勢力が相錯綜した。謂はゞ各派共同の出世の山であった。されば既に鎌倉時代に於て住持の大半は鎌倉禅である仏光・大覚両派の人々に依って占められ、何れの派も其の勢力に応じて自由に進出し得る状態にあった。尊氏は政権を京都に樹立するや、鎌倉禅、特に仏光派の京都に於ける発達を助長し、宗教界に対する足利氏の勢力扶植を企図した如くに考へられるが、此の際南禅寺の伝統は決して其の企図に対して対立的なものでなく、却って発展の足場を与ふる底のものであったのである。之即ち尊氏が南禅寺を五山第一の位置に置いた真の理由であらう。(『南禅寺史』上、一〇六～一〇七頁)
(45)　上巻五五号〔12〕
(46)　東京大学史料編纂所所蔵影写本「前田家所蔵文書」三(3071.43/1/3)所収(『大日本史料』六編之二六、三三六頁)。
　なお、『石清水文書』之一、二三〇号はこれの写である。
(47)　『石清水文書』之一、二三一号
(48)　『石清水文書』之一、二三二号
(49)　「前田家所蔵文書」四所収、応安七年(一三七四)十二月二十四日引付奉書(?)(写は『石清水文書』之一、二三三号)、『石清水文書』之一、二三四号など。
(50)　『御前落居奉書』(桑山浩然校訂『室町幕府引付史料集成』上巻、近藤出版社、一九八〇年、所収)九三～九四頁。
(51)　前掲注(49)に同じ。
(52)　『金剛寺文書』一六六号の内に、
備中国草壁庄西方地頭職庄兵衛四郎并一族等跡為毎年三月御影供舞楽料所、々有御寄附当寺也、可令存知者、天気如件、悉之以状
正平九年十二月廿一日　　　　右中弁　判

金剛寺々僧中

とみえるが、この「庄兵衛四郎」はこの「庄四郎」と同一人物であろうか。なお、この文書では「庄兵衛四郎并一族等跡」となっているが、彼らが一族そろって亡びたわけではない。これは南朝方の綸旨であり、荘氏は北朝方なのでこのように表記されているわけである。

(53) たとえば、『吉川家文書』之二、一〇九七号に、

備中国草壁郷地頭職庄駿河守跡事、為勲功之賞、所充行也、早任先例、可致沙汰之状、如件、

正平十八年十月十四日　（足利直冬）（花押）

吉河山城守殿

とみえ、荘氏が草壁荘（郷）の地頭であったことが知られる。なお、これも南朝方の文書である。『備中府志』によると、荘太郎藤原家長が、一谷合戦で平重衡を生捕った功で草壁荘を賜わり、武蔵国より移ったという。なお『平家物語』では、重衡を生捕ったのは「庄四郎高家」となっている。

(54) 横谷字御土井に、「庄氏館址」と伝えられている一画がある。これこそ、嘉元三年（一三〇五）六月十二日六波羅下知状「庄松王丸代国秀与伯父又太郎親資相論亡父敬願遺領事」（『熊谷家文書』二〇五号）に、

備中国草壁庄東方之地頭屋敷但、就屋敷畠壱町余在之、

とみえる「地頭屋敷」に比定できよう。

(55) 「壬生家文書」新写古文書〔13〕（『大日本史料』六編之八、三六四頁）

(56) 「壬生家文書」新写古文書康永三年（一三四四）八月十九日光明天皇宣旨案〔14〕（『大日本史料』六編之八、三六五頁）

(57) 以下、桜井景雄、前掲注（17）書、二二一～二二四頁、四〇七～四〇八頁、などを参照。

(58) 以下、『空華日用工夫略集』康暦二年（一三八〇）十二月二十八日条〔18〕、永徳元年（一三八一）一月十八日条〔20〕、十九日条〔21〕、二十日条〔22〕、二十六日条〔23〕、二十七日条〔24〕などを参照のこと。

(59) 上巻八八号〔19〕。なお、日付が「正月十七日」となっているが、これは「正月廿七日」の誤りであろうか。あるいは日付をさかのぼって書いたのであろうか。

〔附記〕本章発表後、『公衡公記』乾元二年（一三〇三＝嘉元元年）四月二十一日条に、つぎの記事のあることを知った。

一、饗

上達部　廿　前　富小路殿御分 備中　頼仲藤原　建長備中兼有

殿上人　廿　前　同前　同

これを見るに、「富小路殿」は後深草院と解せるので、乾元二年には備中国は後深草院分国であった。三成郷その他が宗像社のかわりに南禅寺に寄せられたのはその前年であるので、その時点でも後深草院分国であった可能性が大である。つまり、院の許しを得て南禅寺に寄進したと解せよう。

表1　備中国三成荘関係略年表

西暦	年月日	事項	出典注(1)
一二六四	文永1・	亀山天皇、東山の一隅に離宮を建てて、禅林寺殿と称す	
一二九一	正応4・	離宮を寺とする（南禅寺の起源）	
一二九九	永仁7・3・5 （正安1）	亀山法皇、遠江国初倉荘・加賀国小坂荘・筑前国宗像社を南禅寺に寄進する	上二
一三〇二	正安4・11・22 （乾元1）	加賀国得橋郷并笠間東保・備中国三成郷を宗像社のかえとする関東案が出される	上一二五(3)〔1〕
	〃4・12・21	関東案の通りにかえる	注(2)参照〔2〜5〕
一三一五	正和4・	三成郷内定重名の「春□畠」が洪水のため流失する	注(3)参照
一三一六(?)	正和5・9・7(?)	流失した定重名「春□畠」の検見を行ない注進せよとの命令	注(3)参照
一三一七	文保1・8・11	三成郷を亀山法皇御影堂并大雲庵料所とし、その院主に管領させる	上一四〔6〕
一三二六 〜 一三二八	嘉暦1・ 2・12・21 3・	三成郷の土民等の検注抑留をとどむ	上一八〔7〕
一三三五	建武2・4・22	三成郷その他の諸領に諸使の入部・乱入することを停止する	上三三〔8〕

一三三六	〃 3・9・17	足利尊氏、南禅寺領を安堵する	上三九〔9〕
〃	〃 3・11・27	光厳上皇、寺領を安堵する	上四〇〔10〕
一三四〇	暦応3・6・25	光厳上皇、三成郷の官租を免ずる	注(4)参照〔11〕
一三四三	康永2・5・11	備中守護南宗継、平石四郎入道以下の濫妨狼藉についての請文を出す	上五五〔12〕
一三四四	〃 3・7・	南禅寺、三成郷に荘号を下すように申請	注(5)参照〔13〕
〃	〃 3・8・19	三成郷に荘号を下すとの宣旨が出される	〃〔14〕
〃	〃 3・8・21	〃 を南禅寺に伝える	〃〔13〕
一三五二	正中7・2・17	後村上天皇、南禅寺領を安堵する	上六〇〔15〕
一三六四	貞治3・12・26	「三成郷」その他の諸領に諸使の入部・乱入することを停止する（足利義詮）	上一二五(31)〔16〕
一三六七	〃 6・10・2	〃 （官宣旨）	上一二五(22)〔17〕
一三八〇〜一三八一	康暦2・12・〜3・1・	三成荘について、帰雲院（仏光派）と大雲庵（一山派）とが争論する	注(6)参照〔18・20〜24〕
一三八一	〃 3・1・17（?）	三成荘を文保院宣に任せて大雲庵門徒に管領させる	上八八〔19〕
一四〇三	応永10・壬10・28	足利義満、南禅寺領の諸役を免除し、守護使不入とする	上一二五(37)・上九八〔25・26〕
一四〇四	〃 11・8・6	幕府、三成荘への段銭催促をとどむ	上一〇〇〔27〕
一四一〇	〃 17・11・7	幕府、三成荘への外宮役夫工米催促をとどむ	上一〇一〔28〕
〃	〃 17・11・13	幕府、三成荘内休耕寺と田所・公文職について、守護被官人の違乱をとどむ	上一〇二〔29〕
一四一四	〃 21・3・29	足利義持、南禅寺領の諸役を免除し、守護使不入とする	上一二五(38)・上一〇七〔30・31〕
〃	〃 21・4・29	幕府、三成荘の諸役を免除し、守護使不入とする	上一〇八〔32〕
一四一九	〃 26・12・20	備中守護細川治部少輔、三成荘の公文・田所職および休耕寺を南禅寺に沙汰し付ける	上一二一〔33〕
一四二〇	〃 27・6・12	足利義持、南禅寺領の諸役を免除し、守護使不入とする	上一二二〔34〕
〃	〃 27・6・25	幕府、三成荘の諸役を免除し、守護使不入とする	上一二三〔35〕
一四二一	〃 28・5・26	足利義持、三成荘公文・田所職および休耕寺、その他の南禅寺当知行を安堵する	上一二五(13)〔36〕

一四四二	嘉吉2・12・3	南禅寺領目録に三成荘あり	上一三六〔37〕
一四五三	享徳2・12・3 2	幕府、三成荘その他の年貢の過書を出す	上一八八・上一八九〔38・39〕
一四五八	長録2・12・23	幕府、三成荘の諸役を免除し、守護使不入とする	上二〇四〔40〕

注
(1)　出典欄に「上一四〔6〕」とあるのは、『南禅寺文書』上巻一四号文書で拙稿「備中国三成荘関係史料について」(『岡山大学教育学部研究集録』五三)に〔6〕として所引した史料であることを示す。
(2)　『吉続記』乾元元年十二月二十、二十一日条、上三、上四
(3)　(正和五年?)九月七日某書状(魚澄惣五郎・松岡久人「厳島神社所蔵反古裏経について」〈『史学雑誌』六一―三所引。〉なお、注(1)所引拙稿では、この史料を見落している。)
(4)　『虎関紀年録』(林家本)暦応三年六月二十五日条(『大日本史料』六―六所引)
(5)　「壬生家文書」新写古文書(『大日本史料』六―八所引)
(6)　『空華日用工夫略集』康暦二年十二月二十八日条、永徳元年一月十八・十九・二十・二十六・二十七日条

三　備前国香登荘

はじめに

備前国香登荘は、現在の岡山県備前市西部の香登地区にあった荘園である（四〇頁図1参照）。この香登は、現在「かがと」とよんでいるが、『和名類聚抄』に、

香止加々止

あるいは今川了俊の『道ゆきぶり』[1]に

さてかゞつといふさとは、家ごとに玉だれのこがめといふ物を作ところなりけり、

とあるように、古くから、「かがと」（あるいはなまって「かがつ」）といわれていたことが確認できる。この香登荘は、建久四年（一一九三）九月二十三日八条院庁下文[2]に、

当庄者、白川院御勅旨田、堀川院御宇之時、所令建立之庄也、

とみえるように、白河天皇の時代、すなわち延久四年（一〇七二）～応徳三年（一〇八六）のころ勅旨田とされ、その子の堀河天皇の時代――この時代は、白河上皇の院政下にあるが――に立荘されたものであり、保延六年（一一四〇）にいたって、鳥羽院からその寵子八条院暲子に譲られている[3]。そして、その後は、いわゆる八条院領の一つとし

て伝領されてゆくわけである。

この香登荘に関しては、従来これを専門に扱った論文が皆無であったが、この荘園の歴史には、無視するにはおしい問題がいくつかあると思われるので、私は、気がついた史料をまとめて旧稿（A）「備前国香登荘関係史料について」（『岡山大学教育学部研究集録』五〇―一）を公にし、ついで、旧稿（B）「備前国香登荘故地およびその周辺における開発と水利」（『信濃』三一―一二）を発表した。香登荘に関する論考はこの二つのみである。(4)

さて、右の旧稿（A）は、主として鎌倉時代初期までの管見史料をまとめたものであるが、その後管見に入った史料もかなりの数にのぼる。また旧稿B（本書第I部二章）は、香登荘で、十二世紀中ごろに起きた洪水事件を分析することによって、その周辺の開発のありさまを歴史地理学的に考察したものであって、そこであつかったのは、香登荘の歴史のほんの一断面でしかない。そこで本稿では、関係史料を紹介しつつ、香登荘のいわば通史をみることにしようと思う。

1

香登荘に関する一番古い史料は、つぎに示す『続日本紀』文武二年（六九八）四月3壬辰条である。

侏儒備前国人秦大兄、賜姓香登臣、

これによれば、侏儒《ひきひと》(5)である備前国の人、秦大兄が香登臣という姓を賜わったという。香登の地は、後に述べるように、当初備前国邑久郡に属していたが、邑久郡一帯は、大陸からの渡来人が蟠踞していたことが知られている。おそらく、この秦大兄も渡来人の子孫で、芸能を身につけていたのであろう。香登臣という姓を賜わっているところをみると、香登の地の出身であると思われる。(6)ちなみに、香登地区にある、大内神社の社伝によると、大宝年間（七〇一〜七〇四）に秦大兄が社殿を修造したといい、また同神社の境内末社たる大酒神社の祭神は秦大兄の祖先にあたる「秦大酒公」であるという。

ところで、平城宮跡出土木簡墨書に、(7)

CJ 60　033「備前国邑久郡香止里　　」

「人夫矢田マ末呂米五斗八升」

というものがある。これによって、古く、香登の地は「香止里」と呼ばれ、邑久郡に属していたことが知られる。これは里制（郡—里）表示であるが、律令里制は、里制（郡—里）から、霊亀元年（七一五）に郷里制（郡—郷—里）へ、そして天平十一・十二年（七三九・七四〇）の交に郷制（郡—郷）へと変化したことが知られている。また、この木簡が、平城宮東張り出し部の東南隅付近の、条間大路南側溝から出土したものなので(8)、平城京遷都後とみておいてよいであろう。以上のことからこの木簡は、和銅三年（七一〇）〜霊亀元年（七一五）の間のものと思われる。

さて、邑久郡に属していた「香止里」（のちに香登郷）は天平神護二年（七六六）五月、赤坂郡珂磨・佐伯の二郷、上道郡物理・肩背・沙石の三郷とともに藤野郡に属することとなる(9)。この藤野郡は、養老五年（七二一）四月に邑久郡と赤坂郡の郷を割いて置

表1　郡郷の変遷

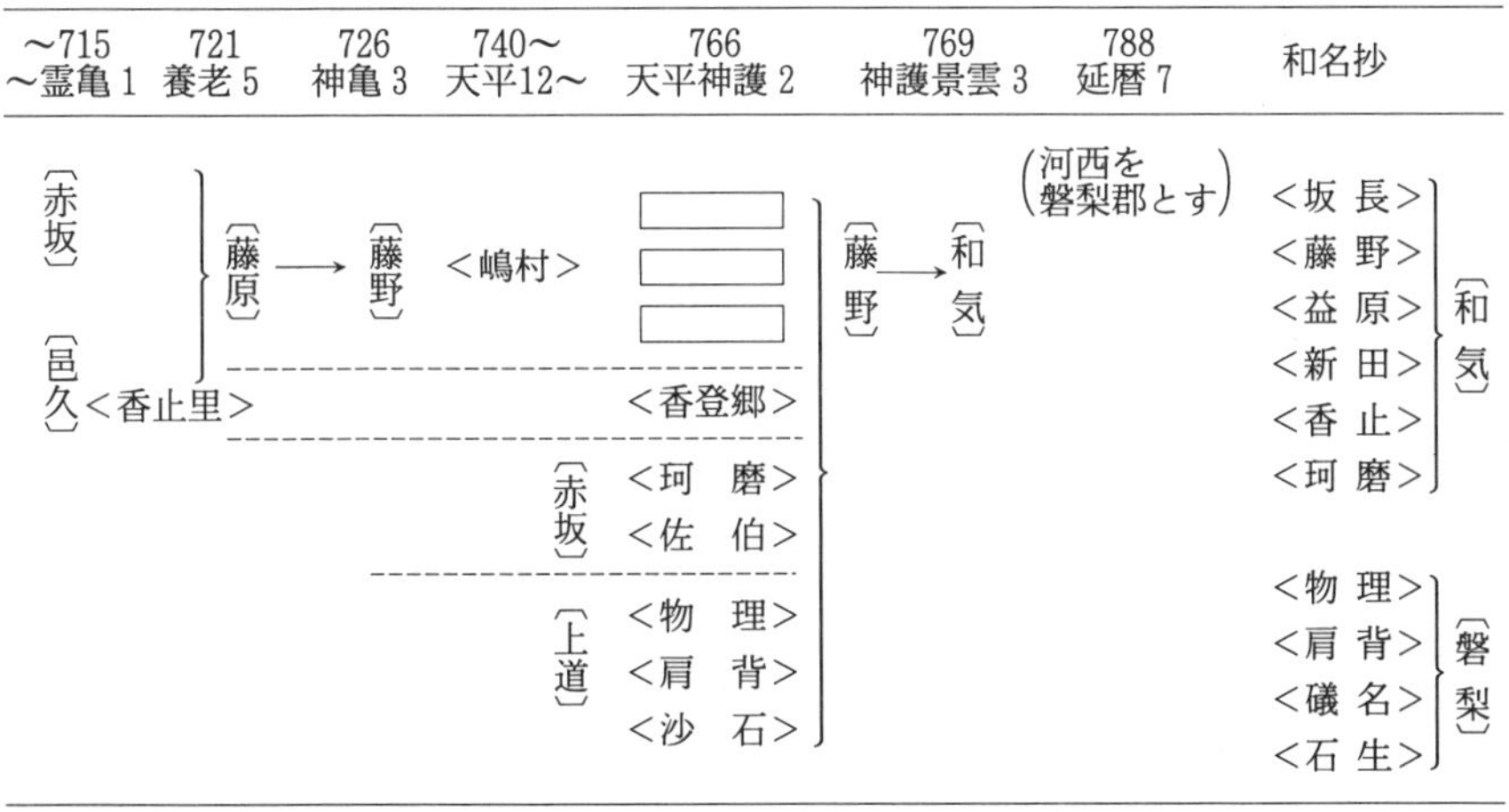

注　〔　〕は郡名　＜　＞は郷（里）名　→は改称

かれた藤原郡が、[10]神亀三年（七二六）十一月に藤野郡と名があらためられたものであり、[11]さらに神護景雲三年（七六九）六月には、和気郡と改称され、[12]また延暦七年（七八八）六月には吉井川以西の郷を磐梨郡として分置するにいたる[13]（表1参照）。

以上のような、この周辺の郡域あるいは郡名の変遷は、和気郡藤野の地を本拠地とする和気清麻呂一族の勢力の進展と密接な関係をもつと思われるのであるが、それはともかくとして、その後は、基本的には、和気郡の郡域は固定化する。ちなみに、『和名類聚抄』によれば、和気郡は、

坂長《佐加奈加》　藤野《布知乃》　益原《万須波良》　新田《尓布多》　香止《加々止》

の五郷からなっている。

2

香登荘は、白河天皇の勅旨田とされ、後に白河上皇の手によって院領として立荘されたものであるが、[14]その荘域を示す史料は今に伝わらない。ただ、種々の状況を勘案すると、おそらく香登郷をそのまま荘園化したものであり、香登平野を中心に備前市西半一帯であったと思われる。

立荘後、しばらくの間の香登荘の動きは何も明らかでないが、永治元年（一一四一）八月四日太政官符[15]に、

近則、聴子内親王依被申、被除《ママ》家領役夫作析、

とみえるので、一時、後三条天皇の長女で、白河上皇の姉にあたる聴子内親王家領となっていたものと思われる。ただし、その際も、院領として院の支配権は消えなかったはずである。聴子内親王は、天承元年（一一三一）九月四日に八十二歳で薨じているので、[16]その後は、鳥羽上皇の手に帰していたのであろう。そして、香登荘は保延六年（一一

四〇）に鳥羽院から八条院暲子に譲られ八条院領となったが院領たる性格は消えなかった（院領は八条院領と長講堂領の二大荘園群をはじめとして、いくつかの荘園群にわかれていた）。ともかく、それ以降、香登荘の動きはかなり明らかになる。

香登荘および伊予国高田荘を譲られた暲子内親王家では、翌永治元年（一一四一）七月二十日に奏状を提出し、聰子内親王家の例にならい、両荘の国郡課役停止を申請したのである。この願いは受けいれられるところとなり、翌八月四日には、国郡課役免除の太政官符が備前・伊予両国および民部省に下された[17]。

ところが、それもつかの間、翌々康治二年（一一四三）には、洪水によって、香登荘内作田四一町五反一五代が「池成田」となってしまった。この洪水については、久安二年（一一四六）五月日鳥羽院庁下文[18]および長寛二年（一一六四）七月四日太政官牒[19]が、その経緯を伝えるが、伝写時の誤字によるものか、若干文意不通のところがある。この洪水事件については、第I部二章でくわしく述べたので、ここではその結論のみを記すことにしよう。

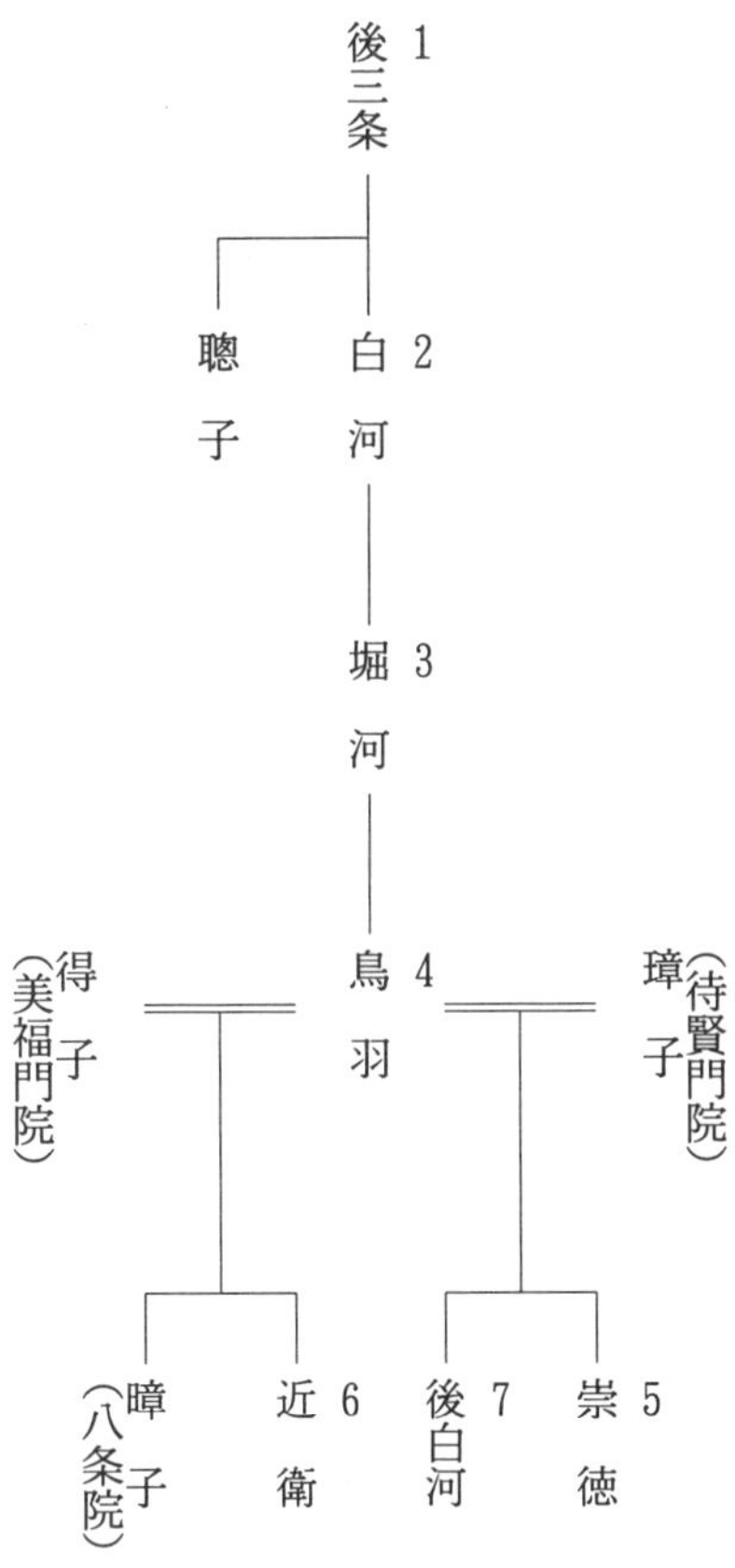

（数字は即位順）

おそらく台風か集中豪雨によるものであろう。香登荘のすぐ西を流れる吉井川が増水して井口が決壊し、その井口から濁流が古くからあった用水路に流れ込んで、香登荘の南側にある邑久郡（長船平野）の国衙領は水浸しとなってしまった。そこで国衙側は香登荘の傍らに大堤を築いて、国衙領に水が入るのを防ぐと同時に、用水確保のために新堀を掘った。これで国衙領は助かったが、その大堤のために、今度は洪水によって香登荘内に水が入り、荘作田が損失してしまった（「池成田」）。

このような事態が起こって香登荘の住民が黙っているはずがない。「然庄民等加制止之間、常喧嘩事出来」となるのはあたりまえである。そして、香登荘側がその堤をこわさないと年貢が減少する、と院に訴えたらしく、院の命令で在庁官人が呼び出され、「理非」を決したところ、〝その堤をやめたら、国領の田は損亡してしまう。だから、その堤のために香登荘内で損失した作田の代わりに、公領を便補すれば、国領も荘内も愁うところがなかろう〟と在庁官人が主張した。そこで久安二年（一一四六）五月に実検の使者派遣の鳥羽院庁下文が備前国在庁官人に下され、院庁使と国使と荘官等が「地頭」に臨み検知したところ、香登荘の「池成損田」は四一町五反一五代であった。そこでその代わりとして、香登荘の傍にある邑久郡の靫負・服部両郷内の「便宜作田」二〇町八反を便補することとなった（「服部新荘」）。〝これは香登荘の「池成損田」の数に満たないが、便補した服部新荘の田代・畠地・在家は一円なので、「同事」である〟との在庁官人の主張が通り、そのように決まった。そしてその後は服部新荘を加えて年貢を弁済することとなった。また「池成田」四一町五反一五代は、服部新荘の替えであるが、四至内なので、以後、国司は関与しなかったという。この洪水事件が落着したのは久安三年の冬のことであった。

すなわち、久安三年十月にいたり「件損田、任二院庁御下文旨一、可二奉入一」との備前国司庁宣[20]が留守所に出され、さらに院庁下文および国司庁宣をうけて、水損の代わりの田数を加入した後に牓示を打てという、右衛門督家下文[21]が同年十月二十五日に発せられたのである。

この右衛門督は藤原家成である。彼はときに正二位で権中納言であった。家成は鳥羽院の近臣として有名な人物である。彼の祖父顕季は白河院の御乳父であり、白河院の近臣として有名な人物である。父の家保は家成と同じく、鳥羽院の近臣であった。また家成の子には、かの成親がいる。このように、家成の家系は、代々院の近臣として勢力を振っていたのである。その家成がこの香登荘に関与しているのは、このころ彼が院領（八条院領）の一ったるこの香登荘を「知行」[22]していたからであろう。

なお、便補された服部新荘は、現在の備前市新庄地区で新庄という地名と、特異な行政区画とを今に伝えている。[23]

3

美福門院得子は、鳥羽法皇の寵愛した女性であるが、彼女は高野山の大伝法院に深い信仰を寄せており、仁平四年（一一五四）二月には、哀情を寄せて大伝法院に寺領を寄進した。[24]大伝法院は、覚鑁が建てたものであり、その創建年代は不明であるが、落慶供養は長承元年（一一三二）に鳥羽法皇も臨席して盛大に催された。この時、同時に密厳院も落慶供養されたが、この両院の違いは、大伝法院は教学の道場・学衆の道場であり、密厳院は修法の道場・聖衆の道場である、という点にあったという。鳥羽院のバック・アップもあり、覚鑁の勢力は大伝法院を中心として発展し、大伝法院方と呼ばれ、金剛峯寺をしのぐ勢いであった。やがて、両者は抗争をはじめ、保延五年（一一三九）大伝法院方の僧侶は高野山を去り、根来山によったのであった。そして覚鑁は康治二年（一一四三）十二月十二日示寂したのである。

大伝法院方の僧侶は高野山を去ったが、山上には大伝法院・密厳院等が厳存していた。そこで覚鑁なきあと、大伝法院方僧侶の還住の交渉がうまく行き、覚鑁示寂後四年目の久安三年（一一四七）には、金剛峯寺側との話し合いがまとまって、大伝法院方僧侶は根来山より還住したのである。そして翌久安四年一月、大伝法院方で修正会・後七日御修法を修し、これには金剛峯寺方の衆徒も加わって行なわれた。ここに両寺の和平がなり、静謐に帰したのである。

さて、保元元年（一一五六）七月二日、鳥羽法皇が五十四歳で没し、それがひきがねとなって、保元の乱が起きた。またその三年後、平治の乱が起こったが、平治の乱の翌永暦元年（一一六〇）十一月二十三日、鳥羽院が寵愛した美福門院得子もこの世を去ったのである。そこで、八条院暲子は香登荘を、美福門院得子が建立した高野山菩提心院に寄進したのであった。寄進の時期は不明であるが美福門院死去の翌年すなわち応保元年（一一六一）のことと思われる。(25)

この菩提心院の建立時期もはっきりとしない。しかし、史料に、

（イ）当御願寺者、奉為鳥羽禅定法皇、故美福門院殊致精誠、所令建立給也、(26)

（ロ）爰美福門院殊凝　叡慮、奉為　鳥羽院御卉（菩提）、建立一院、寄付一座、(27)

などとみえるので、保元元年（一一五六）七月に鳥羽院が死去した直後に発願し、建立にかかったものと考えられる。(28)ともかく菩提心院の落慶供養は保元三年二月四日に営まれたのであった。

かくして、香登荘は八条院を本家とし、菩提心院を領家とすることとなったのである。そして八条院領は院領に含まれるので、おそらく院の近臣が「知行」していたものと思われる。菩提心院では、長寛元年（一一六三）十月二十八日、「如二高野山大伝法之庄領一、永為二当院領一、停二止万雑事・天下一同工役・国内平均所課一、可レ令二免除一之由、欲レ下二官符一」という解状を提出し、翌長寛二年七月四日、「応下停二止役夫工并造内裏已下勅事院事臨時国役一、永為中不輸地上」(29)という太政官牒が下されたのである。このように、菩提心院は荘園の経営に力をそそいでいた。

菩提心院は、末寺として大伝法院方に属したが、高野山上ではあいかわらず金剛峯寺方と大伝法院方の衝突は続いており、仁安三年（一一六八）には、いわゆる裳切騒動が起き、大伝法院方の下山、大伝法院方破却といった事態が起こった。これも院宣(30)によって一応の解決をみたが、この両寺の感情はとけず、その後も対立が続くのである。

4

『根来要書』に、つぎのごとき文書がある。

（イ）菩提心院下　香登御庄官安所(マヽ)

可早以左衛門尉大江遠業為下司職事

右、件遠業、令補香登庄下司了、御庄宜承知、任先例可然候之状、所仰如件、

長寛三年三月廿二日

執行阿闍梨伝燈大法師在判(31)

（ロ）検非違使遠業申文遣之、去々年々(之)比、依御勘気籠居之間、相伝職、無指謂改定、殊訴申者也、異姓他人不可知行之旨、具見証文歟、可返賜文書正文、且如本可為下司職之由、可令成進下文給之、依院宣、執啓如件

八月十一日　勘解由次官報崇(親宗)

謹上　伝法院座主御房(32)

さて、（イ）によると、左衛門尉大江遠業という人物が、香登荘の下司に補任されている。この遠業は（ロ）にみえる検非違使遠業と同一人物である。すなわち、大江遠業は検非違使尉で香登荘下司となったのである。(33)

ところで、（ロ）の文書は年不詳であるが、奉者の平親宗が勘解由次官であったということから、これは、嘉応元年（一一六九）か嘉応二年あるいは承安元年（一一七一）の八月十一日に出されたものであることがわかる。(34) これによれば、遠業は去々年すなわち、仁安二年（一一六七）～嘉応元年の間に、勘気を蒙ったために「相伝職」を改易されてしまった。そこで大江遠業はさしたるいわれもないのに改易されたと訴え出たのであるが、異姓・他人には知行

しないという証文があったらしく、それが認められ、遠業は元のごとく下司職に補せられたのである。

一般に、下司というと、在地領主と考えられているが、必ずしもそうであるとは限らない。在京の下級貴族・官人が下司に補任されることもあるのである。というより、私は、むしろ京でなんらかの地位をえていることが下司の重要な要件であると考えている。この大江遠業がそのよい例である。大江遠業については、別に詳述するつもりでいるが、彼は後白河が即位すると瀧口武者となり、後白河の退位後は北面武士となったらしく検非違使に補せられた。(35) このように、大江遠業は後白河院の近臣として有名で、後白河院の近臣が清盛によって解任された、かの治承三年（一一七九）十一月のクーデターの際には、彼も解任されている。そしてその直後、清盛から呼び出されたのであるが、遠業は清盛に殺されると判断し、家に火をつけ、一家もろとも自殺して果てたのである。

このように、大江遠業は後白河院の近臣として香登荘を「知行」したのであって、彼は在地領主といえるものではない。しかも、その「知行」は「相伝職」とあるように、相続できるものであったと考えられるのである。

このような「知行」は摂関家領荘園などでも、よくみられるものであるが、(36) この香登荘の領家たる菩提心院でも行なわれていたことが、承安四年（一一七四）十二月十六日隆海譲状(37)によって知ることができる。それによると、

又隆位阿闍梨者、香登・高田両庄雖被知行、住山之間為遠所之故、細々事、実不叶意歟、

とみえ、この時に、美福門院が置いた阿弥陀護摩・不動護摩の両壇のうち、阿弥陀護摩を師隆海から譲られた隆位阿闍梨が、このころ伊予国高田荘とともに香登荘を「知行」していたのであった。

ところで『霊瑞縁起』(38)に、つぎのような記事がある。

備前国香登荘、本荘新荘都合九百三十余石承安年中検田目録定、此寺領也、

すなわち、これによれば、香登荘の年貢は、本荘と服部新荘あわせて九三〇石に及んだというが、それは承安年中（一一七一〜七五）に行なわれた検注で決められた数量であるという。つまりこのころ、香登荘で検注が行なわれた

ことが知られ、それによると九三〇石に及ぶ年貢が収納できるというのである。

一般に、荘園の年貢は一反当たり三〜七斗、とくに四〜六斗というのが多い。(39) そこで仮に五斗とすると、九三〇石というのは、一八六町という田数になる。

先に加えられた服部新荘は約二一町であった。その田数に変化がないとすると、本荘は約一六五町ということになる。この本荘一六五町・新荘二一町合計一八六町というのは、反別五斗という年貢率から割り出した仮の面積であるが、この推測から知られる香登荘はかなり大きな荘園といわねばならない。ずっと後の史料に、香登荘を「大庄」と注記している史料があるが、(40) それもなるほどと思われるのである。

なお、順序は前後するが、承安三年（一一七三）三月に仁和寺宮守覚法親王（後白河院第二皇子）家に大伝法院・密厳院両院を寄せ、座主職は永代隆海の門跡として次第に譲補して院務を司らしめることとなった。

5

元暦二年（一一八五）七月九日の昼ごろ大地震が起こった。震源地は琵琶湖付近、推定マグニチュードは七・四であるという。(41) この地震は知られるだけでも山城・近江・美濃・伯耆などに及び、琵琶湖の水は激減して北に流れ、京都付近、とくに白河辺では被害甚大で宇治橋も落ちてしまったという。この余震は八月になっても続き、朝廷ではそれがおさまる気持をこめ、八月十四日に文治と改元したのであった。しかしそれも効なく九月に入っても余震はおさまらなかった。この地震の被害は洛中洛外を問わず大変なものであったらしいが、岡崎の地に威容をほこった法勝寺九重塔も倒壊してしまったのである。法勝寺はいうまでもなく、六勝寺の最初のもので、白河天皇の御願寺で、六勝寺中最大のものであったという。

この法勝寺九重塔の再建には、その料国として備前国があてられたらしいことが『吾妻鏡』文治二年（一一八六）六月九日条に引く勅答之条々によって知られる。

一　備前国吏

下文等施行之後、可被仰左右、但一所毛武士吏懸之所、一切不叶国衙下知之、以彼国一向被宛法勝寺御塔用途訖、全非他吏、明年伊勢大神宮山口祭也、件祭被行後、不可及仏寺沙汰、仍早速思食、能々可被計下知也、

このころ、備前国は院分国（院知行国）であったので[42]、法勝寺九重塔用途料とするのに、さしつかえがなかったのであろう。

さて、備前国衙では、この九重塔再建の所役を、国衙領の官物・公事でのみまかなうことをせず、一国平均役として、備前国内すべての公領・荘園に賦課したらしく、この香登荘にもそれが及んできたことが、文治三年（一一八七）十一月日菩提心院供僧等解状によって知られる。長文になるが『鎌倉遺文』に未収であるので引用しておこう[43]。

高野山菩提心院供僧等解　申請一院庁裁事

請被蒙　鴻慈免除、当院領備前国香登庄、配催法勝寺九重御塔材木以下雑事状、

副進

永治　長寛二箇度御起請官符案

右、謹考案内、当山者諸仏遊居之砌、大師結界之地、一踏此地者、二不堕三途云々、因茲上自一人下至庶民、無不帰敬者、爰美福門院殊凝　叡慮、奉為　鳥羽院御菩、建立一院寄付一座、任□其御起請文、被申下官符畢、其状云、停止役夫工造内裏已下勅事院事臨時国役、偏為不輸地、可為当院之領者、其後任　綸旨、寺役之外未勤一度之他役、経年序之処、今年始被配催法勝寺九重御塔材木以下雑事之条、寺家愁歎庄家之訴訟何事如之、仍自八条院被申達此旨之処、於半分者可有御免除云々、縦雖半分令勤仕者、云当寺云向後庄家煩同前歟、当山之舊跡

今度若被破者、且是満山之愁歎也、凡当山領不考新舊、雖天下一同公役皆所被免除也、就中、当庄所出者、殆不足寺用相節、彼塔所役者、即勤仕其所多（マヽ）、雖除此一庄役、不可及闕乏者歟、若不被裁許者、庄内損亡人民逃脱、仏聖燈油之勤忽以断絶、長日不退之行悉以癈怠歟、早垂御哀憐、可被免除也者、望請　恩裁、任官符旨、被裁許者、僧侶旀奉訪　聖霊御𦬇　兼又奉祈　太上法皇之御宝筭、仍勤在状矣、以解、

天（文）治三年十一月　日　都維那法師

寺主　法師

上座　法師

これによれば、文治三年（一一八七）になって「法勝寺九重御塔材木以下雑事」が「配催」されたこと、それを八条院の介入で半分免除してもらったことなどが知られる。菩提心院では、それでも不満であるとし、この解状提出ということになったのである。この願いが聞きいれられたか否かについては、史料がないので不明であるが、おそらく認められたのではなかろうか。

このように、菩提心院では、香登荘の収納物に期待をもっていたのであるが、文治六年（一一九〇）二月の菩提心院解状[44]によると、「当庄近年以来旱魃洪水之愁、遂（逐）レ年無レ絶之間、年貢多二未進一、寺用既不レ足也」というありさまであったらしい。そこで、菩提心院では、荘内にある「池成田」に目をつけ、それを再開発して、寺用の不足を補おうとしたのである。この願いは聞きいれられ、文治六年三月二日、「可三早令レ耕二作池成田肆拾町一事」という八条院庁下文[45]が出されたのである。ただ「池成田」の再開発は、この時はじめて始まったとみる必要はあるまい。おそらく、現地の荘民によって少しずつ行なわれていたとみるべきであろう。菩提心院は荘民あるいは国衙とのかかわりから、このような申請をしたものとみられる。

ちなみに、このころの備前国守は、平頼盛の子平光盛である。[46]

6

建久四年（一一九三）九月二十三日、八条院庁は前下司業資の濫行を停止し荘内を追却せよとの下文を発した。[47] これは、菩提心院別当行意の訴えに応えたものであるが、行意の解状によれば、業資の所行はつぎのようなものであった。

業資の祖父に遠重法師という人物がいた。遠重は寺恩を蒙りたいといって、「押書」[48]（将来、ある事柄を請け合う文書）を出し、「二字」（臣従を誓うための自己の名簿）を捧げたので、一旦は下司職に補せられたが、殺生禁断の制を犯したので改易されてしまった。ところが業資は、平家の威勢をバックとして無理やり下司となってしまったのである。その事情は、行意の訴えによればつぎのごとくである。

而業資、平家執権之時、属重衡卿、妄成濫行之刻、以理不尽、横補下司畢、仍非理運職由、自　女院令申達後白川院御之日、有未進者可改定所職之旨、院宣顕然也、其後年〻未済及数千石、種〻乱行不可勝計、因茲、寺僧等雖致訴訟、未預裁断之間、業資忽引率数多之軍兵、猥擬殺害寺家使者之処、寺家使遁其難、所存命也、凡犯過之極、猛悪之至、何事如之哉、

これによれば、平家が天下を握っていたころ、業資は平重衡[49]に属して、無理やりに香登荘の下司となった。そこでそれは正当な職でないと八条院から後白河院に申達したところ、未進があれば所職を改易するとの院宣が出た。それにもかかわらず、年々の未進は数千石に及び、種々の乱行はかぞえきれないほどであるという。そこで寺僧らは訴訟を企てたが、判決が出ないうちに、業資は多くの軍兵を率いて寺家使を殺そうとした。しかし寺家使は命からがら逃げることができたというのである。

この業資という人物については何もわからない。その祖父遠重についても同じことなのであるが、私は、遠重は、かの検非違使尉で香登荘下司であった大江遠業と同じころ、やはり検非違使尉であった大江遠重と同一人物でなかろうかと考えている。(50)遠業と遠重の関係は不明であるが、「遠」が通字であるので、一族の者であろう。(51)遠業は後白河院の近臣として清盛の勘にふれたが、大江遠重の方はそのようなこともなく、(52)遠業のなきあと空いていた香登荘下司の職についたのではなかろうか。その際には彼が大江姓であることが有利であったのではなかろうか。(53)そして、その所職は孫の業資へとうけつがれたものと考えたい。

さて、業資の追却がうまくいったか否か不明であるが、ともかく、これで悩みの種は一つ片づいた。しかし、このころ菩提心院は、香登荘をめぐって、別にも争論を起こしていたようである。

高野菩提心院申請備前国香登庄事、前中納言雖申沙汰候、院家方於令得理者、不可令依納言申状給、又於無道理者、頼朝如此申候ニ不可令依給、何モ道理を可被先候也、枉理之儀更不可候事也、以此旨、可令申沙汰給之状、如件、

建久四年歟
九月五日　在判(頼朝)
謹上　頭弁殿(54)

この頼朝書状には、後の人が「建久四年歟」と年代を推定して書きそえている。そのように、これを建久四年（一一九三）のものとみても矛盾はないが、私は建久五年のものとみてもよいのではと考えている。すなわち、建久年間の九月五日ごろで「頭弁」が存在するのは、四年・五年・九年のみであるので、建久四・五年のいずれとみてもよい。(55)そこで、その両年のいずれかということで、この書状を読みとってみよう。

まず、香登荘の本家は八条院、領家は菩提心院であるが、院領たる性格は消えていない。したがって、何か争論が

あった場合は、究極的には院（院庁）で結着がつけられる。したがって、この頼朝書状の宛所の「頭弁」は院に近い人と考えるべきであろう。建久四・五年（一一九三・九四）に「頭弁」であるのは藤原宗頼であるが[56]、彼は後白河院の近臣であった。後白河院は建久三年に没したので、この時、後白河院庁はないが、後院庁は存在し、宗頼は後院庁別当の座についている[57]。

また、「前中納言」は建久四・五年の九月五日ころには、それぞれ三人・二人いるが、私は、そのうちの藤原光隆ではないかと考えている。その理由は、光隆も院近臣であったということである。彼の祖父隆時は白河院近臣として有名であり、また父清隆は鳥羽院・待賢門院・美福門院三院の別当をつとめた人物である[58]。以上のことを前提として、私は、この頼朝書状をつぎのごとく読みたい。

すなわち、藤原光隆は、院近臣として香登荘の「知行」を申し出たのではあるまいか[59]。後院庁はその是非の判断を頼朝に求めてきたのではあるまいか。頼朝は光隆の申し出を退け菩提心院側に荷担し、菩提心院側に道理があるらしいので道理に従ってことを処理するよう後院庁側に伝えたのではなかろうか。この書状は、そのような事情を語っているものと考えたい。いずれにしても、菩提心院による香登荘支配は苦難の連続であったようである。

さて、この書状が「建久四年歟」と推定されたのは、この書状が、先にみた業資追却事件と関係あるとみられたからであると思われるが、右にみたごとく、両者は無関係のようである。以上より、ここでは建久四・五年のいずれかのものとしておきたい。

7

鎌倉時代になっても、高野山上では、金剛峯寺方と大伝法院方との紛争はたえず、合戦に及ぶこともしばしばであった。[60] 高野山に金剛峯寺と大伝法院とが併存する限り、紛争はたえるはずがない。そこで、正応元年（一二八八）、大伝法院方は、大伝法院と密厳院とを根来山中に移すことになり、すべてが根来山に移された。こうして覚鑁の門徒は高野山上から姿を消したのである。

大伝法院方の下山によって、高野山上にある伽藍がどうなったか、大伝法院末寺たる菩提心院がどうなったか、については不明であるという。また、菩提心院領たる香登荘の帰属についても、建久年間以後、史料が残っていないので不明である。

その後、香登荘の名がみられるのは嘉元四年（一三〇六）六月十二日亀山院処分御領目録である。[61] そこには、後宇多院庁分として、

備前国香登庄隆長　　高野菩提心院領

とみえる。これによれば、このころ、香登荘は「高野菩提心院領」で藤原（吉田）隆長が「知行」している。この「高野」が「根来」と対立する意味か、それとも、かつてからの意識から記したのであって、根来を意味しているかは不明である。しかし、不明のままにしておくわけにもゆかないので、一応、根来山菩提心院を意味せず、高野山上の菩提心院であると考えておく。[62]

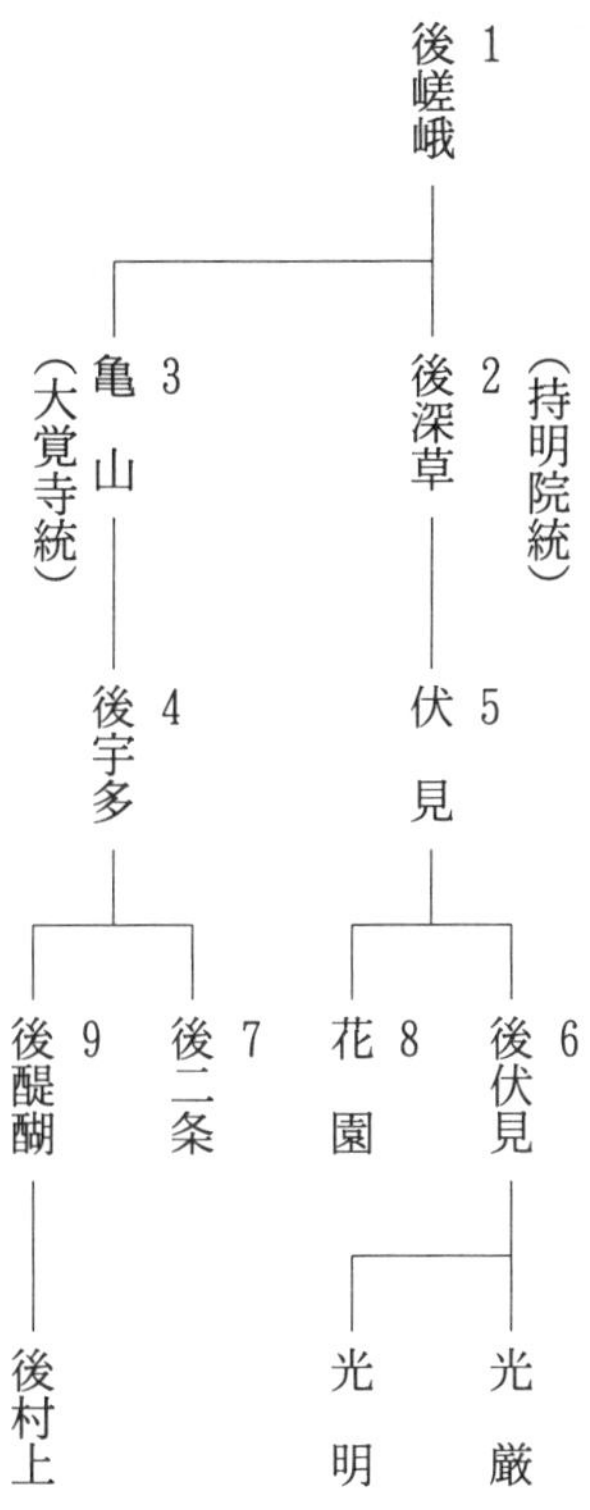

（数字は即位順）

さて、「知行主」の吉田隆長は、後宇多院の近臣であり、その子たる後醍醐天皇の即位と同時に蔵人頭に

補せられ、元応二年（一三二〇）には、参議（従三位）から上席の者二六人を超えて権中納言になるなど、大覚寺統の信任の厚かった人物である。(63) 八条院領は大覚寺統に伝領されているので、そういった関係で香登荘を「知行」したのであろう。しかし、この後の香登荘の歴史も、しばらく不明である。さて香登の地は、本稿の冒頭に引用した『道ゆきふり』にもみえるように、中世においては、備前焼の産地として名が知られていた。かの『一遍聖絵』の「福岡市」にも、備前焼の壺が描かれている。ところが和歌山県西牟婁郡日置川町長寿寺境内から、

「　備前国□(住)人
　　香登御庄
　暦応伍年　　　　　」

という銘の入った大甕がみつかったのである。(64) その他、和歌山県内では、かなりの備前焼がみつかっており、とくに根来寺境内からの発掘は多量にのぼっている。おそらく、香登荘が高野山菩提心院であったということから、年貢輸送とともに多量の備前焼が紀伊国にもたらされたものと思われる。

降って、貞治四年（一三六五）三月二十三日付の香登荘内長法寺免田宛行状(65)によって、香登荘内に小幡山長法寺の免田一町二十代があったことが知られる。長法寺は真言宗で高野山末寺であるので、あるいは香登荘の政所はこの寺にあったのかも知れない。

今川了俊がこの香登の地を通ったのは、応安四年（一三七一）のことであった。

8

嘉吉二年（一四四二）六月二十一日、正親町三条実雅はつぎのごとき寄進状(66)を記した。

寄進　紹宏院
　備前国香賀登庄参分壱叓
右、奉為普広院殿并紹宏院
御追賁永所寄進之
状、如件、
　　嘉吉二年六月廿一日
　権大納言藤原朝臣（正親町三条実雅）（花押）

すなわち、正親町三条実雅は、この日香登荘三分の一を紹宏院に寄進したのであるが、その意図するところは、普広院＝足利義教と紹宏院＝正親町三条公雅の追善のためであった。公雅は実雅の父親であり、応永三十四年（一四二七）八月十二日に没している。また足利義教は、公雅の娘すなわち実雅の姉妹二人を妾としており（一人は後妻）、前年の嘉吉元年（一四四一）六月二十四日に赤松満祐に殺された（嘉吉の乱）。そんな関係で、義教の一周忌を前にして、実雅は香登荘三分の一を父公雅の菩提所たる紹宏院に寄進したのであろう。(67)

ところで、『蔭凉軒日録』によると寛正三年（一四六二）のころ香登荘は、普広院領であったという。

（イ）寛正三年四月二十三日条
　普広院領備前香賀登庄可渡南御所之由、以伊勢守被仰出、即命于普広院主也、
（ロ）寛正三年四月二十四日条
　普広院領備前香賀登之渡状、昨日遣伊勢守方之事、（中略）香賀登渡状、遣于布施下野守方也、
（ハ）寛正三年五月二十二日条
　普広院殿御月忌、弐千疋御下行之事、依南御所備前香々登庄御拝領、某弐千疋分、自彼御所可有下行之由、以

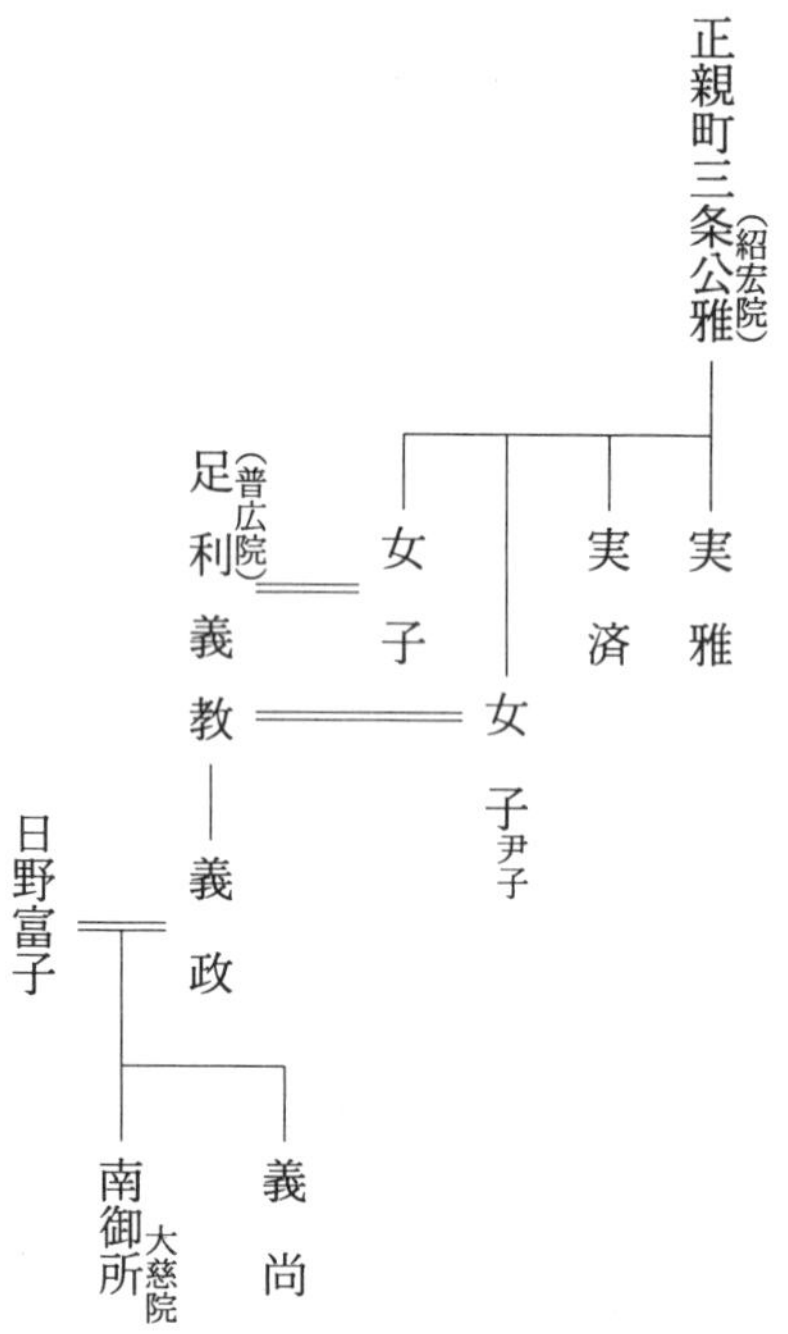

布施下野守為使節被仰出也、（中略）御月忌料、備前国香々登庄、被遣于南御所之謂也、仍闕所為御追善料所、可有御寄進之由、粗披露之、

前後を大分省略したので、意味がとりにくいかと思うが、大略はこうである。すなわち、四月二十三日に幕府は、足利義教の菩提所たる相国寺塔頭普広院に、香登荘を将軍義政の女南御所に譲るとの意向を伝えてきた。ところが、それでは、義教（普広院殿）の月忌料にこと欠いてしまうので、それを南御所から下行させようという命が出される。あとになって当荘は南御所領となったので、どこか闕所を普光院に寄進してもらうようにしよう、というのが五月二十二日の記事である。ここに香登荘は南御所領となり、その関係の史料は、後に示すように多く残っている。

ところで、香登荘が南御所領となった二年後の寛正五年（一四六四）ごろ——あるいは文明七年（一四七五）ごろ——香登荘が仁和寺脇門跡威徳院領であったことを示す史料がある。

松九左
一森五郎梵春同日（文明七・九・十八）
御室脇門跡威徳院領備前国香登庄領家分事、亡父三郎左衛門尉去寛正五二四以八十貫文、永代買得分、仍文証正文（日下判美濃 袖判有之）　慶春 備右、可被成下安堵奉書云々(68)

これによれば、威徳院領香登荘領家分を、森三郎左衛門尉が寛正五年（一四六四）に八〇貫文で永代買得している。それが何か支障があったらしく、文明七年（一四七五）にいたって幕府に訴え、この日安堵の奉行人奉書が森五郎梵春に出されたのである。

以上みたように、香登荘は、(A)正親町三条家領（のち紹宏院領）、(B)普広院領（のち南御所領）、(C)威徳院領、などとみられるのである。それではこの(A)・(B)・(C)の関係はいかに理解したらよいのであろうか。

まず、(A)と(B)とであるが、第一案は普広院領は香登荘の三分の二であり、残り三分の一は正親町三条家領と考えることである。その場合、両者の関係であるが、考えられるケースは二つある。一つは、もともと全部が正親町三条家領であったが、三分の一は公雅の菩提所たる紹宏院に、そして三分の二は足利義教追善のため義教の菩提所たる相国寺普広院に、それぞれ寄進された、というケースである。(69)もう一つは、本来幕府領であったが、いつの日にか、その三分の一が正親町三条家に譲られた、というケースである。前述のように、公雅の女は義教の妾となっているので、いずれも考えられるケースである。私はこのうちの、後者のケースではないかと考えている。積極的な根拠はないのであるが、後に述べるように、香登荘は「鹿苑院殿よりまいる分」の一つといわれており、そのことから足利義満以来、将軍が伝領してきたように思われるからである。

第二案は、(A)と(B)とは職のレベル——たとえば本家職と領家職——が異なると考えることである。一般的には考えられるケースであろうが、私はこの可能性は少ないと考えている。

さて、右のいずれにしても、(A)と(B)とは矛盾しないことになったが、それでは(A)・(B)と(C)は、いかなる関係にあったのであろうか。私は、(A)・(B)は本家職、(C)は領家職と考える。それは(C)に「領家分」とあることも根拠の一つであるが、(70)別に香登荘の南北朝期以前の領有関係からもいえるのではなかろうか。

香登荘領家は高野山菩提心院であったが、菩提心院の属す大伝法院方の高野山下山、あるいは南北朝の動乱などにより、その領有は、仁和寺と大伝法院とのいきさつから、いつしか仁和寺に帰するところとなったのであろう。また本家は院であったが、香登荘は八条院領であったので大覚寺統（南朝方）に伝領され、南北朝の動乱によって、北朝方に没収されるところとなったものと思われる。それが義満の手に帰し、幕府領として伝領されていったのではあるまいか。

南北期朝を境に、前後の香登荘の領有関係は大きく変わっているが、以上のように考えれば、その系譜がたどれるのではなかろうか。一つの試案として提出したい。

なお、前後するが、応永二十年（一四一三）八月日備前国棟別銭沙汰并無沙汰在所注文案(71)には

大庄香登《カヽト》庄

とみえるが、その上に付箋がはってあり、「賀茂領也」と記されている。この文書の付箋はそのまま信じない方がよいかと思われるが、これが正しいとして考えてみよう。付箋が正しいとするならば、応永二十年ごろ、香登荘は賀茂社領であったということになる。前述のように、後に香登荘は足利義教の菩提所たる相国寺普広院の所領になっていた。もし、応永二十年ごろ賀茂社領であったというのが事実であるなら、幕府は一時香登荘を賀茂社に寄せたが、嘉吉の乱で義教が殺された後、それを召し上げて、普広院に寄進したと考えるほかない。他に徴証もないので、なお後考にゆだねたい。

9

さて、香登荘は南御所に譲られたが、その後、南御所領香登荘に関する史料は、「宝鏡寺文書」にかなり残っている。宝鏡寺はもと相国寺の管轄で、俗に百々《どど》御所とか人形寺と称される尼門跡寺院である。この宝鏡寺中に、浄土宗

寺院で、宮御屋敷とも南御所とも称される大慈院があったが、明治維新の際宝鏡寺に合併されたという。足利義政の女南御所は、大慈院と号されているので、南御所はここに入り、その関係から、香登荘はこの南御所（大慈院）の所領となり、やがて、その文書は宝鏡寺に伝えられたのであろう。「宝鏡寺文書」中の香登荘関係文書は、管見によれば一五通である。そのうち、『大日本史料』に所載の四通のみが活字化されているが、その他は未紹介である。そこで以下に全点を掲げておこう。(72)

A 慈照院義政公

美作国小よし野庄・備前国かゝとの庄・摂津国上津畑・備前国ゐ（衙）・みのゝ国ゐ・近江国駒関・さぬき国南条山ちとう職、白布棚公事、尊勝寺事、任御当知行、相違あるへゟらす候也、

十一月十二日　（足利義政）（武家様）（花押）

南御所

B 慈照院義政公

備前国かゝとの庄・摂津国上津畑・備前国ゐ（衙）・見れゝ国ゐ・近江国駒関・さぬきの国南条山ちとう職、白布棚公事、尊勝寺十七ケ所の内御知行ふん・美作国小よし野庄半分乃事、任御当知行、相違あ流へゟらす候也、

四月廿三日　（足利義政）（公家様）（花押）

南御所

（切封）

C 慈照院義政公

備前国かゝとれ庄の事、もと乃こと具、御知行あるへく候、あなかしく、

四月十九日　（足利義政）（公家様）（花押）

南御所

万いる

D

南御所御料所事

鹿苑院殿よりまいる分

一美作国小吉野庄御年貢

柒佰貫文京着分　　御代官三上美濃入道

一備前国香登庄御年貢　同

肆佰弐拾貫文京着分
四月より参拾伍貫文御月宛　但既得年定

一摂津国上津畑御年貢

弐佰貫文京着分　　同

以上参ヶ所

永享五年正月より後七月まで引違申分御公用

本銭分伍佰伍貫弐佰文

寧福院より御相談

一讃岐国南条山御年貢永享弐年御安堵

弐佰貫文京着分　管領より御取次

E「案文」

禁制　　南御所様御料所備前国香〻戸庄

一軍勢甲乙人等乱入狼藉事

一伐取竹木事

一相懸兵粮米并人夫伝馬事
右条々、堅被停止訖、若有令違乱之輩者、可処罪科之由、所被仰下也、仍下知如件、
文明十五年十一月十八日
(布施英基)下野守三善朝臣判
(斉藤豊基)上野守(介)藤原朝臣判

F南御所様御粁所備前国香々登庄事
毎年百弐拾貫文、為京着請切之地、但此内毎月拾貫文宛為御月宛、不及旱水風損、沙汰厳重可致進上事
一潤月之年者請切之外拾貫文可致進上事
一国役并臨時課役以下者為御粁所請切申上者一向不可及沙汰事
一従明応三甲寅歳至丙辰歳御代官職申請年紀満之時者則可有御改易事
一請人事禅監寺不可有聊爾事
右条〻、聊有相違之儀者、年紀之内雖為何時、可有御改易者也、仍為後証請文之状如件、
明応三年甲寅三月　日
嶋津小三郎
景忠（花押）
南御所様
御奉行所

G　みなミの御所さ満御れうひせんの国ゟゝとの庄事
一まい祢ん百二十く王んもんきやうちやくのためニ、うけきりのち、たゝしこのうちまい月十く王んもんあて御月あてとして、かんすいふうそんニ於よえす、さたをけんてうニしん上いたすへきの事
一志ゆん月のとしハ、う遣きりの本ゟに十く王んもんしん上いたすへきの事
一国やくならひに里んしく王やくいけハ、御れうしよとしてうけきり申うへハ一ゟうさたニ於よふへゟらすの事

一めいをう三ねんきのととられとしよりとりゝつニいゝつて御ゝいく王んしき申うへハ、祢んきみつるのときハ、
すなハち御ふいゐきあるへきの事
一うけ人の事、せんふんそれうしあるへふらすれ事
右て不〳〵、いさゝふさういのきあらた、祢んきのうちなんときゝりというとも御ふいゐきあるへき物なりよ
つてこ志やうれゝめようけふミの状如件、
めいをう三年きのと とら三月日　　志まつ小三郎
ふけたゝ

H（端裏書）「むこ松本うし代」
南御所様御料所備前国香登庄御代官職事、嶋津智（マヽ）松法師依申請被預下所実也、自未歳至亥歳五ケ年間也、但御年貢毎年百弐拾貫文宛仁請切申所也、毎月御月当拾貫文宛進上可申候、万一有無沙汰儀之者、雖為約年中可被召上者也、其時一言子細申間敷候、仍為後日請文状如件、
明応七年拾月廿日　　嶋津代（円尾）
春家（花押）
進上　御奉行所

I（端裏書）「こう阿」
南御所様御料所備前国香登庄御月宛事、自未歳至亥歳五ケ年間嶋津智松法師ニ被仰付、毎月御月宛拾貫文、取次可申間、自国雖無到来、毎月廿八日毎仁無相違進上可申候、仍請文状如件、
明応七年拾月廿日　　公阿（花押）
戸津肥前入道殿

J南御所様御料所備州香登庄御代官職事、被預り申候て、御年貢年々無沙汰被申候由、依歎御申被成御奉書候、打損候未進分、皆済可被申候旨被成御下知候、此由自拙者可申趣、お殿中以松田豊前守・飯尾大和守両人堅被仰出

候、尚以御難渋候者、為　上意一段可被仰出候也、　慈照院殿様御連枝と申候てハ、南御所さ満御一人御座候御事候間、　公方様別而御奔走御申候給候、　御油断候てハ太不可然候、尚以御無沙汰候者、　御屋形様へ被仰下御代官職、可被仰付別人由、　上意ニ候、一途急度御返事被申候ハてハ、不可然候、恐〻謹言、

（文亀三）
二月廿八日　　上原対馬守
祐貞

嶋津智法師殿

御宿所

K「赤松雑掌上原状案文　文亀三三二」

南御所様御斬所備前国香登庄御代官職事、為毎月拾貫文御月宛請切申上者、干損水損不申、任御補任之旨、無不法懈怠可致取沙汰候、自乙丑歳至己巳歳五ヶ年之間預申候、万一無沙汰仕候者、雖為約年之中可被召放候、其時不可及一言子細候、仍為後日請文之状如件、

永正二年乙丑五月十三日　　嶋津代円尾次郎左衛門
春家（花押）
飯田左近将監
忠能（花押）

南御所様

御奉行所

L御斬所賀〻登庄事、嶋津方御公用無沙汰之条、補任并請状旨、令改易代官職、為御直務被差下寿潭蔵主候、若先代官雖及菟角之子細候、以理運之旨、厳重可有御成敗之由、被仰出候、

永正五
三月十四日

浦上紀四郎殿

M　補任（花押）
南御所様御料所備前国香ゝ登庄御代官職事、依被望申、従己ノ巳歳至癸酉歳五ヶ年之間預ケ申候、於御年貢者、請切之上者、不被干水風損申、為御月宛毎月拾貫文宛、年中ニ合百弐拾貫文、無不法懈怠可有進納候、万一雖為一月、未進之儀在之者、可被召放候、其時不可及一言御侘事候、仍為後日補任之状如件、
永正六年己巳八月十三日　　茂春（花押）
嶋津小三郎殿

N南御所様御料所備前国香登庄御代官職之事、依望申、預ケ被下処也、為毎月拾貫文御月宛請切申上者、旱損水損不申、任御補任之旨、無不法懈怠、即得ニ年中ニ合百弐拾貫文可致執沙汰候、自乙亥歳至己卯歳五ヶ年之間預り申候、万一無沙汰仕候者、雖為約年中可被召放候、其時不可及一言御詫言、仍為後日請文状如件、
永正十二年乙亥七月廿三日　　嶋津小三郎
泰忠（花押）
南御所様
御奉行所

O御料所備前国香登庄御公用事、幸我等御使申候上者、聊不可有如在候、涯分堅申付、在様御公用運上可申候、万一無沙汰申候者、如何様ょも可被仰付候、仍請文如件、
永正拾弐年乙亥七月廿五日　　飯田平左衛門尉
忠能（花押）
南御所様
御奉行所

さて、A・B・Cはいずれも年未詳であるが、香登荘等の当知行安堵状である。Dも年欠であるが、香登荘年貢は京着分で四二〇貫文、四月より月宛三五貫文であり、代官は三上美濃入道であったことがわかる。但し、この四二〇貫文は、「既得年定」すなわち豊作の年の額なので、凶作の年は減額となっていたらしい。後の請け切り額は毎月一〇貫文であるので、この額はかなり良い。したがって、南御所領となってから間もないころのものであると思われる。

なお、代官となっている三上美濃入道は、奉公衆（五番）であり御供衆でもある三上美濃入道年世であろう。[73] つまり、奉公衆（御供衆）が代官となっているわけである。

Eは、このころ、備前国で、備前守護赤松政則の守護代浦上則宗と、備前国有力国人たる松田元成とが、備前国東南部で合戦を起こしているので、それに対応するために出されたものである。なお、翌十二月に守護赤松政則が、ほぼ同文の禁制を同国金山寺に掲げたことが知られている。[74]

F・Gは漢字と仮名との違いはあるが同文である。これは、嶋津小三郎景忠が、香登荘を京着毎年一二〇貫文（毎月一〇貫文）で旱水風損を問わず請け切った際の請文である。条件として、（1）閏月のある年はさらに一〇貫文進上すること、（2）請け切りなので、国役・臨時課役などは負担しない、（3）明応三年（一四九四）から明応五年（一四九七）までの三年間の代官職なので、年限が来たら改易になる、（4）請人（保証人）は禅監寺がちゃんと引き受ける、というものであり、約束をたがえたら年限のうちでも、いつでも改易してよい、ということになっている。

この嶋津小三郎景忠は、播磨国下揖保荘地頭職を得て入部し、播磨西南部に勢力を伸ばした越前嶋津氏の一族であると思われる。彼は、この時期、下揖保荘を代官請している「島津小三郎」[75]と同一人物にちがいない。

Hは、明応七年（一四九八）に、ほぼ右と同じ条件で向こう五年間、嶋津聟松法師（代理春家）が代官職をうけた請文であり、Iはその請人たる公阿の請文である。この聟松法師は、おそらく嶋津小三郎景忠の子で、後にみえる嶋津小三郎泰忠のことであろう。おそらく、その間に景忠は死去したものと思われる。それゆえ、先の代官職請負との間に空白年があり、また聟松法師は幼小なので円尾春家が請文を書いたのであろう。おそらく、聟松は幼名で、彼は寺院で養育されていたので法師と呼ばれたのであろう。

さて、Jは守護赤松義村の雑掌上原対馬守祐貞が、嶋津聟松法師にあてた書状である。これによると、聟松法師の代官請は約束通り果たしていないようである。義政の女の南御所の所領ということなので、幕府でも問題とされ、これ以上無沙汰すると「御屋形様」(守護) に命令して別人に代官職を与えてしまう、という将軍の意向を伝えている。このことから、嶋津氏は赤松氏のバック・アップのもとに代官職をえていたのではないかと理解できよう。

おそらく、嶋津聟松法師は未進を沙汰したのであろうか、永正二年 (一五〇五) にいたって、また嶋津氏は香登荘代官職を、向こう五年間、月宛一〇貫文で請け切るという請文を出した。請文を書いたのは代理の円尾次郎左衛門春家であり、請人は飯田左近将監忠能である。

しかし、この代官職請負も契約通りにはゆかなかったようである。Lによると、嶋津方は年貢を沙汰しないので、永正五年 (一五〇八) 三月十四日、契約に従って、代官職を改易し、直務代官寿潭蔵主を差し下すと浦上紀四郎に伝えている。この浦上紀四郎は守護代の一族であろう(76)。

ところが、この事態をも、嶋津氏はうまく、くぐりぬけたようである。Mは、香登荘代官職を嶋津小三郎泰忠が望んだので、永正六年 (一五〇九) から永正十一年 (一五一四) までの五ヵ年の間、預けるという補任状である。条件は請け切りで干水風損を問わず月宛一〇貫文である。要するに代官職補任→未進→再補任ということをくり返しているのである。こういう風になると、どっちもどっちという気がしてくる。

この期間の契約は、つつがなく実行されたようである。契約は永正十一年に切れたので、翌永正十二年同じように五ヵ年の代官職を嶋津小三郎泰忠が請け、飯田平左衛門尉忠能が請人となっている。それがN・Oである。以上のように、香登荘は、南御所に譲られたころは四二〇貫文、その後はその三・五分の一の一二〇貫文で代官請となっている。承安年中 (一一七一〜七五) のころの検田目録では、年貢は九三〇石余であった。南御所が得た分は、全体か三分の二なのか不明であるが、年貢減少にみえる荘園領有の無実化はおおうべくもない。しかし、これはこの香登荘に限ったことではない。どの荘園でも同じように、代官請負・年貢減少・領有無実化といったことが起こっていたのである。これも時代の流れである。

ときはすでに戦国の世となっていた。これ以後、香登荘の名はみられなくなる。おそらく、戦国の動乱の中、南御所の香登荘領有は完全に無実化していったのである。

おわりに

以上、香登荘の歴史を概観してみた。思わぬほどながくなってしまったが、これからもわかるように、この香登荘の歴史は、日本全体の流れ、とくに権力者の変遷と深くかかわっている。十二世紀に起きた洪水事件以外、そこに住む人々の生活のありさまは描くことができなかったが、今まで見過ごされてきた香登荘の歴史を、いくらかなりとも明らかにできたと思う。

注

（1）『群書類従』紀行部所収

（2）『鎌倉遺文』二巻六八七号。旧稿（A）所引史料〔L〕（以下、「旧稿（A）〔L〕」のごとく記す）。

（3）永治元年（一一四一）八月四日太政官符。（『平安遺文』六巻二四四六号、旧稿（A）〔A〕）

（4）なお、旧稿（C）「地名の由来と地域の歴史―岡山県備前市「新庄」を例として―」（『地理』一九八二年七月号臨時増刊号『地名の世界』）は、旧稿（B）をもとに、「服部新庄」の故地についてポイントをしぼって述べたものである。以下、以上の論考は、旧稿（A）・旧稿（B）・旧稿（C）と呼ぶ。

なお、三浦章夫「大伝法院及び密厳院領の研究―根来要書の概観―」（『密教論叢』九、大正大学内真言宗研究室密教論叢編輯部、一九三六年）および櫛田良洪『覚鑁の研究』（吉川弘文館、一九七五年）が香登荘について少し言及している。

（5）侏儒、背丈のきわめて低い人。滑稽なわざを職業としたという。

（6）なお、神護景雲元年（七六七）のものと推定される阿弥陀悔過知識交名（『大日本古文書』十七〈追加十一〉一一一

〜一一四頁に、

　香止得万呂一文

とみえるが、この人物も香登の地と関係ある人物であろうか。

(7) 奈良国立文化財研究所『平城宮発掘調査出土木簡概報㈥』六頁。一九六七年十一月三十日〜翌一九六八年五月十七日に行なわれた第四四次調査による出土である。

(8) 同右、一頁参照。

(9) 『続日本紀』天平神護二年五月23丁丑条

(10) 『続日本紀』養老五年四月20丙申条

(11) 『続日本紀』神亀三年十一月26己亥条

(12) 『続日本紀』神護景雲三年六月29乙丑条

(13) 『続日本紀』延暦七年六月7癸未条

(14) 建久四年九月二十三日八条院庁下文（『鎌倉遺文』二巻六八七号、旧稿（A）〔L〕）

(15) 『平安遺文』六巻二四四六号、旧稿（A）〔A〕

(16) 『長秋記』天承元年九月四日条に、

　後三条院長女一品聰子内親王、於仁和寺大教院薨給、年八十二、

とみえる。

(17) 以上、永治元年八月四日太政官符（『平安遺文』六巻二四四六号、旧稿（A）〔A〕）。なお、『百錬抄』永治元年八月四日条に、

　女御得子、无品内親王暲子、家申請上皇御処分庄々、
　可免国郡課役事宣下、女御家九ヶ所、内親王家一二ヶ所、

とみえ、鳥羽上皇から美福門院得子・八条院暲子に譲られた他の荘園に対しても、国郡課役が免ぜられたことが知られる。

(18) 『平安遺文』六巻二五七七号、旧稿（A）〔B〕

（19）『平安遺文』七巻三三五三号、旧稿（A）〔F〕。この史料は『根来要書』では「長寛三年七月四日」となっており、『平安遺文』もその通り「長寛三年七月四日」としている。そして旧稿（A）・（B）においても長寛三年のものとして扱ってしまった。

ところが、長寛三年六月五日に「永万」と改元されたので「七月四日」の時点では「永万元年七月四日」とせねばならない。したがって、片田舎で記された文書ならともかく、太政官が発した文書としては、理解に苦しむところである。そのようなことから、服部英雄氏は「未来年号考—文書の日付とそれが書かれた日—」（日本古文書学会編『古文書研究』二〇、吉川弘文館、一九八三年）で、「改元後に改元前の年号を使用している」例の一つとしてこの文書をあげ、「ある目的を達するために作られた偽文書である」（同上、七八頁）と指摘している。

たしかに、この文書が本当に「長寛三年七月四日」のものであるなら、服部氏のいわれることももっともである。しかし、旧稿（A）・（B）でも指摘しておいたように、この文書などは文意不明なところがあり、それらの箇所は行替り部分であることが判明する。すなわち、転写の際に誤写をおかしているのである。要するに、『根来要書』は良質の史料集といえるものではないのである。したがって、この「長寛三年七月四日」という日付をそのまま信じてよいか、という疑問が起こってくるのである。

私は、この文書は、本文に記したように「長寛二年七月四日」のものと考える。要するに『根来要書』の誤写とみるわけである。その理解にもとづき、旧稿（C）では、そのように指摘した。その根拠は、つぎの二点である。

第一に、本文に、

正三位権中納言源朝臣定房

とみえるが、『公卿補任』によると、源定房は、応保元年（永暦二年＝一一六一）、従三位で権中納言であったが権中納言のまま正三位となり、応保二年に一時（五月二十七日〜九月十三日）服解（養父）があったが、長寛二年にいたっても正三位で権中納言である。ところが長寛三年正月二十三日に、定房は権中納言のまま従二位となっている。つまり「長寛三年七月四日」の時点では、定房は従二位で権中納言であり、この文書を長寛三年のものとみると合致しない。そして長寛二年七月四日時点では、定房は正三位で権中納言であるので矛盾しない。

第二に、この文書の日下に、

正五位下行大炊頭兼左大史管（算）博士小槻宿禰在判

とあるが、これを誰とみるべきであろうか。宮内庁書陵部蔵『壬生家系譜』（乾）によると、長寛三年正月二十三日にかの有名な小槻隆職が左大史に転じている（正五位下）。彼は文治元年十二月二十九日に頼朝の追討宣旨を奉行したという科で解官されるまでその任にあった（建久二年二月一日に左大史に還任）。したがって「長寛三年七月四日」時点で左大史は小槻隆職と断じてよい。ところが、隆職には大炊頭・算博士の所伝がない。算博士についてみれば『壬生家系譜』（乾）につぎのごとくあるので合点がゆく。

長寛三「為永万元」年正月廿三日、於五位史者隆職之流可相続、於筭博士者被付広房流之条、不可有齟齬之旨、被下　綸旨、隆職今日任五位史畢、随而筭博士者、隆職以来当流不任之、（下略）

すなわち、隆職は左大史には任ぜられたが、算博士は広房流（永業の子。大宮家の祖）に伝えられ、隆職は任ぜられなかったのである。したがって、この文書を長寛三年のものとみると、比定できる人物がいなくなる。ところが、この文書を長寛二年七月四日のものとみると、隆職の兄永業に比定できる。任叙せられた年月日はいずれも不明であるが、永業は、大炊頭、左大史、正五位下、摂津守、筭博士についており長寛二年十二月八日に卒している。

以上の点から、この文書は「長寛二年七月四日」付とみるべきである。けっして「改元後に改元前の年号を使用している」わけではない。したがって「ある目的を達するために作られた偽文書である」とみるのは根拠がなく、誤りである。

(20)　久安三年十月日備前国司庁宣案（『平安遺文』六巻二六三二号、旧稿（A）（C））。この史料を『平安遺文』は「紀伊国司庁宣案」とするが、明らかに誤りである。

(21)　久安三年十月二十五日右衛門督家下文案（『平安遺文』六巻二六三一号、旧稿（A）（D））

(22)　槇道雄「院政時代における院領荘園支配機構とその性格」（『学習院史学』一八、一九八一年。のち『院政時代史論集』続群書類従完成会、一九九三年、に所収）は、家成の地位を「院領預所」としている。しかし私は、院の近臣が院領を「知行」する場合、その「知行主」の帯びる所職は、「知行主」の官職ないし身分、あるいは既存の職の体系のあり方によって、領家・預所・下司など多様であると考えている。したがって総称としては単に「知行主」としてよいものと考える。

なお、仮にこれが摂関家領であるなら、摂関家家司が「知行主」となるだけで、あり方は同じであると思う。ちなみに、同論文によると、家成は、他に成勝寺領山城国久世園を「知行」している。

(23)　旧稿（C）を参照。

(24)　以下、櫛田良洪、前掲注（4）書によるところが大きい。

(25)　後述するように、長寛元年（一一六三）十月二十八日には、菩提心院が万雑公事停止の申請をしているので、その時点では、菩提心院領であることが明らかである。美福門院死去から時間をおいてみるより、間もなくと考える方が自然であろうと思う。

(26)　長寛二年七月四日太政官牒（『平安遺文』七巻三三五三号、旧稿（A）〔F〕）

(27)　文治三年十一月日菩提心院供僧等解状（旧稿（A）〔I〕）。この文書は『鎌倉遺文』未収なので、後に全文を示す。

(28)　前掲注（4）櫛田良洪『覚鑁の研究』は、

この美福門院が建立せられた菩提心院はいつ頃建立になったのか詳かにしがたいが、「真俗雑記問答鈔」（十八）に「菩提心院本願影銘」に本願作として、

得道摂意迷界空、杲海灌頂因徳仁、三密加持即凡仏、一生得証非我誰

とある銘文は、覚鑁の作であると言うから、覚鑁の在世中に成ったと考えるべきである。（四〇六頁）

と述べている。これによれば、菩提心院は覚鑁の高野山下山の保延五年（一一三九）以前――あるいは示寂の康治二年（一一四三）以前――ということになる。

また三浦章夫、前掲注（4）論文は、

天承年間即ち上人の小傳法院が出來た頃既に堂宇の建立があり、本尊は觀世菩薩であつて傳法院の末寺である。（四八頁）

と述べている。これらによれば、菩提心院の建立はかなり古い。小堂宇から発展して一寺一院となるような場合、その寺院建立の時点をいつに求めるかはむずかしいところであるが、私は本文に引用した（イ）・（ロ）および『霊瑞縁起』（『興教大師伝記史料全集』）に、

菩提心院　美福門院御願、隆海法印建レ之《(立イ)》、

とあることなどを参看して、鳥羽院死去後と考えておきたい。

(29)『平安遺文』七巻三三五三号、旧稿（A）〔F〕。これについては前掲注（19）を参照。

(30) 仁安三年（一一六八）六月二十五日後白河上皇院宣案（『平安遺文』一〇巻補二三九号）

(31)『平安遺文』七巻三三三九号、同一〇巻補二三八号、旧稿（A）〔E〕

(32)『平安遺文』九巻四六九六号、同一〇巻補二三六号、旧稿（A）〔G〕。ただし『平安遺文』一〇巻補二三六号では、この文書を「長寛二年ヵ」とするが、注（34）で示す理由により、それは誤りである。

(33) 検非違使は衛門府の役人の中から検非違使宣旨（使宣旨）を受けて兼帯する原則である。

(34)『公卿補任』によると、平親宗は、嘉応元年（一一六九）三月十六日に勘解由次官に任ぜられ（正五位下）、承安二年（一一七二）二月二十三日に右少弁に任ぜられたことによって勘解由次官を去っている。この間の八月十一日であるから、嘉応元年〜承安元年（一一六九〜七一）ということになる。

(35) 大江遠業が北面武士であったことを明示する史料に出会っていないが、『愚管抄』巻第二（白河）に、

此御時院中ニ上下ノ北面ヲオカレテ、上ハ諸太夫下ハ衛府所司允オホク候テ、

とあり、また『吾妻鏡』文治三年（一一八七）八月二十七日条に、

一　北面人々任廷尉事

とあることなどから、院近臣で検非違使尉である彼は北面武士であったとみてよい。

(36) 石田祐一「諸大夫と摂関家」（『日本歴史』三九二、一九八一年）を参照。

(37)『平安遺文』一〇巻補二四三号、旧稿（A）〔H〕。この譲状は、覚鑁の法流の正嫡たる兼海から譲られた阿弥陀護摩を弟子の降位に譲ったものである。

(38)『興教大師伝記史料全集』所収。この書はあまり知られておらず、またあまり目にすることのできない書であるようなので長文になるが関係箇所を全文引用しておく（『霊瑞縁記』下「十五衆僧化度事菩提心院《(ナシイ)》在此内」の内）。

菩提心院　美福門院御願、隆海法印建之(立イ)、
密厳院　先徳若自女院堂舎御建立之由、被仰合者(下イ)、此地可造営之旨、平日所被申置也、美福門院手自裁縫御セ玉ヘル、彩
幡一流、在数流中云云、古老仁者見知歟、
北(比イ)廊内安置三尺(彩イ)阿弥陀仏、皆金色、　八条院御菩提爰奉訪也、女院御本尊ナリシト云云、
本堂南方(西南イ)角安弥陀三尊有供僧　美福門院御乳母丹後局菩提之料也、
本堂号正堂、　金剛界大日等身像、鳥羽上皇仙髪奉納大日鳥瑟之中、美福門院金骨、同奉納仏壇、
荘園者遠江初倉荘千百廿石自平治年中高野運上　美福門院御祈禱、兼海上人三七日勤修金輪秘法、悉地成就之時、可結願之由、
自女院被仰下了、本堂二壇護摩、阿弥陀護摩者、殊有子細、兼海上人独勤修之、荘園御寄進者、御修法勧賞也、不動
一壇者、満寺宿老、各巡勤修之、色々御仏事在別紙、備前国香登荘、本荘新荘都合九百三十余石、承安年中検田目録定此寺領也、
　経蔵一宇　唐本一切経安置之、
密厳院先徳入寂以後、寺家面目唯在此寺(院イ)「哉」、但近代者初倉荘供料十分之一、猶如無歟、香登荘同前、八口者年供
僧、三綱伝法院三綱已下補之、　七十二人陀羅尼衆皆彼供料之内也、

(39) 中野栄夫『中世荘園史研究の歩み―律令制から鎌倉幕府まで―』(新人物往来社、一九八二年)二五四〜二五六頁を参照。
(40) 応永二十年(一四一三)八月日備前国棟別銭沙汰并無沙汰在所注文案(「東寺百合文書」ヌ函七九)。この史料については、後にふれる。
(41) 『理科年表』を参照。
(42) 有本実「知行国としての備前国」(『瀬戸内海研究』六、一九五四年)を参照。
(43) 『根来要書』所引。おそらく、「天治」と誤写されているので収録されなかったのであろう。
(44) 文治六年三月二日八条院庁下文案(『鎌倉遺文』一巻四二九号、旧稿(A)〔J〕)所引。
(45) 前注(44)参照。
(46) 平光盛は、文治元年六月二十九日に備前守に任ぜられた。途中、文治二年六月二日、父頼盛の死去によって解任され

たが、翌文治三年一月二十三日復任した。以上、有本実、前掲注（42）論文を参照。

(47) 建久四年九月二十三日八条院庁下文案（『鎌倉遺文』二巻六八七号、旧稿（A）〔L〕）

(48) 『沙汰未練書』（『中世法制史料集』第二巻）に、

　押書トハ、未成事ヲ兼入置状也、

とある。

(49) 平重衡は、治承五年（一一八一）三月六日に備前国知行国主となっている。業資の下司職補任はそのこととかかわりがあろうか。備前国知行国主については、有本実、前掲注（42）論文を参照。

(50) 『清獬眼抄』（『群書類従』公事部）「内裏焼亡事」に、

　江尉遠重着毛沓

とみえる。なお、『尊卑分脈』第二篇三三一頁の、藤原安範の注記に、

　母左衛門大夫
　　大江遠重女

とみえる人物と同一人物であろう。

(51) 大江遠業と父子ではあるまい。

(52) 治承三年（一一七九）十一月のクーデターの際の解官のメンバーの中に、大江遠重の名はみられない。

(53) 年未詳八月十一日後白河上皇院宣案（『平安遺文』九巻四六九六号、同一〇巻補一三三六号、旧稿（A）〔G〕）に、

　異姓他人不可知行之旨、具見証文歟、

とあったことが思い起こされる。

(54) 『鎌倉遺文』二巻六八四号、旧稿（A）〔K〕

(55) このころの「頭弁」の在職期間はつぎのとおり。

（a）源　兼忠　文治元年十二月二十九日〜文治四年十月十四日

（b）藤原定長　文治四年十月十四日〜文治五年七月十日

（c）藤原宗頼　建久四年正月二十九日〜建久六年七月十六日
（d）藤原宗隆　建久九年正月三十日〜建久九年十二月九日

右のうち、九月五日に「頭弁」である年は、

（a）文治二年・文治三年・文治四年
（b）ナシ
（c）建久四年・建久五年
（d）建久九年

(56) 前注(55)を参照。

(57) 建久六年五月二十七日後院庁下文案（『鎌倉遺文』二巻七九〇号）、建久七年五月日後院庁下文（『鎌倉遺文』二巻八四五号）などを参照。

(58) 橋本義彦「院政政権の一考察」（『平安貴族社会の研究』吉川弘文館、一九七六年）を参照。

(59) 文治二年ごろ、前斎院御領越後国宇河荘の預所であった「前治部卿」は藤原光隆である（『吾妻鏡』文治二年三月十二日条参照）。あるいは、香登荘の「預所」を「知行」しようとしたのであろうか。

(60) 以下、櫛田良洪、前掲注（4）書を参照。

(61)『御料地史稿』帝室林野局、一九三七年、附録十二「嘉元四年昭慶門院御領目録」

(62) 根来山大伝法院方は北朝方につき、忠節をつくしたという（櫛田良洪、前掲注（4）書、四四六頁を参照）。もし、香登荘が根来山方のものであったら、その知行は安堵されたであろう。しかし、後述のごとく、香登荘は室町時代になると大伝法院（あるいは高野山、根来寺）とは無関係の荘園となっている。そのことから、根来山のものとはならなかったものと考えたい。

(63) もっとも、花園天皇（持明院統）の時、延慶元年（一三〇八）十二月十日にも頭弁となっている。しかし、翌延慶二年六月十二（八イ）日には服解で蔵人頭をとどめられ、その年の九月二十六日には左大弁もとどめられて、花園天皇在位中は還任することはなかった。彼は文保二年（一三一八）二月二十六日、後醍醐天皇即位とともに蔵人頭となり、七月七日には右

大弁に任ぜられ、ついで八月二十四日には参議に任ぜられている。
(64) 岡山県立博物館昭和五十四年度特別展図録『備前焼―その流通と時代的特色―』を参照。
(65) 長法寺文書二号(『岡山県古文書集』第二輯、旧稿(A)〔O〕)。この文書の発給者として、
領家御使　沙弥蓮性(花押)
　　　　　左兵衛尉朝定(花押)
とあるが、領家が誰か、また二人の使について、などは不明である。
なお、長法寺文書一号正中元年七月七日香登荘地頭免状(同上、旧稿(A)〔N〕)は、「未来年号」(改元の前に使用された改元後の年号)使用文書であるので偽文書たることは明らかであるので、ここでは検討を省略する。
参考までに左に掲げる。
香登庄内伊部村小幡□
　免田加徴米事
右、可懸彼加徴米之由申処、先規不懸之由、百姓等歎申之間、依有其謂、令免除畢、於向後不可有子細者也、仍免状如此、
　正中元年「甲子」七月七目
　　　　　　　　　　　　地頭代(花押)
(66) 東京大学史料編纂所蔵影写本「勧修寺文書」二〇―48〜49
(67) 天竜寺に紹宏院という塔頭がある。あるいはそこか。それとも、この寄進状が勧修寺に伝わったことを考えると、勧修寺にかかわりがあるのであろうか。
(68) 『政所賦銘引付』(桑山浩然校訂『室町幕府引付史料集成』上、近藤出版社、一九八〇年)二八二頁、旧稿(A)〔R〕。なお、威徳院については、『仁和寺諸院家記(顕証本)』(奈良國立文化財研究所『仁和寺史料』寺誌編一、一九六七年)に、つぎのようにみえる。
威徳寺
一条記云、白河院御寵人東御方、俗号祇園女御、件人建立、本仏百躰大威徳也、住房者此堂西也、彼東御方被作之後、

譲于養子禅寛号安芸阿闍梨、其後実任僧正伝領、門跡相伝也、住房者時院主実助法印伝領之後焼失了、
（頭註）「古徳記云、威徳寺、天永二年七月廿九日庚寅供養、大阿闍梨成就院僧正、色衆廿口、願文云、奉彫百躰之尊容、
安置七間之堂宇、且奉造立供養半丈六像一躰、等身像五十九躰、」

(69) 要するに、普広院への寄進状は残らなかったと考えるわけである。

(70) 代官職請負は、領家職補任という形をとることが多いので、この場合もそうとも考えられようが、「永代買得」という記載が、そう考える場合、気になるところであろう。

(71) 「東寺百合文書」ヌ函七九号。旧稿（A）では、清水正健編『荘園志料』（角川書店、一九六五年）が徴証として引いたものに従って、〔P〕〔Q〕をあげたが、これは本来一通の文書であることが判明した。『荘園志料』の引用の仕方は、恣意的で誤りが多い。そこで、香登荘がみえる箇所のみ引用しておく（但し、付箋は省略）。この史料は大変興味深いものであるが、その検討は、後日を期したい。

一かゝく支申在所
藤野保　吉永保　大庄香登《カヽト》庄
三石保　牛窓保　和気庄
邑久郷　佐井庄　尾張郷
都梨郷　武富保　□未保
宇治□（郷）　吉岡庄　三昧□　佐伯庄
長沼郷　豆田庄　津高郷
宇垣郷　宇甘郷　賀茂郷
建部郷　大庄鹿田庄
河田聖状ヲ出テサヽエ申　ヲノ田同、聖状ニテ支
ツルミ聖状ニテ□（支カ）　佐山同、聖状ニテ支候
以上廿七ケ所

(72)「宝鏡寺文書」は東京大学史料編纂所蔵影写本（3071.62/26）による。『大日本史料』所載の四通を左に示す。
E『大日本史料』八編之十五、六八一～六八二頁
M『大日本史料』九編之二、二四八頁
N『大日本史料』九編之六、八〇頁
O『大日本史料』九編之六、八〇～八一頁
(73)『永享以来御番帳』（『群書類従』雑部）を参照。
(74) 文明十五年十二月日金山寺禁制（『大日本史料』八編之十五、七六三頁）
(75)『山科家礼記』長享二年～延徳四年条を参照。
(76) たとえば、備前守護代であった浦上則国は、「浦上紀三郎則国」と呼ばれている。なお、他に「浦上紀太郎祐宗」などがいる。

〔附記〕旧稿では、年未詳九月五日付の頼朝書状を、「頼朝は一応光隆の申し出に荷担するが」と解したが、その後史料の読みの不正確さに気づき、『岡山県史』中世Ⅰ（中野栄夫担当部分）では、反対の解釈をしたので、本書では「頼朝は光隆の申し出を退け菩提院側に荷担し……」と訂正した。

表1　備前国香登荘関係略年表

西暦	年月日	事項	出典
一〇七二～一〇八六	延久4・～応徳3・	このころ勅旨田とされる	
一一〇七（？）	嘉承2・	このころ立荘	
一一四〇	保延6・	一時、聰子内親王家領となる 鳥羽院が八条院に譲る	平六－二四四六〔A〕

一一四一	永治1・7・20	国郡課役停止を申請する	平六－二四四六〔A〕
〃	〃1・8・4	国郡課役停止さる	〃
一一四三	康治2・	四〇余町池成田となったので実検使を請う	平六－二五七七〔B〕
	〃2・12・12	覚鑁死	
一一四五	天養2・4・－	池成田の代わりに服部郷田を加入してほしいと申請する	〃
一一四六	久安2・4・－	池成坪の代わりに公田を加入するために使が出される	〃
一一四七	〃3・10・－	院庁下文の旨により、在庁官人相共に沙汰し、損田の代わりに公田を入れよとの国司庁宣が出される	平六－二六三二〔C〕
〃	〃3・10・25	使兼元（光？）と共に検注して、牓示をうてとの右衛門督家下文が出される	平六－二六三一〔D〕
〃	〃3・冬	院庁使・国使・荘官らが地頭に臨み検知を加え、池成損田四一町五反一五代の代わりに籾負・服部両郷田二〇町八反を便補する	平七－三三五三〔F〕
一一五六	保元1・7・2	鳥羽法皇死	
一一五八	〃3・2・4	菩提心院落慶供養	
一一六〇	永暦1・11・23	美福門院死	
（一一六一）	〃2・？）	八条院が菩提心院に寄進	平七－三三五三〔F〕 鎌二－六八七〔L〕
一一六三	長寛1・10・28	香登荘・服部新荘の万雑公事停止を申請する	平七－三三五三〔F〕
一一六四	〃2・7・4	万雑公事を停止する	〃
一一六五	〃3・3・22	大江遠業を下司とする	平七－三三三九、平一〇－補一三八〔E〕
一一六七	仁安2・	↓この間、大江遠業、勘気を蒙り下司を解かる	
一一六九	嘉応1・8・11		平九－四六九六、平一〇－補一三六〔G〕
〃	〃1・	↓この間、大江遠業、下司に復す	〃
一一七一	承安1・8・11		
？		このころ、検注が行われ、年貢は九三〇余石という	『霊瑞縁起』※
一一七三	〃3・3・3	大伝法院・密厳院を仁和寺宮守覚法親王に寄せられる	
一一七四	〃4・12・16	このころ、降位が知行する	平一〇－補一四三〔H〕
一一七九	治承3・11・17	清盛のクーデターにより、大江遠業、検非違使を解かる	

一一七九	治承3・11・21	大江遠業自殺	
?		このころ、(大江?) 遠重、下司となる	鎌二―六八七〔L〕
一一八一	養和1・3・6	平重衡、備前知行国主となる	
?		このころ、(大江?) 業資、下司となる	〃
一一八五	文治1・7・9	大地震のため、法勝寺九重塔等倒壊する	
?		備前国、法勝寺御塔用途料国に宛てられる	
一一八七	〃3・11・―	法勝寺九重塔材木以下雑事免除を申請する	〔I〕※
一一九〇	〃6・2・―	池成田四〇余町を作田したいと申請する	鎌一―四二九〔J〕
〃	〃6・3・2	池成田の作田申請を許可する	〃
?		このころ、下司 (大江?) 業資の濫行を訴える	鎌二―六八七〔L〕
一一九三	建久4・9・23	訴えにより、(大江?) 業資を改易し、荘内を追却する	〃
?		このころ、藤原光隆が知行を申し出る	鎌二―六八四〔K〕
(一一九四	〃5)9・5	頼朝、藤原光隆が加担しつつも、判断を院方にまかせる	〃
一二八八	正応1・2・	大伝法院方、高野山をおり、根来山に移る	
一三〇六	嘉元4・6・12	このころ藤原隆長が知行する	亀山院処分御領目録〔M〕
一三四二	暦応5・	備前焼に「香登御庄」とみえる	※
一三六五	貞治4・3・23	長法寺別当の免田知行が認められる	長法寺文書〔O〕
一三七一	応安4・	今川了俊が通る	
一四一三	応永20・8・―	棟別銭無沙汰の在所としてみえ、「賀茂領」とされている	東寺百合文書ヌ―七九〔P〕〔Q〕※
一四四一	嘉吉1・6・24	将軍義教、赤松満祐に殺される (嘉吉の乱)	
一四四二	〃2・6・21	正親町三条実雅、香登荘三分の一を紹宏院に寄進する	勧修寺文書 ※
一四六二	寛正3・4・23	将軍義政、普広院領香登荘を南御所に渡す	『蔭凉軒日録』※
一四六四	〃5・2・4	森三郎左衛門尉、威徳院領香登荘領家分を八〇貫文で永代買得する	『政所賦銘引付』※
?		このころ、三上美濃入道が南御所領香登荘を四二〇貫文で請ける	D
?	11・12	将軍義政、南御所の当知行を安堵する	A
?	4・23	〃	B
?	4・19	〃	C

一四七五	文明7・9・23	幕府、森五郎梵春の香登荘領家分を安堵する	『政所賦銘引付』※
一四八三	〃15・11・18	幕府、南御所領香登荘に禁制を掲ぐ	E
一四九四	明応3・3・―	嶋津小三郎景忠、南御所領香登荘を年一二〇貫文で請け切る	F・G
一四九八	〃7・10・20	嶋津智松法師　〃	H・I
一五〇二	文亀3・2・28	赤松氏雑掌上原祐貞、嶋津智松法師の未進をせめる	J
一五〇五	永正2・5・13	嶋津氏、南御所領香登荘を月一〇貫文で請け切る	K
一五〇八	〃5・3・14	嶋津氏の代官職を改易し、直務とする	L
一五〇九	〃6・8・13	嶋津小三郎泰忠の代官職所望を認め、月一〇貫文の請け切りとする	M
一五一五	〃12・7・23	嶋津小三郎泰忠、南御所領香登荘を月一〇貫文で請け切る	N・O

注(1) 出典欄に「平六―二四四六」「鎌二―六八七」とあるのは、それぞれ『平安遺文』六巻二四四六号文書、『鎌倉遺文』二巻六八七号文書であることを示す。

(2) 「〔A〕〔B〕……〔R〕」とあるのは、拙稿「備前国香登荘関係史料について」(『岡山大学教育学部研究集録』五〇―一)に〔A〕〔B〕……〔R〕として所引した史料であることを示す。

(3) 「A・B……O」とあるのは、本稿第9節で引用した資料の記号である。

(4) ※が付してあるものは、本文(あるいは注)に関係箇所(全文あるいは一部)が引用してある史料であることを示す。

(5) とくに出典を明示する必要のないものは省略した。

四　美作国布施荘・布施社・富美荘について

はじめに

美作国の荘園についての関係史料をみてゆくと、気になることの一つに、主として八坂神社関係史料に出てくる布施荘と、仁和寺関係史料に出てくる布施社とがあることである。その両者の関係はいかに、その故地はいずこか、そういったことがらをまず知りたくなる。

ところが、美作国布施荘および布施社の故地については、まだ確たる比定がなされていないようである。すなわち、布施荘についてはそれを大庭郡内に比定する説(1)と、苫西郡内に比定する説(2)とがあり、また布施社についても、それを苫西郡富《とみ》村の布施《ふせ》神社に比定する説(3)と、真庭郡八束《やつか》村の福田神社に比定する説(4)と、真庭郡湯原町大字社《やしろ》の布施八社に比定する説(5)とが存するのである。

そこで、以下、布施荘および布施社の現地比定を行ない、その上で両者およびそれをとりまく地域の歴史を概観してみることにしたい。(6)

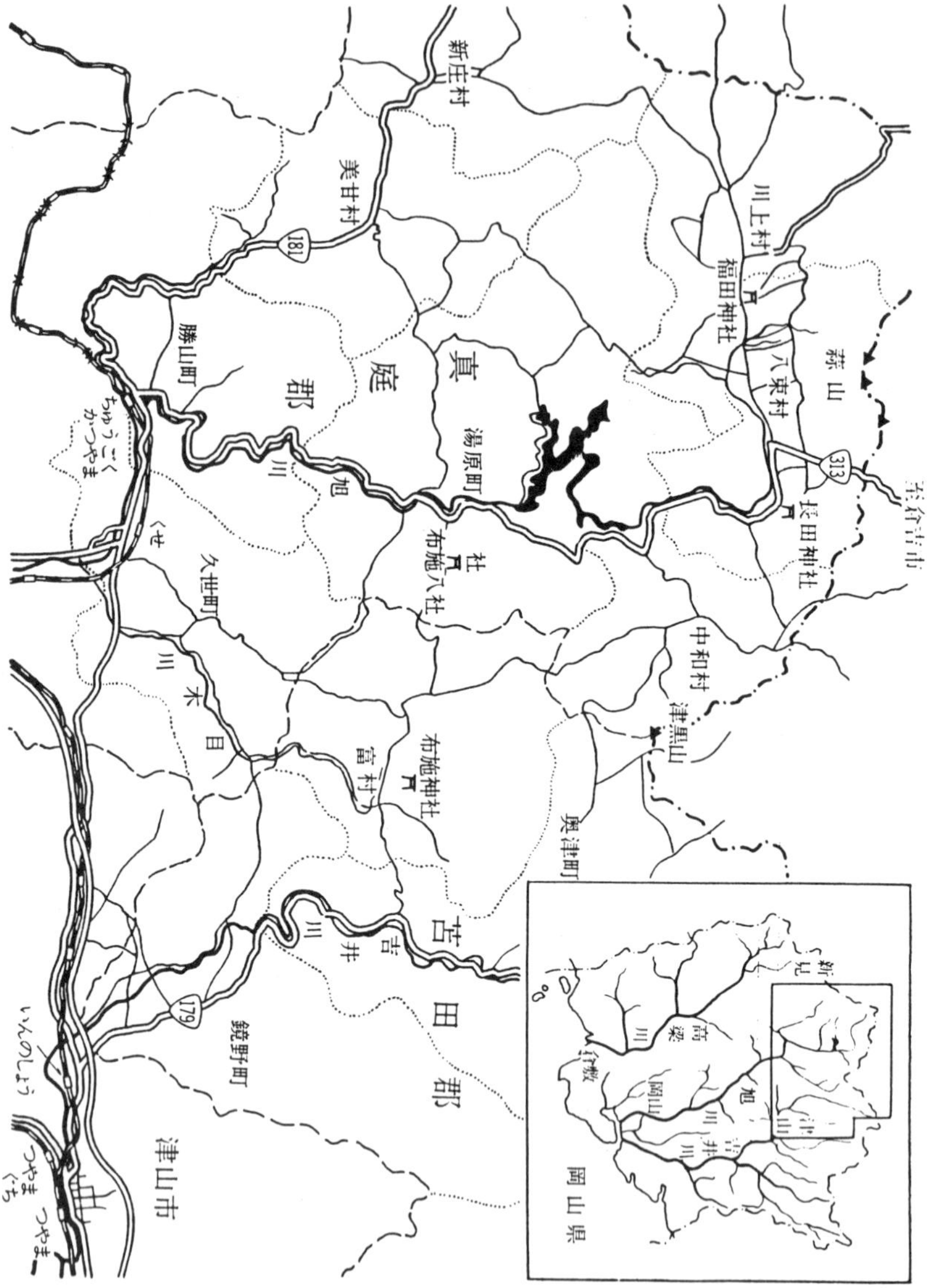

図1　布施荘・布施社・富美荘関係略図

1　布施荘の故地

清水正健『荘園志料』をみると、次のごとく示されている。

> **布施荘**《フセ》　承安二年の記事に見ゆ、和名鈔大庭郡布勢郷の地なり、今郡中に布施荘存して、属村二十三と云ふ、〔徴証〕祇園社記録曰、承安二年七月十日、被始行安居会、料所美作国布施荘、関東右大将家御寄附、○笠庭寺旧記曰、大庭郡布施荘、薄物二疋五百部徳盛
>
> （上巻一〇八九頁）

これから明らかなように、『荘園志料』は大庭郡説をとっている。その根拠は、〔徴証〕の一つとしてあげている「笠庭寺旧記」(7)に「大庭郡五郷」の内として「布施庄」とあることによるものであるらしい。

ところが、竹内理三『荘園分布図』は、苫田郡富村付近に〔祇園社領〕として「布施庄」と表示しているのである。同書の性格からその根拠は示されていないが、富村の布施神社のあたりに「布施庄」と表示しているのをみると、布施神社の存在を考慮に入れてのものであるらしい。そして、同書の影響力から、岡山県以外の研究者には、その説がほぼ受け容れられているようである。

しかし、この布施荘＝苫西郡説は、藤井駿「美作国の布施荘について」(8)を読むことによって、成り立ちえない説であることが知れるのである。そこで、藤井駿氏の主張を引用しておこう。

> 『和名抄』などによれば、王朝時代の蒜山《ひるぜん》地方は美作国大庭《おおば》郡布勢郷《ふせのごう》と呼ばれたらしい。そしてその布勢郷は次第に荘園化して、中世のころには布施荘《ふせのしょう》と呼ばれるようになったらしい。その布勢郷や布施荘の境域は随分広大で、今日の真庭郡川上村・八束《やつか》村・中和村および湯原町にまたがっていたと推定される。

図2　長谷寺鐘銘

八東村の下長田に現存する長田《ながた》神社は、江戸時代には牛頭《ごず》天王社と称したことが『作陽誌』に見える。この神社に明徳四年（一三九三）に作られた梵鐘があったが、いつのころにか移動して現在は鳥取県倉吉町の長谷寺の所有となっている。その鐘銘に、「牛頭天王姫宮前、作州布施之庄長田村之上下万民」とある（『岡山県金石史』参照）。（三五一～三五二頁）

私は、藤井氏の指摘するように、布施荘は蒜山地方（大庭郡）に比定すべきものと思う。その理由は、次のごとくである。

①藤井氏も指摘しているように、布施荘は、古代の大庭郡布勢郷の後身と思われること。[9]

②同じく藤井氏が指摘しているごとく、倉吉市長谷寺所蔵鐘銘（図2）に「作州布施之庄長田村」とみえる長田村は、八東村上長田・下長田付近とみなすべきこと。[10]

③史料的評価は劣るが、『荘園志料』も引くように、「笠庭寺旧記」に「大庭郡五郷」の内として「布勢庄」とみえること。

④『作陽誌』は「布施庄」として次樽村以下一三ヵ村をあげているが、それらの村々は現在の湯原町・中和《ちゅうか》村・八東

村・川上村域にあたること。『荘園志料』は、これによったものと思われる。

右以外にも、若干の徴証はあるが、以上のことから、布施荘を苫田郡富村付近に比定するのは正しくないことが明らかとなったものと思う。

2　布施社の比定について(1)

布施社については、一般に苫田郡富村の布施神社に比定されている。[11] ところが、この理解に異議をとなえ、それを真庭郡八束村の福田神社に比定するのが、藤井駿「美作国の布施荘について」（前掲）である。長文になるが、その主張を引用してみよう。

　この仁和寺の文書に見える布施社はいったい現在のどの神社にあたるのであろうか。『作陽誌』の著者は大庭郡社村の形部神社などをもって布施神社に擬しているが、これは妥当ではない、と思われる。湯原町の東隣である苫田《とまだ》郡富《とみ》村大字富西谷に鎮座の布勢《ふせ》神社（もと郷社）もなかなかの古社であり、中世の登美荘《とみのしょう》の鎮守ではあるが、苫田郡に属して大庭郡の領域ではない。そこで、種々な史料から推定して仁和寺の文書に見える布施社は真庭郡八束村大字中福田字大宮に鎮座している福田神社（もと郷社）こそ、それであろうと思う。この福田神社は今は下福田・富山根・富掛田・中福田・湯舟・上福田の六部落の氏神として、長田神社と共に蒜山盆地の大社であり古社である。現在はまた毎年の夏、この神社の境内で行なわれる無形文化財の「大宮踊《おおみやおど》り」をもって有名である。『作陽誌』や、この神社にある明治二（ママ）年「書上」などを総合すると、この神社の社名は、大守大明神・大森大明神・布施大社・布施総社・布施社・郷の大宮などと、時代によりいろいろに呼称されたという。福田神社と公称したのは明治以降のことであろう。

この神社には鎌倉期以降の古文書を数点もっているが、仁治三年（一二四〇）の文書に「ふくたこうの宮」とあり、永仁六年（一二九八）の文書に「ふく田郷の大宮まつり」とある。また、寛文十二年（一六七二）の棟札に「布施大宮」とみえる。当社のことを「郷《ごう》の宮」と称したのはおそらく布施郷の宮という意味で、郷中の第一の大社であり、また福田神社のある所が布施郷の中心地であったからではあるまいか。とにかく、当社が「布施社」と称したことはほぼ確実であるから、先の仁和寺の文書にみえる布施社は現在の福田神社にあたるものと見てよかろう。

藤井氏の主張の根拠は、右の引用箇所に尽されているので、これを検討するという形で、以下、その説の是非を考えてみよう。

前項にみたように、福田神社の存在する八束村を含めて、蒜山地方が布施荘の故地であったことは疑いない。それでは、藤井氏の主張のように、福田神社をかつての布施社とみなしてよいのであろうか。

明治四年一月（一八七一年二月）に津山藩庁に提出した「福田神社取調書上帳[12]」には、

a 一祭神大己貴命素戔嗚命稲田姫命、勧請年記不分明、附往古者田村鎮座田神ニ御座候処、詞乃不足ヲ厭氏
　田村ニ福乃字ヲ令被候氏、福田村ト号候砌、神号ヲ廃シ大宮ト唱、亦大森《亦大守》大明神トモ申候、

とみえる。これによれば、福田神社は、かつては「大宮」「大森大明神」「大守大明神」などと呼ばれていたことが知られる。

また、大正十一年（一九二二）に岡山県知事に提出した「　社《ママ》へ昇格願[13]」には、

b 一村社　福田神社
　右神社ハ往昔ヨリ今日マテ大宮ノ名ヲ存シ社地平濶社殿高荘ニシテ賽者ヲシテ自ラ端拱スルニ至ラシム、亦布勢郷ノ総社ヲ兼タル余光ニテ賽者ノ多キ事近郊ニ比無之候、是ヲ以テ謂ハ、当地方ニ於ケル神社ノ尊厳ハ当社

有テ保チ随ツテ道徳涵養ノ枢機ニ立テル観有之候、（下略）

とみえ、またそれに添付したとみられる「調書」には、

c一社号祭神ノ事

旧社号大守大明神ハ仏号ニシテ論ズルニ足ラズ、宝徳三年ノ古文書ニ大森大明神トアルハ、当昔大境域ニシテ蕭森タルヲ唱ヘ慣ヘルモノト推測仕候、然レハ祭神モ上古ト相違ナキヲ保シ難ク候、（中略）

d一惣社ノ事

一無年号ノ古「年ノ」（頭注ニ「弐字削除」トアリ）幡ニ布勢惣社ノ染込アリ、安政四年ノ幕ニモ布勢惣社ノ記入アリ、本社ノ東五町ニ地名庄頭アリテ郷内ヨリ貢附セル粢ヲ以テ庁祭セル事ヲ推量仕候、

e一大宮ノ事附祭資ノ公課

古文書ニ大宮ト見エ公租ヲ以テ祭事ヲ営タル事相見エ候ノミナラズ、亦領域外ヨリモ貢粢セシハ郷ノ宮タルヲ証明スルニ足レリト存候、

とみえる。これによれば、福田神社は、「大守大明神」「大森大明神」「布勢惣社」「大宮」などと呼ばれていたことが知られる。また引用は省略したが、右のeに証拠として引用している古文書をみると、(14)「大宮大森大明神」「大宮大明神」「ふ久田郷の大宮」「ふくたこうの宮」「こう（郷）の宮」などとも呼ばれていたようである。

以上のことから、福田神社は、「大森大明神」「大守大明神」あるいは単に「大宮」と呼ばれていたようである。また福田郷内、布施郷（あるいは布施荘）であったため、「ふくたこうの大宮」「郷の宮」あるいは「布勢惣社」などとも呼ばれていたらしい。さらに、現地調査では確認できなかったが、藤井氏によると、「布施大宮」と記す棟札もあるという。

ところが、藤井氏は「とにかく、当社が『布施社』と称したことはほぼ確実である」といわれるが、右にみたごと

く、「布施社」と記したものは一つもない。あるのは、「布勢惣社」であり「布施大宮」である。これは「布勢の惣社」ないし「布施の大宮」なのであって、けっして「布施社」あるいは「布施神社」ではない。

先に少し引用した「昇格願」は「村社」から「郷社」への昇格を願い出たものであり、それゆえに、布勢郷とか福田郷とか郷を引き合いに出し、「布勢総社」「布施大宮」「ふくたこうの大宮」「こうの宮」などといわれていることを強調したのであった。その意図は、d・eに「郷内ヨリ貢附セル粢ヲ以テ」とか「郷ノ宮タルヲ証明スルニ足レリト存候」などと「郷的存在」であることを強調していることからも知られよう。

しかも、中世文書をみると「大森大明神」「大宮大明神」「ふくたこうの宮」「こうの大宮」とはみられるが、「布施大宮」あるいは「布施総社」とはみられないのである。このことから、古くは、「大森大明神」あるいは、「福田郷の宮」とは呼ばれていたが、「布施総社」あるいは「布施大宮」とは呼ばれていなかったのではないかと推測できる。

以上のことから、私は、福田神社を布施社に比定する藤井氏の説には賛成できない。それでは、布施社はどこにあったのであろうか。以下、それを考えたい。

3　布施社の比定について(2)

結論から先に述べるなら、私は、苫田郡富村に鎮座する布施神社こそ、仁和寺文書等にみえる布施社であると考える。その根拠となるのは、次に示す室町幕府管領奉書である。(15)

A仁和寺無量寿院雑掌申美作国布施社事、訴状具書如レ此、依レ為二相国寺領内一近年寺納云々、所詮於二当所一者、各別之段支証等明鏡上者、止二庄主綺一、可レ被レ沙二汰-付下地於雑掌一之由、所レ被二仰下一也、仍執行（ママ）如レ件、

応永七年（一四〇〇）四月廿六日　沙弥（畠山基国）判

赤松上総(義則)入道殿

これから、次のごときことが知られる。

①布施社は相国寺領内にあること。

②そのために、近年布施社に対して荘主の綺があること。

③仁和寺無量寿院はそれを幕府に訴えて、幕府から裁決を受けたこと。

さて、富村付近は、中世においては、富美荘[16]と呼ばれていた。また、その荘内から良い材木が得られるので、富美杣とも呼ばれていた。富美荘については、のちに詳述するが、富美荘は十五世紀半ばからは相国寺領として史料上にみられるのである。このことは、右の①の事実と矛盾しない。それに対して、布施荘が相国寺領であったことを示す史料は、管見ではない。

要するに、私は、中世においては、布施荘と布施社とは無関係で、布施社は、布施荘内ではなしに、富美荘内にあったものと考える。つまり、布施荘と布施社とを無理に同一箇所に比定しなくともよいのである。あたりまえといえばそれまでだが、今まで、そのことに気がつかなかったために混乱が起こったといわねばならない。

ところで、私は右に、中世においては布施荘と布施社とは無関係であったと述べた。布施荘は大庭郡、布施社は苫西郡にそれぞれ属している。布施荘は布施郷の後身であるから、その名称にいわれがあるが、なにゆえに、布施荘外に布施社があるのであろうか。布施社が小さな神社であるならともかく、これほどの有力な神社が他郡にあるのは気にかかるところである。

しかし、これについては、じつは先人が明解な理解を示しているので、それを引用しておこう。

イ、『美作略史』[17]

往古ノ郡界ハ、香香美川ヲ以テ之ヲ分チ、東ヲ大郡ト為シ、西ヲ小郡ト為ス、其四郡ニ分ツニ当リ、大庭郡布施

郷ノ地ヲ割テ、苫西郡ニ属セリ、

ロ、『富村郷土史』一七頁

美作国は和銅六年四月備前六郡を割って設置せられ、当時は勝田、英田、苫田、久米、大庭、真島の六郡であり、大庭郡は、大庭、美和、河内、久世、田原、布施の各郷よりなり、わが村は大庭郡布施郷に属していた。布施郷は今の富中和《ママ》、湯原、八束、川上の町村である。

美作六郡のうち苫田郡は拡大な地域であり施政の上不便多く、清和天皇貞観五年五月（八六三年）苫東郡、苫西郡の二郡に分割していることが三代実録に載っている。平安朝初期である。奈良時代はわが村は大庭郡布施郷であったが、平安中期にいたり荘園の発生と共に布施郷より分れ苫西郡に属し、富ノ荘となったのである。

これらによると、富村は、古代には大庭郡布施郷に属したが、平安時代に苫西郡に分属したのだという。(18) この説の通りだとじつに理解しやすいが、残念ながら、それを傍証する史料はない。しかし、それを充分承知の上で、私は、この理解を支持したいのである。

『富村郷土史』にも記してあるように、美作国は、当初、勝田・英田・苫田・久米・大庭・真島の六郡からなっていたが、このうちの勝田・英田・苫田・久米の四郡と、大庭・真島の二郡とは、地理的環境が大きく異なり、それゆえ歴史的環境も異なったものとなっていた。(19) すなわち、前者の四郡が吉井川水系に属しているのに対し、後者の二郡は旭川水系に属しているのである。ところが、富村は、吉井川水系ではなく、旭川水系に属している。旭川の支流である目木川によって作られた小盆地にひらけた村、それが富村なのである。したがって水系からみれば、当然富村は大庭郡に属すべきものなのである。このことからも、富村が当初大庭郡布施郷に属していたと考えることが不自然でないことが知られよう。そしてその後、富村は、おそらく交通の便からであろう、苫西郡に分属するようになったものと考えられる。

ところで、富村からかっての布施郷（荘）にぬけるとそこは湯原町大字社である。その名の通り、そこは神社が多く、式内社の大庭郡八社は、すべてそこに存在する神社に比定されるのが一般的である。[20] 佐波良神社・形部神社・壱粟神社（二座）・横見神社・久刀神社・菟上神社・長田神社の七社八座がそれである。これらの神社は一括して布施神社とも布施八社とも呼ばれているが、このすべてとはいわないまでも、その一部は、富村地域が苫西郡に分属したために、ここに勧請したものであろうと思われる。たとえば、その一つの横見神社と同名の神社が、かって富村大字富西谷字横見谷にあり、明治四十二年に布施神社に合祀され、現在にいたっている。『富村郷土史』は、

真庭郡湯原町社（旧社村）に鎮座の、式内社横見神社と同体の神社で、古え郡郷の移譲にあたり、社村に移転鎮座したことが、思考せられるのである。（一五一頁）

と記しているが、従うべき見解と思われる。

以上によって、布施荘・布施社、あるいは富美荘の現地比定ができたので、以下、それらの諸荘の歴史を概観してゆこう。

4　布施荘

美作国布施荘は、すでに指摘した通り、古代の大庭郡布勢郷の後身である。ただ、古代の布勢郷がそのまますべて布施荘となったものかどうかは不明である。なぜなら、中世の史料には、布施荘と布施郷との両者がみられるからである。しかし、その両者が同一のものか否かを知ることのできる史料はない。両者は同一である可能性も高いのであるが、ここでは、一応、史料上の表記を尊重して、両方の呼称をそのまま用いることとする。

さて、祇園社（八坂神社）では、承安二年（一一七二）七月十五日に安居会を始行したが、鎌倉時代に入って、源

頼朝は、その料所として、布施荘を祇園社に寄進したのであった。[21] その時期あるいは寄進の内容については、残念ながら不明であるが、頼朝が寄進したのは領家職であったと思われる。あるいは平家没官領であったのかも知れない。[22] それはともかくとしても、その後、布施荘は祇園社安居会料所となった。

さて、『吾妻鏡』文治六年（建久元年＝一一九〇）四月十九日条の「内宮役夫工作粁未済成敗所々事」に、「布施郷」の名がみえる。このときの地頭は「前隼人佐康清」とみえるが、これは三善康信の弟の三善康清である。ついで、文永二年（一二六五）になると、布施荘は、左の史料にみられる。[23]

B譲渡

陸奥国栗原一迫内板崎郷地頭職

美作国布勢庄年貢銭内参拾貫文事

右、所領者、所レ譲二与四女佐々木御前一字文殊実正也、但件銭者、一期之後、可レ為二三郎左衛門尉為成分一也、不レ可レ有二他妨一、仍為二後日証文一、譲状如件

文永二年九月廿三日

沙弥為蓮(藤原為時)（花押）

これによれば「沙弥為蓮」は、陸奥国板崎郷地頭職と布施荘年貢銭参拾貫文を、四女「佐々木御前字文殊」に譲っている。この「為蓮」は、工藤茂光の子の藤原為佐の子為時である。その娘文殊は、佐々木頼綱に嫁していたので佐々木御前と呼ばれていたのであろう。そして、このころの女子への譲状によくみられるように、その譲与は一期相続であって、未来領主は「三郎左衛門尉為成」と定められている。この為成は為時の甥で、文殊とは従兄弟姉妹にあたるようである。[24] このとき為蓮が文殊に譲ったのは年貢銭であるが、為時はおそらく布施荘の地頭職をもっており、文殊へは下地を分割して文殊に「一分地頭職」を譲与することをせず、上毛（年貢）のみを譲与したものとみられる。

その後、この地頭職がいかに伝わったかは不明であるが、『八坂神社記録』正平七年（一三五二）二月十三日条に

次のごとくみえる。

Ｃ一安居会料所作州布施庄地頭肥後前司二条京極□宿所六角万里東南頬辻子許へ、良詮遣㆑之、正員只今欲㆑下㆓向作州㆒、去年ハ一向不㆑寄㆓付所務㆒、今年者会料不㆑可㆑有㆓子細㆒之由返㆓答（於）京都㆒、如㆓此事㆒可㆓沙汰㆒仁ハ孫次郎云々、先々此仁会料奉行云々、

これによれば、当時布施荘は、いぜんとして安居会料所であったこと、地頭は「肥後前司」であること、前年は会料をまったく進納しなかったこと、などが知られる。この「肥後前司」については未詳であるが、藤原為時は肥後守の官歴があり、またその家系の子孫に「肥後」を名乗っている者がいるので[25]、あるいは、為時の家系につながる者であろうか。その推測が正しいとするなら、布施荘の地頭職は、為時流に伝えられたことになる。ついで、布施荘の名がみられるのは次に示す史料である。

Ｄ
勝定院殿
義持
（義満）
（花押）
美作国布施庄・同国垪和東郷等山名修理大夫（義理）跡事、為㆓近江国今井六郎左衛門入道跡之替所㆒、宛㆓行摂津掃部頭能秀㆒也者、守㆓先例㆒可㆑致㆓沙汰㆒之状如件、

明徳三年十二月廿五日[26]

Ｅ摂津掃部頭能秀申美作国布施庄・同国垪和東郷等山名修理大夫（義理）跡事、任㆓御下文㆒、先度施行之処、無音云々、早可㆑被㆓遵行㆒之状、依㆑仰執達如件、

明徳四年二月十一日　　　　右京大夫（細川頼元）（花押）

赤松上総介殿（義則）[27]

すなわち、明徳三年（一三九二）十二月二十五日将軍足利義満は布施荘および垪和東郷を摂津能秀に充て行なって

いるが、両所領とも「山名修理大夫」すなわち山名義理の所領であったことがわかる。山名義理は美作守護であったところから、両所を得ていたのであろう。山名義理は前年の明徳二年（一三九一）の末に起きた明徳の乱の際に、山名満幸・氏清らに与同して幕府に叛し、敗れて遁走ののち出家したが、その後は行方不明となった。美作守護職は、乱に戦功のあった赤松義則に与えられたが、山名義理のもっていた美作国内所領も、このように、他氏に分与されてしまったのである。このとき、布施荘を与えられた摂津能秀は、室町幕府の評定衆あるいは地方頭人などをつとめた奉公衆である。しかし、この将軍御判御教書による充て行ないがなかなか実現されないため、管領細川頼元が美作守護赤松義則に遵行命令を下しているが、おそらく、それは美作国で山名方の武士による抵抗が続いていたためであろう。なお、このとき摂津能秀に与えられた客体は不明であるが、地頭職の系譜を引くものであろうと推測される。

さて、管見に入った最後の史料は次に示す『大館常興日記』天文九年（一五四〇）正月十日条である。

F一佐方より又各へ御内談衆也折紙在レ之、小林民部少輔知行分作州布施郷冨永弥六跡事、先年明応六年法住院殿（足利義澄）様より小林に被レ宛二行之一、知行無二相違一、近年ハ手ニ不レ入候間、只今尼子方へ御下知被レ成下一候様にと申之段、小民ハ為二御使一東国へ下向之間、舎弟与五郎申上之間、伺申処、各へ可二申談一之由、被二仰出一候云々、仍御下知其外故伊勢貞宗朝臣書状已下れき〱の証状共也、浦上かたより公用運上の書状等など無レ紛也、然間、無二別儀一存候由申レ之也、

これによれば、布施郷は一時「冨永弥六」が知行していたようである。この「冨永弥六」は「走衆」として史料上にみえる冨永久兼のことであろうと思われる。[28] 久兼の官途は「兵庫助」で、文正元年（一四六六）六月十七日死去している。[29] おそらく、冨永久兼の死後闕所となっていたのを、明応六年（一四九七）に「小林民部少輔」が知行することになったのであろう。この「小林民部少輔」については未詳であるが、『永禄六年諸役人附』[30]の「外様詰衆以下」にみえる「小林民部少輔藤宗」の父親あるいは祖父にあたる人物であろう。小林氏は元来山名氏の重臣で、その一族

は将軍の奉公衆となっている者もある。おそらく、この「小林民部少輔」も奉公衆クラスの人物であったとみられる。ところが、天文元年（一五三二）ごろ不知行になっていたため、このころ美作に侵攻しはじめていた尼子経久に下知がなされたものと思われる。

このように、室町時代になると、布施荘（郷）は、幕府の奉公衆クラスによって知行されているが、これは布施荘（郷）が御料所（幕府直轄領）化していたためであった。[31] そして、その年貢の一部が安居会料として、祇園社に送られていたものと思われるが、それがいつまで続いたのか、それを示す史料はない。

布施荘が、その後どのような歴史をたどったか、残念ながら、近世に至るまで不明である。

5　布施社

布施社の史料上の初見は、大治三年（一一二八）十二月日の平正頼譲状[32]である。このときの譲与を含めて、その伝領のありさまを、よく示しているが、次に示す山氏女譲状[33]である。

G「（端裏書）布施社譲状」

（花押）

譲与　所領美作国布施社一処事

右、件社、自二兵庫大夫正頼之手一、故伊賀法橋被二譲得一、令レ寄二進高野　御室一、為二預所之職一、数十年知行畢、法橋逝去之刻、令レ譲二与後家一、譲二与後家又孫女子一、自二件女子之手一、依レ為二事縁者一譲得□（山氏）女知行之間、平家之時、不慮之□（外）妨出来、故　中納言法橋御房、奉レ寄二預所之職一、於二自身一者、為二下司・地頭之職一、雖レ経二子子孫々一、代代不レ可二更相違一之由、進二契状一又給畢、且又□□（不可）相違、令レ申二下宮庁御下文一了、法橋御房御一期之間、敢無二御違背一、御逝去刻、依レ令二御子息御座一、預所之職令レ奉レ譲二太夫禅師殿一御了者、已任二御契状之旨一、無二敢相違一歟、爰山氏女年漸老、衰耄経レ日増、雖レ無二競論之輩一、末代作法、依レ有二不慮之外恐一、相二副只一人嫡女源氏於次第手継文書公験等一、永所二譲与申一也、至二于下司・地頭之職一、敢不レ可レ有二他妨一之状如レ件、以譲与、

文治弐年八月　日　　山氏女（花押）

以下、この譲状にそって、伝領のありさまをみてゆこう。布施社の初見は先にもふれた大治三年（一一二八）の平正頼譲状である。それによると、正頼は布施社司で「執行」と呼ばれていたらしい。ところが「齢及二七旬一」んだのにこれといった子息もないので、縁あって七郎君（伊賀法橋）を養子とし、七郎君に、死後、布施社と安芸国賀茂郡志芳郷を譲ることとしたのである。正頼は天承元年（一一三一）に死去したものらしく、かねての譲状に従って、当時御室（仁和寺）に候じていた七郎君に譲られることとなり、同年九月六日の御教書を受けた美作国留守所下文が、同月十五日に布施社宛てに出されたのである。[34]

譲与を受けた七郎君（伊賀法橋）は御室に候じていたので、高野御室覚法法親王に同社を寄進し、自分は預所職となったのである。この寄進の時期は不明であるが、右の譲状に「数十年知行畢」とみられるので、譲与を受けて間もなくのことと思われる。

やがて伊賀法橋が死去すると、布施社預所職はその後家に伝わり、後家からその孫女子へ、さらに山氏女に伝えられるところとなった。ところが平氏全盛期に何か不都合なことがあったらしく、山氏女は、預所職は中納言法橋御房に寄進し、自身は下司職につくに至り、その旨の契状を進め、また元暦二年（一一八五）七月七日にはそれを認める仁和寺宮庁下文が下されたのであった。[35]そして、中納言法橋が死去すると、預所職は中納言法橋の子大夫禅師に譲られることとなった。その間、山氏女も年をとったので、布施社下司職を一人娘の源氏に譲るところとなったのである。

伊賀法橋によって覚法法親王に寄進された布施社は、仁和寺院家の無量寿院領とされたらしいが、[36]先の譲状（G）

が記されたのと同じ文治二年（一一八六）の秋から冬にかけて、依清・貞村・守忠といった人物が武士（御家人）とはかって濫妨をはたらいたらしく、同年十一月十二日に、頼朝の下文を受けた仁和寺宮法親王庁下文が「布施社司住人等」に下されている。(37)この事件の内容は不明であるが、あるいは前年十一月の守護・地頭勅許とかかわりがあるのかも知れない。(38)

さて、山氏女の譲りを受けた源氏の下司職領掌は、長くは続かなかったようである。文治五年（一一八九）一月二十二日には、僧良宗を下司職とする仁和寺宮庁下文が下され、(39)また承元三年（一二〇九）正月二十一日にも同様の下文が下されている。(40)そして、建暦二年（一二一二）五月十七日には大法師宗秀を下司職とする下文が下されたのである。この間の事情は次の史料(41)からうかがえる。

H譲与　所領美作国布施社事

右、件社者、為二山氏重代相伝一門領一、譲二賜嫡女源氏一、而聊有二牢籠一之時、良宗注二子細一令二言上一之処、所レ賜二庁御下文一也、爰良秀且為二源氏之嫡子一、先年譲賜畢、仍相二副調度文書一、重一門譲与也、更不レ可レ有二他妨一之状如レ件、

建暦二年十一月朔日

大法師（良宗カ）判

源　氏　判

これによれば、くわしいことは不明であるが、源氏が布施社下司職を譲り受けたあと、何か牢籠があったらしい。そこで僧良宗が下司職を望み、それが認められたものらしい。その後、宗秀が下司職を得たが、(42)宗秀は良宗の子息であったものと思われる。この良宗・宗秀と源氏との関係は不明であるが、「一門」であったらしい。そして、良秀が源氏の嫡子なので、右の譲状によって、彼に下司職を譲るに至ったものらしい。この譲与は仁和寺宮によって認められるところとなり、建暦二年（一二一二）十一月九日に、良秀を下司職に補す親王庁下文が下されている。(43)

　このようにして良秀は下司職を得たが、彼は「奉公之勤労」によって、かつて山氏女が手離した預所職をも手にし、下司職・預所職・社務を合わせもつに至った。(44) そして彼は貞応二年（一二二三）四月八日、置文を認め、布施社を亀夜叉に譲ること、亀夜叉が成人するまでは兄の松夜叉が進止することなどを定めたのであった。(45) この二人は良秀の子息のようである。

　ところが、嘉禄二年（一二二六）五月十七日の親王庁下文で、ふたたび大法師宗秀が下司職に補任されている。(46) しかし、良秀が置文を認めた時から、この時点まで史料が一切ないので、その間の経緯については不明である。

　その後、布施社下司職および社務職は定秀の伝えるところとなった。ところが、彼は文永八年（一二七一）十一月十八日から病に沈んだので、翌文永九年三月二十八日に至って、次第文書等をそえて御室御所に進上することを決意したのである。その際、下司ならびに社務職は、その後家が一期の間知行することを条件としている。なお、成人した時に祖母から給わった別名である貞末名や定元その他の地も、後家一期の間の知行を願っている。(47)

　その後、南北朝内乱期を経過しても、布施社は仁和寺無量寿院領であったが、その領有は必ずしも安泰ではなかった。以下、史料を列挙しておこう。

I無量寿院領美作国布施社沙汰人禅性年貢抑留事、　奏聞之処、事実者、甚以不レ可レ然、厳密可レ有ニ尋御下知一之由、
天気所候也、以ニ此旨一、可下被レ申ニ入仁和寺宮（入道尊朝親王）一給上、仍執達如レ件、
「貞治四年」後九月卅日　　左京大夫（安居院・草名）「行知」
大蔵卿法印御房(48)

J仁和寺無量寿院雑掌申美作国布施社事、訴状具書如レ此、依レ為ニ相国寺領内一、近年寺納云々、所詮於ニ当所一者、各別之段、支証明鏡上者、止ニ庄主綺一、可レ被レ沙ニ汰‐付下地於雑掌一之由、所レ被ニ仰下一也、仍執行（ママ）如件、

応永七年四月廿六日　沙弥（畠山基国）判
赤松上総（義則）入道殿(49)

K仁和寺無量寿院雑掌申美作国布施社事、去月廿六日御教書如レ此、早任下被二仰下一之旨上、止二相国寺領庄主綺一、可レ被レ沙二汰-付下地於雑掌一之状如件、

応永七年五月十四日　沙弥（赤松義則）判
浦上美濃入道殿(50)

まず、Iによれば、当時、布施社沙汰人として禅性という人物がおり、禅性が年貢を抑留して問題となっていたことが知られる。また、Jによれば、応永七年（一四〇〇）ごろ、相国寺の荘主が、布施社を押領していたことが知られる。これは、布施社をとりまく富美荘が相国寺領となっていたためのことであったと考えられる。Jはその押領をとどめるための管領畠山基国奉書、Kはそれを受けて美作守護赤松義則が守護代浦上美濃入道に下した遵行状である。

降って、文明十年（一四七八）八月日の仁和寺当知行不知行所領文書目録の「御当知行御文書目録」に「一結　布施社」と見えるが、ただ、文書があること、そして当知行所領とされている他は不明である。(51)

以上が中世の布施社について知りうるすべてである。残念ながら、現在の布施神社に、中世に関する史料等は一点も存しない。

6　富美荘

富美荘(52)の史料上の初見は、十三世紀の中葉に作成された宣陽門院所領目録(53)であり、富美荘は、

新御領自二上西門院（統子内親王）一被レ進レ之、

の一つとしてみられる。

　これによれば、富美荘は、上西門院統子内親王から宣陽門院覲子内親王に伝領されている。上西門院統子は、鳥羽天皇の第二皇女で、母は待賢門院璋子である。保元二年（一一五七）に入内し、翌三年に後白河天皇の准母とされ、同四年に院号宣下があった。その後、平治の乱で幽閉されたが、乱後に落飾し、母待賢門院の再興した法金剛院に入寺、文治五年（一一八九）七月、楊梅《やまもも》油小路の御所で没した。あとでくわしくみるように、富美荘は法金剛院領の内として待賢門院から上西門院に伝えられたのであろう。

　富美荘がいつ宣陽門院覲子に伝領されたかは不明である。宣陽門院は後白河天皇の第六皇女で、母は、かの丹後局高階栄子である。建久二年（一一九一）六月に院号宣下があり、元久二年（一二〇五）落飾、建長四年（一二五二）没している。建久三年、後白河法皇崩御直前には六条長講堂と長講堂領とを譲与され、宮廷内で勢力をふるっていた。その所領は建長三年、鷹司院長子に譲られ、さらに後深草天皇に伝えられた。

　以上のように富美荘は、待賢門院から上西門院を経て宣陽門院に伝えられた、法金剛院領つまり皇室領荘園の一つであった。すなわち、富美荘は、院政期には、すでに皇室領荘園として存在していたものとみられる。

　法金剛院[54]は、待賢門院璋子が大治五年（一一三〇）に天安寺を再興して離宮としたもので、法金剛院領は、久安元年（一一四五）待賢門院没後、上西門院に伝領された。[55]先にもふれたごとく、富美荘もその内の一荘であったとみられる。ちなみに、待賢門院陵・上西門院陵とも、かつての法金剛院の一画に存在する。

　さて、『作陽誌』に次のようにみえる。

　　富庄

　富、古作二登美一、近世改レ字、山城国賀茂社記曰、乾元二年正月二十九日賀茂宮御造営云々、上卿坊城中納言、同年三月二十一日宣下課二用途於諸庄一、材木者美作国登美之杣也云々、此庄至レ今、山林森蔚（ママ）、巨木良材多出レ此焉、

これによれば、乾元二年（一三〇三）の賀茂社造営に当たって、その材木料所として「登美之杣」が選ばれたという。のちにもみるように、富美荘の材木は良質であったらしく、しばしば材木料所として史料上にみられるので、『作陽誌』の引く「賀茂社記」なるものを確認しえていないが、この記事をことさらに疑う必要もないようである。ただ、富美荘と「登美之杣」との関係がいかなるものであるかは、不明といわざるをえない。両者を完全に同一と考えてもさしつかえないが、荘と杣とは区別されていたとも考えられる。この点については、のちの行論とも関係するが、なお後考を俟ちたい。

ついで富美荘の名がみられるのは、貞和五年（一三四九）の御領処分状である(56)（ここでは、三時知恩寺に伝わった写を掲げるが、『中村直勝博士蒐集古文書』に原本がある）。

└（端裏書）「御領目録　自広義門院被進」

『広義門院御自筆』

かやうに　ものかき候
かゝせ　こと
まいらせ　むつかしく候
候へく候　ほとに

『光厳院御筆』
長講堂領丹波国野口庄
摂津国葺屋庄・尾張国篠木庄
備前国鳥取庄内中村
法金剛院領美作国富美庄
越前国腋本庄

この所々一こ《（期）》ののちハ、新院《（光明）》の御さた《（沙汰）》にて候へく候、長講堂領は、のちにはそう《（惣）》の御くわんれい《（管領）》候へきにて候へく候、あなかしく、

貞和五年九月十五日

先にも述べておいたように、富美荘は法金剛院領であった。法金剛院領は、待賢門院璋子からその娘上西門院統子に伝わり、さらに宣陽門院覲子に伝わった。宣陽門院は建長三年（一二五一）の御領処分において、それを後堀河天皇の中宮鷹司院長子に譲り、文永十二年（一二七五）三月、鷹司院が没するに及んで後深草上皇に伝わり、その後は持明院統（北朝側）に伝領された。そしてこのころは、広義門院領となっており、光厳上皇がそれを管領していたようである。[57] この文書から、富美荘はいぜんとして法金剛院領であったことが知られるが、問題は、この処分状が誰から誰へ宛てて出されたかである（以下、奥野高廣氏の御教示によるところ大である）[58]。

結論的にいえば、この処分状は、広義門院が光厳上皇に書かせたもので、宛て先は、光明院であろう。文意は、「広義門院の一期ののちに、リストの分は新院光明院に譲ります。そのあとは惣管領としなさい」というものである。

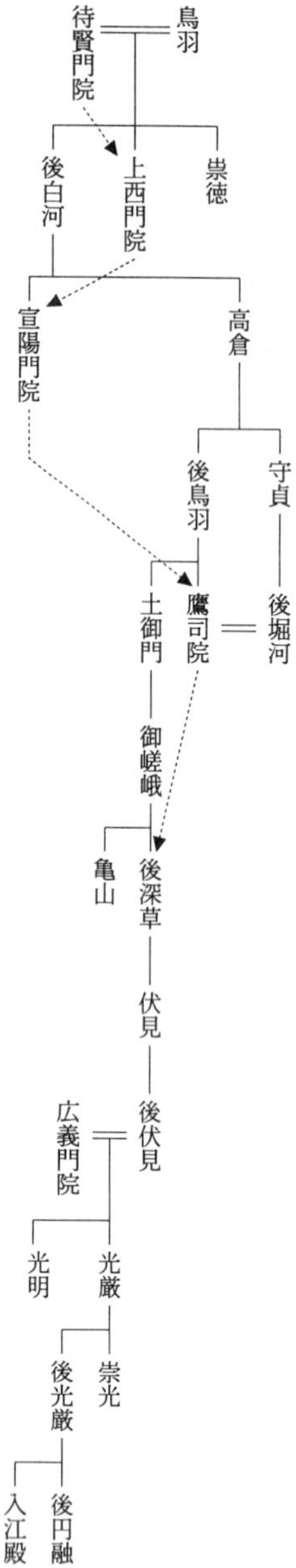

つまり、広義門院の真意は、リストアップされている所領を光明院に譲与するところにあったのである。[59] ところが、文和元年（一三五二）、光厳・光明・崇光の三上皇は吉野に幽閉されてしまった。[60] そのため長講堂領・法金剛院領等は広義門院が管領するところとなり、ここに記されている所領はそのまま広義門院の領するところとなった。[61] さて、その後の経緯をうかがえるのが、『京都御所東山御文庫記録』乙二十二、文和五年三月十一日条[62]にみえる、次の記事である。

　M富美庄、御塔頭へ可レ被レ寄之由、所二思食一也、但近日徒物歟、可レ然之地御案程也、

これによれば、広義門院は富美荘を、「御塔頭」に寄進しようとの意向をもっていたようである。この「塔頭」が何をさすかは不明であるが、あるいは、この文書（案文）の伝わった三時知恩寺をさすものとも考えられる。この推測の当否は別としても、この文書（案文）が三時知恩寺に伝存していることを考えると、富美荘は、その後、三時知恩寺[63]に寄せられたとみてよいであろう。

三時知恩寺側では、それを写し、その時「広義門院御自筆」「光厳院御筆」と書き入れ、「自広義門院被進」と端裏書したのであろう（以後の長講堂領・法金剛院領等の管領については省略する）。

しかし、Mに「但近日徒物歟、可レ然之地御案程也」とあるように、富美荘の支配は円滑にゆかず有名無実化していたようである。そのことと、富美荘から良質の材木がとれるという理由からか、その後、富美荘は幕府の目にとまり、相国寺領となった。[64] それは、前項でみた、応永七年（一四〇〇）四月二十六日付室町幕府管領奉書に、

　仁和寺無量寿院雑掌申美作国布施社事、訴状具書如レ此、依レ為二相国寺領内一、近年寺納云々、

とあることから明らかである。

また、富美荘は先にも指摘したように良質の材木が取れたため、その後、その杣は材木料所としてしばしば史料上にあらわれる。たとえば、『教言卿記』には次のようにみえる。

N応永十二年（一四〇五）十一月二十一日条

一、水田ヨリ盛都聞《（昌盛）》使下向、請取并状等遣レ之、都聞ハ杣山ニ公方御材木為ニ奉行一罷入之間、送文許ニテ無レ状、
然而是ヨリハ委細状、倉部或ハ人絵扇十本遣下者也、

O同年十二月二十九日条

一、盛都聞音信、富美庄ヨリ、杣ニ此間北山殿御材木奉行之間、依ニ計会一年内水田土貢不レ進、何様明春早々可レ進レ之云々、且蠟一器送給、闕如之処、自愛々々、即懸レ之、

Nによれば、備中国英賀荘水田郷から発せられた昌盛都聞よりの使者によると、昌盛は「杣山」に公方御材木の奉行として出かけているという。この昌盛は、相国寺常徳院の僧で、このころ、水田郷と隣の呰部郷を奉行し、その年貢収納の代官は退蔵庵主本逾が行なっていた。[65] ところで、この「杣山」であるが、Oから、それは富美荘の杣であることが知られる。

ところで、この「公方御材木」あるいは「北山殿御材木」であるが、これは、義満が北山に建てようとした相国寺大塔（七重塔）にかかわるものであるらしい。相国寺七重塔は、明徳四年（一三九三）六月に着工され、応永六年（一三九九）九月十五日に落慶供養が行なわれたが、応永十年（一四〇三）六月三日に落雷により第三層から出火し、炎上してしまった。[66] そこで義満は、それを北山に再建しようとし、応永十一年四月三日に立柱の儀が行なわれた。[67] それにより、柱の運送役ないし造営料段銭が諸荘に課せられているが、富美荘の杣はその材木料所となったものと考えられ、その奉行に昌盛都聞が任命されたものと解される。

さて、その四年後になると、ふたたび『教言卿記』に富美荘の名が見られる。

P応永十五年（一四〇八）正月二十日条

一、刑部男下富美《美作国》盛都聞許ヘ昨日門出、今暁進発、今度北山殿行幸出仕之為、水田郷公用事申下也、

Q同年二月五日条
一、刑部男富美ヨリ上洛、返事無之返事自是料足可上云々、
R同年二月十五日条
一、自富美有音信、水田年貢事可為借物之由申上之間、思案者也、
S同年二月十七日条
一、今朝盛都聞使下向也、借書五十貫持下也、
T同年三月四日条
一、水田庄ヨリ五十三貫文到、請取申、去年十二月御借銭弐十貫文、本利共ニ合今弐十弐貫四百事者、(下略)

Pによれば、正月十九日に使者が富美荘の昌盛都聞の許に出発しているが、それはこの度の「北山殿行幸」の出仕用途を備中国水田郷に課すためであるという。この「北山殿行幸」は、この年の三月八日の後小松天皇が足利義満の北山第への行幸のことをいう。その費用を水田郷に課したわけである。Qによれば、その使者が帰ってきたのが二月五日である。「返事無之、自是料足可上云々」の部分は意味が取りにくいが、水田郷からは返事がないので、富美荘の方から料足を出そうということであろうか。Rによればその月の十五日になって富美荘から便りがあった。水田郷からの料足は借物であるという。そこで十七日になって、五〇貫文の借書を持って使者が昌盛都聞の許に下った(S)。やがて、三月四日に水田郷から五三貫文がもたらされた。行幸は八日であるのでどうにか間に合ったようである。なお、昨年十二月にも二〇貫文借銭しており、その本利は二二貫四〇〇文になっているという。

さて、その後、約五〇年間、富美荘に関する史料はみられないようであるが、長禄二年(一四五八)九月から、富美荘の名は、しばしば『蔭涼軒日録』にみられるようになる。その逐一は略年表に譲ることとし、以下、そのあらましをみておこう。(68)

長禄二年（一四五八）九月二十七日、昌盛都聞に輪蔵の修理が仰せつけられたが、その見返りとして、昌盛を富美荘の荘主職に補任するようにと、幕府から寺家奉行の飯尾新左衛門大夫をもって寺家に仰せ出された。同様のことは十月七日に重ねて仰せ出されているが、昌盛都聞は辞退し続けていたようである。しかし、昌盛の辞退は聞き入れられなかったらしい。

長禄三年になると、まず美作守護山名政清の違乱が問題となっている。このころ、富美荘の杣は相国寺の風呂材木料所にあてられていたようであるが、それを守護方が押領したものらしい。その後、この守護押領分の運上は免除されたもようである。

翌寛正元年（一四六〇）になっても、風呂材木の運上は守護が難渋していてうまくいっていないようで、何度も問題となっている。

しかし、寛正二年ともなると、風呂材木の運上が具体化したらしく、過書が発行されたようである。その礼謝のため、長老評定衆が蔭凉職季瓊真蘂のもとに参じている。

ところが、寛正三年八月二十九日には、石清水八幡宮の神人が、二〇年前に、八坂塔の柱が流失した時、八〇余貫文で別の柱を買って償ったので、その分を富美荘の年貢で取り返したいと訴えてきた。しかし、これは却下されたようである。

その後、寛正六年四月、山名持豊の被官人の違乱があり、その停止が命令されているが、その後、しばらく富美荘の歴史は不明である。

富美荘の名が、ふたたび史料上にみられるようになるのは延徳三年（一四九一）になってからである。その間に、嘉吉の乱で一度断絶した赤松家は再興し、美作守護は赤松政則となっている。以下、先と同様、『蔭凉軒日録』を素材として、そのあらましをみておこう。

延徳三年（一四九一）七月十三日、富美荘荘主瑞臻都寺が年貢をまったく沙汰しないので改易され、代わりに料都聞が荘主に補任された。その補任銭「無利之引遣分」のことで意見が合わなかったが、結局、補任銭三〇貫文、「無利之引遣分」七〇貫文、計一〇〇貫文ということに決まったのであった。この「無利之引遣分」は、年貢の前納（立替）と考えられる。一般に年貢の前納（立替）分には、五文子程度の利子がつき、年貢から元利が返されるのである[69]が、ここでは、その利子がなしということであると解される。

七月十四日料都聞は荘主補任のお礼に蔭凉軒を訪れ、ついで七月十八日、料都聞の依頼で蔭凉職亀泉集証は、後藤藤左衛門尉に書状を書いている。これは、亀泉集証が赤松家臣後藤氏の出身であり、後藤氏は美作の有力国人であったので、一族の藤左衛門尉に、荘主職をつつがなくつとめられるように助力を依頼したものと考えられる。

七月十九日に富美荘に下った力者は八月十一日に帰ってきて、後藤藤左衛門尉の書状を持ってきた。ところがその間に、赤松政則の有力被官浦上則宗と、播磨国人でこのころ備前・美作方面にも勢力を伸ばしていた島津景忠[70]が、再三富美荘代官職のことで亀泉集証のもとに書状が届いている。これは、島津景忠が富美荘代官職を望んできたものらしく、のちの史料をみると島津景忠は、代官職に補任されたようである。

翌延徳四年（一四九二）正月十三日には、年中方丈の煩費六〇〇〇疋（六〇貫文）を、富美荘年貢の内をもって宛てることが決められる。五月十日になってそのことがふたたび問題となったようで、諸老評議の結果は、荘主が沙汰しないのであれば、改易すべきとのことのようである。ついで七月一日に亀泉集証は荘主料都聞と談話し、話は富美荘のことに及ぶが、その三日後、葉室光忠から富美荘代官職を本庄四郎左衛門尉勝利と契約したと伝えてきた[71]。葉室光忠は、このころ将軍義材の側近にあって専横をきわめた人物である[72]。翌五日それを料都聞について伝えると、六日夜に料都聞が来て、本庄の代官職はいわれがないといい、また料都聞は、島津三郎の言葉に従い、大河原のもつ公文職を召し放つという。翌七日には、富美荘代官職についての返事等七件を書き立て、近江の陣にいる将軍足利義材のもとに遣わし、それは殿中申次葉室光忠をつうじて達せられた。そして十日には、相国寺に引き替えた分は二〇〇貫文、利子を加えると二七〇貫になると、寺家の借書を持ってきていうのであった。本庄の代官職補任については、伊勢貞宗があやまったようで、どうやら、その話は沙汰やみとなったようである。翌十一日には、富美荘年貢を、方丈維那寮月俸油炭料にあてることが定められた。料都聞が、それは引き替え分として取ることになっているといったので、住侍が月俸油炭料にあてることをあきらめようとしたが、今は寺納がなくとも先々寺納があるとの意見が出て、そのようになったという。亀泉集証はそれを聞いて料都聞の引き替え分を返納することを確認させている。

七月十二日には葉室光忠の書状が来る。本庄四郎左衛門尉勝利の返事も添えてあり、料都聞に口添えしてほしいといっている。夜には大河原三郎が来て、富美荘について話す。どうやら同荘公文職を望んでいるらしい。このことについては、翌十三日にもやりとりがあった。そして十七日には、富美荘代官職などのことを、葉室光忠に伝えている。おそらく、本庄の補任はことわったものとみられる。ついで七月二十四日には、富美荘年貢を方丈維那寮毎月下行銭にあてることが決まったが、料都聞が難渋しているのは不届きであるので、亀泉集証の方から仰せ付けてほしいとの申し入れがあった。翌二十五日、料都聞が富美荘の勘定を行なったところ、八件の勘定があるが、どれも有名無実であるという。その後、十月十四日、方丈で富美荘のことについて評定がなされている。ただし何が評定されたかは不明である。

ついで富美荘が『蔭涼軒日録』にみられるのは、翌明応二年（一四九三）の六月から八月にかけてである。まず六月九日に、亀泉集証は富美荘代官職を大河原三郎が所望していると、料都文《(聞)》に伝えた。すると料都文が来たので、しばらくその話をした。そして、大河原三郎が所望していると直接将軍に上達することとし、そのことは島津にも伝えることになった。六月二十七日には富美荘のことで、大河原の被官殖原九郎左衛門尉が烟景（銭五〇〇文）を持ってきたが、亀泉集証は虫気によって会わなかった。今度は大河原は代官職補任を望んでいるようで、七月十日に補任が決まり、七月十一日には、その被官の殖原九郎左衛門尉と葦田八郎左衛門尉とが、七月十七日には、大河原三郎が補任の礼に来ている。

その間、七月一日には、富美荘の名主百姓等が島津景忠を訴える訴状二通が届いたので、それを料都聞が持ち帰ったが、七月二十六日になって、料都聞は、自分の書状と地下注進状（訴状）を赤松政則に渡してほしいといってきた。二十八日、それを赤松被官の別所大蔵少輔のところへ持って行くが、別所は、同じく赤松被官である上原対馬守のところへも同じことを申し入れてほしいという。その理由は、島津は、「太無道之仁」なので、きっと違乱に及ぶであろう。そのときは屋形（守護赤松政則）の下知がなければ島津の違乱はやまないであろうというのである。亀泉集証は、相談して来ると引き返し、八月一日に先に別所に宛てた書状の宛所を、別所と上原との両人宛てとし、荘主料都聞の書状も書き改め、三日にそれらを、上原対馬守のもとに持って行かせた。こんなごたごたが続くので、八月十七日には、富美荘の件で斎がないというありさまであった。このような経緯を経て、赤松政則の同意を八月二十一日に得たのである。

その後、大河原三郎は代官として下向したらしく、『鹿苑日録』明応八年（一四九九）九月十九日条には、「冨庄由（内ヵ）乱邦（妨）、大河原奪之」と見え、富美荘は大河原の手中に帰し、年貢は上納されなかったようである。また、同年十月二十四日には、諸荘のことについて評定が行なわれたが、「富美本役」のことが話題となっている。

降って、『鹿苑日録』天文七年（一五三八）四月十日条所引の僧録司梅叔法霖書状は、「英多・楢原并富美庄」の再興について、この頃美作国を支配下に置いていた尼子晴久に申し入れるよう海蔵寺惟玄要首座に依頼した書状であるが、これによれば、相国寺は、このころ富美荘を支配し得ていなかったとみられる。これ以降、富美荘の名はみられない。

このように、相国寺領であっても、守護勢力の力を借りねば、支配がおぼつかなく、また、守護勢力の侵略を防ぎようもなかったというのが、この時代の富美荘の姿であった。

以上が、富美荘について知られるすべてである。(73) 蔭涼職であった季瓊真蘂は赤松氏一族の上月氏の出自、同じく亀泉集証は美作国人で赤松被官の後藤氏の出であるため、断片的ではあるが、富美荘の歴史は『蔭涼軒日録』からかなりうかがうことができたのである。

おわりに

以上、冗長になったが、布施荘・布施社の現地比定と、布施荘（郷）・布施社・富美荘（杣）の歴史とについて述べてみた。不明として残した点も多いが、これによって、少なくとも布施荘・布施社の現地比定は確定したものと思う。また、従来あまり関心を持たれず、明らかにされてこなかった布施荘（郷）・布施社・富美荘（杣）の歴史も、かなり明らかになったものと思う。

注

（1）たとえば、『作陽誌』（ここでは矢吹金一郎訂『新訂作陽誌』西作誌下巻、一九一四年七月、作陽古書刊行会、を用いている）、永山卯三郎著『岡山県農地史』（岡山県庁、一九五二年）四八一頁、清水正健編『荘園志料』上巻（角川書店、一九七一年）一〇八九頁、藤井駿「美作国の布施荘について」（岡山県刊『蒜山の自然と人文』所収、のち『吉備地方史の研究』法蔵館、一九七一年、所収。以下、後者による）、など。
（2）たとえば、竹内理三編『荘園分布図』下巻、吉川弘文館、一九七五年、一三〇頁。
（3）たとえば、和歌森太郎編『美作の民俗』（吉川弘文館、一九六三年）一八一頁（萩原龍夫執筆）など。
（4）藤井駿、前掲注（1）論文など。
（5）『作陽誌』（西作誌下巻）、永山卯三郎、前掲注（1）書、四八一頁など。

(6) 現在の真庭郡はかつての大庭郡と真島郡を合わせたものであり、苫田郡は苫西郡と苫東郡とを合わせたものであるが、以下では大庭郡・真庭郡・苫西郡・苫田郡のいずれの名称も用いている。その使い分けは大庭郡・苫西郡は歴史的名称として、真庭郡・苫田郡は現行行政区画名称として用いることにする。
(7) 年未詳「美作国十二郡六十四郷」(『吉備群書集成』第二輯所収「作州記」所引)
(8) 藤井駿、前掲注(1)論文
(9) のちにも述べるように、布勢郷の領域のすべてが布施荘となったものか、その一部のみなのかは不明である。
(10) この鐘は長谷寺に行き実見した。その際に撮影したのが図2である。
(11) 以下、湯原町大字社に存在する布施八社に比定する説については検討を加えないが、その説の可否は行論中で明らかになろう。
(12) 福田神社蔵
(13) 同右
(14) 原文書(正文)は現在福田神社蔵。『岡山県古文書集』第四輯に「美作福田神社文書」として収録されている。
(15) 『作陽誌』西作誌下巻所引(『大日本史料』第七編之四、五五一頁)以下にみる、布施社関係史料のほとんどは『作陽誌』所引のものである。そして、その大部分は、現在所在不明であるが、現在に文書が伝わるものと『作陽誌』とを校合すると、その判読はきわめて正確のようである。それゆえ、『作陽誌』所収の史料は依拠するに充分足るものと考えられる。以下、『作陽誌』のみに伝わるものは、『平安遺文』『鎌倉遺文』の番号のみを、現在に文書が伝わるものは、その所在を明らかにすることにする。
(16) 富美荘(杣)に関しては、藤井駿「美作国の富美杣について」(前掲注1『吉備地方史の研究』所収)がある。
(17) 矢吹正則『美作略史』巻之一、貞観五年五月二十六日の項。
(18) 和歌森太郎編、前掲注(3)書、一八一頁(萩原龍夫執筆)にも、「大庭郡と苫田郡との境界も古くから今のままであったかどうかわからない……」との指摘がある。
なお、『富村郷土史』も指摘しているように、『日本三代実録』貞観五年(八六三)五月二十六日条に、「分二美作国苫田郡㆒、為㆓苫東、苫西・郡（二脱カ）㆒」とみえる。

(19) 拙稿「美作国久世保」（『岡山県史研究』創刊号、一九八一年）三〇〜三一頁を参照。本書第Ⅱ部一章

(20) 以下、布施八社については、『式内社調査報告』二二巻（皇學館大學出版部、一九八〇年）、二五三〜二七三頁を参照。

(21) 『八坂神社記録』（増補続史料大成本）二巻一九三頁、二二二〜二二三頁。三巻一三頁、四二頁、など。

(22) 平家所領は、ほとんどが領家職以下であり、本家職はなかったといわれている。

(23) 『朽木家古文書』上巻一〇五号（『鎌倉遺文』一三巻九三五四号）。なお、『鎌倉遺文』の編者は、発給者の「沙弥為蓮」を「朽木為時」としている。これは、この文書が「朽木文書」の内に含まれていることからの人物比定であろうが、この文書が朽木文書として伝わったのは、受給者の文殊（心妙）が朽木氏に嫁いだからであり、「為蓮」は藤原氏である（佐々木氏は近江源氏）。『鎌倉遺文』一三巻九五七〇号として同文の文書が収録されているが、それは年紀間違い（「文永三年」としている）。

(24) 為時と為成との関係は、あまりはっきりしない。たとえば『尊卑分脈』には為時はみえず左のようになっている。

工藤介茂光―行光┬狩野光時
　　　　　　　　└為佐―為仲―為成―為忠

この系図で為成の父となっている為仲は『吾妻鏡』等に出てこない。『吾妻鏡人名索引』は、為時と為成とを兄弟とし、ともに、為佐の子としている。これは、『吾妻鏡』寛元二年（一二四四）正月十六日条に、

肥後三郎左衛門尉為重父前太宰少弐為佐、当時為㆓内御厩別当㆒、

とみえる「為重」を為成と同一人物とみたことによるものらしい。しかし、文永七年（一二七〇）閏九月十日関東下知状（『鎌倉遺文』一四巻一〇六九八号）には、

為成祖父大宰少弐為佐法師法名蓮佐

とみえ、為成は為佐の孫とされている。

この点について、大橋俊雄氏は、為成は為佐の孫で父が早世したので為佐が養育したものとみている（『戸塚区の歴史』戸塚区観光協会、一九七九年、九二頁）。

また、但馬国太田文（『鎌倉遺文』二一巻一五七七四号）には、城崎郡新田荘の地頭は「肥後三郎兵衛《ママ》尉為重跡」となっているが、中分された地頭方は三方に分かれ、それぞれの一分地頭は、「肥後三郎左衛門為重女子周防守妻女」、「地頭甲斐入道為連《ママ》後家尼四憶《ママ》」、「地頭為重女子伊賀局」となっている。これらのことと、為時と為成の史料上の初見が重なる点などを考え合わせると、為時は為仲の弟で、為仲が若死したので、為佐は、為仲の子為成を為時の弟として養育していたというのが妥当なところではあるまいか。なお、この家系については、機会を得て検討してみたい。

(25) 前注（24）を参照。
(26) 「美吉文書」二（『大日本史料』第七編之一、五五頁）
(27) 「美吉文書」一（『大日本史料』第七編之一、五五〜五六頁）
(28) 『親基日記』寛正六年（一四六五）八月十五日条・九月二十九日条、同七年（一四六六）二月二十五日条、文正元年（一四六六）三月十七日条など。
(29) 『親基日記』文正元年（一四六六）六月十七日条
(30) 『続群書類従』第二十九輯雑部
(31) 桑山浩然「室町幕府経済の構造」（永原慶二編『日本経済史大系2　中世』東京大学出版会、一九六五年）二二四〜二三三頁「〔別表〕室町幕府料所一覧表」を参照。
(32) 田中稔「仁和寺文書拾遺」（『史学雑誌』六八編九号、一九五九年）（1）。『平安遺文』一〇巻四九八〇号
(33) 田中稔『仁和寺文書抄』六〜七頁。『鎌倉遺文』一巻一六三号。ただし『鎌倉遺文』は若干錯綜がある。
(34) 田中稔『仁和寺文書抄』一〜二頁。『平安遺文』一〇巻四九八四号
(35) 『平安遺文』八巻四二六八号
(36) 『鎌倉遺文』一巻一九〇号
(37) 同右
(38) 『玉葉』文治元年（一一八五）十一月二十八日条、『吾妻鏡』同日条を参照。
(39) 『鎌倉遺文』一巻三六一号（吉井良尚氏所蔵文書）

(40)『鎌倉遺文』三巻一七七二号
(41)『鎌倉遺文』四巻一九五〇号
(42)『鎌倉遺文』四巻一九三二号
(43)『鎌倉遺文』四巻一九五二号
(44)『鎌倉遺文』五巻三〇八三号
(45)同右
(46)『鎌倉遺文』五巻三四九二号
(47)以上、『鎌倉遺文』一四巻一一〇〇一号
(48)「仁和寺文書」三（『大日本史料』第六編之二七、四七～四八頁）。なお、東京大学史料編纂所蔵影写本「仁和寺文書」一、五五オ～ウに左記の如くある。

（端裏書）
「箇（ママ）納」
「綸旨　御領方」
（中略）美作布施社貞治四後九卅（後略）

(49)『大日本史料』第七編之四、五五一頁
(50)『大日本史料』第七編之四、五五一～五五二頁
(51)『広島県史　古代中世資料編Ｖ』所引「仁和寺文書」
(52)富美荘（杣）に関する先行研究としては、藤井駿、前掲注（16）論文がある。
(53)『鎌倉遺文』五巻三三七四号
(54)「仁和寺諸堂記」（『仁和寺史料』寺誌編一）には、

（頭書朱）「三重塔、女院御建立」
法金剛院　待賢門院御建立、御室御沙汰也、毎年被行一切經會、有舞樂、

とある。

(55) 以下、法金剛院領・長講堂領等の伝領については、『御料地史稿』(帝室林野局、一九三七年)を参照。
(56) 東京大学史料編纂所蔵影写本「三時知恩寺文書」三。奥野高廣氏の御教示(私信)によれば、これは写で、書き入れは、写した時に記したものであるらしい。『中村直勝博士蒐集古文書』(中村直勝博士古稀記念会、一九六〇年)五六の方が原本のようである。本文が若干異なるので、次に示しておく。

「　ものにかき候
ほとに　こと
かやうに　むつかし
かゝせ　く候
まいらせ
候へく候　」
長講堂領丹波国野口庄
摂津国葺屋庄　尾張国篠木庄
備前国鳥取庄内中村
法金剛院領美作国富美庄
越前国腋本庄
この所々、一このゝちハ新院の御さたにて候へく候、長講堂領は、のちにはそう御くわんれいにつき候へく候、あなかしこ〳〵
貞和五年九月十五日
右の「　」内(異筆)分が広義門院が記したもので、本文は光厳院筆らしく、文書名を、「光厳上皇宸翰御領処分状」としている。
(57) 中世の皇室領荘園の名儀上の所有権者は女院で、院がそれを管領するのが一般的。
(58) 以下、奥野高廣氏の御教示は私信による。

(59) 光明院は光厳院の弟で二人とも広義門院の子。光明院は母広義門院の意向によるものか光厳院の猶子となっていたようである。なお、私のみた「三時知恩寺」の影写本では確認できなかったが、藤井駿氏は、Lの端裏書を、「御領目録 光明院自広義門院被進(カ)」としている(前掲注(16)論文、三五九頁)。
(60) これは、足利尊氏が弟直義を討つために鎌倉に下向するに際して(観応の擾乱)、背後のうれいをなくすために、南朝方と和睦(南朝側は降伏とみた)したため、北朝すなわち崇光天皇が廃されたことにかかわる。このとき、南朝方は、八幡まで進み、三上皇および廃太子直仁親王を吉野に連れ帰った。ただし、長講堂領・法金剛院領等は持明院統(北朝)側に安堵されている(『園太暦』観応二年〈一三五一〉十一月二十四日条・二十五日条・二十六日条、十二月十八日条)。また、光厳上皇は、南朝方に八幡へ迎えられる際、長講堂領以下の所領の文書等を洞院公賢の文庫に預けている(『大日本史料』第六編之十六、二八一頁所引「仙洞御文書目録」)。
(61) 『園太暦』文和元年(一三五二)九月八日条
(62) 『大日本史料』第六編之二十、四四二〜四四七頁所引。
(63) 三時知恩寺は後光厳天皇の皇女入江内親王(見子)が、崇光院の御所入江殿を給わり、覚窓性山を開基として迎えて開いた寺。
(64) おそらく、三時知恩寺には替地が与えられたのであろう。
(65) 臼井信義「『教言卿記』」(『高橋隆三先生喜寿記念論集 古記録の研究』続群書類従完成会、一九七〇年、所収)四八七頁を参照。
(66) 『兼宣公記』応永十年(一四〇三)六日三日条
(67) 『大日本史料』第七編之六、同日条(六八一〜六八六頁)
(68) 以下、『蔭凉軒日録』によるものは注を省略。略年表を参照。
(69) 月に一〇〇文につき五文の利子のこと。
(70) 島津景忠については、拙稿「備前国香登荘」(『岡山県史研究』五、一九八三年)を参照。本書第Ⅱ部三章
(71) この本庄勝利については未考。後考を俟ちたい。

(72) 上杉剛「足利義材政権についての一考察—殿中申次を通じて—」(青山学院大学史学会『史友』一七、一九八五年)二七頁を参照。

(73) なお、『富村郷土史』によると、大字大《おお》の神田神社に、次のごとき棟札があるという。

「　至徳四年丁卯二月九日釿始大願主当村一結衆
富美庄応村若王子宮追造　同二月十七日柱立勧進比丘栄珠
　同六月一日丑尅棟上　大工右兵衛尉藤原家重
　　　　　　　　　　　小工　　刑部次郎　」

(裏)

「棟上之時奉加
□寄□勒(ママ)置焉(ママ)一疋米一俵銭参百文□□行綱幣帛絹一疋民部
兄弟寄合
馬一疋経守　馬一疋□□道阿
馬一疋□栄珠　馬一疋右近二郎其外一結衆中勒(ママ)置馬ノ料足
　□□円阿母儀　応村一神主□□□　」

(二〇四〜二〇五頁、(ママ)は引用者)

また、元禄元年(一六八八)に記した、名の口伝なるものがあるというが(同書二五頁に写真版あり)、実見できなかったので、紙幅の制約もあり、ここでは言及しない。

〔附記〕本論文がきっかけとなり、その後『富村史』(古代中世)を執筆することとなったが、その際に旧稿で見落としていた史料に気づき、同村史ではそれを補って記したので、その部分は加筆した。その主たるものは、室町期の『教言卿記』『蔭涼軒日録』などに見られる富美荘(杣)の動向についてである。なお、富村は、苫田郡鏡野町・上斎原村との合併により、苫田郡鏡野町となった。

表1　布施荘関係略年表

西暦	年月日	記事	典拠
一一七二	承安2・7・15	祇園社安居会始行	4—(21)
?		源頼朝、安居会料所として布施荘を寄進	〃
一一九〇	文治6(建久1)・4・19	内宮役夫工作料未済所々として布施郷みえる(地頭三善康清)	鏡、同日条
一二六五	文永2・9・23	藤原為時(為蓮)、布施荘年貢銭三〇貫文を、一期の間、四女文殊(佐々木御前)に譲り与える	B
一三五二	正平7・2・13	地頭として「肥後前司」の名みえる	C
?		山名義理、布施荘を知行す	D
一三九二	明徳3・12・25	幕府、布施荘(山名義理跡)を摂津能秀に宛て行なう	〃
一三九三	〃 4・2・11	幕府、摂津能秀の訴えにより、美作守護赤松義則に布施荘の遵行を命じる	E
?		富永久兼、布施郷を知行す	F
一四九七	明応6・	幕府、小林民部少輔に布施郷を宛て行なう	〃
一五四〇	天文9・1・10	幕府、小林民部少輔の布施郷知行を安堵する	〃

注(1)　典拠欄のB～Fは本文中の史料記号
(2)　典拠欄に「鏡」とあるのは『吾妻鏡』
(3)　典拠欄に、4—(21)とあるのは、節—注番号

表2　布施社関係略年表

西暦	年月日	記事	典拠
一一二八	大治3・12・—	平正頼、布施社執行職を養子七郎君に譲り与う	平一〇—四九八〇
一一三一	天承1・9・6	七郎君の布施社執行安堵の某御教書出さる	平一〇—四九八四
〃	〃 1・9・15	七郎君の布施社の執行安堵の美作国留守所下文出さる	〃
?		伊賀法橋(七郎君)、布施社を仁和寺覚法法親王に寄進し、預所職となる	G
?		布施社預所職、伊賀法橋→後家→孫女子→山氏女と伝わる	〃

表3 富美荘関係略年表

西暦	年月日	記事	典拠
一一三〇	大治5・10・15	法金剛院落慶供養	
?		山氏女、預所職を中納言法橋に寄せ、自身は下司職となる	G
一一八五	元暦2・7・7（文治1）	仁和寺宮、山氏女を布施社下司職とす	平八－四二六八
一一八六	文治2・8・―	山氏女、下司職を嫡女源氏に譲り与う	G
〃	〃 2・11・12	守覚法親王、依清・貞村・守忠らの濫妨停止の下文を出す	鎌一－一九〇
一一八九	〃 5・1・22	守覚法親王、僧良宗を布施社下司職とす	鎌一－三六一
一二〇九	承元3・1・21	無品親王、大法師良宗を布施社下司職とす	鎌三－一七七二
一二一二	建暦2・5・17	二品親王、大法師宗秀を布施社下司職とす	鎌三－一九三二
〃	〃 2・11・1	大法師（良宗カ）、布施社下司職を良秀に譲り与う	H
〃	〃 2・11・9	二品親王、大法師良秀を布施社下司職とす	鎌五－一九五二
?		良秀、布施社預所職・社務・下司職を合わせ持つ	鎌五－三〇八三
一二二三	貞応2・4・8	某（良秀カ）、布施社下司職を亀夜叉に譲り与え、その成人まで、兄松夜叉に進止さす	〃
一二二六	嘉禄2・5・17	道助法親王、大法師宗秀を布施社下司職とす	鎌五－三四九二
?		定秀、布施社下司職および社務職を得る	鎌一四－一一〇〇一
一二七二	文永9・3・28	定秀、下司ならびに社務職を後家一期ののち、御室御所に寄進す	〃
一三六五	貞治4・閏9・30	後光厳天皇、布施社沙汰人禅性の年貢抑留停止の綸旨を出す	I
一四〇〇	応永7・4・26	幕府、赤松義則をして、相国寺（富美荘）荘主の綺いを停止せしむ	J
〃	〃 7・5・14	美濃守護赤松義則、浦上美濃入道をして、相国寺荘主の綺いを停止せしむ	K

注（1） 典拠欄のG～Kは本文中の史料記号

（2） 典拠欄に「平一〇－四九八〇」「鎌一－三六一」とあるのは、それぞれ『平安遺文』一〇巻四九八〇号文書、『鎌倉遺文』一巻三六一号文書を示す

?	（一二世紀半ば）	法金剛院領富美荘の成立?	
?	（一二五〇年頃）	富美荘、宣陽門院所領目録に「自上西門院被進之」新御領としてみえる	鎌五―三二七四
一三〇三	乾元2・3・21	登美之杣、賀茂社造営材木料所にあてられる	作陽誌
一三四九	貞和5・9・15	広義門院（?）御領処分状に「法金剛院領美作国富美荘」とみえる	L
一三五六	文和5・3・11	広義門院、富美荘を「御塔頭」に寄せたいとの意向あり	M
一四〇〇	応永7・4・26	（富美荘）相国寺領としてみえる	J
一四〇五	応永12・	富美荘の杣、北山殿材木料所にあてられる	N・O
一四〇八	応永15・1・20	水田郷の公用のことで、刑部男を富美荘に遣わす	P
〃	〃15・2・5	刑部男が富美より帰洛するが、返事はない	Q
〃	〃15・2・15	富美より便りあり。水田郷からの料足は借物という	R
〃	〃15・2・17	使者が盛都聞の許に、五〇貫文の借書を持って下る	S
〃	〃15・3・4	水田荘より五三貫文到来	T
一四五八	長禄2・9・17	幕府、昌盛都聞に輪蔵を修理させるために、富美荘荘主職を与えようとの意向あり	蔭
〃	〃2・10・7	幕府、重ねて昌盛都聞を富美荘主とするとの意向あり	〃
〃	〃2・11・10	昌盛都聞の富美荘荘主職辞退認められず	〃
一四五九	〃3・4・10	富美荘に対する守護山名政清方の違乱を旧規のごとく成敗す	〃
〃	〃3・10・15	風呂材木、国方（守護方）に押し置かれた分を免除する	〃
〃	〃3・10・24	風呂材木につき、美作守護山名政清方に奉書を出させる	〃
〃	〃3・12・21	守護方押領分を免除するとの奉書を出させる	〃
一四六〇	〃4・7・5（寛正1）	富美荘成敗のことを、伊勢守（伊勢貞親）と寺奉行飯尾左衛門大夫とに相い計らわせる	〃
〃	寛正4・9・26	風呂材木を美濃守護が沙汰しないので、寺家より取り進めさす	〃
〃	〃4・閏9・15	材木難渋につき、堅く守護方に仰せつける	〃
〃	〃4・10・4	〃	〃
〃	〃4・10・9	〃	〃
〃	〃4・10・21	美作守護山名政清、富美荘材木遵行の奉書が出されたので御目通りを申し出る	〃
一四六一	〃2・10・17	材木河上過書のことを寺奉行飯尾左衛門大夫に仰せ付ける	〃
〃	〃2・11・15	材木河上過書のことを南都雑掌ならびに成身院に仰せ付ける	〃

一四六一	寛正2・11・16	材木河上勘過が仰せ付けられ、その礼謝のため、長老評定衆が蔭凉軒を訪れる	蔭
一四六二	〃　3・4・5	材木過書のことを寺奉行飯尾左衛門大夫に命ずる	〃
〃	〃　3・8・29	二〇年前、八坂塔の柱が流出したとき、八〇余貫文で別の柱を買って償ったので、その分を富美荘年貢で取り返したいと石清水八幡宮神人が訴えてきたが、謂れなしということになる	〃
一四六五	〃　6・4・17	富美荘等を、山名持豊被官人が違乱したので停止させる	〃
一四九一	延徳3・7・13	富美荘荘主瑞臻都寺が年貢をまったく沙汰しないので改易し、代わりに料都聞を荘主に補任する。その補任銭無利之引遣分で対立するが、補任銭三〇貫文、無利之引遣分七〇貫文、計一〇〇貫文となる	
〃	〃　3・7・14	料都聞、荘主補任のお礼のため蔭凉軒を訪れる	〃
〃	〃　3・7・18	料都聞の依頼で後藤藤左衛門尉（藤左）に書状を書く	〃
〃	〃　3・7・19	料都聞、常住力者を富美荘に下す	〃
〃	〃　3・8・5	富美荘代官職のことにつき、月関方より、浦上則宗（浦作）・島津景忠（小三郎）からの書状が来る	〃
〃	〃　3・8・11	富美荘に下った力者が帰洛し、藤左の返事を持ち来たる	〃
〃	〃　3・8・12	島津の北堂方より、富美荘代官職についての書状が来る	〃
〃	〃　3・8・19	富美荘のことにつき、浦作・島津小三郎から書状が来る	〃
〃	〃　3・8・22	月関方へ、富美荘についての浦作・島津小三郎への返事を遣わす	〃
〃	〃　3・8・23	富美荘のことにつき、藤左・島津小三郎から書状来る	〃
一四九二	〃　4・1・13	年中方丈の煩費六〇〇〇疋を、富美荘年貢の内をもって宛てることになる	〃
〃	〃　4・7・1	荘主料都聞と富美荘のことについて談話する	〃
〃	〃　4・7・4	葉室光忠から、富美荘代官職を本庄四郎左衛門尉勝利と契約したと伝えてくる	〃
〃	〃　4・7・5	葉室光忠から伝えてきた富美荘代官職のことを荘主料都聞に伝える	〃
〃	〃　4・7・6	料都聞、本庄の代官職は謂れなしという。また島津小三郎の言葉に従って大河原三郎のもつ公文職を召し放つという	〃
〃	〃　4・7・10	料都聞、寺家に引き替えた二〇〇貫文（本利とも二七〇貫文）に及ぶ借書をみせる。本庄の代官職補任については備中守（伊勢貞宗）があやまる	
〃	〃　4・7・11	富美荘年貢を方丈維那寮月俸油炭料に宛てることが定められる。料都聞は引き替え分として取るべきものであるという。住持はあきらめようとしたが、先々は寺納分があろうということでおさまる	〃

一四九二	〃4・7・12	葉室光忠から、本庄の返事を添えて、料都聞に口添えしてほしいとの書状がくる。夜、大河原が来て、富美荘について話す	蔭
〃	〃4・7・13	富美荘公文職についての料都聞の書状を大河原三郎方に渡す。また、本庄勝利、葉室光忠（?）の書状を料都聞に見せてほしいという	〃
〃	〃4・7・17	富美荘代官職のことを葉室光忠に伝える	〃
〃	〃4・7・24	方丈維那寮毎月下行銭に宛てるべき富美荘年貢を料都聞が難渋しているので、堅く仰せつけてほしいとの申し入れがある	〃
〃	〃4・7・25	料都聞、富美荘の勘定を行ない、八ヵ所の勘定があるが、皆有名無実の由をいう	〃
一四九三	明応2・6・9	富美荘代官職を大河原三郎が所望していることを料都聞に告げると、島津景忠に伝えるとのこと。	〃
〃	〃2・6・27	富美荘のことにつき、大河原被官の殖原九郎左衛門尉が銭五〇〇文を持って来る	〃
〃	〃2・7・1	富美荘より名主百姓等が島津を訴えた訴状二通が来る	〃
〃	〃2・7・10	富美荘代官職補任を大河原三郎が望み、補任される	〃
〃	〃2・7・11	大河原三郎方殖原九郎左衛門尉・葦田八郎左衛門尉が富美荘補任の礼謝に来る	〃
〃	〃2・7・17	大河原三郎が五〇〇疋を持って補任の礼に来る	〃
〃	〃2・7・26	料都聞、自分の書状と地下注進状を美作守護赤松政則に伝えてほしいと持ってくる	〃
〃	〃2・7・28	料都聞の持参のものを別所大蔵少輔（別大）方に持って行く。別大は、上原対馬守のところへも同じことを申し入れてほしいという。理由は、赤松政則の下知がなければ島津の違乱は止まらないだろうというのである	〃
〃	〃2・8・1	富美荘のことにつき、談合のため、丹公を藤左のもとに遣わす。また富美荘について別大に宛てた書状の宛所を、別大・上原対馬守両人に書き改める	〃
〃	〃2・8・3	富美荘についての荘主料都聞申状と地下訴状を上原対馬守に渡す	〃
〃	〃2・8・21	富美荘について、赤松政則の同意を得る	〃

注（1）典拠欄のL〜Oは、本文中の史料記号
（2）典拠欄に「鎌五－三二七四」とあるのは『鎌倉遺文』五巻三二七四号文書を示す
（3）典拠欄に「蔭」とあるのは『蔭涼軒日録』のいずれも同日条を示す

五　九条家領播磨国田原荘・蔭山荘の成立

はじめに

宮内庁書陵部から『図書寮叢刊』の一環として『政基公旅引付』が公刊されて、中世後期の公家領荘園研究が大いに発展するきっかけを作ったことは、周知の通りである。しかし、その後『壬生家文書』『九条家文書』などが刊行されてすでに久しいが、『政基公旅引付』の舞台となった和泉国日根野荘の研究を別にすると、今もってそれらをもとした成果はほとんどないといわざるを得ないのが現状ではなかろうか。

私は、以前より壬生家領荘園・九条家領荘園に関心をもっており、それにもとづく成果も若干発表したことがある。(1) その後も、両家領荘園についての関心は持続しており、その中でも、かなりの調査を進めてきたのが、淡路国都志郷、および播磨国田原荘・同国蔭山荘についてである。都志郷の故地は兵庫県津名郡五色町であり、田原荘・蔭山荘の故地は兵庫県神崎郡福崎町である。調査を進めて行く段階で、いずれも町教育委員会の多大なお世話になり、またそれぞれの町が企画していた町史執筆に関わらせていただいた。(2) そういった地元自治体の協力を得られてこそ、研究を進めることができたわけであり、それが荘園史研究を進めて行く際の楽しみでもあるが、それと同時に、むずかしい荘園の歴史を自治体史に記述することの困難さも大分味わうことができた。

それはともかくとして、公家領荘園の研究は、その伝領についての研究と中世後期の動向の研究とを別にすると、とくに中世前期に関しては、その内容はほとんど明らかにされてこなかったといわざるを得ないのが現状である。たとえば、研究をはじめて間もなく、つぎのような疑問にぶつかった。

播磨国田原荘は、成立間もなくして八条院領となるが、やがて九条家領化する。このように九条家領でありながら、嘉元四年（一三〇六）六月付の昭慶門院憙子内親王御領目録[3]によると、田原荘は「庁分」として分類されており、「安嘉門院跡」となっているのである。つまり、田原荘は九条家領となった以後においても、依然として院領の一つとして認識されていたのである。では、その領有関係はどのようになっているのか、また九条家領化するのはどのような経路を経てなのか、そういった疑問を解かねばならない。

本稿は、『九条家文書』にみられる播磨国田原荘および蔭山荘の成立に関して考察したものである。とくに両荘の九条家領化に関しては、不明な点が多く、また誤って理解している点もあることを危惧しているが、今まで取り組んできたことの一端を明らかにし、広くご教示を仰ぎたいと思う。

1　成立期の播磨国田原荘

(1)　田原荘の成立

保延七年（一一四一）、播磨国田原荘が成立する。そのことを知ることができる史料は、鳥羽院庁が同年六月二十三日に播磨国在庁官人に下した下文である（九条家文書四三六(2)[4]）。長文になるが、興味深い内容であるので、煩をいとわず、つぎに掲げておく。

院庁下　播磨国在庁官人等

可任別当散位源師行朝臣寄文、使者相共且立券田畠在家、且打定四至牓示、田原庄壱処事
在管神崎東郡川述南条
四至 東限蓮華池　南限船津
　　 西限大河　　北限保木山
使公文右弁官史生中原国長
右、師行朝臣今月四日寄文偁、件田畠、元者、当国当初大掾伊和豊□（忠）先祖相伝之所領也、而豊忠以永祚元秊三月五日、注与外孫桑原為成、其後大掾頼忠相伝、処分于嫡子正頼、相次嫡子秋延・増運・行覚等相継領掌、漸雖経数代敢無相論、而間依有事縁、以去大治三秊二月相副豊忠・頼忠処分文并在地証判等、所附属于師行也、其後触子細於国司之処、任公験理、為一色別符可令領知之由、庁宣已畢、随入開発之力、代代領掌之間、于今無異論、次第相承之旨、如此、今且為募御勢、且為絶向後牢籠、相副調度文書、所寄進於院庁也、於秊貢者、以油拾捌斛壱斗壱升可令備進、但師行子孫相伝永為預所職、欲執行庄務者、使者相共立券田畠在家、打定四至牓示、可令備進秊貢油、至於預所者、任申請、師行子孫相継令執行、於秊貢者、追年運送□（于）熊野御山、可令取進彼山返抄之状、所仰如件、在庁官人等宜承知、依件行之、不可稽失、故下、
保延七年六月廿三日（以下、署名略）

これによれば、田原荘の所在地が記されているので、分かりやすいものからみて行こう。あらかじめお断わりするなら、その場所は兵庫県神崎郡福崎町域である（図1参照）。

南限である「船津」は、福崎町田原地区に南接する姫路市船津をさすのであろう。また西限である大河は、神崎郡域を北から南に流れ、姫路市街地東側をかすめるように流れて瀬戸内海に注ぐ市川のことを指すものと考えられる。現在、この市川にほぼ沿って兵庫県道路公社が経営する播但連絡道路が走っている。

また、北限である保木山は、福崎町に北接する神崎郡市川町の市川左岸（東側）に保喜という集落があり、保喜

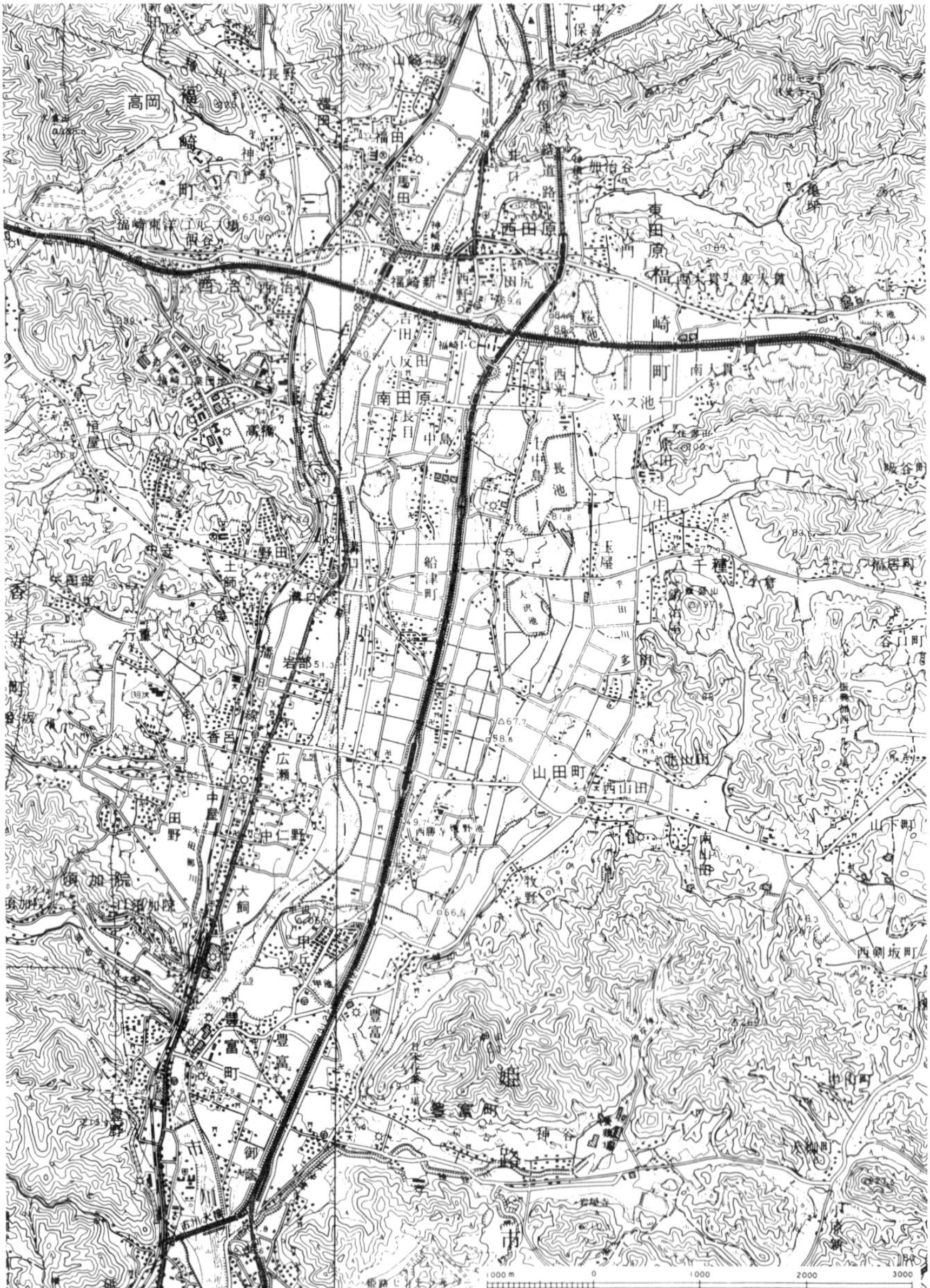
高岡
福崎町
西田原
東田原
福崎町
南田原
八反田
吉田
福崎新
西光寺
ハス池
南大貫
東大貫
長池
中島
長目
船津町
大沢池
土屋
千種
福居町
谷口町
多田
山田町
西山田
北山田
南山田
牧野
西剣坂町
山下町
中山町
豊富町
豊富
神谷
市川
香呂
広瀬
中屋
田野
中仁野
須加院
大飼
岩部
行重
土師
野田
1000m
0
1000
2000
3000

図1　田原荘周辺図

（市川町）と福崎町とは、現在、播但連絡道路のトンネルがある山が境界となっているので、その山を指すものと考えることができよう。問題は、東限である蓮華池である。現在、福崎町内の田原地区には「れんげ池」という池は存在しないし、また「れんげ」という地名は残っていない。ところが、神飾農協福崎ライスセンターのある南側に、「ハス池」という池なら存在する。蓮華は「ハス」と読むことが可能であるので、「蓮華」と書いて「ハス」と読めば、すなわち「蓮華池」を「ハス池」とみれば、その池と考えられる。この池は、旧田原村のほぼ東端に位置しており、そうみなすには都合のよい場所にある。ただし、現在のハス池はそれほど古いものではないという。しかし、現在の池がさほど古いものでないにせよ、その池がハス池と呼ばれるようになったのは、そのあたりに「ハス」ないしは「ハス池」という地名が伝わっていたからであろう。したがって、現在のハス池ないしその付近をこの史料にみられる「蓮華池」とみなして差し支えないと思われる。

以上のことより、田原荘の範囲は、福崎町内の合併以前の行政単位でいえば旧田原村（東田原・西田原・南田原）に、ほぼ相当すると考えることができよう。いいかえれば、東田原・西田原・南田原という三つの村が合併してできた旧田原村は、中世の田原荘の再生であったといえるのである。(5)

なお、史料にそれが川述南条となっていることにも注意しておこう。つまり古代の川辺里は、市川町付近に比定されているが、田原地区にもかかっていたのではないかと推定されるのである。

ここで、この周辺地域の条里制地割遺構について述べておこう。いうまでもなく、福崎町の属す神崎郡は播磨国に属していたが、播磨国では大きな川の流域を中心として条里制地割遺構がかなり顕著に見られ、市川流域でもその遺構が確認されている。播磨国では条里制の地割呼称は、条・里ではなく、条・坊と呼ばれているが、これは呼称が異なるだけで、条里制の仕組み自体は、他の国のものとなんら異なるところはない。今までの研究では、条は一般には郡の西境から東に数えてゆくが、飾磨郡の場合は、基線から東西に数えていったのではないかと指摘されている。なお、坊は南から北に数えていたことが知られている。

神崎郡では市川流域の平野部で条里制地割が見られ、福崎町でも旧田原村地区南部を中心とした沖積平野部で顕著な条里制地割遺構が見られる。この条里制地割遺構は、阡線（南北に走る里坪の堺線）の方向がN8°E偏しているものであり、かなり明瞭で、地字もその地割にもとづいて区切られるところが多い。この地割は、姫路市の旧神崎郡域あるいは香寺町域の条里制地割との連続性もうかがえ、深い関係があるとみられる。しかし、残念ながら坪並を知ることができる地字は残存しておらず、条里制地割のプランを復原することはできない。姫路市船津町内に、条里制の坪並呼称とみられる「八条」という小地名が見られるが、姫路市船津町内から福崎町域にかけての条里制地割は中断する部分があるので、確実に復原することはできない。兵庫県の条里制地割については諸先学の研究により、かなり明らかになっているが、残念ながら、神崎郡の条里制地割については、ほとんど明らかになっていない。

以上で田原荘の範囲が判明したが、つぎに田原荘の成立事情をみておこう。

(2)　田原荘の成立事情

源師行の寄文によると、田原荘の田地は、もとは播磨国の大掾であった伊和豊忠の先祖相伝の所領であった。ところが豊忠は永祚元年（九八九）に、外孫である桑原為成に与えたのである。その後、大掾の頼忠が相伝して嫡子政頼に譲り、その後は嫡子秋延・増運・行覚らが相伝して、数代を経たが今にこれといった相論も起きなかった。ところが事の縁があって大治三年（一一二八）に、豊忠・頼忠の処分文および在地の証判を副えて源師行に附属したのである。その後、子細を国司に伝えたところ、公験の理に任せて、一色別符として領知せよという国司庁宣が出された。「一色」とあるので、官物（年貢）は国衙へ出すが、雑役（公事）は国衙に出さずに、それが得分となったのであろう。ところが、その後は、開発の力を入れ、代々相承してきた。この度、あるいは後鳥羽院の御勢を募らんがため、あるいは向後の牢籠を絶たんがために、調度文書を副えて院庁に寄進し、年貢は油一八石一斗一升を熊野山に備進し、師行の子孫が相継いで預所職として荘務を執行したいと願い出たのであった。

伊和豊忠がどのような人物であったかは不明である。伊和と名乗っているので、現在兵庫県宍粟郡一宮町にある伊和神社と何かの関わりが考えられるが、『播磨国風土記』によると、飾磨郡に「伊和里」という地名があり、これは現在の姫路市手柄山付近から西南にわたる地域に比定されている。また同風土記によれば、宍粟郡の伊和君の一族がここに移ってきて住んでいたので、その地を「伊和里」というのだという。

『播磨国風土記』神前郡多駝里条によれば、佐伯直の祖阿我乃古が市川の中流域にある神崎郡多駝の地を天皇に請うたという。これによれば、佐伯直が市川流域などに勢力を振るっていたことが知られるが、『兵庫県史』第一巻で、つぎのような新見解を示したのが直木孝次郎氏である。

直木氏によると、佐伯氏が播磨国造として勢力をもつ以前に、宍粟郡の伊和の地から飾磨郡の伊和里にかけての地方に、伊和大神を奉ずる伊和氏が土着の勢力として有力であったのではないかという。伊和氏が古くは市川流域に勢力を張っていたことは、『播磨国風土記』神前郡条に、つぎのように見えることからもうかがえる。(6)

神前と号くる所以は、伊和の大神のみ子、建石敷命、山崎村神前山に在す、乃ち、神の在すに因りて名と為し、故、神前の郡といふ、

すなわち、神前（神崎）という地名自体、伊和の大神と関係があるというのである。このように、伊和大神をまつる勢力は、古くはこの地域にも伸びていたと考えられる。おそらく、この伊和氏は、播磨国衙に近い伊和里付近に住む豪族であったのかも知れない。そのために大掾という地位にもついたものと考えられる。

ところで伊和豊忠が所領を譲った桑原為成はどのような人物であろうか。残念ながら、桑原為成という人物については何も分からないが、桑原氏についてはある程度知られている。

表1　保延4年（1138）一日頓写結縁書写僧所属寺院

寺院名	現在名	推定場所	典拠
鵤寺	斑鳩寺		
書写山	円教寺		
安曽寺		揖東郡阿曽村付近	延喜式神名帳
松原	松原八幡宮		
実報寺		姫路市内に実法寺の地名あり	
益原寺		未詳	
池上寺		池上寺（揖東郡福居庄丁村東）	播磨鑑
行岡寺		片岡寺ヵ（片岡荘内）	
光明寺		宍粟郡高家郷内	大般若経奥書
鈴上寺		揖東郡浦辺（山）郷	大般若経奥書
妙徳寺	神積寺		
額林寺	鶴林寺		
高松寺		餝東郡白国村	播磨鑑
法界寺		置塩山法界寺	播磨鑑
松尾寺		揖保郡太子町松尾八幡神社周辺	鵤荘絵図

注　小林基伸「播磨国在庁官人桑原貞助発願一日頓写大般若経」（『わたりやぐら』4）を参照。

十二世紀の前半から十二世紀の中ごろにかけて、揖東郡内に本拠を有し、播磨国在庁官人として勢力を振るっていたのが桑原氏であった。桑原氏は、揖東郡内で開発領主として勢力を伸ばして来たものらしい。桑原氏の一人桑原貞助は、保延四年（一一三八）正月二十三日、揖東郡を中心とする周辺諸郡の少なくとも一三以上の寺院から結縁書写僧を募り、一日の内に大般若経一部六〇〇巻を書写するという一日頓写経事業を遂行している。以下そのようすを、小林基伸氏の研究に導かれつつみておこう(7)（表1）。

この一日頓写経というのは、一日の内に大般若経六〇〇巻を一部（一揃え）書写し終えるという事業であり、それは通常の写経事業に比べてはるかに大きな動員力と組織力、およびそれを裏づける経済力が必要とされる。このころの桑原氏にはそれを成し遂げるだけの勢力があったといえるわけである。

この写経事業は、じつは正月二十三日の一日のみでは完了せず、三月になって書写がふたたび行なわれて完成をみたようであるが、これに参加した結縁書写僧の所属寺院を見ると、今日知られる限りで、正月二十三日分では一三ヵ寺、それに三月分で一ヵ寺となっている。それに書写の場所となった松尾寺を加えると一五ヵ寺ということとなる。それらの寺院を示したのが表1である。

そして桑原貞助は、たとえば大般若経の跋文に「願主庁事　散位桑原宿禰貞助」などとあるように、播磨国在庁官人の一員でもあった。

このように、この一日頓写経事業は揖東郡に本拠を有する播磨国在庁官人桑原貞助を願主として保延四年（一一三八）正月に行なわれたものであるが、その結縁書写僧の一人として「妙徳寺住僧玄真」の名が見られるのはまことに興味深い。ここに見られる妙徳寺は、田原荘域内にあたる現在の福崎町東田原大門にある天台宗寺院妙徳山神積寺のことである。妙徳寺は、大納言藤原範郷の子慶芳内供が西国を巡礼の途次、正暦二年（九九一）三月八日、田原荘内有井村に一宿した霊夢によって、建立したと伝えられている。(8) 玄真書写のものは、現在残っているものでは、保延四年（一一三八）正月二十三日付の巻五三二・五四〇の二巻のみであるが、書写は各自が数巻から一〇巻程度を連続して分担したとみられるので、おそらく玄真は巻五三一から巻五四〇の一〇巻を担当したものとみられる。そして巻五四〇が正月二十三日付となっているので、玄真は一日で分担した巻五三一〜五四〇のすべてを書写し終えたものと考えてよいであろう。当時の妙徳山神積寺には、このような写経事業に参加し得るだけの僧侶がいたことが知られるのである。

先の史料に見えた桑原為成は、ここにみた桑原氏より一五〇年も前の時代の人物であるが、その一族の祖先の一人であるとみて差し支えないであろう。つまり、桑原為成は在庁官人になり得るような桑原氏の一族であったわけである。桑原為成は伊和豊忠の外孫とあるので、伊和氏はその娘を桑原氏に嫁していたのであろう。そしてその娘は為成を生んだのであった。そのため、豊忠はその所領を為成に譲ったのであろう。

ところが、桑原為成は頼忠なる人物に所領を譲っている。姓は不明であるが「忠」の字からみて豊忠の子孫とみてよいとすれば伊和氏ということとなる。その後はその子孫が受け継いだということとなる。やがて大治三年（一一二八）になって、その所領は源師行の手に譲られたのであった。そして師行は鳥羽院庁に所領を寄進し、その地が荘園として立券されて田原荘となったのである。

源師行は、村上源氏である源師時の子である。師時の父左大臣源俊房は後白河院政下で勢力を極めていたが、永久元年（一一一三）の政変によって師時らとともに出仕をやめ、勢力を失ってしまった。(9) しかし、俊房の娘方子の生んだ得子が、やがて鳥羽の中宮（のちの美福門院）となったこともあってか、鳥羽院政下では院の近臣として仕え、院庁の別当となっている。師行はこの年の八月二十五日には、丹波国多紀荘を歓喜光院に寄進してもいる（九条家文書一四一〇）。歓喜光院は美福門院得子の御願寺としてこの年の二月に創建されたばかりであった。師行が歓喜光院に所領を寄進したのも美福門院とのつながりがあるからであったに違いない。

いずれにせよ、このようにして田原荘は成立したのであった。

(3)　その後の田原荘

ところが、応保二年（一一六二）ころになって、この田原荘に貢蘇役が賦課されたらしく、田原荘の訴えにより、それを免除する播磨国司庁宣（九条家文書四三二）が出され、八条院はその国司庁宣を領家に伝えている（九条家文書四三一）。ここに見える貢蘇役とは「蘇」を出す賦課のことである。「蘇」は「酥」とも表記されるが、古代から中世にかけて作られていた乳製品の一種であるという。『延喜式』巻二三下民部下貢蘇番条によると、四六ヵ国および大宰府から、毎年順番に蘇を貢進することが定められており、そのことから、奈良・平安時代にはほぼ全国的に蘇が生産され、貢進されていたことが知られる。その中には播磨国ももちろん含まれている。『延喜式』同条には「作蘇之法」も記されているが、それによると、「牛乳一斗煎、得蘇一升」とある。つまり、牛乳を十分の一に煮つめたものであるらしい。この記述に従って実験してみた研究者がいるが、それによると、黄白色にするため、低温で加熱する必要があり、さらに焦げつかないようにするため、途中から湯煎にするなどの工夫が必要であったという。約一五〇時間かけて黄白色の粉末状の固形が得られたが、それでも九分の一程度にしかなっておらず、十分の一にするにはかなりの時間と技術とを要するものであるという。[10]

ところで、ここで八条院が領家にこのことを知らせたのは、田原荘が八条院領となっていたからである。八条院暲子は鳥羽法皇と美福門院得子との間に生まれた皇女である。鳥羽法皇が立荘した多くの荘園は、その御願寺や寵愛した女性たちに与えられたが、その多くはやがて八条院暲子に伝わり、それは八条院領と呼ばれる院領荘園群をなすにいたる。承久三年（一二二一）の承久の乱後、鎌倉幕府が後高倉院に進献した八条院御遺跡御願寺荘々等目録[11]によると、八条院領は基本所領七九ヵ所をはじめ、安楽寿院領四八ヵ所、歓喜光院領二六ヵ所などの計二二一ヵ所の荘園からなっていたことが知られている。なお、田原荘に課役を賦課するために国使が荘内に乱入することを停止するようにとの命令が、長寛元年（一一六三）にも八条院から播磨国留守所に下されている（九条家文書四三三）。

さて、鳥羽院に田原荘を寄進し、みずからは預所となった源師行は、嘉応元年（一一六九）以前に、田原荘その他の所領を子息散位時房に譲った（九条家文書一四九三(1)）。その中には、田原荘の寄進に少し遅れて歓喜光院に寄進した丹波国多紀荘内の所領も含まれている。ところがしばらくして、師行が在世中に時房が死去してしまった。そこで師行は、時房に譲った分を妻室に譲るため、田原荘の相伝につき、置文を作成したのであった（九条家文書一四九三(3)）。その置文には「僧」と署名しているが、それは病にかかっていたために、出家したためであったらしい。病は重かったものと思われ、彼は翌承安二年（一一七二）二月に死去する。そのため、師行の子息左少将有房は田原荘相伝につき、父の死去直後、確認の置文を作成している（九条家文書一四九三(2)）[12]。

その後、この田原荘は九条家領として史料上に見られるようになる。田原荘がどのような過程を経て九条家領となるかは、のちに述べる蔭山荘の伝領とともに、まことに興味深いのであるが、実をいえば、はっきりとしたことは分からない。しかし、そうもいっていられないので、私なりの推測を述べることとしよう。この推測の可否については、諸兄のご教示をいただきたい。

2　九条家領田原荘

(1)　九条家領田原荘の成立

建長八年（一二五六）八月二十五日、九条家は所有している重要な文書の目録（九条家文書一四九九）を作成したが、その中に、八条院暲子の譲状などをまとめた二結の文書群がある。その一結の中に「一通　八条院被譲中宮姫君状建久七年正月十四日」というものがあり、別の「銘云、八条女院の春花門院への御文とも十三」という一結の中に「一通　御庄々御譲文建久七年正月漏目六御庄々有之者、何為御進退之趣、被載之、無御判、又熊坂庄在此中」、「一通　御領三ヶ処御譲文建久七年正月はりまのたわら庄、するかのハとりの庄、あきのあまの庄」などとみえる箇所がある。また、八条院は建久七年（一一九六）に所領をかなり処分していること、などを合わせ考えると、これは八条院の所領譲状で、譲与の相手は春華門院昇子と考えてよいであろう。以上のことから考えると、八条院は、田原荘などの荘園を、建久元年（一一九〇）正月に、春華門院昇子内親王に譲ったようである。

春華門院昇子は、後鳥羽天皇と中宮宜秋門院任子との間に生まれた子である。昇子は建久六年（一一九五）の生まれと推定されるので、八条院暲子が昇子に田原荘を譲ったのは、昇子の二歳（満一歳）の時であったようである。昇子は承元三年（一二〇九）に春華門院の院号を許されるが、建暦元年（一二一一）十一月八日、一七歳の若さで没してしまう。

さて、春華門院昇子の没した後、田原荘がどのように伝領されたのかは、はっきりとはしない。ただつぎのように推測することができる。嘉元四年（一三〇六）六月に作成された昭慶門院憙子内親王御領目録[13]によると、田原荘は「庁分」として分類されており、「安嘉門院跡」となっている。安嘉門院は後高倉院の皇女で、名は邦子というが、後高倉院は貞応二年（一二二三）五月、崩御に先立ち、八条院領・安楽寿院領などを安嘉門院に譲与している。以上のことから考えると、田原荘は依然として院領の一つとして認識されていたことは事実である。しかし、一方で田原荘が九条家領となっていたことも紛れもない事実である。それでは田原荘がどのようにして九条家領となったのであろうか。

残念ながら、その経緯を知ることのできる史料は存在しない。しかし、以上でみてきたことから、若干の推測は可能である。それは、春華門院に譲られた田原荘は、その死後、母宜秋門院任子の領することとなったのではなかろうかということである。宜秋門院は後鳥羽の中宮でもあり、その可能性はありうる。宜秋門院任子は、九条兼実の娘で、建久元年（一一九〇）正月に後鳥羽天皇の女御となり、四月には中宮となっている。正治二年（一二〇〇）に宜秋門院の院号を許され、暦仁元年（一二三八）に没している。その間、春華門院昇子を生んだことはすでに述べた。そしておそらく、宜秋門院の没後、田原荘は女院を訪う意味もあってか、九条家に伝わることとなったのではなかろうか。九条家領の主要部分は、九条兼実―宜秋門院―道家と伝わったことが知られており、事実、建長二年（一二五〇）十一月の九条道家惣処分状（九条家文書五(1)）には「宜秋

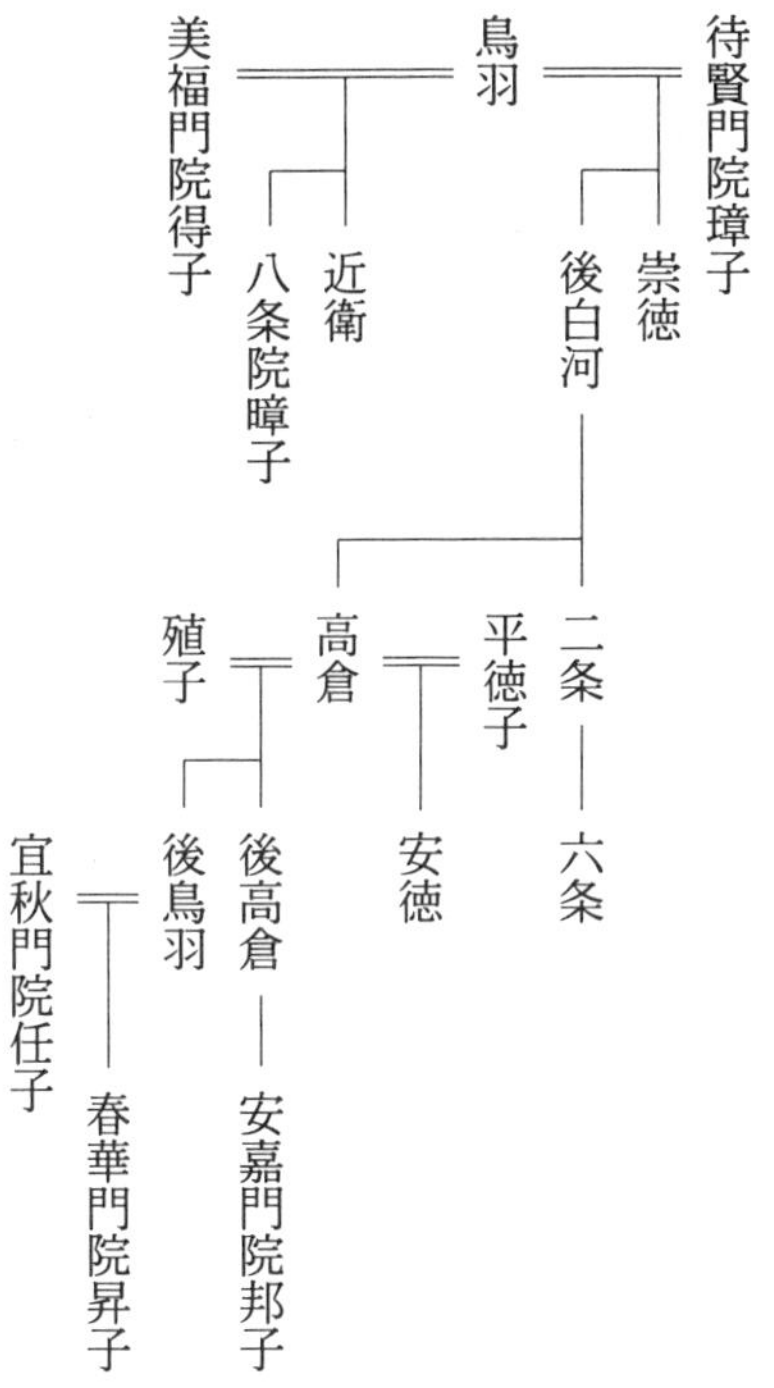

伝領関係系図

門院御領、譲于予其内也」という注記の見られる荘園がみえ、その荘園の一つに建久七年（一一九六）に八条院から春華門院に譲られた加賀国熊坂荘がみられるので、この推測に誤りはないであろう。ただし、道家の惣処分状に田原荘の名はみえない。しかし、正和五年（一三一六）の一音院所領目録（九条家文書一八六〇(2)）によれば、道家は田原の荘内公文職を一音院に「御祈料所」として寄進しているので、道家の手に入っていたものと考えられる。(14)あるいは伝領の経緯や性格を異にするものなので、それには記されなかったのであろうか。とりあえず、そのように考えておきたい。念のために申し添えておくと、田原荘の本家が院、領家が九条家ということではない。九条家は本家の地位にあたることは事実である。院領というのは形式的なものでしかない。

(2) 近衛家領・九条家領の伝領

ここで、すでに先学によって明らかにされていることであるが、行論に深く関わりがあるので、九条家領の伝領についで触れておこう。

九条家は、藤原忠通の子兼実を祖とする。すなわち、忠通のあと、摂関家は近衛・九条の二家に分裂した。その祖となったのが忠通の子である近衛基実・九条兼実である。しかし、この分裂は、忠通が当初から摂関家を二家に分けることを意図したために起こったものと指摘されている。(15)というのは、摂関家の嫡子の名は、頼通―師実―師通―忠実―忠通というように、一世代おきに「通」と「実」とが交互につけられているので、忠通によって「実」の字をつけられた「基実」「兼実」は、ともに忠通の嫡子としての資格をもつものと考えられるというのである。さらに忠通の男子としては、基実の同母弟基房、兼実の同母弟兼房という「房」の字がつく次子格の二人がおり、母親をそれぞれ同じくする「近衛グループ」と「九条グループ」との二つのグループをなしている。このことから、忠通はあらかじめ摂関家を二つに分けることを意図していたのではないかと推測されているのである。

なお、忠通のあと、摂関家は一時的に近衛・松殿・九条の三家に分裂したようにみえる。つまり、近衛基実の同母弟松殿基房も関白に就任しているが、それは同母兄基実の死去による一時的なものと考えられ、また基房は木曽義仲と結んだために没落し、忠通の予定路線に従って、その後の摂関家は、近衛基実の家と、九条兼実の家との二家に分裂した。

この近衛家と九条家の家領の核をなしたのが、高陽院領と皇嘉門院領であった。[16]すなわち、高陽院と近衛基実、皇嘉門院と九条兼実との間には、それぞれ猶子関係が結ばれていたといい、そのことから高陽院領を核として近衛家領が、皇嘉門院領を核として九条家領が形成されたのであった。皇嘉門院聖子は、崇徳天皇の皇后で、摂政藤原忠通の娘である。皇嘉門院は生前に弟九条兼実の嫡男良通を猶子とし、皇嘉門院領の相続人としている。しかし、皇嘉門院の死去によって、皇嘉門院領を伝領した良通も、文治四年（一一八八）に父兼実に先だって死去してしまったため、皇嘉門院領は兼実が伝領した。つまり皇嘉門院領は九条家領となったわけである。そして兼実は元久元年（一二〇四）四月二十三日に譲状（九

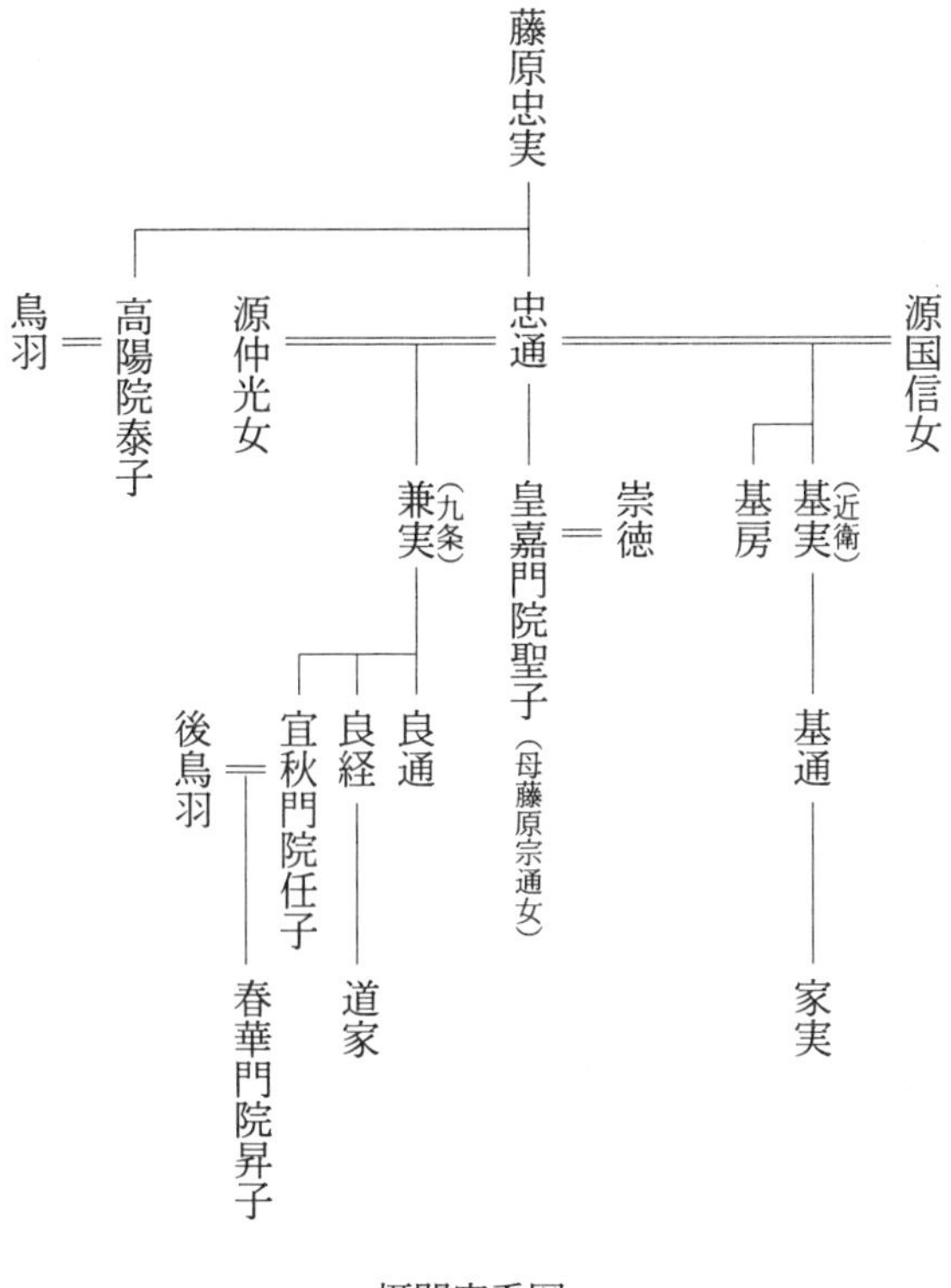

摂関家系図

条家文書一(1)）を書いて、家領を女子宜秋門院任子、嫡子良経、良通後家御堂御前（花山院兼雅女）とに分割譲与したのである。この時点では、九条家領は皇嘉門院領のほかにさらにいくつかの所領が加わっている。兼実が宜秋門院に与えた所領は約五〇ヵ所にのぼっているが、宜秋門院に譲られた所領は一期の後は良経息道家に譲るように定められていた。その約束どおりに、宜秋門院はその全所領を道家に譲っている。田原荘は兼実から宜秋門院に譲られた所領ではないが、あるいは、このようなことから他の所領と混じって九条家に伝わることとなったのかも知れない。

(3)　西光寺院主職と摂津国生嶋荘預所職との相論

さて、九条家と田原荘との関係を少しなりともうかがうことができるのは、先にも触れた建長八年（一二五六）の九条家重書目録であるが、それ以後になると、九条家領としての田原荘の動きがいくらか知られるようになる。まず起きたのが、田原荘内西光寺院主職と摂津国生嶋荘預所職とをめぐる正応二年からの相論である（九条家文書五四五(1)(2)）。それによると、その相論はつぎのようなものであったらしい。

摂津国生嶋荘は源頼光の孫にあたる源常陸介実国が開発した所領であったが、その四代の孫の雅行（三河権守）が、皇嘉門院に寄進して成立した荘園であった。先にも述べておいたように、皇嘉門院聖子は、崇徳天皇の皇后で、摂政藤原忠通の娘である。生前に弟九条兼実の嫡男良通を猶子とし、治承四年（一一八〇）五月に、良通に最勝光院領などの所領を譲っており、後にそれを中心として九条家領が形成されることとなった。生嶋荘も九条家領となったものとみられる。雅行は生嶋荘の、預所職となったのであろうが、その後、本所（九条家）にそれが否定されたらしい。そこで、その子孫である覚照は、その領掌を求めて訴えた。その結果、その旨を認めた院宣が下された。それに対して、九条家は生嶋荘の代わりに田原荘内西光寺院主職を覚照に宛行なうことを申し出て、院宣によってそれが認められたのであった。要するに覚照に田原荘内西光寺院主職を渡すということになったのである。このことから、それ以前に九条家は田原荘を領有していたということが分かる。それはともかくとして、その後、西光寺を覚照に渡すようにとの後深草院の院宣が出されたのであったが、九条家側はその院宣に従わないで、覚照に西光寺を渡さなかった。そこで、覚照は正応四年（一二九一）七月になると、それならばもとのように生嶋荘の領掌を認めて欲しいと、重ねて訴えたのであった。その翌正応五年八月にも覚照は同様のことを訴えているので、この裁判は長引いたらしい。いずれにしても、田原荘内西光寺が覚照に渡されることにはならなかったようである。

そんなこともあってか、正応四年八月には、田原荘で検注が行なわれている（九条家文書四三四）。それによれば、田原荘の惣田数は二〇五町六段三二代であった。その中に西光寺の名も見えており、田三町五段七代となっている。またずっと後の永正九年（一五一二）十月の田原荘本所分段銭田数注文（九条家文書四八二）には、「四段　西光寺あんにや坊」とみえている。なお、現在、福崎町南田原に西光寺という地名が残っており、その地域は一八七六年（明治九）までは西光寺村と呼ばれていた。村名の由来は、西光寺という法道仙人の開基の寺があり、嘉吉年中（一四四一〜四四）ころまでは、五間四面の堂があったことによるという[17]。おそらく、その堂宇とここで触れた西光寺とは、深く関わりがあるのであろう。

3　成立期の播磨国蔭山荘

(1)　蔭山荘の成立

蔭山荘については、従来、その成立が何時であるかは、まったく知られていなかった。というのは、従来、蔭山荘の成立事情を知る史料は紹介されておらず、その史料上の初見は建久三年（一一九二）二月の後白河院庁下文案[18]でであるとされていたからである。

ところが、つい最近（一九九〇年）発刊された『九条家歴世記録』（『図書寮叢刊』）の中の「九条満家公引付」に、蔭山荘の立券文とでもいうべき、後白河院御起請符案が引用されていることから、その立荘時期を知ることができたのである。このことは、まだあまり広く知られていないようなので、紹介を兼ねて述べることとしよう。まずその後白河院御起請符案を引用しよう。

後白川院御起請符案

施入　庄壱処

在播磨国管神東郡内蔭山南条

四至東限中山　南限長坂峯
　　西限石崎　北限亀山北原

右、〻〻〻　〻〻

抑、伊勢造役夫工・造内裏・大嘗会・宇佐勅使以下雑事、国衙大小所課等、准官省符地、一切不可宛課、

前後略之、安田庄同之、

文治二年六月廿一日

これは、施入状の形式をとっているが、「御白川院御起請符案」とあるように、実質は荘園の立券文と同じである。つまり、文治二年（一一八六）六月二十一日に、後白河院が蔭山南条の地を立券すると同時に施入したということである。残念なことに、「前後略之、安田庄同之」とあって、立荘の細かい経緯を知ることはできないが、これによれば、蔭山荘は、東は中山、南は長坂峯、西は石崎、北は亀山北原が境であるという。

ここに見える地名は、現地調査を試みてみたのであるが、現在では一つも存在しないようである。しかし、およその見当はつく。それは、後の史料に蔭山荘のおよその範囲を知ることができる史料があるからである。すなわち、ずっと後の史料であるが、応永三十二年（一四二五）九月日の蔭山荘惣田数注文案（九条家文書三七六八）によると、蔭

山荘内には、現在判明する地名だけでも、八千草村・多田村・山田村・仁色村・江鮒村・藪田村・砥堀村などがみられる。また応永三十五年正月二十六日の渡状（九条家文書四四五(1)）には船津村の名も見られ、その他、応仁二年（一四六八）九月二十七日の置文（九条家文書二〇七九）には、「蔭山余田」という地名もみられる。これらは、八千草村と余田は福崎町内八千種地区、他は姫路市の旧神崎郡域に比定できる（二九八頁図1参照）。

すなわち、蔭山荘は田原荘の南に位置し、北は福崎町田原地区に接する福崎町八千種地区ないし姫路市船津地区まで、南は姫路市砥堀地区までの地域とみられる。東西は、砥堀地区を除くと西は市川まで、東はそれらの地域の東側の山なみと考えられるのである。このことより、東の中山は、東側の山なみのどれか、南の長坂峯は姫路市の豊富町と飾東町の境の山なみのどれか、西の石崎は増位山の先端付近、北の亀山北原は福崎町の八千種地区と大貫地区の境付近、あるいは田原荘（田原地区）と姫路市船津町の境付近と考えることができる。

さて、蔭山荘がどこに施入されたかはこの史料からは不明である。一般の例によれば、施入は寺社などに荘園などが寄進されるときに使われることばであり、それからすれば、この時立荘された蔭山荘はどこかの寺社に寄進されたということとなる。

(2)　蔭山荘の本家・領家

その寺社がどこであったかを知ることのできるのが、従来、蔭山荘の初見史料とされていた建久三年（一一九二）三月の後白河院庁下文案(19)である。それによれば、蔭山荘は自在王院領となっている。そのことから、蔭山荘は文治二年（一一八六）にまず自在王院領として成立したと考えてよいであろう。この院庁下文は、後白河法皇が、死の直前に寵姫丹後局高階栄子の所領の諸役を免除させるために発したもので、播磨国安田荘も尊勝寺領としてみえている。高階栄子は、これらの荘園の領家職をもっていたとみられる。つまり、建久年間には、蔭山荘は自在王院を本家、栄子を領家とする荘園であった。栄子は建保四年（一二一六）に没している。

蔭山荘は田原荘と同様、後には九条家領として史料上にその名をみせるわけであるが、栄子からどのように伝領されたかは不明である。同じように栄子が領した安田荘も、後に九条家領となっていることから考えて、栄子の死後、宜秋門院の手に入り、やがて、田原荘とほぼ同じような経路をたどって九条家領となったのではないかと推測される。当然のことながら、九条家が有したのは蔭山荘の領家職であった。本家はそのまま自在王院であったようである。なお、自在王院については不明であるが、高階栄子が領家職をもっていたことから考えて、院との関係の深い寺院であったと考えられる。ただし、たとえば、ずっと後の史料であるが、永享十一年（一四三九）二月四日九条満教御判御教書案（九条家文書一八六一(1)）に「一音院并自在王院々務職・寺領等事」などとみられるように、後に九条家が自在王院の院務職を進退しているところをみると、九条家ともいつのころからか関係をもった寺院であったようである。

おわりに

以上、播磨国田原荘・蔭山荘の成立の経緯と、両荘が九条家領化するまでの伝領関係を中心にみてきた。はじめに断わったように、両荘が九条家領化する過程は、はっきりせず、ここでは推測を述べるに過ぎなかった。両荘とも、室町期になると関係史料も多く、その内容も興味深いのであるが、それについては、稿をあらためて述べることとしたい。

注

（1）　壬生家関係では「美作国久世保」（『岡山県史研究』創刊号、一九八一年。本書第Ⅱ部一章）、九条家関係では「東福

寺領備中国上原郷の故地について」(『法政大学文学部紀要』二九、一九八三年。本書第Ⅰ部四章)など。

(2)『五色町史』は一九八六年九月刊行。『福崎町史』第一巻古代中世編は一九九〇年刊行。なお、本稿とほぼ同一のことを、『福崎町史』第一巻に、一般市民向けの文体で記しておいたことをお断わりしておく。

(3)『鎌倉遺文』二二六六一号

(4)以下、『九条家文書』(『図書寮叢刊』)については、その番号をかっこ内に注記することとする。

(5)現在の福崎町は、一九五六年(昭和三十一)五月三日、福崎町・八千種村・田原村が合併して成立した。

(6)引用は、岩波書店『日本古典文学大系2　風土記』による。

(7)小林基伸「播磨国在庁官人桑原貞助発願一日頓写大般若経」(『わたりやぐら』四、兵庫県立歴史博物館、一九八七年)・同「播磨国の開発領主に関する一考察―同国揖東郡の桑原氏をめぐって―」(兵庫県歴史博物館紀要『塵界』創刊号、一九八九年)を参照。

(8)『峯相記』

(9)永久元年(一一一三)の政変については、中野栄夫『日本中世史入門』(雄山閣、一九八六年)第四章を参照。

(10)平凡社版『世界大百科辞典』「蘇」の項。

(11)『大日本史料』四―一六

(12)『九条家文書』では、一四九三号文書の(1)を某譲状案、(2)を左少将有房置文案、(3)を僧某置文案としている。しかし、以下のごとき理由から、(1)は源師行譲状案、(2)は左少将源有房置文案、(3)は僧源師行置文案とすべきである。(1)は「散位時房」に田原荘以下の所領を譲ったものであるが、(3)に「大夫はかなくなりにき」と見られるように、時房は(3)の書かれた以前に死去してしまったらしい。(3)は師行が病気にかかったので、時房に譲った分を妻室に譲るために書かれたものとみられる。(3)の署名が「僧」となっているのは、病にかかったために出家したのであろう。そのことは、(2)に「こその御やまゐのをり、へちのかみにかんなにてかきをかせおハしましたり」とあることによって知られる。しかし、師行は承安二年(一一七二)二月に死去してしまったらしい。そのために書かれたのが(2)であろう。『尊卑分脈』には、「永安二六〔ゝわまか〕卒」とあるが、これは「承安二ゝ」が正しいであろう。

また、⑶に「ひとゝせおの〳〵にかきわかちてたひてしかとも」とあることは、以上のことをふまえると、⑴を指すもののようである。それにより、本文書の年代を推定した。以上のことを考えると、冒頭に「□時房状」とあるのは、「師行譲時房状」というように記されていたのであろう。

⒀　前掲注(3)に同じ。

⒁　一音院は、九条道家が建立したもので、最勝金剛院内にあり、摂関家の師弟が院主として入った。最勝金剛院は、藤原宗子（藤原忠通室）の建立で、現在の京都市東山区の東福寺付近にあった。宗子の女皇嘉門院聖子（崇徳天皇皇后）の墓がある。

⒂　以下、飯沼賢司「人名小考」（竹内理三先生喜寿記念論文集刊行会編『荘園制と中世社会』東京堂、昭和五十九年）を参照。

⒃　以下、野村育世「家領の相続に見る九条家」（『日本歴史』四八一、一九八七年）を参照。

⒄　『播磨鑑』

⒅　『鎌倉遺文』五八四

⒆　同右

〔付記〕旧稿では、人名の錯誤があったので、それを中心に補訂した。なお、市町村合併により兵庫県津名郡五色町は現在は洲本市、宍粟郡一宮町は宍粟市になっている。

第Ⅲ部　地頭と悪党

一　中世の百姓と地頭支配

―鎌倉幕府追加法第二六九条をめぐって―

1

近年、中世における「イエ」ないし「イエ支配」についての研究がみられるようになった。(1)とくに最近では、「百姓のイエ」についての関心が高まっているようであるが、「百姓のイエに最初に注目したのは、大山喬平氏の「中世社会のイエと百姓」(2)であろう。

大山氏の所論は、石井進氏(3)が領主制支配の原理と位置づけて展開した「領主のイエ支配」の分析方法を、中世の百姓の自立的性格の基盤としての「イエ」(「百姓のイエ」)の問題としてとらえなおしたものであった。すなわち、大山氏は、地頭の領主権がもっとも強烈に百姓に及ぼされていた「地頭一円地」においてすら、名主百姓が地頭との間に紛争をまき起こして幕府法廷における訴訟当事者としてあらわれていること、本所領家領にあっては、名主百姓の抵抗は、つねに荘園領主を介して幕府に提訴されていたこと、などを指摘し、百姓は、「領主のイエ支配」の外部の人間であったことを主張し、石井氏の「領主のイエ支配」論を批判したものであった。

その際、大山氏が、中世社会における百姓の地位（法的地位）を最初に定型化したいとして展開したのが、「地頭一円地」における百姓の地位である。大山氏は、鎌倉幕府法の中に、「地頭一円地法」とでも称すべき一連の法令が存在するとして、次に史料A・Bとして示す『吾妻鏡』の記事をあげ、ついで「地頭一円地法」の最たるものとして、史料Cの追加法第二六九条をあげる。

A、『吾妻鏡』宝治元年（一二四七）十一月一日条

又今日評定、被二仰出一云、雖レ為二地頭一円之地一、名主申二子細一者、依二事之躰一、可レ有二其沙汰一云々、

B、『吾妻鏡』同年十一月十一日条

今日、地頭一円之地名主百姓訴訟事、被レ定レ法云、開発領、無二過失一者、任二道理一、可レ有二御成敗一云々、

C、鎌倉幕府追加法第二六九条

一、雑人訴訟事

百姓等与二地頭一相論之時、百姓有二其謂一者、於二妻子所従以下資財作毛等一者、可レ被二糺返一也、田地并住屋令レ安二堵其身一事、可レ為二地頭進止一歟、

そして、この史料Cに関して、次のごとく述べている。長文になるが原文のまま引用しよう。

ここにいう雑人訴訟とは「百姓」と「地頭」との幕府裁判所における対決をさしている。そして、右の規定は百姓が勝訴した場合にとられるべき措置として、⑴地頭は百姓に対し、抑留していた百姓の妻子所従以下資財作毛等を糺返せねばならぬ、⑵田地ならびに住屋に百姓を安堵するか否かは地頭の進止（自由）とする、という二点を定めている。私が右の追加二六九条(c)を地頭一円地法だと判断する理由は⑵によって地頭がたとえ敗訴した場合でも田地・住屋の処分権が地頭に帰属することが明らかにされているからである。普通の意味の本所領家領においてはかかる規定は考えられない。この規定により、地頭一円地において地頭が百姓に難題をふきかけ、妻子所従以下資財作毛等を押取り、田地・住屋を奪うという強力支配を貫徹しようとしていたことがうかがえるが、

それにしても、ここに、地頭・百姓間の次のごとき財産権の分割状況がよみとれるであろう。

百姓財産……妻子・所従以下・資財・作毛等

地頭財産……田地・住屋

右の規定によるかぎり、地頭一円地の地頭はその自由意志でもって百姓から田地と住屋を没収し、領外へ追放する権限を有したことになる。妻子・所従以下・資財・作毛等はたしかに百姓に所属していたが、ここでは百姓にそなわるイエ支配の自立的性格はいちじるしく侵害されて現れている。（前掲論文、四五二頁）

つまり、大山氏の解釈によれば、「地頭一円地」においては、百姓が地頭から非法をうけた場合、訴えることはできるが、勝訴しても、妻子・所従以下・資財・作毛等が返却されるのみで、地頭は田地・住屋の没収権・追放権を有するという。極論すれば、百姓の田地・住屋を手に入れたい場合、地頭は手当たり次第に、百姓の妻子・所従以下・資財・作毛等、田地・住屋を没収してしまえばよい。百姓に訴えられて地頭の敗訴となったところで、せいぜい妻子・所従以下・資財・作毛等を返却せねばならないのみで、田地・住屋の処分権、百姓の追放権は地頭の手に残るから、地頭はやすやすとそれを手に入れられるからである。したがって大山氏が、「地頭一円地において地頭の領主権はもっとも強烈な支配を所領の百姓におよぼしていたと考えられる」(4)と述べたのはもっともといえるのである。

とするならば、いわゆる下地中分は百姓等の身に重大な影を落とすことになるので、その面からの研究も必要となろう。なぜなら、下地中分によって本所方・地頭方と分割された場合、本所方に属した百姓はよい。しかし地頭方に属すと、そこは本所領家側の力の及ばない「地頭一円地」となるので、百姓は常に地頭の恣意的支配におびやかされることになるからである。

しかし、常識的にいって、そのようなことがありえたであろうか。鎌倉幕府の裁許状をみれば明瞭のように、地頭が非法で訴えられて敗訴した場合、地頭は改易されるか、何らかの処罰をうけるのが一般である。ところが、ここでは処罰されるどころか、逆に訴えた百姓の田地・住屋を没収し、その身を追放できるという。また、そのような「勝訴」を勝訴といえるであろうか。さらには、そのような状態におかれている百姓を、自立的存在といえるであろうか。

そこで以下、大山氏が「地頭一円地法」の最たるものとして引用した追加法第二六九条（史料C）を検討し、大山氏の理解の是非を論じてみることにしよう。

2

追加法第二六九条を検討する前に、まず鎌倉幕府法において、妻子・所従・資財・作毛・田地・住屋といったものの帰属が、いかに処理されているかをみておこう。幕府法では、以下に示すように、式目では史料D～G、追加法ではH～Nがみられる。(5)

D、式目第四条
一、同守護人不レ申二事由一、没二収罪科跡一事
右、（中略）次犯科人田畠在家并妻子資財事、於二重科之輩一者、雖レ召二渡守護所一、至二田宅妻子雑具一者、不レ及二付渡一、（下略）

E、式目第三五条
一、雖レ給二度々召文一不二参上一科事
右、就二訴状一遣二召文一事及二三ヶ度一、猶不二参決一者、訴人有レ理者、直可レ被二裁許一、訴人無レ理者、又可レ給二他人一也、但至二所従牛馬并雑物等一者、任二員数一被二糺返一〔之上イ〕・、可レ被レ付二寺社修理一也、

F、式目第四二条

一、百姓逃散時、称二逃毀一令二損亡一事

右、諸国住民逃脱之時、其領主等称二逃毀一、抑二留妻子一奪二取資財一、所行之企甚背二仁政一、若被二召決一之処、有二年貢所当之未済一者、可レ致二其償一、不レ然者、早可レ被レ糺二返損物一、但於二去留一者宜レ任二民意一也、

G、式目第四六条

一、所領得替時、前司新司沙汰事

右、於二所当年貢一者、可レ為二新司之成敗一、至二私物雑具并所従馬牛等一者、新司不レ及二抑留一、況令レ与二恥辱於前司一者、可レ被レ処二別過怠一也、但依二重科一被二没収一者、非二沙汰之限一、

H、追加法第二一条

一、盗賊贓物事　（寛喜三年）去年四月廿日評定

右、已依二贓物之多少一、被レ定二罪科之軽重一畢、仮令銭百文若弐百文以下軽罪者、以二一倍一令レ弁二償之一、可レ令レ安二堵其身一、三百文以上之重科者、縦雖レ行二一身科一、更莫レ及二三族之罪一者、於二親類妻子并所従等一者、如レ元可レ令レ居二住本宅一也、（下略）

I、追加法第二九条

一、諸国新補地頭沙汰事

右、（中略）至二于三百文已上之重科一者、雖レ搦二取其身一、不レ可レ煩二親類妻子所従一、如レ元可レ令二居住一也、（下略）

J、追加法第二八三条

一、殺害付刃傷人事

右、（中略）於二刃傷殺害人一者、可レ召二禁其身許一也、至二于父母妻子親類所従等一者、不レ可レ懸レ咎、如レ本可

レ令二安堵一也、

K、追加法第二八四条

一、竊盗事

右、(中略)六百文以上重科者、可レ為二一身之咎一、不レ可レ及二親類妻子所従等之咎一、(下略)

L、追加法第二八六条

一、牛馬盗人々勾引等事

右、罪科是重、雖レ可レ令レ処二重科一、就二寛宥之儀一、可レ召二禁其身許一也、但所犯及二両三度一者、妻子不レ可レ遁二其科一、(下略)

M、追加法第二八九条

一、土民去留事

右、宜レ任二民意一之由、被レ載二式目一畢、而或称二逃毀一、抑二留妻子資財一、或号レ有二負累一、以二強縁沙汰一、取二其身一之後、如二相伝一令二進退一之由有二其聞一、事実者、甚以無道也、若有二負物一者、遂二結解一、無レ所レ遁者、任二員数一致二其弁一、不レ可レ成二其身以下妻子所従等煩一焉、

N、追加法第二九〇条

一、博奕輩事

右、任二禁制之旨一、一向可レ停二止之一、若有二違犯之輩一者、可レ召二進其身許一也、不レ可レ及二妻子所従等之煩一、況不レ可レ抑二留田畠資財雑具一矣、

以上であるが、念のため、簡単にコメントを加えておこう。

史料Dでは、重科を犯した場合、その身は守護所に召し渡されるが、田宅・妻子・雑具等は、召し渡すに及ばない

という。ここで守護所に召し渡すに及ばないというのは、それらがすべて安堵されることを意味するわけではないが、条文には何も記されていないので、ここでは、それ以上は不問にしておく。[6]

史料Eは難解な条文とされているものであるが、[7]ここでは所務沙汰手続きに関する条文と考えておこう。これは論人が召文に違背して不参の場合の規定である。召文違背はそれだけで敗訴となるが、訴人有理の場合は、論所は訴人に与えられるので問題ない。訴人無理すなわち論人（召文違背者）有理の場合は、論所は第三者に与えられることになるが、問題は「但」以下である。『中世政治社会思想』上の頭注[8]（二七頁）は、

この部分は難解。召文違背によって所領は訴人あるいは他人に与えられても、それに付属する所従以下は没収して寺社修理の用に充てよ、の意とも解されるが、「糺返」の語がぴったりせず、他の解釈の余地も大きい。式目抄は「但」以下を所領相論ではなく所従もしくは馬牛等の相論の場合と解しているが、これは無理であろう。

と述べているが、「糺返」とあること、また、その箇所を、

但至二所従牛馬并雑物等一者、任二員数一被二糺返一之上、可レ被レ付二寺社修理一也、

と記している古写本が多いので[9]、私は、所従・牛馬・雑物等は、没収されて寺社修理の用に充てられるのではなく、論人に返却され、その上で寺社修理の役が命ぜられるものと解したい。すなわち、召文違背敗訴の場合でも、所従・牛馬・雑物等は返却されるものと解す。

史料Fはコメントを要しないと思われるほど有名な条文である。[10]ここでは、領主が逃毀と称して妻子を抑留し、資財を奪取する行為を「甚背二仁政一」くとしている。その上で、年貢未済があったら、その分は支払わせ、未済がなければ奪取した資財を糺返するよう規定している。史料Mは、これをうけたものであるが、ここでは、はっきりとその身以下、妻子・所従等をわずらわせてはいけないと定めている。

史料Gによると、新司は、所当年貢は成敗できるが、私物・雑具・所従・馬牛等を抑留してはならない。この「得

替」は、「令レ与二恥辱於前司一者」あるいは「依二重科一被二没収一者」などとみえるので、単なる交替ではなく、何か過ちを犯しての所領の喪失・没収であると考えられよう。(11) すなわち、何か不都合を犯して所領を喪失した場合でも、私物・雑具・所従・馬牛は、本主に返却されたと解せる。

ついで追加法をみよう。史料H・I・Kは窃盗に関する規定である。史料H・Iは三〇〇文以上を重科とし、史料Kでは刑の緩和をはかって六〇〇文以上を重科としているが、いずれも一身の咎にとどまり、親類・妻子・所従等は、もとのごとく本宅に居住できるという。

史料Jは、刃傷殺害人の規定であるが、この場合も、一身の咎にとどまり、父母・妻子・親類・所従等は安堵される。これは式目第一〇条をうけたものであるが、それによれば、当人は死罪あるいは流刑に処せられ、所帯は没収される。

史料Lは牛馬盗人・人勾引の場合であるが、所犯が二度三度に及んだ場合、その妻子も科をのがれえないという。したがって、初犯の場合は、妻子に科が及ぶことはなかったものと解される。

史料Nは博奕の規定で、これも一身の各にとどまり、妻子・所従等には煩が及ばず、ましてや田畠・資財・雑具を抑留してはならないという。

以上、多少煩雑になったが、要するに、史料Dの事例は除くとして、幕府法で、田宅あるいは妻子・所従・資財などの帰属（安堵・返却）が規定されているのは、検断沙汰——これがほとんどであるが——では、罪科を犯した場合すなわち有罪の場合、所務沙汰では、敗訴（召文違背など）の場合であった。このように、妻子・所従・資財・作毛・田地・住屋などの安堵・返却規定があるのは、いずれも有罪・敗訴の場合なのである。

ところで、幕府法には、罪科を犯した場合の処分として、その身の処刑・所領の没収・近親者の縁坐などの規定が定められている。これらの適用範囲は、罪科の軽重・身分の差異などによって異なるのであるが、右にみたように、有罪者・敗訴者に対する過度の制裁を禁じていることは注目すべきであろう。つまり、幕府は、一面できびしい処罰規定を設けながらも、反面では有罪者・敗訴者の近親者・財産への波及をできるだけおさえようとしているのである。いいかえれば、これらの安堵・返却規定は、近親者・財産等のいわば保護政策とでもいうべきものであることが知られる。

　ここで立ちもどって、史料Cをもう一度みよう。大山喬平氏は、これを百姓側の「勝訴」規定とみなし、その場合、抑留していた百姓の妻子・所従以下・資財・作毛等は糺返するが、田地ならびに住屋に百姓を安堵するか否かは地頭の進止（自由）とする、と解したのであった。しかし、そのように解すと、この法は幕府法の中でも、特異のものといわねばならない。すなわち、幕府法では、一般には、敗訴した場合でも、田宅・妻子・所従・資財等は返却されることになっているのに対して、この法では、「勝訴」しても、田宅は没収、その身は追放され、返却されるのは妻子・所従以下・資財・作毛等のみであるという。

　それでは、この法のみが、幕府法の中で特異な法なのであろうか。その特異な法たるところに「地頭一円地法」たるゆえんがあるのであろうか。私は、そうは思わない。私は、先に、大山氏のいわれるがごときことは、常識的に考えられないと指摘しておいたが、この法を常識的に、かつ他の幕府法の規定と矛盾することのないように理解することも可能なのである。それは、この法を、百姓が敗訴した場合の規定と考えることである。

　つまり、史料Cすなわち追加法第二六九条は、百姓が敗訴した場合の措置として、①地頭は百姓に対し、抑留していた百姓の妻子・所従以下・資財・作毛等を糺返せねばならぬ、②田地ならびに住屋に百姓を安堵するか否かは地頭の進止（自由）とする、という二点を定めたものである、と解せないであろうか。そのように解せば、常識的にも納得できるし、また他の幕府法の規定とも軌を一にしよう。

　しかし、この解釈には重大な障害がある。それは、史料Cには、「百姓有二其謂一者」という文言がみえることである。この文言は、どうひっくりかえしても、「百姓のいうことに理があったならば」としか読めない。つまり、百姓側の「勝訴」と解すほかないのである。したがって、この文言による限り、史料Cを百姓の敗訴規定と理解することはできないのである。

それでは、やはり、大山氏の理解は正しいのであろうか。そこで、つぎにこの史料Cすなわち追加法第二六九条の条文そのものを検討することにしよう。

3

今日、式目ないし追加法などの鎌倉幕府法を検討する際、信頼するに足るテキストとして利用されているのが、佐藤進一・池内義資編『中世法制史料集　第一巻　鎌倉幕府法』である。本稿で追加法第二六九条などといっているのも、同書における番号であり、それが一般に是認されている。同書において、追加法第二六九条は、次のごとくみえる。念のために鼇頭および補註をも示しておこう。

○追加法第二六九条（同書、一六六頁）

二六九
雑人訴訟事
年次拠鏡建長二年六月十日条註
返原作明拠同上改
住屋拠同上補

一　雑人訴訟事（建長二年六月十日）33

百姓等与二地頭一相論之時、百姓有二其謂一者、於二妻子所従以下資財作毛等一者、可レ被二紏返一也、田地并住屋令レ安二堵其身一事、可レ為二地頭進止一歟、

鏡宝治二年閏十二月廿三日条、建長二年六月十日条（重出、但、取意節略文）

○追加法第二六九条の補註（同書、三八九頁）

33　二六九条は吾妻鏡宝治二年閏十二月廿三日条に載っているものであるが、同じものの取意節略文が、同書

建長二年六月十日条に「有二評定一、雑人事被レ定二法儀一、所謂百姓与二地頭一相論之時」云々と見える。これは吾妻鏡によく見られる同一記事の重出の一例であつて、いずれか一方又は両方の年次が誤りでなければならない。宝治二年の方は本文所掲の如く追加の原文であるが、その前に附せられた吾妻鏡の地の文「廿三日丙寅、今日雑人訴訟事被レ定二其法一、其事書様」は、干支の次に直ちに「今日」と記す点に於いて明らかに吾妻鏡の体例上異様であつて、ここに疑いを挿まなければならない。他方建長二年の方は取意文ではあるが、特に疑うべき点を見出し難いので、追加の文章は宝治二年の条に拠りながら、年次は敢て建長二年の方を採つた。猶、建長二年の条によれば、この時同じく雑人に関する「懐妊後離別男子可付父」なる規定（次掲二七〇条）も同時に制定された。

補註にくわしく記されているように、本条文の典拠となったのは、『吾妻鏡』の宝治二年（一二四八）閏十二月二十三日条と建長二年（一二五〇）六月十日条とである。いわゆる「追加集」諸本には、該当条文はみられない。そこで、まず、検討の素材として、『吾妻鏡』の二大古写本とでもいうべき北条本および吉川本の同日条をそれぞれ示しておこう。なお、念のために、北条本の同日条の原本写真を、図1・図2として掲げておいた。

O、『吾妻鏡』宝治二年（一二四八）閏十二月二十三日条

（a）北条本

廿三日　丙寅　今日雑人訴訟事被定其法其事書様

一雑人訴訟事

百姓等与地頭相論之事㫖有其謂者於妻子所従以下資財作毛等者可被糺明也田地斉令安堵其身事可為地頭進止歟

（b）吉川本

廿三日丙寅今日雑人訴訟事被定其法其事書様

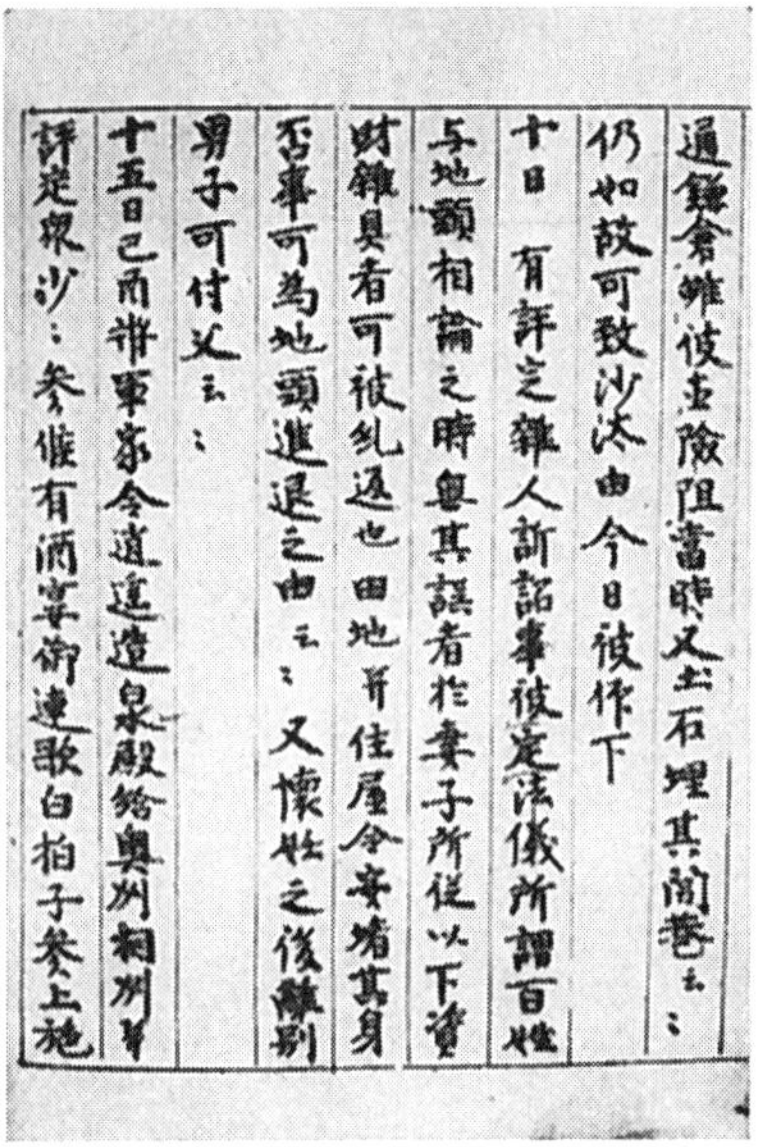
遁鎌倉雖彼云険阻當時又土石埋其間巻云ゝ
仍如故可致沙汰由今日被仰下
十日　有評定雑人訴詔事被定法儀所謂百姓
与地頭相論之時無其誤者於妻子所従以下資
財雑具者可被糺返也田地并住屋令安堵其身
否事可為地頭進退之由云ゝ　又懐姙之後離別
男子可付父云ゝ
十五日己酉将軍家令逍遥泉殿給奥州相州等
評定衆ゝ参催有酒宴御連歌白拍子参上施

図２　「北条本」
建長２年６月10日条

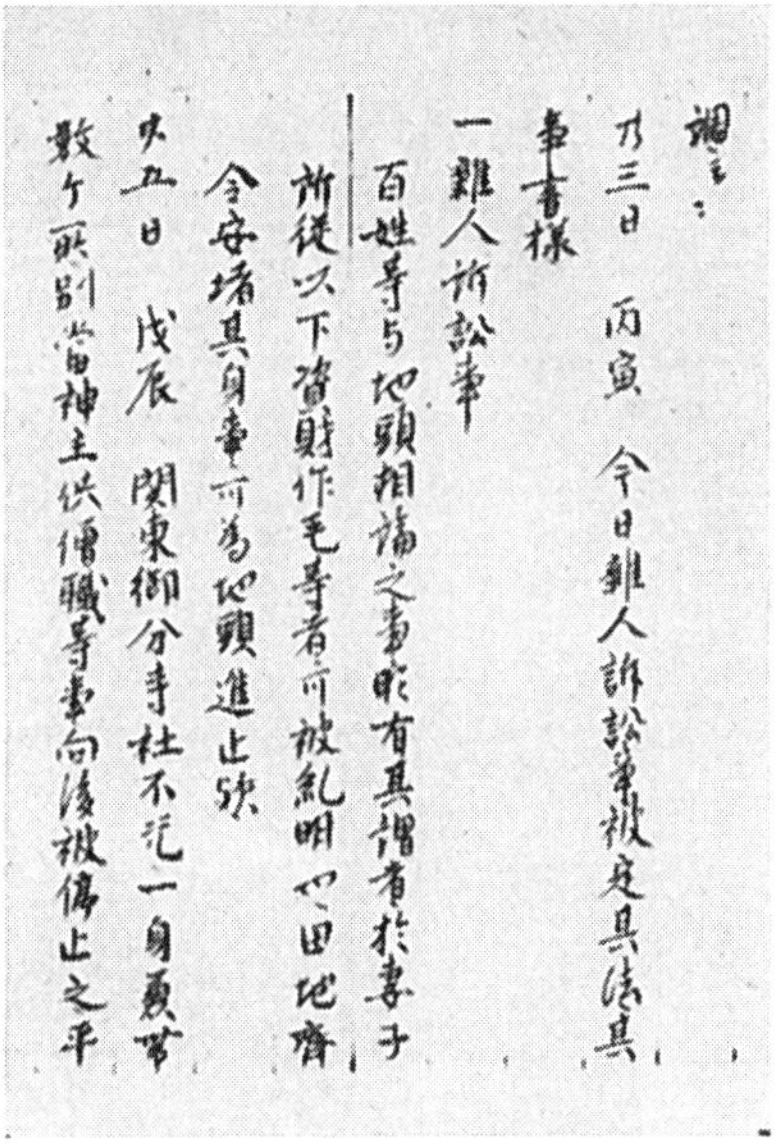
調ゝ
廿三日　丙寅　今日雑人訴訟事被定其法其
事書様
一雑人訴訟事
百姓等与地頭相論之事百姓有其謂者於妻子
所従以下資財作毛等者可被糺明也田地并令
安堵其身事可為地頭進止歟
廿五日　戊辰　関東御分寺社不可一身兼帯
数ケ所別当神主供僧職等事向後被停止之平

図１　「北条本」
宝治２年閏12月30日条

一　雑人訴訟事
　百姓等与地頭相論之時百姓有其謂者於妻子
　所従以下資財作毛等者可被糺明也田地并令
　　安堵其身事可為地頭進止歟

P、『吾妻鏡』建長二年（一二五〇）六月十日条

（a）北条本

十日　有評定雑人訴詔事被定法儀所謂百姓与地頭相論之時無其誤者於妻子所従以下資財雑具者可被糺返也田地并住屋令安堵其身否事可為地頭進退之由云々又懐妊之後離別男子可付父云々

（b）吉川本

十日甲辰有評定雑人訴訟支被定法儀所謂百姓与地頭相論之時無其誤者於妻子所従以下資財雑具者可被紀返也田地并住屋令安堵其身否事可為地頭進退之由云々　又懐姃之後離別男子可付父云々

さて、右を比較して気のつく点は、以下のごとくである（以下、史料Ｐの「又」以下には言及しない）。

第一に、史料ＯとＰとでは、看過することのできない文言の相違があることである。それは、史料Ｏでは

「有其謂者」となっているのに、史料Pでは「無其誤者」となっていることである。また史料Oでは「糺明」となっているのが、史料Pでは「糺返」となっている点も無視できない。なお、史料Oでは「作毛等」となっている箇所が史料Pでは「雑具」となっていること、また史料Oでは「住屋」の文言がみえないこと、などはとりあえず考慮外においてもさしつかえあるまい。第二に、史料Oでは、北条本と吉川本とで重大な文言の相違がみられることである。それは、吉川本で「相論之時百姓有其謂者」となっている箇所が、北条本では「相論之事旼有其謂者」となっていて、北条本には「百姓」という文言がみられないことである。第三に、史料Pでは、北条本と吉川本とでは、異体字がみられ、また北条本は干支を欠くが、それ以外は、まったく同文であること。以上である。

要するに、史料Oと史料Pとでは、字句に重大な相違があるので、両者を直ちに同一のものとみずに、一応は別箇のものとみなした方がよいこと、史料Oは伝写の過程で多少の字句の異同が生じたと思われるのに対して、史料Pでは、伝写過程における字句の異同の発生はとりあえず考えなくてよいこと、この二点に注意をはらうべきであろう。

そこで順序として、伝写過程で字句の異同が生じなかったと思われる史料Pを、まず検討しよう。史料Pの関係部分のみを再掲すれば、次のごとくである。

百姓与二地頭一相論之時、無二其誤一者、於二妻子所従以下資財雑具一者、可レ被二糺返一也、田地并住屋令レ安二堵其身一否事、可レ為二地頭進退一之由云々、

これによれば、百姓と地頭とが相論の時、「無二其誤一者」、妻子・所従以下・資財・雑具は糺返され、田地および住屋にその身を安堵せしめるか否かは地頭の進退にまかせる、という。この「無二其誤一者」であるが、大山喬平氏の理解によれば、「その誤りが無い」のは百姓の側ということになろう。すなわち、「百姓のいうことに誤りが無ければ」と解すわけである。

しかし、この部分は、「地頭にその誤りが無ければ」とも読めるのである。そして、この文言をそう解しても、文

脈からいって、何の不自然もない。すなわち、この史料Pの文言による限り、勝訴したのは、百姓側ではなく、地頭側であったとも解しうるのである。また、そう読んだ方が、先にも指摘したごとく、常識にもかなうし、他の幕府法の規定とも矛盾しない。それでは本当にそう読んでさしつかえないのか。以下、この読み方が妥当性をもつことを、「無二其誤一」という文言の意味から論証することにしよう。

「無二其誤一」という文言は、幕府関係史料で、どのような文脈で、どのような意味で用いられているであろうか。そこで、ここでは、たまたま目にとまった事例を、『吾妻鏡』から一例、幕府裁許状から一例とりあげて、検討してみよう。

Q、『吾妻鏡』元久二年（一二〇五）八月十七日条

十七日辛未、晴、蓮生法師（宇都宮頼綱）立二宇都宮一、進二発鎌倉一、是為レ謝下申無二其誤一之由上云々、

R、正嘉元年（一二五七）八月二十二日関東下知状案[12]

（前略）

右、対決之処、両方申状雖レ多二子細一、所詮、元久二年被レ停二止地頭職一畢、而承久兵乱之時、公文政家企二京方一之間、依二彼罪科一、太海・院林両郷所レ被レ補二地頭一也、爰太海郷地頭職者、先度有二沙汰一、被レ避二進本所一畢、院林若可レ為二没収一者、可レ被レ補二地頭職於公文跡一之処、公文・惣追捕使両職、共以貞応以後度々被レ付二領家一畢、雖レ有二罪科一、公文之跡猶以被レ避レ之、況無二其誤一之処、何可レ被レ補二地頭一哉之由、家時（雑掌）所レ申非レ無二其謂一、然則、

（下略）

さて、史料Qには、次のような背景がある。[13] 元久二年（一二〇五）八月七日、宇都宮頼綱が謀叛を企て、一族・郎従を率いて鎌倉に向かおうとしているとのうわさが入った。[14] そこで幕府は、討手を向けることとなった。しかし、頼綱は、謀叛の意図はないという書状を鎌倉に送るとともに、宇都宮で一族・郎従六十余人とともに出家し、蓮生と名

のった。そして、八月十七日、彼は陳謝のため宇都宮を発って鎌倉に向かったのである。その記事が史料Qである。以上のことから、ここにいう「無㆓其誤㆒」は、「嫌疑の事実はない」という意味であることが知られる。

つぎに史料Rをみよう。ここでは、公文に京方与同の罪科があっても、その所職の跡は本所に避り渡された。だから「無㆓其誤㆒」のところに、どうして地頭が補されるのであろうか、という文脈で用いられている。すなわち、ここでは、「無㆓其誤㆒」は、「罪科（京方与同）の事実はない」という意味で用いられている。ここで思い起こされるのが式目第一六条であろう。

S、式目第一六条

一、承久兵乱時没収地事

右、致㆓京方合戦㆒之由依㆓聞食及㆒、被㆑没㆓収所帯㆒之輩、無㆓其過㆒之旨証拠分明者、充㆓給其替於当給人㆒、可㆑返㆑給㆓本主㆒也、（下略）

ここでは、史料Rで「無㆓其誤㆒」となっている箇所が「無㆓其過㆒」となっており、その意味は、さらに明瞭である。以上の事例からみると、式目第一六条の「無㆓其過㆒」をも含めて、「無㆓其誤㆒」というのは、「嫌疑の事実がない」「罪科の事実がない」という意味であることは明らかである。

ところで、ここで問題としている訴訟は、百姓が地頭を訴えたものである。すなわち、百姓が地頭にはこれこれの非法（罪科）ありと鎌倉幕府に訴えたわけである。「嫌疑」「罪科」の有無が裁かれているのは、地頭側であって、けっして百姓側ではありえない。要するに、「無㆓其誤㆒者」は、地頭側に「その誤りがない」、つまり、地頭側に「嫌疑の事実がない」「罪科の事実がない」、という意味でなければならないのである。

以上のことより、史料Pは次のように読むべきであることが知られよう。すなわち、百姓と地頭との相論の時、地頭側に訴えられたような罪科（嫌疑）の事実がなければ、妻子・所従以下・資財・雑具は百姓に糺返すべきである。

しかし田地ならびに住屋にその百姓を安堵せしめるか否かは地頭の進退に属す、と。

すなわち、史料Pは、百姓側の敗訴規定であるとの結論をえたのであった。それでは、史料Oは、どのように理解したらよいのであろうか。次にそれを検討しよう。

4

追加法第二六九条の典拠の一つとなった『吾妻鏡』宝治二年（一二四八）閏十二月二十三日条（史料O）は、先にも指摘したごとく、北条本と吉川本とで若干の字句の相違があり、また、『吾妻鏡』建長二年（一二五〇）六月十日条（史料P）と、看過できない文言の相違があった。そこで、次に史料Oの関係部分（イ＝北条本、ロ＝吉川本）、および史料Pの関係部分（ハ）を再掲しよう。

（イ）百姓等与地頭相論之事吃、有其謂者、於妻子所従以下資財作毛等者、可被糺明也、田地斉令安堵其身事、可
　為地頭進止歟、

（ロ）百姓等与地頭相論之時、百姓有其謂者、於妻子所従以下資財作毛等者、可被糺明也、田地并令安堵其身事、
　可為地頭進止歟、

（ハ）百姓与地頭相論之時、無其誤者、於妻子所従以下資財雑具者、可被糺返也、田地并住屋令安堵其身否事、可
　為地頭進退之由云々、

右で、△印を付した箇所は、（イ）（ロ）と（ハ）とで字句が異なり、○印を附した箇所は、その上、（イ）と（ロ）とでも字句が異なる。これによって明瞭のように、追加法第二六九条の条文は、（ロ）を基本として立てられている。ところが、△印を付した箇所では、（イ）（ロ）が「有㆓其謂㆒者」「糺明」としているところは、（ハ）は「無㆓其誤㆒者」

「紕返」としている。○印を付した箇所では、（ロ）には（イ）にない「百姓」という字句がある、などの大きな相違がある。

まず、（イ）（ロ）と（ハ）とで一番顕著な相違部分、つまり、（イ）が「有㆓其謂㆒者」とし、（ロ）が「百姓有㆓其謂㆒者」としている部分から検討しよう。今、『中世法制史料集　第一巻　鎌倉幕府法』の編者のごとく、（ロ）すなわち吉川本に従うならば、追加法第二六九条（史料C）の条文のようになり、大山喬平氏の理解が導き出せる。つまり、これは百姓側の「勝訴」規定ということになる。

そうであるならば、史料Oと史料Pとは、単なる重複記事ではなく、史料Oで定めたことを、史料Pで修正したと考えるべきこととなる。すなわち、史料Oでは百姓側が「勝訴」の場合でも、田地・住屋に百姓を安堵せしめるか否かは地頭の進止に属すとした。しかし、その規定では、あまりにも百姓に不利であるし、何よりも、他の幕府法の規定と相容れない。そこで、史料Pにいたって、百姓側が敗訴の場合のみ、田地・住屋に百姓を安堵せしめるか否かは地頭の進退に属すようにしたのではあるまいか、と。そのように解せば、両者の不整合はなくなる。そして、史料Oは幕府法の中で孤立した特異な法であり、それがゆえに、それは百姓らの抵抗によって、わずか一年半ほどの命しかもたなかった、との理解も生まれよう。しかし、それは、あくまでも、吉川本の文言が正しいとすればの話である。ところが、北条本には、「百姓」の字句はみえず、ただ「有㆓其謂㆒者」となっていた。そこで、ここで北条本に即して考えた場合、「有㆓其謂㆒」のは、百姓側であると、直ちに決めつけてよいであろうか。

この「有㆓其謂㆒」という語は、幕府裁許状にしばしばみられる文言である。しかしその用例は、必ずしも原告側に限定されておらず、被告側にも用いられている。(15) とすれば、北条本による限り、「有㆓其謂㆒」のは百姓側であると明示されていないので、地頭側であるともいえるわけである。そう解せば、史料Pとも軌を一にし、また他の幕府法とも整合的である。

私は、ここで、北条本と吉川本との優劣を論じるつもりはない。また、たとえ、一般的にどちらが良本ということはいえても、そのことから、ここで問題としている箇所も、どちらかの一方がよいということにはなるまい。それよりも、私は、この箇所の文言が両写本で異なるのは、伝写過程で異同が生じたと考えられるので、この部分のみから、いずれの是非を論じるべきではなく、本稿で今まで試みてきたように、他に傍証を求めるべきものと思う。

ところで、かりに、『中世法制史料集　第一巻　鎌倉幕府法』のように、史料Oと史料Pとを重複記事とみるなら、私は、異同のない史料Pの方を基本にして条文を立てるべきものと思う。しかし、『吾妻鏡』をみると、宝治元年（一二四七）十一月一日条（史料A）・十一月十一日条（史料B）に「地頭一円之地」における名主百姓の訴訟の記事がみえ、また建長二年（一二五〇）四月二十九日条・八月十八日条・九月十八日条には雑人訴訟の記事がみえ、建長三年六月十日条にも百姓と地頭との相論に関する記事がみられる。[16] これらもすべて重複記事とみなせば話は別であるが、そのことから、私は、若干文言の異なる法令が両度定められたと解してもさしつかえないのではないかと考えておきたい。その際、史料Oと史料Pとでは、内容が大きく変化したと考えるより、若干の字句の相違はあっても、ほぼ同一内容のものであったと考えておきたい。事実、吉川本によるとそう考えられる余地はなかったが、北条本ではそう解せる余地があった。

私は、史料Oは伝写過程で逸脱が生じ、両写本とも、原文を正確に伝えていないと考えている。たとえば、史料Oの原文は、次のごときものであったのではあるまいか。

一、雑人訴訟事

百姓等与二地頭一相論之時、百姓雖レ申二子細一、地頭所レ陳有二其謂一者、於二妻子所従以下資財作毛等一者、可レ被二糺明一也、田地并令レ安二堵其身一事、可レ為二地頭進止一歟、

このような「復原」がゆるされるなら、それは史料Pとほぼ同一内容となり、他の幕府法と軌を一にしよう。要す

るに、この法は、百姓が敗訴した場合の規定と考えられるのである。

次に、（イ）（ロ）では「糺返」ではなく、「糺明」となっていたので、それを考えよう。一般に、幕府法において、妻子・所従以下・資財・作毛等が記されるのは、有罪・敗訴の場合における安堵・返却規定としてであった。ところが、ここでは、それが「糺明」されている。このような用法は、一般にはなじまないことから、『中世法制史料集第一巻　鎌倉幕府法』の編者は、それを（ハ）に従って「糺返」に変えて条文を立てている。しかし、（イ）（ロ）ともに「糺明」となっているので、直ちに字句をあらためて解釈するのではなく、原文のままでの解釈を試みよう。といっても、私には、これといった成案はないのであるが、とりあえず、次のように考えておきたい。

まず、この訴訟は、地頭による百姓の妻子・所従以下・資財・雑具の抑留あるいは田地・住屋の点定といった非法が先行し、それを百姓が訴えたものであると考えられよう。地頭による抑留・点定がまったく不当なものであるならば、当然、地頭側の敗訴となり、地頭は改易なり何なりの処罰をうけるであろう。ところが、この訴訟は地頭の勝訴に終っている。したがって、地頭による抑留・点定には、何がしかの正当な根拠があったものと思われる。

おそらく、地頭は、百姓の年貢・公事の未進・対捍あるいは、所職・資財の押取・隠匿といったことをとがめ、その妻子・所従以下・雑具を抑留し、あるいは田地・住屋を点定するといった行為に及んだのであろう。[17] それを百姓は幕府に訴えたが、結果は、百姓の敗訴となった。しかし、百姓側に敗訴となるべき要因があるにしても、地頭の抑留・点定に行きすぎはないであろうか。そこで、抑留している妻子・所従以下・資財・雑具を「糺明」し、差し押えるべきもの――たとえば未進分・隠匿物――は没収し、しからざるものは返却させる、と規定したのではあるまいか。だが、それでは抑留したものの帰属に関して、なお相論が起きかねない。そこで、史料Pでは、とりあえずはすべて「糺返」するように、修正したのではあるまいか。以上のように考えておきたい。

以上、私は史料O・Pともに、百姓側敗訴の場合の規定であると考えた。その場合、百姓を田地・住屋に安堵せしめるか否かは地頭の進退に属すわけであるが、じつは、それとほぼ同趣旨の法令が、それに先行する時代にみられる。

T、追加法第一一九条

一、依下違二背地頭一咎上、所二召置一庄官百姓等事

於二自今以後一者、不レ及レ召二誡其身一、所詮、罪科無レ所レ遁者、不レ可レ居二住其所一、早可二追出一之由、可レ被二下知一之状、依レ仰執達如レ件、

延応元年(一二三九)七月廿六日　前武蔵守(泰時)判

これによれば、地頭に違背した百姓の追放権が与えられている。これによっても、史料Oを、孤立した特異な法と考えるよりも、一般の幕府法と軌を一にしている法令と考えるべきことが知られる。また、先掲の史料Bに(18)、

開発領、無二過失一者、任二道理一、可レ有二御成敗一云々、

とみえたが、これも名主百姓が地頭を訴えた訴訟に関する記事なので、「過失」の有無が論じられるのは地頭側であり、それゆえ、「無二過失一」は、地頭側である。したがって、これも地頭側勝訴、つまり百姓側敗訴の場合であることが知られる。ただ、ここでは、「任二道理一、可レ有二御成敗一」となっていて、その内容はまだはっきりと規定されていない。

さて、今まで述べてきたところをまとめると、史料Oは原文を正しく伝えているとは思われないこと、それに対し、史料Pは原文を正しく伝えているであろうこと、それゆえ史料Oを基本に立てられた追加法第二六九条の条文は問題があると考えられること、史料Pを基本に追加法第二六九条の条文を検討しなおすと、それは、大山説のように百姓「勝訴」規定とは考えられず、百姓敗訴規定と考えられること、また史料Oの原文を「復原」することも可能であること、以上である。

5

大山喬平氏によれば、「地頭一円地の地頭はその自由意志でもって百姓から田地と住屋を没収し、領外へ追放する権限を有したことになる。妻子・所従以下・資財・作毛等はたしかに百姓に所属していたが、ここでは百姓にそなわるイエ支配の自立的性格はいちじるしく侵害されて現れている(19)」という。大山氏は、それにもかかわらず、名主百姓は地頭との間に紛争をまき起こし、訴訟当事者としてあらわれているので、そこに自立的性格が反映しているとみたのであった。

このような大山氏の理解は、くり返し指摘してきたように、史料Cの「地頭一円地法」を百姓の「勝訴」規定とみたことに根拠があったが、それは、正しくは、百姓の敗訴規定とみるべきものであった。とすると、百姓の自立的性格を強調する大山氏の立場は、成り立ちがたいものとなるのであろうか。いや、そうではあるまい。本稿のごとく理解した方が、百姓の自立的性格をより強調でき、大山氏の論全体にとっては、一層好都合の材料となろう(20)。

すなわち、「地頭一円地」においてさえ、たとえ敗訴の場合でも、田地・住屋が百姓に安堵されるか否かは地頭の進止となるが、妻子・所従以下および資財・雑具は返却される。そこに、農民の強い家族紐帯の存在をうかがいえるとともに、農民が動産に対して強い権利をもっていたことを認めざるをえない。そして、田地・住屋の没収は、百姓敗訴の場合に限定されるので、そのことから逆に、地頭による恣意的な田地・住屋の没収は、強く規制されていたことも知ることができる。要するに、中世前期の百姓は、動産に対する強い権利と、不動産に対する不当な干渉を排除しうる権利とをもっていたことが確認できたのである。それとともに、百姓が提訴権をもっていたことも念のために指摘しておこう。

中世における百姓の立場をバラ色に描くつもりはないが、百姓がこのように自立した存在であったことは否定しえない。[21] もとより、その自立的立場を保てるか否かは、百姓と地頭等との力関係、あるいは、百姓の権利を保障しうる体制の有無、権利の保障を権力側に求める百姓の闘い方、などにかかっている。しかし、百姓が闘いを放棄していないことは、今までみてきたことのみからも明らかであろう。

いまさら指摘しなおすまでもなく、中世前期において、百姓がいかなる支配をうけてきたかについては、従来、主として地頭支配という面から論じられてきた。[22] 地頭が百姓に非法を行なった場合、一般の本所領家領荘園にあっては、本所領家が百姓の保護者としてあらわれる。つまり、百姓は本所に地頭の非法を訴え、それをうけて、本所は幕府に地頭を訴えることになる。

また、地頭が補任されていない、本所一円地においては、下司・公文などの非法は、本所に訴えられ、本所が裁決を行なう。

ところが、本所領家が存在しない所領もありうる。たとえば、本所領家側と下地中分が行なわれ、地頭方となった荘園（所領）などである。[23] また、東国における地頭の開発所領などにおいても考えられよう。[24] そういった所領が「地頭一円地」にほかならない。

この地頭一円地においては、百姓は地頭を訴えるに、その訴え先は、地頭＝御家人の主人たる鎌倉殿すなわち幕府しかありえない。幕府は、あたかも、本所一円地における本所のごとき性格をもつことになる。したがって、必然的に、百姓は幕府法廷において訴訟当事者となってあらわれざるをえないのである。

そういった訴訟の出現にともない、幕府はそれに対応する訴訟制度・法令を整備せねばならなかった。その場合、いうまでもなく、百姓側の勝訴であればぼ、地頭は改易されるか何らかの処罰をうけたはずである。しかし、百姓側の敗訴に終った場合はどうか。幕府が苦慮したのはこのケースであろう。[25] 百姓側敗訴であっても、百姓に何のとがめもなければ、百姓の訴えはとどまるところを知るまい。そもそも、正当な根拠なしに地頭を訴えることは、地頭に敵対することとかわりはない。かくして幕府は、追加法第一一九条（史料T）の地頭違背の咎の規定を援用し、田地・住屋の没収権・追放権を地頭に与えたのではあるまいか。

したがって、地頭一円地というのは、大山氏が考えたように、地頭の強烈な支配を百姓に及ぼした所領という意味ではないし、また「地頭一円地法」とは、そういった、地頭の強烈な支配権を是認したものでもない。かりに百歩ゆずって、地頭一円地において、地頭による強烈な支配が行なわれていたとしても、「地頭一円地法」は、そういった地頭の支配に歯止めをかけたものというべきである。

しかし、次のことも見落してはならないであろう。すなわち、このように地頭一円地の百姓が地頭を訴える事例がみられるようになったということは、このころになって、ようやく、地頭はその所領において本格的な所領支配を行ないはじめたと考えられること、そして、それは、すぐさま百姓の反撃にあったこと、である。さらには、百姓の立場に一定の保護を与えた幕府の政策にも注目しておこう。

ここに、中世における百姓が、所領支配を強固なものとしてゆこうとする地頭に対して、抵抗し、自己の自立的立場を貫き通そうとする姿勢を見出すことができるのである。

おわりに

以上、大山喬平氏の「地頭一円地法」論を批判するという形で、追加法第二六九条を検討してきた。費やした紙数に比して、明らかにしえた点は微々たるものであったが、本稿で明らかにしたのは、次のごときことがらである。

1、この法の典拠となったのは、『吾妻鏡』宝治二年（一二四八）閏十二月二十三日条と建長二年（一二五〇）六月十日条とであるが、後者の方が原文が正確に伝わっていると考えられること。前者は北条本と吉川本とで異同があるが、いずれも原文を正確に伝えず、逸脱があると考えられること。また、両者を必ずしも、重複記事とみる必要はないこと。

2、この法は、百姓が勝訴した場合の規定ではなく、敗訴した場合の規定であること。つまり、地頭を訴えて、百姓が敗訴した場合、その妻子・所従以下・資財・雑具は糺返されるが、田地・住屋に百姓を安堵せしめるか否かは、地頭の進退に属す、と規定したものであること。

3、この法にみられる百姓は、自立的性格を強くもっていること。すなわち、第一に、提訴権をもっていること。第二に、動産に対しては強い権利をもっていて、敗訴した場合でもその権利はおかされることはないこと。第三に、不動産に対する権利も強いものがあり、不当な没収はゆるされなかったこと。

4、この法は、地頭一円地における地頭の恣意的支配を是認したものではなく、地頭の恣意的支配をおさえ、百姓の立場を保護する役割をもっていたと考えられること。

以上である。

私は、ここに百姓の強い自立的性格を確認したが、この自立的性格は、地頭によって、おかされようとしていたことも事実である。そういった問題こそ、論じなければならないことがらであるが、本稿では、以上の指摘にとどめざるをえない。

大山氏は、「百姓のイエ」論をもとに、笠松宏至氏の「地頭独立国論」、石井進氏の「領主のイエ支配」論に対する批判を展開している。そういった論点こそを論じるべきなのかも知れないが、そういった点についても言及しえなかった。

本稿は派生する重要なことがらには言及しえず、基礎的なことがらの確認のみに終ったが、これにて、ひとまず擱筆することとしたい。大山喬平氏の所論を誤解している点があったら、御寛恕をこう。

注

(1) 紙幅の都合で、研究史については、飯沼賢司「中世イエ研究前進のための試論」（『民衆史研究』二三・二四、一九八二・八三年）にゆずる。

(2) 大山喬平「中世社会のイエと百姓」『日本中世農村史の研究』岩波書店、一九七八年。初出は『日本史研究』一七六。以下、特にことわらない限り、大山氏の所論はこれによる。

(3) 石井進『中世武士団（『日本の歴史12』小学館、一九七四年）を参照。

(4) 前掲注（2）論文、四五一頁。

(5) 以下、幕府法は、すべて『中世法制史料集　第一巻　鎌倉幕府法』（岩波書店、一九五五年）による。なお、守護大友氏の法令（追加法第一八八条）や、所領・所職の没収規定などは除いた。

(6) いうまでもなく、重罪の場合は、その身が処せられ、所領が没収される。また妻女の所領が没収されることもあった（式目第一一条）。

(7) 『中世政治社会思想』上（岩波書店、一九七二年）の頭注（二七頁）および「補注」御成敗式目35（四三六頁）を参照。

(8) ここでは、一九七二年十二月五日発行の第一刷を使用している。

(9) ここの部分を単に「被㆓糺返㆒」としているのは鶴岡本（武家系統本）以外は、すべて清原家系統本である。武家系統本たる世尊寺本・明応五年本・明応七年本・元亀本などは「被㆓糺返㆒之」とし、菅本・平林本・鳳来寺本・運長本・伝来眼本・座田本などは「被㆓糺返㆒之上」としている（以上、『中世法制史料集　第一巻　鎌倉幕府法』二一頁の鼇頭を参照）。ちなみに、最古の写本は菅本（鎌倉中期を下らないといわれる）であり、書写年時が明記されている最古本は平林本（康永二年＝一三四三）であるという（以上、同書「解題」四二〇頁を参照）。

(10) 式目第四二条に関する近業については、とりあえず、田村憲美「『追捕』覚書―平安末〜鎌倉期の百姓・イエ・逃散

―」（『民衆史研究会・会報』二〇、一九八七年。のち『在地論の射程』校倉書房、二〇〇一年、に所収）を参照。

(11)『中世政治社会思想』上の頭注（三三一頁）は、「普通には喪失・没収などの意に用いられたが、本条についていえば得と替、すなわち交替の意と解せられないこともない」としている。

(12)『鎌倉遺文』第一一巻八一三四号。『鎌倉幕府裁許状集』上、吉川弘文館、一九八〇年、関東裁許状一〇一号。

(13)以下、『吾妻鏡』元久二年（一二〇五）八月七日条・十一日条・十六日条・十七日条（史料Q）・十九日条などを参照。

(14)宇都宮頼綱は北条時政の女をめとっているので、この事件は、北条時政が妻牧氏と謀って将軍実朝を殺し、女婿平賀朝雅を将軍にたてようとした陰謀事件とかかわりがあるとみられている。

(15)たとえば、貞応二年（一二二三）四月日関東下知状案（『鎌倉遺文』第五巻三〇八九号。『鎌倉幕府裁許状集』上、関東裁許状三二号）第二条「一、牟木浦事」にみえる「忠友所㆑申聊有㆑謂」の忠友、貞永元年（一二三二）七月二十六日関東下知状案（『鎌倉遺文』第六巻四三四八号。『鎌倉幕府裁許状集』上、関東裁許状四九号）にみえる「行阿所㆑申雖㆑有㆓其謂㆒」の行阿（中原季時）などは、いずれも被告である。

(16)この日の条には「又曰、百姓与㆓地頭㆒相論之事、別差㆓奉行人㆒、定委細可㆑被㆓聞食㆒之由云云」とある。この記事については、佐藤進一『鎌倉幕府訴訟制度の研究』（畝傍書房、一九四三年）五五頁を参照。なお、この記事と、史料Pとは、一年違うが月日が一致するのは気にかかるところである。

(17)「追捕」については、田村憲美、前掲注（10）論文を参照。

(18)なお、この史料については、後出注（24）を参照。

(19)前掲注（2）論文、四五二頁。

(20)そして、その方がたとえば、かつて大山氏が「領主制研究についての試論―石母田氏の方法にふれて―」（『歴史学研究』二六四、一九七〇年）で展開した永原慶二氏批判なども整合的であろう。

(21)私はかつて、拙稿「荘園制支配と中世国家」（『歴史学研究』別冊特集『歴史における民族の形成』青木書店、一九六二年。本書附論）で同様の指摘をしたことがある。

(22)地頭を「在地領主」と決めつけてしまうことに、私は反対である。

(23)　たとえば、正中二年（一三二五）十月七日関東下知状（『鎌倉幕府裁許状集』上、関東裁許状三〇八号）に、「一、下地中分、以㆓伊与倉河㆒為㆓両方堺㆒、互可㆑令㆓一円進止㆒事」「和与中分之上者、河北者領家一円、河南者地頭一円知行、相互不㆑可㆑有㆓違乱㆒者也」などとみられるように、地頭方は、地頭一円地となる。

(24)　たとえば、『吾妻鏡』宝治元年（一二四七）十一月十一日条（史料B）に「開発領」とみえたが、それなどはこの例であろう。なお、大山喬平氏は、この「開発領」を、「名主百姓の開発領」と解釈する可能性を考えておられるが（前掲注（2）論文、四五二〜四五三頁）、地頭一円地の法としてみられるので、「地頭の開発領」とみるべきである。

(25)　『吾妻鏡』宝治元年（一二四七）十一月一日条（史料A）には「依㆓事之躰㆒、可㆑有㆓其沙汰㆒」、同十一日条（史料B）には「任㆓道理㆒、可㆑有㆓御成敗㆒」とのみあって、具体的内容を欠くのは、あるいは、そういった事情によるものであろうか。

〔附記〕　本論文は一九八一年六月二十八日に太宰府天満宮で開催された日本古文書学会で、「鎌倉幕府追加法二六九条をめぐって」と題して報告したものに、その後の知見を加えて記したものである。

二　淡路の悪党

――淡路国都志郷の公文と地頭――

はじめに

『兵庫県史』史料編中世一には、淡路関係の中世史料が八二点所収されている。その中で際立つのは三原郡南淡町賀集の護国寺が所蔵する文書で六〇点を数える。(1)つまり淡路関係文書の大半が護国寺文書であるともいえるわけである。したがって淡路の中世を語るには護国寺文書を避けて通るわけにはゆかないということになるが、護国寺文書についてはかつて調査を手がけ、その成果は『護国寺誌』として公表したので、詳細はそれにゆずる。(2)

さて、島外所在文書についてみると、一番に注目されるのが敗戦後になって紹介された、淡路国都志《つし》郷に関する史料を含む九条家文書であろう。(3)九条家文書は宮内庁書陵部に架蔵されており、同郷の具体的な動きをうかがい知ることができる貴重な史料である。都志郷の名は以前から東福寺文書に見え、その存在は知られていたが、名のみ見えるといってもよいほどの断片的史料のみで、同郷の具体的動きを知ることはできなかった。それが九条家文書の紹介によって、具体的動きを知ることができるようになったのである。しかし、都志郷に関する史料の紹介が比較的新しいためか、それをもっぱら扱った論文は管見によれば皆無である。わずかに私が執筆を分担した『五色町史』(4)にその動きの概観が記されているにすぎない。ただ同書は島外の人の目にとまる機会が少ないようなので、都志郷の名とその動きはあまり知られていないといわねばならないようである。

ところで、このような文書群を別にして、中世淡路史にとって、第一級の史料といえば、誰もが「淡路国大田文」を思い浮かべるであろう。(5)この大田文が注目されているのは、なによりも、この大田文が承久の乱の翌々年に作成されたものであるだけに、この乱を契機とする歴史的変動――地頭等の交替――を生々しく語っているからである。その逐一の動きを取り上げる余裕はないので、地頭配置図（図1）にその変動を示しておいた。

1

さて、淡路国において承久の乱後に地頭の交代が多くみられたのは、承久の乱に際して淡路国守護佐々木氏が京方につき、多くの地頭がそれに従ったからであるが、そのことは承久の乱以前、淡路国の多くの所領に地頭が設置されていたことの別の表現でもある。つまり、承久の乱以前に淡路国の多くの所領には地頭が設置されていて、彼らが守護に従って京方についたからである。

それでは、淡路国の多くの所領に地頭が設置されたのは、いかなる理由によるものなのであろうか。その間の事情をよく物語っているのが、文応元年（一二六〇）九月十八日、鎌倉幕府が都志郷の裁判に対して判決を下した鎌倉幕府下知状（『九条家文書』一七四四・一七四五・一七四六号。以下同文書からの引用は号数のみとする）である。(6)その一部を引用してみよう。

A　如重氏申者、当郷者為平家没収之地、梶原平三景時始被補地頭畢、当公文俊宗祖父源次郎家平為平家方、於一谷討死畢、依為其跡、公文地頭一円致沙汰畢、

図1　国料・荘園・地頭の分布（『五色町史』より）

B　重氏申云、於家平等一門者、為平家方致合戦之忠之間、不安堵者也、

これは地頭側の主張であるが、被告である公文行宗の祖父源次郎家平およびその一門は、平家方について戦功をあげ、家平は一の谷で討ち死にした。だから、梶原景時が都志郷の地頭として補任されたのだという。

それでは、何故に源次郎家平の一族が平家方についたのであろうか。それを物語る史料は一つも存在しないが、次のことを考えあわせることにより、その間の事情をうかがうことができるであろう。それは、治承三年（一一七九）のクーデターにより、平清盛の子清房が淡路守となっていることである。(7) 清房の素性については不明であるが、『尊卑分脉』に「淡路守イ五下」と注記されている、男子では清盛の末子と思われる人物であろう。清房は治承四年十二月には、平重衡らとともに東国を指して発向し、また養和元年（一一八一）十月には、同じく重衡らと北陸方面に下向している。このように清房は戦闘に参加しているので、国司としての淡路国の実際の支配は、平家一門が行ったとみてよいであろう。

武士の軍事編成は、一族や郎従らを中核として近隣の農民たちを兵士として組織するが、平氏は源平の内乱にあたって荘園・国衙領（公領）の別なく課役として兵士役を徴収したことが知られている。つまり、諸国の農民は平氏方に兵士としてかり出されたと推測されるのであるが、特に淡路国は国司が清盛の子清房であったので、強力に兵士役徴収が進められたと考えられよう。そのような兵士の中に、都志郷の源次郎家平らがあったものと思われる。おそらく同様のことが他の多くの所領でも展開したのであろう。そのため、大量の地頭補任となったものと考えられる。ただし、淡路国でも平氏に反目する動きがあったことも見逃してはならない。『平家物語』(8) には、次のような話が見られる。

C　……、淡路国ふく良の泊につきにけり、其国に源氏二人あり。故六条判官為義が末子、賀茂冠者義嗣・淡路冠者義久と聞えしを、……（巻九「六ヶ度軍」）

D　又淡路国住人安摩六郎忠景、平家をそむいて源氏に心をかよはしけるが、……（同）

このように淡路でも源氏一族あるいは源氏方についた武士もいるが、ここにそのことが記されていること自体、淡路では平氏方につくのが一般的傾向であったことを示していよう。要するに、淡路では源平の内乱の際、多くの者が平氏方につき、その結果多くの所領に地頭が設置されたと考えられるのである。

以上のことを考えれば、中世前期の淡路国では、二つの動乱＝勢力交替がみられたとみるべきであろう。一つは、源平の内乱で多くの勢力が平氏方についたこと、そして二つには、承久の乱に際して多くの地頭が京方に参じたこと、この二つである。従来、後者に注目されてきたが、前者にも、もっと目が向けられてしかるべきではあるまいか。

ところで、先に、都志郷に関する史料を垣間見たが、じつは、都志郷では源平の内乱時における住民の動向がうかがえるだけでなく、承久の乱でも地頭が交代しており、その後の地頭の交代の様子を比較的明瞭に知ることができる。そこで以下では、都志郷の動きをみることによって、中世の淡路国の動きの一端を知ることにしたいと思う。(9)

2

都志郷は、現在の兵庫県津名郡五色町の都志地区一帯にあったと推定される。(10)先にみたように、都志郷の公文が平氏方についたため、治承・寿永の内乱後、都志郷に梶原景時が地頭として入部した。梶原景時は、周知のように相模出身の武士である。その後の地頭の交代のありさまは、先に引用した文応元年（一二六〇）九月十八日付の関東下知状に、次のように記されている。

景時得替之後、周防蔵人高盛知行、高盛得替之後、三条局知行之、其後為承久合戦勲功、佐野左衛門尉景盛拝領之、依宝治勲功賞、重高法師令拝領畢、

これによれば、梶原景時がやめたのち、周防蔵人高盛が地頭として入部している。梶原景時の地頭得替《とくたい》は、景時が正治元年（一一九九）十二月に御家人多数の訴えにより追放され、翌正治二年正月に上洛を企てて駿河国で討たれた事件にともなうものであろう。しかし、その周防高盛も得替され、三条局が地頭となった。「得替」という用語は、単なる交替というよりも、やめさせられるという意味合いで用いられるので、高盛も景時同様、何らかの事情で地頭をやめさせられたものと考えてよいであろう。高盛がいついかなる事情によって地頭を得替されたかを知る史料はない。ただ、次のように考えることはできよう。

梶原景時得替の後、淡路守護は二度交替している。その第一は、景時粛正の直後に、淡路国守護佐々木経高が国司の命に従わず、淡路・阿波・土佐国の軍勢を集めて騒ぎ立てたとの罪を問われ、守護職を取り上げられた事件である。この事件の後、武蔵国の御家人横山時兼が守護となるが、時兼は建暦三年（一二一三）に北条氏打倒を目指して和田義盛が兵を挙げた和田合戦に際して和田方について破れたため、淡路守護職は先の罪を免されていた佐々木経高へと代わった。(11)これが第二の事件である。いずれも、淡路守護が交替している事件であるので、都志郷地頭周防高盛がそれに巻き込まれたということは充分に考えられる。高盛の地頭補任の直後に起きた佐々木経高の騒動には、淡路・阿波・土佐の軍勢が参じたというので、高盛はその事件にかかわって得替された可能性が高いが、確証がないので可能性の指摘にとどめておく。周防氏の素性は明らかでない。

さて、時期は不明であるが、周防高盛の後に都志郷地頭となったのは三条局である。この女房三条局は熱田大宮司季範の子範智の女で、当時鎌倉幕府女官として勢力をふるった女性である。源頼朝の母は熱田大宮司季範の女であるので、三条局は頼朝とはいとこの間柄ということになる（以下系図A参照）。『明月記』安貞元年（一二二七）八月二十二日条に、筆者藤原定家は彼女が粟田口の宅で死去したと聞き、「又恣挙将相、又以覚心房令致陶朱之富、末代任意之女也」と記していて、その権勢を伝えている。ただし、この三条局死去の伝聞は虚言であると、あとで判った。

〔系図A〕

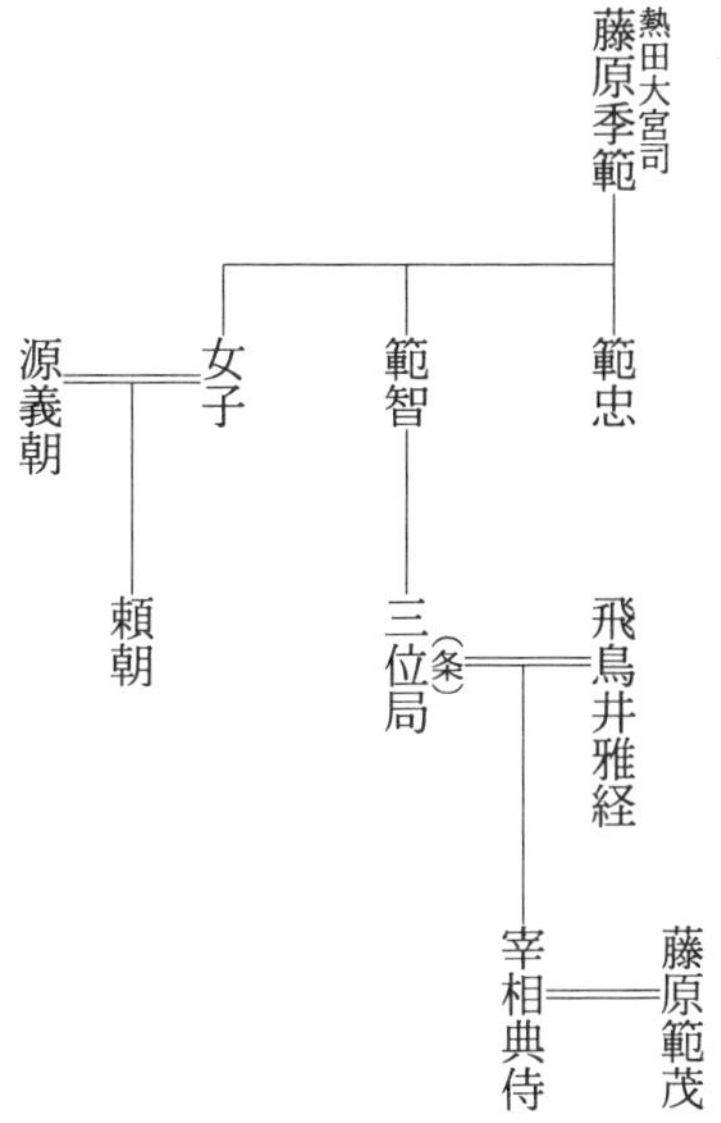

彼女が実際に死去したのは大分後の寛元二年（一二四四）九月二十八日のことで、その日の『吾妻鏡』は「雖為女性、存営中古儀、殊要須也、人以莫不惜之」と記している。この三条局と夫飛鳥井雅経との間にできた女宰相典侍は、藤原範茂に嫁していたのであるが、範茂は後鳥羽上皇の近臣として承久の乱に参画し、乱後、鎌倉に送られる途中で殺されたという人物である。つまり、三条局の女婿が承久の乱の首謀者の一人であったわけである。そんなことから三条局はしばらく謹慎していたようで、貞応年間（一二二二〜二四）に、ふたたび幕府に帰参したらしい。

承久の乱の勲功によって、佐野左衛門尉景盛が都志郷地頭として入部したのはこのような事情があったためと思われる。佐野氏は下野出身の武士である。なお、三条局は都志郷に近い山田保（津名郡一宮町山田付近）の地頭でもあったが、承久の乱後、同じように地頭をやめている。

3

さて、たびたび文応元年（一二六〇）の裁許状を引用したが、その裁判の原告は、都志郷の地頭金子重高（代理人＝子重氏）、被告は預所左衛門尉行宗・公文左近衛将監俊宗・山僧阿闍梨尭禅らで、裁判の内容は「公文職事」「俊宗并湛西作麦事」などである。承久の乱の勲功で三条局に代わって地頭になった佐野景盛は、宝治元年（一二四七）に三浦一族が北条氏に討たれた宝治合戦の際、三浦方についたため、その後は金子重高に代わっている。金子氏は武蔵七党の一つ村山党の流れをくむ武蔵武士である。その裁判について若干みておこう。

まず、公文職のことについて、地頭である金子重高の代理人の重氏は次のように訴える。都志郷は平家没収地として梶原景時がはじめて地頭職を拝領した。今の公文の俊宗の祖父源次郎家平は平家方として一の谷で討ち死にした。その跡なので公文については地頭がもっぱら沙汰している。景時以来、地頭は周防蔵人高盛・三条局・佐野景盛と代わったが、重氏は佐野景盛の先例に従って、公文職を沙汰している。代々公文職は地頭がもっぱら進退しているので、地頭下文で公文職を補していた。ところが俊宗が種々の不当を働いたので、今年（＝文応元年）三月のころ公文職を改易したところ、俊宗は預所側について公文職は国司進止職だと言い張っている。これは謂れのないことである。以上が地頭側の言い分である。つまり、公文の進止権は地頭側にあるのだから、地頭に背いてやめさせられた俊宗が公文と称しているのは不当だといっているのである。

これに対して、預所・公文側は次のように反論する。公文職は地頭の一円沙汰ではない。はじめて当郷を拝領した時、宗大太郎兼平が公文職についた。「その身に咎が無かったので」（おそらく一の谷の合戦には参加しなかったといっているのであろう）、そのまま公文職についていた。そして周防蔵人高盛が地頭になった時には国司から公文に補された。信平死去のあとは子息の信道、信道の死去の後はその子息の俊信が伝領した。俊信死去の時、舎弟丹後房湛西が国司に断りなしに公文のように振る舞ったが改易され、そのあと能部蓮光房弁覚が公文職補任の国宣をもらって知行しようとしたが、現公文俊宗が国司に子細を述べて、公文職補任の国宣と預所副状とを給わって今まで知行している。したがって公文職は国司進退であることは明白であるのに、どうして地頭一円沙汰というのであろうか。以上が預所・公文側の反論である。

〔系図B〕

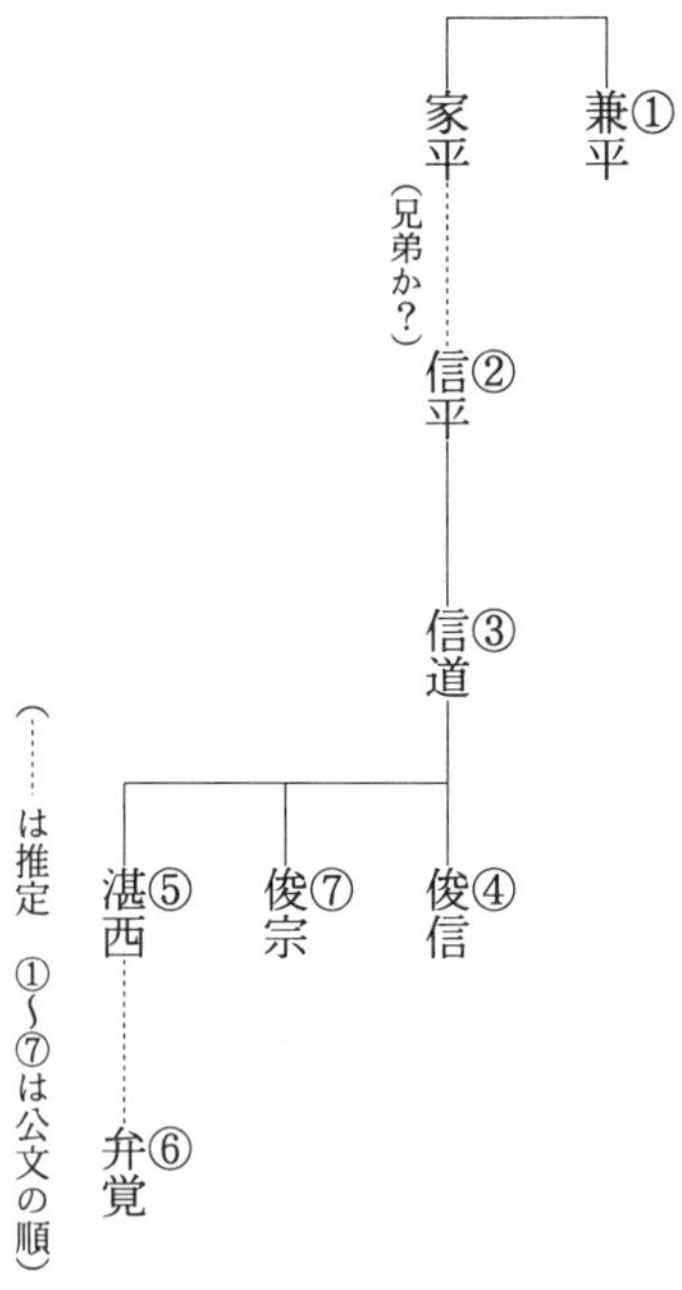

この下知状は完全な形では今に伝わらないので、一部不明な点もあるが、預所・公文側は安堵下文ないし国司の任符などを提出しなかったらしく、幕府は預所・公文側の主張にはさしたる謂れがないとし、地頭側の主張を認めて地頭進退を認めている。ちなみに俊宗一族の家系は系図Bのように推定される。

つぎに、作麦のことについても、下知状が完全な形でないので不明な点があるが、地頭に対して不当を働いたので公文職を改易して作麦を点定《てんじょう》したのに、俊宗・湛西らが作麦を刈り取るのは無道であるとの地頭側の主張が通っている。

以上のように、公文職とそれに付随する作麦に関する裁判は地頭側の勝利に終わったが、この裁判に関する下知状が今に伝わったおかげで、都志郷の地頭の交替がいかに行われたかを知ることができるのである。

4

永仁四年（一二九六）九月十三日、鎌倉幕府は都志郷地頭職を東福寺に寄進した。[12] 幕府は同じ時に、淡路国志筑《しづき》荘三分の一の預所職と地頭職とを、少し遅れて同年十二月三十日に、あらためて都志郷および美作国勝賀茂郷の地頭職などを東福寺に寄進している（一七四七号(1)）。この十二月三十日の幕府の寄進状に都志郷地頭職は「金子左衛門六郎跡」とあるので、宝治合戦の勲功で地頭職を得た金子氏が、その後代々都志郷地頭職についていたことが知られる。この寄進以降、都志郷は国衙領のまま東福寺領でもあるという、複雑な領有関係となった。(13)

しかし、東福寺は地頭としてみずから都志郷に赴いて支配するということをせず、同じ淡路国にある三立崎保の三沢九郎経長にその支配をゆだねたようであるが、この三沢経長（代幸俊）は、その後東福寺と裁判を起こしている。その判決文である正和元年（一三一二）五月八日の六波羅下知状（一七四九号）は記述が簡略であり、理解しにくいところがあるが、双方の言い分は次のごとくである。地頭側の主張は、嘉元二年（一三〇四）の都志郷地頭職の得分は二〇〇貫文で経長が買い取った。その未進銭六九貫一二〇文は契約状に従って究済すべきである、という。これに対して東福寺側の言い分は、経長の契約状によれば、大損亡の時は検見の使を下して後年沙汰します、とある。嘉元二年は損亡がない上に、違乱相違もなく無事に所務を遂げることができたはずである。未進については契状には書いてない、というものである。

ここに見える未進が、何を指すかが不明であるので意味が取りにくい。本来地頭側が東福寺に支払うものの未進だとすると、東福寺側の「未進のことは契状には書いてない」という部分が理解できなくなるので、これは百姓の未進と考えられよう。(14)つまり百姓が未進したので、その分を払って欲しいと訴えたものと解しておきたい。この裁判には東福寺前長老の負物《ふもつ》が絡んでいるものとも思われるが、それについては不明である。結局、六波羅探題は三沢氏の訴えを退けている。

三沢氏は甲斐国出身の御家人で、正治二年（一二〇〇）正月の梶原景時粛正の時戦功をあげた三沢小次郎の子孫であろう。三沢氏はその戦功により三立崎保の地頭に補任され、以後ずっと三沢氏が三立崎保の地頭職を持っていたものと推測される。三沢氏は承久の乱の際に京方につかず、乱後に生穂《なまりほ》荘の地頭職も得ている。なお、淡路国大田文で来馬《くるま》荘の地頭として見える「木河二郎」は「吉河二郎」であると思われるが、これも梶原景時討伐で功のあった「吉河小次郎」が地頭職を拝領したものに由来すると思われる。また同大田文から、承久の乱以前より船越右衛門尉が地頭職を持っていたと推定できる長田村・慶野荘も同様の経緯で船越氏が拝領したのであろう。これら三立崎保・生穂荘・来馬荘・長田村・慶野荘などの地頭職は、都志郷の地頭職と同様、もともと梶原景時が持っていたものを、梶原景時誅伐によって、これらの御家人に分与されたものと考えられよう。

さて、鎌倉幕府の動揺をついて起こされた倒幕計画が、正中元年（一三二四）の正中の変と、元弘元年（一三三一）の元弘の乱である。倒幕計画の中心人物後醍醐天皇は元弘二年三月に隠岐に流されるが、この事件はそれでおさまらなかった。後醍醐天皇が隠岐を脱出して挙兵したので、その追討のために派遣された足利尊氏が鎌倉幕府に反旗を翻して六波羅探題を落とし、それと前後して鎌倉も新田義貞に落とされた。ここに鎌倉幕府は滅びるのであるが、このような鎌倉末期から南北朝期にかけての動乱は、都志郷にも大きな影響を与えた。淡路ではこれより先、すでに正嘉元年（一二五七）九月に、国々の悪党が蜂起して夜討・強盗・山賊・海賊を働くので、警固するよう淡路国中に触れるようにとの命令が淡路守護長沼宗泰に下されていた(15)。

史料上には「悪党」と明記はされていないが、まさに悪党そのものというべき存在が、都志郷公文の泰信らである。泰信らの名は、元徳二年（一三三〇）三月二十日の六波羅御教書（一七四八号(3)）にはじめてみられ、その後しばらく名をみせている。それらによれば、彼らの働きは以下のごとくである。

この六波羅御教書が出されたきっかけは、都志郷地頭代真勝が泰信らを六波羅探題に訴えたことによる。それによれば、都志郷公文泰信、その甥宗信、および真阿らが山賊・刃傷を働き城郭を構えていたようである。その訴えを受け、六波羅探題は彼らを遠流とするために、直ちに近隣の御家人を集めてその城郭を破却し、交名人《きょうみょうにん》を召し進《まい》らせるよう、北条氏の被官である安東蓮浄・大山又三郎に命令を下した。この命を受けた安東蓮浄らは、近隣の地頭らを集めて泰信らの追討に向かった。その結果泰信は捕らえられたらしく、また真阿は死去したが、他の者には逃げられてしまったという（一七四八号⑷）。しかし、泰信はまた後にも名をみせるのでその後逃げられたものと解される。

翌元徳三年二月二十四日、前と同じ命令が六波羅探題から安東蓮浄・大山又三郎らに下された（一七五二号）。それを受けて藤原尚時が、来る四月十九日辰剋に都志郷八幡原に集合するよう淡路の地頭・御家人らに命を発している(16)（一七五三号）。この追捕でも悪党の多くは逃げてしまったらしいが、ただ泰信の甥の宗信は追捕されて加賀国に流されたようである（一七四八号⑿）。

さて、泰信の本姓あるいは苗字は知られていないが、のちの史料（一七四八号⑹）には「左近大夫泰信」とみえている。ここで想起されるのが、かつて金子重高が訴訟を起こし、公文をやめさせられた「左近衛将監俊宗」の存在である。時代が大分離れているので断定はできないが、「左近大夫泰信」は「左近将監俊宗」の子孫（一族）と考えられるのではなかろうか。そう考えられると、この家系は一度公文の座を追われたが、その子孫がふたたび公文になったということになる。私は、そのように考えることによりかえって、なぜ泰信らを討つために淡路中の地頭・御家人らを集めねばならなかったのか、ということの理由が、はっきりするように思う。つまり、泰信らは古くからの有力な在地勢力として、地域の人々の支持を得ていたのではなかろうか。逆にそれゆえにこそ、彼ら一族は、平家方につき、あるいは地頭に敵対して公文の座を追われながらも、結局は、またその子孫を公文につけざるを得なかったのではなかろうか、私はそのように考えたい。そして、この一族はその後も問題を起こすのである。

5

鎌倉幕府が倒されて建武政権が樹立されるが、それも足利尊氏が後醍醐天皇の許からの離反、室町幕府の成立と、大きく揺れ動く。そういった中、都志郷でもまた問題が起こった。元弘以来の社会の混乱に乗じ、他所に逃げていたらしい元公文泰信や、その甥で加賀に流されていた宗信らが、ふたたび都志郷に帰ってきたのである。泰信は国友名を、宗信は逆吉名を押領し、殺害・刃傷に及んだのである。そのため、地頭代真勝は建武二年（一三三五）九月末と思われるころに雑訴決断所に訴えたのである。それに応えて雑訴決断所は十月三日に淡路国に泰信・宗信らを召し進らせるよう命じた(17)（以上一七四八号(6)他）。しかし、彼らがそう簡単に捕まるわけはなかった。

そんな混乱の起こっている中の建武三年（一三三六）十月二十六日、足利尊氏は都志郷の領家職を造営料所として東福寺に寄進した（一七四八号(2)）。それまで都志郷は国衙領であったので、国衙が領家に相当し、東福寺は地頭職のみを有するにすぎなかったが、ここに都志郷は国衙の手を離れ、東福寺は領家職・地頭職ともに領することとなった。これは、この年の八月に、兵火のために東福寺の仮仏殿までも焼失してしまったことにかかわっての寄進であった。

しかし一方で、淡路国は十四世紀の初めごろから園城寺（三井寺）の知行国となっていた(18)。したがって、都志郷領家職の東福寺への寄進は三井寺にとって不満であった。そこで三井寺が訴えた結果、翌建武四年十二月になって、都志郷はふたたび、国衙（三井寺）に返付されたのであった（一七五七号〔付一〕）。つまり、再度東福寺は地頭職のみ領することとなったのである。その間にも、都志郷現地では東福寺雑掌良智を追い出すなど、泰信・宗信らの濫妨は続いていた。その際、彼らは宮方（後醍醐方）と称して戦っていたものと思われる。それはのちの史料（一七四八号(12)）に「当国ニ御敵ノ候時、同意シテ候間」とみえること、および以下の事情から推察される。

建武三年十一月二十日、幕府は淡路守護細川師氏に命じて、都志郷を東福寺側に渡し、抑留物を返付させるように命じている（一七四八号(8)）。ところが、ここでさらにやっかいなことが起こった。というのは、小笠原彦太郎という人物が彼らの一味に加わったのである。この小笠原彦太郎は、建武五年閏七月ごろになって討ち死にしたと思われるが（一七四八号(11)）、彼は建武の内乱の際に宮方についた阿波の小笠原氏の一族であろうと考えられる。つまり、泰信方に小笠原彦太郎がついたのは、同じく宮方であったからと考えるのが自然だからである。その後、泰信は史料上に姿を現さないため、逃げ延びたのか、捕まったのかは判らない。しかしともかく、都志郷の悪党はひとまず姿を消すのである。ところが、この事件は波紋を残した。それをうかがうことのできる史料が康永三年（一三四四）四月日の園城寺所司等支状案（一七五七号）である。

それによると、三井寺の言い分は次のごとくである。国衙方（三井寺方）は小笠原彦太郎跡の輩ならびに左近大夫泰信らが都志郷公文職ならびに逆吉・国友両名を濫妨したということで引付方に訴えたのであるが、聞くところによると、地頭東福寺の雑掌が禅律方に門真寂真を奉行として、小笠原彦太郎ならびに泰信らを訴えたと聞く。問題の諸職・名田などは国衙進止であるので、所存があるならば、国衙に訴えるべきところ、他人を対象として訴訟を起こすのは、原告・被告馴れ合いでの訴訟と思われるので、裁判も内々で済まされるに違いない。そこで、早く三井寺からの訴えも、禅律方の門真寂真に与え、東福寺雑掌のよこしまな訴えを退けて、しかるべき罪科に処して欲しいというのである。

室町幕府の引付方は鎌倉幕府の引付を復活したものであり、所務沙汰つまり所領関係の訴訟を管轄した。したがって、三井寺が小笠原彦太郎・公文泰信らの濫妨を引付方に訴えたのは当然のことである。これに対して、禅律方とは、禅宗・律宗寺院ないし寺僧が少なくとも一方当事者である訴訟を管轄した。東福寺は禅宗寺院であるので、東福寺が訴えるとしたら、当然禅律方ということとなり、これまた当然の成り行きである。問題は、国衙＝三井寺を通り越して地頭が幕府に訴えることができるか否かということとなる。この時代、禅律寺院は幕府から優遇されていたので、東福寺が単独で訴訟を進めると東福寺に有利になるとみて、今後は東福寺に代わって禅律方で訴訟を進めようとしたものと解される。その功が奏したのか、この訴訟は禅律方で行われるようになったようであるが、禅律方奉行人が何度か出頭命令を出したにもかかわらず（一七六〇号・一七七七号〔付二〕など）、三井寺側は出頭しなかったらしい。

観応元年（一三五〇）七月二十三日の禅律方の問状（一七六一号）を最後に、園城寺の名は都志郷関係の史料にみられなくなるので、三井寺はこの裁判および都志郷支配をあきらめてしまったものとも思われる。

6

さて、室町幕府成立当初、将軍足利尊氏は彼の権限を二分してその一半を弟直義《ただよし》に与えていたといわれている。つまり二頭政治が行われていたのであるが、尊氏と直義は対立し、ついに文和元年（一三五二）初頭、尊氏は直義を鎌倉で倒した。その一連の事件が観応の擾乱と呼ばれるものであるが、この乱後の同年十二月二十七日、足利尊氏は乱の勲功の賞として泰信のあと空いていた都志郷公文職を仙波弥太郎実隆に与えた（一七六二号(1)）。仙波実隆はその時公文泰信が押領していた国友名も闕所として知行したようである。仙波氏は金子氏と同様に武蔵七党の一つである村山党の流れをくむもので、その一族は阿波国などにも入部している。しかし、仙波実隆の都志郷公文職知行はなかなか実行されず、それが実現したのは一年近くたった文和二年（一三五三）十月初旬になってのことであったらしい。というのも無理からぬ話で、文和二年は、観応の擾乱の後遺症で、南軍が勢いを盛り返し、各地で活発な活動を展開した年であり、淡路でもこの年の十月に幕府軍と南軍の激突があった。

南軍の法性寺中将・高倉左衛門佐・新田江一族・土岐原一族・阿波小笠原一族・宇都宮越中守・赤松次郎左衛門尉・阿万六郎左衛門尉以下の勢は「賀集荘丹山」（三原郡南淡町賀集）に陣を構えた。法性寺中将は『太平記』では「法性寺左衛門督」などと呼ばれている藤原康長で南軍の大将である。高倉左衛門佐は同じく『太平記』に「高倉少将ノ子息左衛門佐」とみられる人物であろう(19)。これに対し、淡路守護細川氏春が戦いを挑んで、同十七日、上田保の円鏡寺原（三原町）で合戦し、細川方が南軍を破った。この戦いで淡路の南軍は衰微し、細川氏が淡路を確保することとなった。(20) なおこの戦いの際、船越六郎次郎定春はその一族の倭文左衛門尉秀定とともに戦功をあげている。船越氏は駿河国の出身で、正治二年（一二〇〇）の梶原景時討伐の際、「船越三郎」が戦功をあげ、賞として慶野荘・長田村などの地頭職を得たらしい。そして承久の乱後、賀集荘の地頭職を得、さらに福良荘の地頭職も手に入れたようである。その船越氏が、やがて都志郷にも進出してくるのである。

すなわち、円鏡寺原で幕府が南軍を破った少しあと、東福寺が都志郷内の国友名を船越次郎が濫妨していると訴え、それにもとづき守護代は文和三年（一三五四）三月六日、東福寺雑掌に国友名を打渡している（一七六三号）。この打渡しを守護細川氏春は東福寺側に報告しているが（一七六四号）、実際にはなかなか実行されなかったらしく、延文元年（一三五六）六月に至って、ふたたび国友名を東福寺雑掌に渡すようにとの命令が幕府から守護細川氏春に下されている。

国友名は、先に触れたが、一度都志郷を追われた公文泰信が元弘・建武の内乱の際に都志郷に戻って来た時に押領したもので、そのあとは公文跡として仙波実隆が闕所として知行していた。しかし、仙波実隆の都志郷知行も淡路での幕府軍と南軍との激突ということからうまく行かなかったものとみられ、いつの間にか仙波実隆の手を離れたものか、あるいは、その前後に仙波実隆が死去してしまったのかも知れない。いずれにせよ、その間隙をねらって船越次郎が押領を企てたものとみられる。この船越次郎の実名は不明であるが、淡路で勢力を伸ばしていた船越氏の一族であることは間違いあるまい。この船越氏の進出に対し、東福寺は異論を唱え、その結果、その主張が通ったかのようであるが、その後も国友名をめぐる争いはしばしば起こっている。すなわち、至徳元年（一三八四）になっても東福寺は国友名について訴訟を起こし（一七七五・一七七七号）、翌至徳二年四月二十五日、幕府から守護宛に、国友名の下地を雑掌に沙汰し渡すようにとの命が下されている（一七七八号）。

ところで、侵略されたのは国友名のみではなかった。「馬七郎」およびその子息「次郎六郎」なる人物によって、逆吉名も押領されていたのである。この「馬七郎」とは、誰あろう公文泰信の甥の宗信その人なのである。[21] 宗信は子の次郎六郎を伴って、元弘・建武の内乱の際に押領した逆吉名を、またもや狙ってきたのである。延文二年（一三五七）九月七日、幕府は守護細川氏春に、逆吉名を東福寺に引き渡し、また馬七郎と次郎六郎の身を召し進《まい》らせるよう命じたが（一七六六号〔付二〕）、なかなか実現しなかったようで、延文五年（一三六〇）になっても、東福寺は彼らの押妨を止めるようにとの訴えを起こしている（一七六六号）。この訴えも取り上げられ、東福寺の主張が通ったらしいが（一七六七号）、これもやはりなかなか実行されず、貞治三年（一三六四）に至っても、同じ旨の命令が幕府から守護細川氏春に下されている（一七七五号〔付一〕）。

至徳元年（一三八四）五月に東福寺雑掌が幕府に訴えた訴状（一七七五号）によると、そのころ逆吉名を押領していたのは、馬七郎（宗信）の孫の「当郷住人七郎五郎」である。つまり、度重なる幕府の命令にもかかわらず、宗信およびその子孫は逆吉名を支配し続け、しかも孫の七郎五郎は都志郷の「住人」と呼ばれているのである。しかしこの後、彼らの名は史料上にみられなくなり、またその後の都志郷地頭方（東福寺方）検注帳に逆吉名もみられるので、どうやら逆吉名は東福寺の手に帰したものと思われる。

しかし、これで国吉名・逆吉名をめぐる問題が終わったわけではなかった。応永十年（一四〇三）になって、また国友名・逆吉名のことで問題が起こる。都志又七宗能・公文らが「用水」と号して両名に対して違乱を働いたというのである。これに対して幕府は同年五月二日に、その妨げを止めるよう守護に命令を下したが、これもなかなか実行されなかったようで、翌応永十一年十一月十九日、幕府はあらためて押妨を止めるようにと守護に命じている。

この国友名・逆吉名は、かつてから幾度も押領の対象となっていた土地である。その地を今度は都志又七宗能が違乱したというのである。この都志又七宗能とは、宗信の子孫ではなかろうか。そう解する理由は、同じ土地に違乱を加えていること、また「馬七郎宗信」と「又七宗能」との名が相通じるようにみえること、などである。とするなら、彼らの勢力はその後も衰えていなかったということとなる。しかし、この結末がどうなったかは、その後の史料にその名がみられないので不明である。それを彼らの動きが静まったとみるより、東福寺の在地支配そのものが危うくなったからであるとみたら、考え過ぎであろうか。

7

至徳元年（一三八四）に作成されたと推測される都志郷条々案（一七四八号⑿）には、次のようにみえる。

公文泰信甥宗信事、先年泰信ヲ公文職ニ召仕候処ニ、山賊・海賊ヲ仕候間、六波羅ニテ訴申テ召取テ、加賀ノ国へ流シ候時、宗信ハ逐電仕了、其段御使ノ注進状候、亦元弘・建武ノ動乱ニ当郷ニ還住仕テ、泰信ハ国友名ヲ押妨シ、右馬七郎宗信ハ逆吉名押妨仕候、其後泰信ハ、当国ニ御敵候ノ時、同意シテ候間、……

彼らの行為を的確に述べているといってよいであろう。これをみるならば、彼らは、まさに「悪党」そのものというべき存在であろう。ここで「悪党」の性格について論ずるゆとりはないが、都志郷の「悪党」が、このように何度も追捕対象となりながらも、ほとぼりが冷めると立ち戻ってまた「違乱」をくり返すという事実は、彼らが在地にしかと根ざした勢力であることをうかがわせる。ここではそのことのみを指摘して結びとしたい。

以上、本稿では淡路中世史の一端として、都志郷の歴史の一部を垣間みた。都志郷は従来あまり注目されてこなかったが、その歴史をみると、地頭の変遷が詳しくみられるが、じつはその歴史の主人公ともいうべきは公文であったことが知られる。そもそも地頭が補任されるようになったのも公文が平氏方に参じたからであった。そして彼らの鎌倉時代末期からの都志郷における動向である。ここ淡路国でも中世社会特有の、ある意味では中世史に彩りを添えているともいえる「悪党」の姿を確認できるように思う。(22)

注

（1）それについで多いのは、広田文書一〇点、妙勝寺文書六点で、その他の文書群は一〜二点にすぎない。

（2）『護国寺誌』、一九九六年四月五日発行。

（3）図書寮叢刊『九条家文書』全七巻。都志郷に直接関係する史料はほぼ第六巻に収録されている。同文書からの引用は、以下号数のみとする。

（4）『五色町史』、一九八六年九月三〇日発行。本稿は同書の担当部分を執筆した際の草稿をもとにしているため、同書と記述が重なる部分がある。

（5）ここで淡路国大田文といっているのは貞応二年（一二二三）四月の日付をもつ「淡路国領并庄園田畠地頭注文」であるが、以下でも便宜上「淡路国大田文」と呼ぶことにする。同大田文については中野栄夫『淡路国大田文』をめぐって―付論、大田文研究の現状と課題〈補遺〉―」（『法政大学文学部紀要』三二、一九八六年）を参照。また大田文ないし大田文研究一般については中野栄夫「大田文研究の現状と課題」（『信濃』三三―七、一九七九年）を参照されたい。

（6）このうち一七四五号は後欠であるので、断定はできないが正文とみられる。一七四四号と一七四六号は、その写で必要部分のみを抄出している。一七四四号は端裏書に「為守護一見国ニ下了」と見えるので、時期は不明であるが守護に見せるために作成したものとみられる。また一七四六号は奥書に「得馬七郎語園城寺支状ノ具書」とみえるので南北朝期に裁判の具書として提出するために作成されたものとみられる。

（7）『玉葉』治承三年（一一七九）十一月十八日条

（8）ここでは岩波書店刊『日本古典文学大系』本を用いている。

（9）なお、本稿では関説しないが、高尾一彦「淡路国への鎌倉幕府の水軍配置(上)(下)」（『兵庫県の歴史』七・八）、田中稔「京方武士の一考察―乱後の新地頭補任地を中心として―」・「承久の乱後の新地頭補任地〈拾遺〉―承久京方武士の一考察・補論―」（ともに『鎌倉幕府の御家人制度の研究』吉川弘文館、一九九一年所収）、および石井進「鎌倉幕府『守護領』研究序説」（『日本中世国家史の研究』岩波書店、一九七〇年）は、淡路の鎌倉時代政治史を知る上で、ぜひとも参考にすべきものである。

(10)　この付近には、条里制地割遺構もみられ、古くから開発が進んでいたことがうかがえる(『五色町史』参照)。
(11)　守護の変遷については佐藤進一『鎌倉幕府守護制度の研究』(東京大学出版会、一九七一年)を参照。ただし、同書では佐々木経高以前の淡路守護を「横山時広?」とするが、『兵庫県史』第二巻は「文治以来、梶原景時の軍政下にあったことがわかっているので、事実上の守護は景時ではなかろうか」(一二四頁)と述べている。佐藤氏の主張は、横山時広が淡路国分寺を領していることを根拠としているが、梶原景時は淡路国内に多くの所領を持っていたようでもあり、佐々木経高以前に梶原景時が淡路守護であった可能性があることを指摘しておきたい。
(12)　尊経閣文庫所蔵「東福寺文書15」。

可為早東福寺領淡路国都

志郷地頭職并同国志筑荘参分

壱預所地頭両職事

右、守先例可致寺用沙汰之状、依仰

下知如件、

永仁四年九月十三日

陸奥守平朝臣(大仏宣時)(花押)

相模守平朝臣(北条貞時)(花押)

(13)　東福寺は、嘉禎元年(一二三五)に九条道家が創建した寺院で、開山は円爾弁円。九条家およびその流れをくむ一条家の廟所となっている。そういったことから、同寺関係の史料が九条家文書に含まれている。
(14)　地頭側が請け負った年貢を未進した際の対処方法は契状に書かれるはずである。
(15)　『中世法制史料集　第一巻　鎌倉幕府法』岩波書店、一九五五年、追加法第三一〇条
(16)　この藤原尚時については不明であるが、国司関係あるいは六波羅探題関係の人物と考えられる。六波羅関係だとすると丁重すぎる書式のように思われ、また元弘二年(一三三二)十月七日淡路国目代沙弥覚有書状案(一七四八号(5))の存在、とりわけその中に「就国宣」が発給された事実がみられることなどを勘案して、国衙関係の人物と考えておきたい。

八幡原は五色町内都志港の南側にある高台で、現在五色町大宮にある八幡宮はかつてここにあり、八幡原というのはそのためであるという。

(17)　図書寮叢刊『九条家文書』では、この「逆吉名」を「匡吉名」と判読しているが、写真版による判断にもとづき「逆吉名」と読んでおく。

(18)　『公衡公記　別記（昭訓門院御産愚記）』乾元二年（一三〇三）四月十一日条に「淡路」に「園城寺」と書き添えてある。

(19)　この高倉左衛門佐について日本古典文学大系『太平記』一（岩波書店、一九六〇年）、二五〇頁頭注五は「名を宗鎮・忠俊とする二説があるが不明」と記している。なお、高倉少将は建武元年（一三三四）四月十一日漆原兼有軍忠状（『黄薇古簡集』巻六灰屋又七郎所蔵三、一九七一年）に「淡路国之司高倉少将」とみえる人物であろう。彼は南朝側から淡路守に補任されたものとみられる。

(20)　以上『兵庫県史』第二巻、七〇〇頁。

(21)　一七四八号⑿に「右馬七郎宗信」とみえる。

(22)　「悪党」についての研究史・参考論文は数が多いので、紙幅の関係上省略する。

〔附記〕　本論文執筆時には、奥野高廣「中世の淡路都志郡」（『淡友会誌』一九八二年）の存在を看過していた。非礼をおわびしたい。ちなみに、奥野氏は淡路の出身である。

現地調査がきっかけで『五色町史』の編纂に参加することとなった。本論文はその後、執筆する機会が与えられたので執筆したものである。なお、五色町は洲本市と合併し、洲本市となった。五色町以外の旧津名郡の町は合併して淡路市、三原郡の町は合併して南あわじ市となった。

附論　荘園制支配と中世国家

はじめに

六〇年代の日本中世史研究は一言でいえば細分化をとげ、中世全体を見通す視点は副次的な位置におかれていたといえよう。特に中世「前期」史研究と「後期」史研究の谷間をうずめる努力はほとんどみられなかったといわざるをえない。しかし、近年に至り、藤木久志・田昭睦・入間田宣夫の諸氏らにより、「公田」の問題が注目されだしたのは大きな前進であるように思われる。これまで明らかにされたところによると、「公田」とは、荘田・国衙領田とを問わず政治的に把握されて大田文に登録された、一国平均役・御家人役などの賦課基準となる田地であるという。すなわち、在地領主は鎌倉幕府に結集する際に「公田」の存在を媒介とし、また、室町期において段銭は「公田」を賦課の対象としており、さらに、貫高基準による戦国大名の段銭収取は、守護の公田段銭方式の継承と克服のもとに成立したといわれている。

このようにみるなら、「公田」の問題は、中世を一貫した視角から把握しうる、一つの有効なアプローチ方法といえよう。そして、事実、中世社会を「公田」体制という概念でとらえようとする立場さえみられ、私も「公田」論は「中世国家」論に到達しうる方法として有効性を認めたいという立場を明らかにしてきた(1)。

さて、本稿は、以上のごとき状況をふまえて、「公田」論を再検討することにより、日本中世社会・日本「中世国家」のイメージを構築しようとする一つの試みである。しかしながら、もとよりそのような大きな問題に真正面から取り組む力量はもちあわせないので、とりあえず、記述の対象と方法を次のごとく限定しておきたいと思う。

まず第一に、「公田」の語の本来的用法を確定し、その上で、その語義の変遷を追求したい。このことは、単に、公田とは荘田・国衙領田とを問わず政治的に把握されて大田文に登録された一国平均役・御家人役などの賦課基準となる田地である、と理解してきた従来のあいまいな概念規定に対する批判にとどまるつもりはなく、その中に荘園領主側の「荘園制的土地所有」と、在地領主側の「在地領主的土地所有」との接点・対抗関係を見出したいと思う。そこでは荘園に対する検注権、なかんずく「新田」の問題などもとりくんでみたい。

そして第二に、補足的にではあるが、日本中世における階級構成の問題に言及したい。ここでは、「作手」の問題および、「百姓」支配の問題をとりあげ、封建領主制論に対する立場を明らかにしたいと思う。その際、理論的な面では、「百姓」を（封建的）自営農民ととらえ、領主制とは農奴を支配する体制ではなく、自営農民を支配する体制であるとの立場をとる。

最後に、以上で述べたことをもとに、「荘園制支配と中世国家」についての私見を述べ、まとめとしたい。なお、本来なら、村落共同体・農民闘争・「職」・「在家」・一国平均役・地域差・非農業民の問題などについて言及しなければならないが、筆者の力量と行論の都合とにより省略する。また、考察の対象を主として鎌倉期にしぼり、その上で、南北朝期以降を展望する。

ここで記述にあたって以下の点をおことわりしておく。

①たんに「公田」というばあいは、すべて「公領公田」（国衙領を意味する「公田」）の意味ではない。

②たんに「領主」というばあいは、荘園領主と在地領主との両者を含む。

③「自名」というのは地頭名・下司名・公文名などの総称である。「自名」特に地頭名は一般に「雑免」といわれているが、そうでないばあいもある。また「定田」に含まれる時と含まれない時とがあるが、本稿では「定田」と対立的に用いている。

④「門田」というのは「給田」の代表として用いる。「給田」には「門田」〜「自名」の種々の形態があり性格がはっきりしないので、「門田」という語を用いる。

⑤「百姓」概念には「免家之百姓」をも含むべきであろうが、本報告では「平民之百姓」をさすものとし、「免家之百姓」＝「免在家」とは対立的に用いる。

⑥本稿では主として荘園のみをとりあげるが、郷保（公領）のばあいも念頭においている。

なお、以下、竹内理三編『鎌倉遺文』所収文書は〔鎌遺三七五九〕のごとく示し、また裁許状は瀬野精一郎編『鎌倉幕府裁許状集』の番号にもとづき〔関東一六六〕のごとく示し、史料名年月日等を省略する（他もこれに準ずる）。

1　「公田」をめぐる諸問題

(1)「公田」概念の再検討

公田論は、今や日本中世社会・中世国家について論じるさいの有力な研究分野となっている。しかし、その反面、公田論はわかりにくい、との声も聞かれる。その最も大きな理由の一つは、論者が公田なる語の概念規定を明確に行っていないことにあるように思われる。すなわち、従来、公田の意味を、（イ）大田文に記載された田地、（ロ）荘園領主の領有下にある荘田の総称、（ハ）定田の意味、などと指摘してきた。しかし、論者がそれらの用例を明確に区別して行論していたのなら、公田論も理解しやすいものになったに違いないであろうが、管見の限り、明確な区別はなされていないようである。要するに、公田論が果たすであろう役割に比して、その概念規定はまことに貧弱であった、といわざるをえない。とするならば、公田論の展開は、何よりもまず、〝公田概念の不明確さ〟の克服の上でなされるべきであろう。そしてそれがまた、公田論を進展させる一番の近道でもあると思われるのである。

（一）　鎌倉時代の「公田」概念について

①大田文にみられる「公田」　従来、公田について論じるさい、大田文との関係が強調されてきた。そこでまず、大田文にみられる公田の用法をさぐることにしよう。但馬国大田文（以下、大田文の出典は後掲〔表1〕を参照）をみるに、そこでは公田は定田のいいかえであるといわねばならない。これは同大田文において荘公を問わずみられる事実であり、定田と公田の使用法に法則性はみられない。ところで、但馬国大田文以外で公田の語がみられるのは、「国中四郡庄郷保公田々数目録」を注進した能登国大田文である。この大田文は、作成年代・内容などに疑点があるので断定はできないが、ここでの田数は、基本的には定田のみを掲げて除田は除かれていると解せ、公田＝定田と考えてもさしつかえないようである。この理解に疑問も生じようが、石見国大田文には「定田許所令注進也」という文言がみえ、そのことより、能登国大田文においても公田＝定田とみてよいように思う。

②幕府発給史料にみられる「公田」　鎌倉幕府法において、公田の使用例は〔追加法四三・四四・四〇六条〕にみられる。このうち公田の意味の明瞭なのは〔追加法四〇六条〕である。ここでは、「沽却有限名々庄田」＝「公田沽却」、すなわち「公田」＝「名々庄田」とみなければならない。ところが一般に、荘園内部において「名々庄田」とは定田を意味するので、ここでも公田＝定田といえ、この解釈は〔追加法四三・四四条〕を理解するさいにも有効である。すなわち、幕府法では公田＝定田である。

次に、鎌倉幕府裁許状においても公田の用例がみられるが、そのなかの若干例を検討しよう。まず、〔関東七七〕においては、「本数」＝「公田定数」であるが、これは年貢を究済すべき田数であり、前預所の目録記載田地（≠大田文記載田地）の意であるので定田数と考えるべきであろう。また〔六波羅一七〕にみえる公田二町の内訳は、富成・正清・石正・正国の四「名」であるが、これらの名田は定田であると解すべきであり、さらに領家が進退し、新補率法得分のとれるのは定田であるので、ここでも公田＝定田である。〔関東一六二二〕においても、「取帳目録」に顕然な「本田」＝公田は定田のことであることがわかろう。また、〔関東一六九〕における門田＝除田と対立する公田も定田と考えねばならない。さて、〔関東二六二二〕は常陸国真壁郡竹来郷の相論の裁許状であるが、これによると文治のころ、同郷は名主給三町・鹿嶋神田五段・定田四町七段小の計八町二段小から成っていたという（この惣田数は弘安二年常陸国大田文記載田数「竹来八丁二段六十歩」とほぼ一致する）。ここでもはっきりと公田＝定田といわねばならない。

以上、裁許状にみえる公田の用例を検討したが、いずれも公田＝定田である。つまり、鎌倉幕府発給史料では、公田＝定田といってさしつかえない。

③荘園関係史料にみられる「公田」　荘園関係史料においても公田＝定田であることが確認できるが、若干の指摘をしておこう。〔鎌遺五九七二〕では定田内が公田と「預所給田」とに分かれているが、「定田」のなかに第二次的除分が存在する例はほかにもあり、これのみが例外というわけではない。また、元亨四年（一三二四）十月日若狭国太良荘作稲検見目録（「東寺百合文書」れ函四号）には「公田拾漆町弐段半十歩」とみえる。太良荘では正安四年（一三〇二）に地頭職が得宗領となるが、それ以後、同荘の定田数は従来の一八町七段二四四歩から一七町二段一九〇歩に減じられ、さらにその定田は検見目録においても公田と呼ばれるようになる（ただし、正安四年以前にも定田を公田といっている例はある）。

以上、鎌倉期にみられる公田の用例を、大田文・幕府法・裁許状・荘園関係史料にみたが、いずれも、公田とは定田のことであった。そして、それらが〔追加法四三・四四条〕を初見とし、いずれも承久の乱以後に限られていることがとは注目される（既述のごとく、能登国大田文は作成年代に疑点あり）。

（二）「公田」と下地との関係

最近、山崎勇氏は、入間田宣夫氏の「公田非実体論」を検討してみようとの意図の下に分析を行い、「名主百姓の『農民的土地所有権』が実現されている限り、その公田はあくまでも実体をもつ」[2]と主張された。山崎氏の分析は、それ自体高く評価すべきであろうが、従来の「公田＝大田文記載田地」説を検討することなしに、公田の実体性を求めても、問題の解決にならないのではないか、との疑問がわくのである。

一般に荘園の内部は、（イ）仏神田・佃・人給田および不作・河成等の除分と、（ロ）定田とに分かれている。しかし、荘園（所領）はそれのみで構成されているのではない。たとえば「新田」（「余田」「新開」「新作田」「出田」「影田」）の存在であり、それは本田＝定田以外の田地である（定田に含む場合もある）。この新田にたいする荘園領主の権利は、後述するごとく、本田への権利とは若干趣を異にしているが、現実の耕地の一部を占めていることはいうまでもない（たとえば〔平遺三五九〇〕）。このように、荘園領主の検注によって把握されながらも、本田・新田と区別されるのは、その田地に賦課される年貢公事等に差があるからである。したがって、下地は除分・本田＝定田・新田といった別の呼称で呼ばれる種々の性格の土地の総和といわねばならない。ところが、既述のごとく、公田＝定田であった。とするならば、公田と下地とは一致せず、両者に乖離がみられるのは当然である。

要するに、公田概念を明確にせず、公田が実体をもつとかもたないといった議論をしても、公田論の発展にとって前途程遠しといわねばならない。なすべきは、まず公田概念の厳密な検討であったように思う。

（三）「公田」と大田文との関係

従来、公田とは、荘田・国衙領田とを問わず、政治的に把握されて大田文に登録された、所当官物・一国平均役・御家人役などの賦課基準となる田地である、と説明されてきたが、以上で述べたごとく、公田が定田を指すものとすれば、かかる主張はいかに処理すべきであろうか。さて、但馬国大田文によれば、大田文作成にあたり、荘公を問わず田積等の注文を徴したことが知られる（ただし、必ずしもすべての荘公の注文が集まったわけではない）。また、能登国大田文には「久安元年立券状」といった注記がみられるが、それは、そこに記されている田数が、その時点のものであることを示しているらしい。また、たとえば、〔鎌遺三七五九〕には、「田代者六十六丁之由被出切符畢、若庄号之時田数歟」とみられるが、「切符」田数六六町は「庄号之時田数」であったらしい。おそらく、その田数は大田文に記載され、「役夫工米」はその田数に従って賦課されたのであろう。さらに、大田文に「何百町」などとあるのは、立券時の四至かこいこみの田数を示したものであろう。周知のごとく、大田文の田数はあまり変更されない、というより、むしろ、大田文が作り直されることはまれであった、といわれている。そうだとすれば、大田文の記載田数が現実の荘公の田数と乖離してくることは、なおのこと当然といわねばならない。

　ところで、大田文に記載された田数とは、何を意味するのであろうか。但馬国太田文のばあいは、荘公とも惣田数・除田・定田

表 1

分類		作成年代	名称	出典
Ⅰ		弘安 8 年	但馬国太田文	『鎌倉遺文』21-15774
Ⅱ		貞応 2 年	淡路国太田文	『鎌倉遺文』5-3088
		文永 2 年	若狭国惣田数帳	『鎌倉遺文』13-9422
Ⅲ	$Ⅲ_1$	建久 8 年	日向国図田帳	『鎌倉遺文』2-922
		建久 8 年	薩摩国図田帳	『鎌倉遺文』2-923
		建久 8 年	大隅国図田帳	『鎌倉遺文』2-924
		貞応 2 年	石見国惣田数注文	『鎌倉遺文』5-3080
		弘安 2 年	常陸国作田惣勘文	『鎌倉遺文』18-13824
		弘安 8 年	豊後国図田帳	『鎌倉遺文』20-15700～1
		正応 5 年	肥前国河上宮造営用途支配惣田数注文	『鎌倉遺文』23-17984
		嘉元 4 年	常陸国田文	『鎌倉遺文』30-22696
	$Ⅲ_2$	承久 3 年	能登国田数注文	『鎌倉遺文』5-2828

注 ⑴ 分類欄は次のごとき意味である（原則的な分類）。
（Ⅰ） 荘公とも除田・定田を区別するもの。
（Ⅱ） 公領のみ除田・定田を区別するもの。
（Ⅲ） 荘公とも除田・定田の区別のないもの。
（$Ⅲ_1$） 惣田数のみを記載したと思われるもの。
（$Ⅲ_2$） 定田数のみを記載したと思われるもの。
⑵ 出典欄は入手（参照）しやすいものに限定した。
⑶ 長禄 3 年の「丹後国田数帳」は（$Ⅲ_1$）に分類できよう。

のすべてが明示されているが、このような大田文はほかには存在しない。そこで、現存の鎌倉期大田文を、その田数記載形式から分類すると表1のごとくなろう（試案）。このうち、（Ⅲ$_1$）（Ⅲ$_2$）の区分が正当か否かは今後の課題である。また、そのことを含めて、これらの大田文がいかなる目的で作成されたものであるかを充分検討し直す必要があるように思われる。

（2）「公田」と在地領主

さて、一般に在地領主の所領は、屋敷を別として、門田・「自名」・定田・新田などから成っていた。そこで、以下、その各々について検討を加えよう（図1を参照）。

①門　田　地頭等の荘官に与えられる人給田の一部であり、所当公事は免除されている。門田はおそらく、自作分以外は下人・所従に分与し、他の給田は「百姓」が耕作していたのであろう。しかも、地頭は〔関東一六九〕にみられるごとく、門田の拡大をはかっていたと思われる。地頭等の補任の条件により、その性格は若干異なるであろうが、屋敷の外部にひろがっていたこの田地は、いわば「宅の論理」の貫徹する場であるといえよう。

②「自名」　荘内に複数存在するのが一般的であるが、地頭がそのいくつかを兼帯する例が多いのは周知のとおりである。この「自名」にたいする在地領主の私的支配は、かなり認められているといわねばならない。たとえば、〔関東一〇六〕の「御服綿事」条によると、領家は御服綿を五段別一両賦課したが、地頭は「自名」＝重松名内の公田（したがって、重松名内には公田以外の田地もあったらしい）にたいしては三段別一両賦課し、領家には五

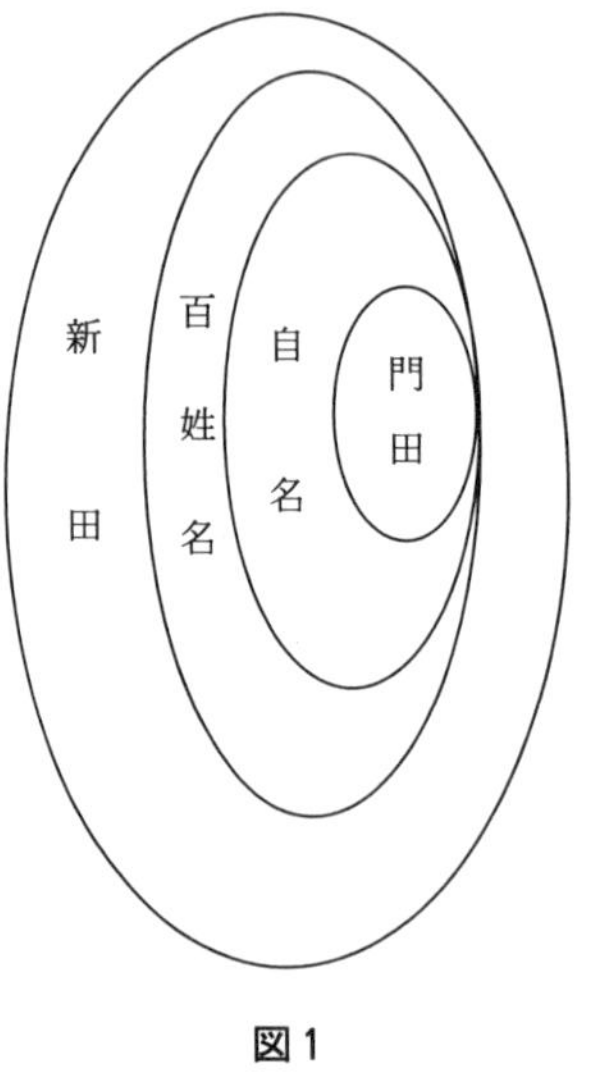

図1

段別一両の割合で進めたという。そのさい、地頭の主張は、「重松名拾参町内公田者、進止下地之間、有限領家方御服無懈怠、依為自名内之沙汰者、何預所可支申哉」というものであり、裁許もそれを支持している。つまり、「自名」にたいしては、たとえそれが公田＝定田であっても「内々沙汰」が認められているのである。すなわち、ここに在地領主独自の私的支配権が認められていることが知られる。逆にいえば、在地領主にとっては、「自名」こそ「領主」としてふるまえる場であった。したがって、在地領主は「自名」にたいする支配の強化をはかろうとし、また、そこは領家への対捍の場となっていた（たとえば、〔関東一六六〕前文にみられる〝自名引水〟、〔鎌遺二三一六〜七〕、〔鎌遺四四七〕などを参照）。

③定田（除「自名」）　名に編成されており、公事はここに課せられるのが一般的である。定田は基本的には本所の進止下にあり、在地領主の支配は制限されていた。つまり、在地領主の私的支配は認められていない田地であるといわねばならない。この点、入間田氏が、「いったん確立された定田＝公田を侵害することは、地頭であれ預所であれ、誰であっても許されなかったのである。それは、定田＝公田が特定の領主の私的排他的所有に属さない、むしろ庄園領主、在地領主をふくめた諸領主の共通の所有という性格をもっていたことのあらわれにほかならない(3)」と主張されたのは妥当な見解といわねばならない。

そのことは、換言するなら、「百姓」の「恣意」も制限されることを意味しよう。たとえば、〔追加法四〇六条〕にみえる「可被停止公田沽却」という政策（ただし、「不令知地頭、田地売買之条」という限定付）もそのような意味から理解されよう。

しかし、在地領主の手はこの定田にまで及ぶ。たとえば、「能田」の取り込み（〔関東二八〕、〔関東一六六〕第六条）、「年不」の取り込み（『高野山文書』四―三六九）、「百姓逃亡跡名田」の「自名」への取り込み（〔鎌遺二三一六〜七〕）、などである。そして、このような動きなどにより、やがて、領家側検注の困難化、定田数の固定化などに至る。

④新　田　中世（特に「前期」）を通じて在地領主による開発が顕著であったことはよく知られている。事実、在地領主の所領には、既述のごとく、新田が含まれていた。また荘園領主や幕府も開発を奨励している（たとえば、〔鎌遺七〇六・一九五五〕）。この新田の大きな特徴は、（イ）検注前は地頭進止であること、（ロ）定田に比して所当公事が低率であること、などである。（ロ）についていえば、多くのばあい公事免であり、斗代はほとんど三斗である（公田官物率法を参照）。しかも、在地領主はそれのみで満足するわけではなく、今まで指摘してきたように、門田化や「年不」の取り込み、といった多くの動きをみせる。しかし、合法的に領家側の収取＝支配から離脱する方法もあった。それは菩提寺等への新田寄進である（たとえば、〔関東一八八〕、〔鎌遺五一一一・五三三二〕）。要するに、これらの行為は新田の除田化にほかならない。しかも、それらのほとんどは地頭らの菩提寺であり、彼らの収入減となるわけでもなく、逆にイデオロギー的に重要な拠点の経済的バックとなったわけであり、この点はもっと注目されてよかろう。さて、定田の検注さえ困難化してゆくなかにあって、新田の検注ひとりが万全であるわけがない。やがて新田検注は放棄されるに至る。

以上のごとく概観してくるなら、次のような動きを知ることができよう。すなわち、在地領主は門田・「自名」の支配を拡大強化するとともに、新田の拡大、領家側検注の排除をはかっていた。また、同時に定田への進出をもくろんでいたが、これはかなり荘園領主側の反撃にあい、また幕府も定田は「領主」共同の支配の対象であり、私的支配を排除する、との原則から領家側を支持した。要するに、荘園領主側は定田にたいしてだけはぜひとも収取＝支配を維持したかった。新田への権利を放棄したのも、在地領主の目をそちらに向ける方策だったかもしれない。つまり、定田を維持するためにそれ以外の田地を放棄したともとれるのである（たとえば、〔鎌遺三八一二〕を参照）。逆に、在地領主側からいえば次のごとくなろう。荘園領主側の支配をとりあえずは定田のなかにとじこめ（もちろん、その取り込みも同時にはかる）、新田に自己の領主制発展の場を求めた、と。このような動きのなかから、「領主」共同の支配の対象である定田を公田と呼ぶ意識が発生したのではなかろうか（後述）。

ところで、公田をめぐる論点の一つに、公田の存在は、在地領主ないし「在地領主的土地所有」にとって阻止的要因であったか、発展的契機となったか、という論争がある。入間田氏は、阻止的要因であるとの説を批判し、公田が「階級結集の媒介としての役割を果したという点で、中世前期の在地領主にとってプラスの面を有していた」(4)とされているが、その主張のさいの公田とは大田文記載田地の意味である。ところが、氏は一方で、先に引用したごとく、定田＝公田は諸領主の共通所有的性格をもつ、ともされており、その両者には整合性が欠けている。つまり、支配の対象としての公田と、階級結集の媒介としての公田とを、論理的に整合したかたちで述べない限り、公田が阻止的要因であるとか、発展的契機であるとかいった議論は生産性をもたない、と私には思える。結論的にいえば、今のところ、私はそのいずれにも与しかねる。その最大の理由は、公田＝大田文記載田地、と直結せずに、支配の対象としての公田（「阻止的要因」）と、階級結集の媒介としての公田（「発展的契機」）とを統一して理解するからである（後述）。

（3）「公田」と中世社会

（一）　荘園における除田と定田

荘園の基本的構成部分は除田と定田とである。まず除田であるが、これはごく大ざっぱに分けて、（イ）仏神田、（ロ）佃、（ハ）人給田、（ニ）損田・井料田等、となる。このうち、（ニ）は説明不要であろう。（イ）は中小寺院・神社に与えられる給田である。イデオロギー的に荘園制支配を支える寺院・神社に給田が与えられる意味は、それはそれで充分検討する余地があろうが、ここでは（ロ）と（ハ）とを問題としよう。さて、佃は定田のなかに編入されているばあいもあるが、一般には除田に含まれ、現象的には領家直営地として現われる。もっとも、その実態は種々であったようであるが、概して斗代が高く、その反面、他の除田と同様に年貢公事は免除されている。これにたいし、人給田は荘官に与えられる除分である。この性格も佃とほぼ同じであり、在地領主にとっては私的支配が充分に可能な田地である。ところで、佃と人給田とには一つの大きな共通した性格が存する。それは、それを認められるのは職の体系に連なっている者のみである、という事実である。その点からいえば、佃とは、まさに領家に与えられた人給田である、ともいえるわけである。

それにたいし、定田は「名」に編成され、名主がその納入責任者として存在する。たとえそれが地頭であろうと公文であろうと、名主としての側面からみたときは、他の名主とほとんど何らの相違も見出せない。異なるのは、荘官になりうる者の「名」は概して他の「名」より大きいということぐらいであろう。つまり、名主として存在する時は、荘官であろうと一般の名主であろうと、公的には対等の関係である、といわねばならない。そのような彼らが、荘官として公的に他の名主の上に立ち、一定の権力をふるえるのは、何らかの職を与えられる、という事態が生じたからである。しかもそのばあい、在地領主＝荘官は、定田（除「自名」）を私的支配の対象とすることは禁じられていた。いいかえれば、定田とは、職の秩序に連なる者が共同して支配の対象とする場である、といわねばならない。すなわち、給田を与えられる者＝職の秩序に連なる者が定田にたいする共同の支配者として存在するわけである。その点からいえば、除田とは、まさに支配者＝領主層に与えられる、名誉ある「保留地《レゼルブ》」であるといえよう。

（二）　幕府と御家人との関係

入間田氏は、「鎌倉幕府は、御家人役の基礎を公田におき、一国内の地頭・御家人の総体的把握を大田文によって行なっていた。中世国家において在地領主階級の利害の反映を行うべき幕府が、公田を基礎にしているということは重要である」[5]と主張されている。つまり、氏によれば、「公田は武家政権たる幕府による御家人役の賦課基準ともなっているのである」[6]。

さて、御家人役賦課の問題について、確たる私見を今のところ持ち合わせないので断言はできないが、入間田氏の分析や網野善彦氏の指摘などより、入間田氏の主張はいちおう支持されよう。ところが、今まで分析してきたところによると、公田とは定田を意味していた（入間田氏が傍証とした史料も同様に解せる）。とするならば、〝定田は武家政権たる幕府による御家人役の賦課基準ともなっている〟といってさしつかえないようである。(7)

ところで、荘園における定田とは、荘園領主・在地領主・名主・「百姓」ら相互間の複雑な力関係によって決定あるいは変更されるものであり、幕府―御家人系列の政治的力関係によって決定されるものではない。つまり、荘園制支配秩序のなかで決定された除田・定田の枠組みのなかに幕府口入・補任の地頭が入り込み、幕府と御家人との関係は、その定田の大きさ（「分限」）により処理されているのである。とするならば、幕府―御家人関係は、荘園制支配秩序を媒介とした関係であるといわねばならない。ようするに、幕府は荘園制支配秩序に依拠・寄生しているわけである。よって、幕府は荘園制支配秩序を否定できぬ存在といえよう。

このようにみるならば、公田概念（用語）の発生の原因も理解しやすいものとなろう。すなわち、定田は荘園制下においては、「領主」共同の支配の対象であり、私的支配は認められていなかった。やがて、在地領主の成長のもと、彼らは新田に自己の領主制発展の場を求めるが、同時に定田も犯すようになり、定田は固定化し、指数化する。かかる状況の進行するなかで、定田は犯すべからざるもの、という意識のもと、公田という用語が幕府により積極的に用いられるようになる。そのさいには、「公領を意味する公田」（「公領公田」）の存在が、この語を使用するきっかけとなったかもしれない。ともあれ、やがて多くの荘園（郷保）で定田の代わりに公田の語が用いられるに至る。つまり、公田とは本来的な荘園制支配秩序が崩壊してゆく過程のなかから生まれた概念である、といえよう。それはまさに、古代的用法としての公田（私田＝私領に非ず）の再生ないし生まれ代わりであった。公田という用語が承久の乱（法制的にいえば式目制定）以後にみられるというのは、その用語の生まれた歴史的背景を物語っていよう（その確実な初見は、式目が制定された年の十二月十九日に発せられた〔追加法四三・四四条〕である）。

それでは、幕府はなぜ対御家人関係において、定田を媒介としたのであろうか。それについての断案を今のところ持ち合わせないが、以下、問題提起として仮説を提出しておこう。すなわち、新補率法地頭が補任されるようになった段階において、種々の条件のもとで地頭等に補任された御家人を、統一した物差ではかるには、定田数による以外なかったのではないか、と。しかし、この推測にたいしては、幕府はいかにして各荘園（郷保）の定田数を把握したか、という疑問が出されよう。それについては次のごとく推測している。第一に、大田文に定田数が示されているばあいは、それにもとづいたのではなかろうか。(8) 第二に、大田文に定田数が示されていないばあいは、不明というほかない。いちおうなんらかの手段で定田数を把握していたものと思われる（惣田数を示した大田文を誤用・流用したばあいもあったかもしれない）。

ところで、かかる指摘をすると、さらに次のごとき疑問もわこう。それは、現存の多くの大田文は惣田数のみを示し、しかもそれらは何度も写されて使用された形跡があるという事実をどう理解するか、という問題である。この疑問にたいしては、とりあえず、一般に一国平均役（特に朝廷系の）は惣田数に賦課されたためではないか、と答えておきたい。

以上のごとく考えるなら、大田文は朝廷側にとっても、幕府側にとっても、いわば「租税台帳」としての役割を果たしていたといわねばならない。問題を幕府側に限ってみても、荘園・所領の定田＝公田数を把握することは重大であった（よく指摘されるように、承久の乱は朝幕関係を逆転させ、多くの御家人が西国に地頭等として進出する結果に終わった。その乱の直後の日付をもつ能登国・石見国大田文は定田のみを注進したものらしい。おそらく、それは荘郷保等の定田数を把握し、新補率法得分ないし「分限」決定の目安にしたものと思われる）。

このように、幕府にとって定田＝公田が一定の意味をもつなら、室町幕府が公田にもとづく支配を継承したであろうことも充分推測可能であろう。ただし、室町期の大田文記載の公田がすべて定田であったかについては否定的にならざるをえない。しかし、（イ）定田＝公田が大田文に記載されることがあり、幕府と御家人との関係が公田を媒介としていたこと、（ロ）定田を記した大田文と惣田数のみを記した大田文とが併存していたらしいので、両者が混同される可能性があったこと、などにより、いつしか大田文記載田数＝公田という意識が生まれたであろうことも推測可能である（「真壁長岡文書」元徳三年六月日鹿嶋宮造営用途銭配符はその過渡的形態である）。

要するに、公田は定田の意味であったが、大田文に記載されるばあいが生じ、やがて、種々の記載型式をもつ大田文が混同され、大田文記載田数＝公田と意識されるようになった、と考えたい。

さて、田沼睦氏によって指摘されているごとく、「守護領国」は「大田文公田」支配を基軸としていた。[9] すなわち、一国平均役においても、また「守護段銭」・知行関係においても、「大田文公田」がその指数として用いられている。ところが、田沼氏は一方で、「守護段銭」は「国家的公田を対象とした、すなわち在地不掌握を前提としたもの[10]」とも指摘されている。ここでこの時期（室町期）の社会について二とおりの理解が可能であろう。つまり、一つは、権力の秩序がいちおう公田を媒介としていることより、荘園制的秩序の残存を評価し、荘園制社会の最終段階とみる立場である。もう一つは、上級権力の在地不掌握にたいし、在地で実質的な支配を行っている在地領主の力を高く評価する立場である。私は、権力編成《ヒエラルヒー》の問題を重視したいので、いちおう前者の立場をとりたい。

さて、このような状況を克服し、真の領国＝農民支配を達成するための課題は、〝下地の掌握〟ということになろう。私は「貫高制」ないし戦国大名権力を、その方向を目指すものと理解し、統一権力によってそれがなされたと考えている。

以上のごとく理解できるなら、公田（概念）論をテコに、日本中世社会を次のごとくに時期区分できるのではあるまいか。

（i）延久―承久「定田体制」＝「典型的」「古典的」荘園制

(ii)　承久―南北朝　「定田公田体制」の出現＝在地領主制の進展

(iii)　南北朝―(応仁)　「大田文公田体制」(公田を指数とする権力編成《ヒエラルヒー》)の展開＝在地不掌握

(iv)　(応仁)―太閤検地　「貫高制」＝在地不掌握の克服

2　中世における農民的土地所有と階級構成

(1)　「百姓」論の再検討

中世における階級構成については、在地領主の家父長制的支配に従属する下人・所従と、「自由民」とさえみえがちな「百姓」との、質的に相異なった二元的な被支配階級を想定するのが、ほとんど定着化した見解であろう。なかでも注目されるのが、「これまでの領主制理論は、個々の領主による領主経営・下人支配について多くの事実を明らかにしてきた。しかし、領主による『百姓』支配については、個々の領主経営内部における家父長制秩序の延長としてしか、とらえることができないでいる」との研究史整理のもと、「領主制理論を、個別領主制論から階級としての領主制論の方向へ発展させることによって、『百姓』支配の問題を解くことができる」(11)と主張する入間田氏の立場であろう。

あらためて指摘するまでもなく、中世史研究の大きな課題の一つは、この複雑な性格を有する百姓の意義づけにあった。入間田氏の提言は研究のレベルを大きく高めたものの、残念ながら、事態の全面的解決にはおよばなかったようである。そこで、ここでは、前章で指摘した、荘園・所領の内部構造と農民支配とを対比しつつ論を進めたい。

さて、在地領主の所領は、(イ)門田、(ロ)「自名」、(ハ)定田、(ニ)新田などから成っていた。門田は在地領主の家父長権のおよぶ、いわば「宅の論理」の貫徹する場であるが、これに対応するのは下人・所従であろう。彼らは、あるいは自立した存在で資財を持っており、あるいは所職・屋敷・田地を主人から分与されている（〈関東三九・七二・二〇五〉〈六波羅九〉〈鎌遺三一八〇〉などを参照）。その性格は複雑といわねばならないが、ともかく、主人の家父長権・命令権のもとに従属している点は認めねばならない。すなわち、彼らは、身分的には主人の支配を受ける存在であるが、一方では、（主人から分与地を与えられるかたちを含めて）自己の経営を持っていたかのごとくである。そのことより、彼らを奴隷とみることはできず、「農奴」ないし主人とレーン制的関係を結ぶ者といわざるをえない。しかも、未進の取り立てに出向いている例（〈鎌遺三九七九〉）もみられ、在地領主らの農民支配に一役かっていたことは注目される。

次に、「自名」に対応するのは「免家」「除在家」「自名之百姓」などと呼ばれる農民であろう。彼らは、在地領主にたいしては公事（夫役）を負担するが、領家にたいしては公事を免除されている。また、ある時は「免家之下人」とも呼ばれ（〈鎌遺四九五〉）、当初は制度的に在地領主の公事を負担するにすぎない存在であったばあいもあろうが、やがて、その家父長権の下に包摂されるケースも多かったようである。彼らは、いわば在地領主が「領主」としてふるまえる対象であった。

定田に対応するのは百姓であろう。この百姓にたいする支配は制限されている（〈追加法四二四・四二五条〉〈関東一六・二七六〉などを参照）。このようにみると、百姓とは、まさに定田＝公田と対比して理解できるものであることが知れよう。つまり、百姓とは「領主」共同の支配の対象であり、それにたいする私的支配は排除されていた、といわねばならない（このように考えれば、従来諸説あった〈式目四二条〉も理解しやすいものとなろう）。

以上より、下人・所従は在地領主（農民）の家父長権の下に従属し、私的支配が認められた存在であること、百姓は「領主」共同の支配の対象であり、私的支配は排除されていたこと、などが指摘できよう。要するに、百姓にたいする支配は職にもとづく支配といわねばならない。逆にいえば、百姓を支配する体制こそが職の秩序であった。それでは、この荘園制支配において、基本的な支配の対象たる百姓とはいかなる性格の存在なのであろうか。以下、そのことを検討しよう。

(2)「名」と「作手」

この時代の農民的土地所有の問題を取り上げるばあい、研究史を顧みても「名」および「作手」に言及するのが道筋であろう。

さて、仁安三年の大和国高殿荘内東大寺油作人日記（『平遺三四五〇』）には次のごとき記載がみられる。

一重国名七升内作人 六升随楊房作手 一升重国作手

一常元名一斗一升内作人 四升正行作手 六升正信作手 一升有貞 今後家沙汰也

このばあい、町別一斗の負担であるので、「名」の所当が名の田積を正確に示すものとはいえないにしろ、いちおう一升＝一段と考えて大過なかろう。この史料で注目されるのは、たとえば、末則名・助信名のばあいである。その関係を図示すると、図2のごとくなる。これからわかることは、①「名」は自己の「作手」からのみ成るものではなく、複数の「作手」を含む、②同一人の「作手」が複数の「名」にわたるばあいがある、などである。また重国のばあいはもっと複雑である。その関係は図3のごとくであり、彼は名主・「作手」・「作人」として現われる。しかし、この史料では、「作人」の現われるのはすべて「○○分」と記されているばあいであり（『五智

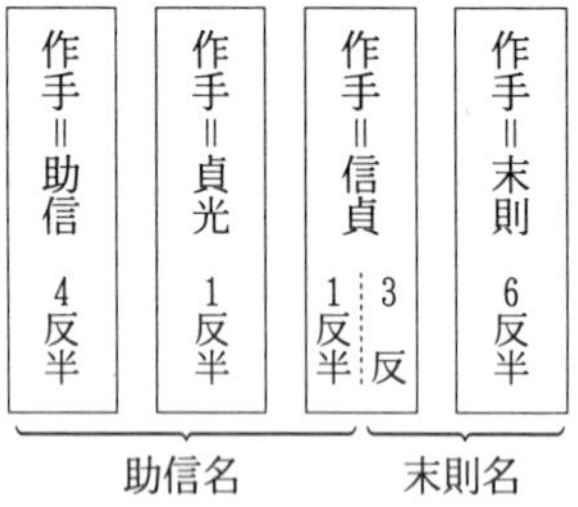

図2

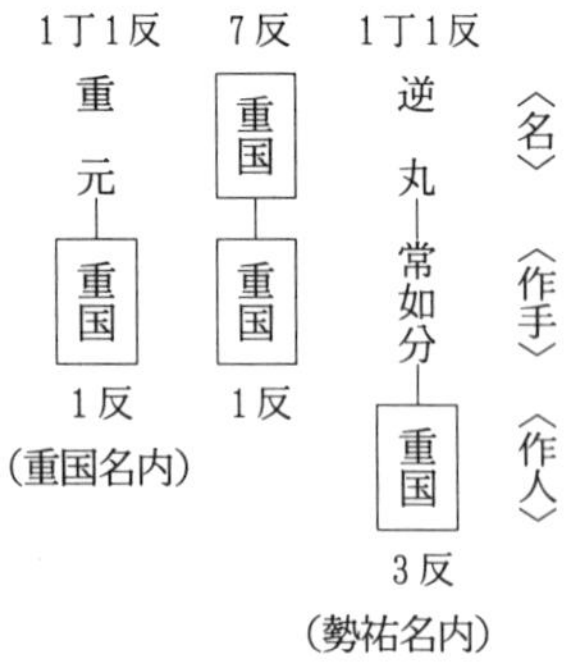

図3

房」の部分は朱筆)、必ずしもそこにのみ「作人」が存在したとも思えない。すなわち、この「作手」・「作人」を現実の耕作者と断定することは不可能である。

「作手」については、数多くの研究があるが、「作手」と「永作手」とを本質的に同一とみなし、「本来私地として所有権をもちながら、その上に上級所有権を設定された場合、重層的田主権を認めない律令制、ないしはそれを意識の上で継受する荘園領主の立場から、所有権は荘園領主(あるいは国)にありとし、下級所有権は作手と称されたのであり、作手という言葉からの類推として、耕作権と考えることは誤りであると思う」と主張された稲垣泰彦氏の説(12)にほぼ従いたい。すなわち「作手」を下級(農民的)土地所有権と考える。

このように考えると、当然、「名」は土地所有の概念とは異質な概念ということになろう。私は「名」についても、「〝名〟が単一の所有ないし経営ではなく、いくつかの土地所有ないしは経営体を包摂する徴税単位であると考えることができる」とする稲垣氏の主張(13)に従いたい。すなわち、「名」を収取単位と考える。

永原慶二氏は、「平安末期耕地売券の分析(14)」において、平安末期の土地売券を整理し、「その対象の田畠の性格＝権利内容を表示する場合には、『相伝私領』『相伝所領』『相伝領田』『私領田』『領田』『治田』『作手』『永年作手』などの用語が使われている(15)」が、「その売却対象地を『名田』もしくは『私領名田』とよぶ例は一つも見当たらない(16)」とされ、「平安後期の荘園制下において、農民が売買処分の対象としえた耕地は『私領』以外にありえず、したがって荘園の基本耕地たる名田および一色田については本来的には農民が売買処分権をもっていなかった(17)」と結論された。しかし、「名」が下地を意味するものではないと理解する立場に立てば、永原氏の分析から、氏とはまったく逆に、「名」は下地を意味するものではないので、売買には、たとえば、「作手」と現われざるをえない、との結論が導き出せるのではなかろうか。おそらく、名主が自己の「名」内に持つ土地を売却する時は、その下地を「名田」といわずに、「作手」として売却していたのであろう。「名田」は、売買可能とか不可能とかいう次元の概念ではなく、本来的

表 2　「嘉元 4 年横田荘田検注取帳」(成簣堂古文書第二大乗院文書)

	百　姓	「名」田畠	屋敷	「尚除」等	溝	総田数	備考		百　姓	「名」田畠	屋敷	「尚除」等	溝	総田数	備考
1	末　弘	26.267	1.180	4.010	.005	32.102	名主	25	宗太郎	3.				3.	
2	一　郎	26.154	1.	3.	.010	30.164	名主	26	五　郎	1.252		1.		2.252	*
3	是　弘	19.264	1.	8.354	.015	29.264	名主	27	番条四郎	2.		.180	.010	2.180	
4	源　七	12.320		4.180	.040	17.180	名主	28	後平二	2.040				2.050	
5	正　春	7.229	1.	6.010	.061	14.300	名主	29	後藤次	2.				2.	
6	□□次郎	14.168				14.168		30	番条七郎	2.				2.	
7	是　清	12.158	1.			13.158	名主	31	(甲)(判読不明)	2.				2.	
8	七　郎	11.210	1.		.060	12.270	名主	32	九　郎			2.		2.	*
9	辱　王	8.043	.180	2.	.015	10.238	半名	33	清八入道	1.				1.	
10	乙　王	9.170	.180		.010	10.	半名	34	虎	1.				1.	
11	宗　八	6.	.180	3.		9.180	半名	35	太　郎	1.				1.	*
12	弥藤次	7.220			.010	7.230		36	三　郎	1.				1.	
13	専　長	6.354				6.354		37	牛王女	1.				1.	
14	礼　八	5.330	1.			6.330		38	箕田一郎	1.				1.	
15	春松丸	5.237			.033	5.270		39	橘　次	.355			.005	1.	
16	又太郎	4.330	.180			5.150	半名	40	浄　念			1.		1.	*
17	盛　然	5.080				5.080	*	41	源内入道			1.		1.	
18	後藤三	1.330		3.		4.330		42	(乙)(判読不明)			1.		1.	
19	行　佛	3.110		1.		4.110		43	□　次			1.		1.	
20	乙　石	2.260	.180	1.		4.080	半名	44	源太郎	.240				.240	
21	定　覚	3.150				3.150		45	石松丸	.144				.144	
22	石熊五郎	3.132			.012	3.144		46	正　道	.090				.090	
23	観音(實カ)	3.090				3.090		47	弥藤内	.090				.090	
24	十　郎	3.				3.		48	与三太郎	.090				.090	
									(計)	236.147	10.	44.005	.286	291.078	

注　安田次郎氏作成

には売買の対象となるような性格のものではなかったのである。

さて、永原説への反論として、〔平遺三一八七〕をあげておこう。これは氏が整理された表に示されているものの一つであるが、在所は「在添上郡櫟御庄内六条四里参坪内西辺」とみえる。つまり、この田は櫟荘の荘田なのである（そのことは〔平遺二三七四〕によって確かめられる）。要するに、永原氏は、売買の対象となった田地が、いかなる領有関係の下にあるかを検討することなしに、先のごとくの結論を導き出されたが、この例をみても櫟荘田＝「都那師名田」の下地は立派に売買されているのである（ただし、売券では「名田」といわずに、「相伝所領」といっている点に注目すべきである）。なお、売券等の四至に、「領」「作」などはしばしば現われるが、十三世紀初期まで「名」はほとんどみられない、という事実も、私見の傍証となろう。

ところで、「作手」と「名」との関係については、若狭国太良荘の「実検取帳」と「勧農帳」とを分析した、黒田俊雄氏の興味深い研究(18)がある。黒田氏はそこにおいて、「実検取帳」における「名」についての権限を作手職と呼び、「勧農帳」における名主の地位ないし権限を名主職と呼び、両者を区別された。氏の主張は、細かい分析をともなうものの、史料的制約から論証に若干の不安が残るので、ここでは大和国横田荘の例をあげたい。

表2と〔史料〕とをみていただきたい。〔表〕は「検注取帳」の内容を表示したものであり、〔史料〕はいわば「名寄」に相当しよう。この二つの史料を比較する上で注意すべきは、①〔史料〕は年欠であるが、伝存形

（史料）「諸荘御米納帳某荘（横田）坪付」

是清名

末弘名　名田一丁七反三百廿五歩
　九石九斗七合六夕
　浮田一反六斗八舛　屋敷一反 溝代五十五ト
　畠四反八十四ト一石六斗九舛
　三合四夕

是弘名

一郎名

正春名

源七名

七郎丸名

乙王丸半名

平次半名

辱王丸半名

乙石丸半名

宗八半名

又太郎半名

………………

（成簣堂古文書第二大乗院文書）

態・内容からみて両者（〔表〕と〔史料〕）は近接した時代のものとみてよいこと、②〔史料〕では名主である源七が〔表〕では屋敷を持たないこと、③〔史料〕にみえる「平次半名」が〔表〕にみられないこと、④〔表〕の備考欄に＊印を付した名前（「百姓」）は隣りの若槻荘の史料にもみられるので、この史料のみで農民の階層差云々を語れないこと、などである。そのことを考慮しつつ先に進もう。

さて、〔史料〕にみられるごとく、本荘は一〇「名」から成っているが、屋敷を与えられるのは、〔表〕にみられるごとく、名主・半名主のみである。すなわち、名主は一段、半名主は一八〇歩、末弘はあるいは平次半名の屋敷をこの帳簿では含んでいたためか一段一八〇歩、計一〇「名」分一町となる。このように各「名」が一段の屋敷地を持っていたこと、および大和国興福寺領荘園の多くが「均等名」の構造をとっていたこと、などより、この横田荘においても均等名編成がとられていたとみるべきであろう。そこで、かりに〔表〕の除田を除いた田数計二三町六段一四七歩を一〇の均等名に編成したとすると、各「名」は平均二町三段一二〇歩程度となる。ところで、〔史料〕に唯一示されている末弘名の耕地は除田を除くと計二町二段三二五歩でその数字と大差なく、この推測が大過ないことが知られよう。ところが、〔表〕の末弘・一郎は平均より田数が多い。末弘は「一名半」と考えるにしては田数が少ないし、〔表〕と〔史料〕とで「溝代」の田数に差がありすぎるのも気にかかる事柄である。反対に、正春の七段二二九歩は均等名を編成するには少なすぎる。同様に、乙石は半名主であるが、わずかに二段二六〇歩にとどまっている。要するに、〔表〕から均等名を推測することはできないのである。とするならば、すべての百姓の田地を組み合わせて「名」を編成したと考えざるをえない。

以上のことより、〔表〕に示した「検注取帳」と〔史料〕のいわば「名寄」とはまったく異質の史料と考えるほかないのである。ここで、先の太良荘のばあいが想起されよう。そこにおいても、「実検取帳」からは「勧農帳」にみられたごとき整然とした均等名編成（このばあいは、部分的均等名）は推測できなかった。そのことより、私は、横田荘の「検注取帳」に記された田数は下地面積、すなわち「作手」を示すものと考えたい。それにたいし、〔史料〕の方は「名」を示すものであろう。

すなわち、私は、下地を示す概念は「作手」であり、「名」は（本来的には）収取単位であると考える。ただ、「作手」が「名」に編成されるばあいには、アトランダム、または機械的に処理されるのではなく、本来的には、そこに「経営」関係が内在していたのではないか、と考えている。この点はこれからの課題となろう（なお、以上のことから、一荘内の「名」の規模の測定から農民の階層差を云々するのは危険であること、を指摘しておきたい）。

(3) 階級構成について

さて、「作手」＝下級土地所有権を持っている農民の階層を図示すれば図4のごとくなろう。そのさい、自己再生産(A)必要労働＋(B)「租税」）に必要な田地をほぼ所有している農民は、経済学的範疇としての「自営農民」とみなすべきであろう。彼らは、基本的には、自己再生産に必要な部分をほぼ自己の土地から捻出でき、村落内では他再生産必要部分の農民からの搾取を受けない存在である。しかし、いずれの社会においても支配から「自由」であることはない。彼らは、権力者による支配を受け、一定の賦課を受ける。ここでは、それを仮にカッコ付の「租税」（後述）と呼んでおこう。

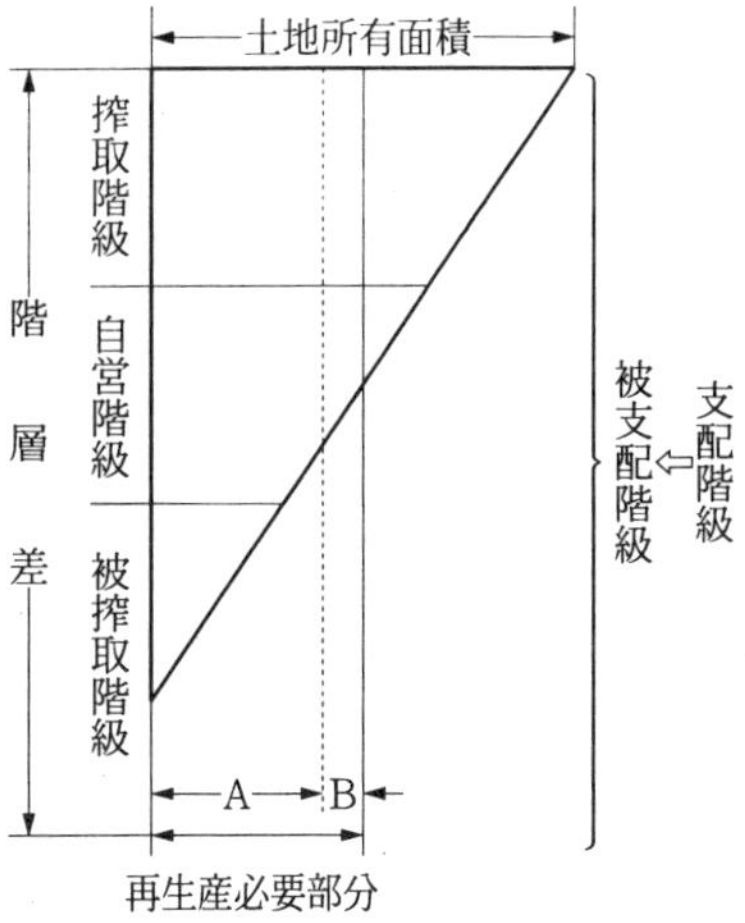

図4

私は、百姓の中核的部分はこの「自営農民」であったと考えたい。もちろん、彼らは、在地領主の職をテコとした支配を受けてはいるが、「自営農民」なるがゆえに、在地領主の私的支配から相対的に自立していられたのであろう。逆にいえば、相対的に自立し、個々の農奴主・在地領主に包摂されない「自営農民」を「封建的」に支配する体制こそが、階級支配としての「領主制」であろう。したがって、「領主制」≠「農奴制」といわねばならない。それにたいし、自己再生産に必要な部分以上の田地を持つ者は、それを下人・所従にあておこなうか、不足する百姓に小作させていたのであろう。

私は、このように、中世社会における階級構成を、たんに支配＝被支配、あるいは搾取＝被搾取関係に帰着させずに次のごとく考えたい。すなわち、村落内においては、搾取階級・自営階級・被搾取階級が重層的に存在しつつも総体として被支配階級を構成する、と。そのばあい、村落内の上層搾取階級は、荘官としてあるいは郡郷保司等として、支配階級の末端に連なっていたとみなすべきであろう。もちろん、村落内においては、「領主」の支配への対抗・水利慣行・相互扶助、等々の契機からの共同体的結合が存在していたと思われるが、一方で、このような対立的な要素を持つ諸階層が共在していたのであり、それが「封建制社会」の大きな特色ともいえよう。中世「後期」にみられる「農民闘争」の結果得られた「剰余」のゆくえも、このように考えることなしには正しい把握ができないものと思う。

以上より、百姓は「領主」共同の支配の対象であり、個々の「領主」の私的支配は排除されていたこと、その中核的部分は、自己再生産に必要な田地を所有しており、それゆえに、在地領主の私的支配から相対的に自立しうる存在であったこと、百姓を支配する体制が職の秩序であったこと、などが指摘できよう。また、前節で述べた開発も、具体的過程においては、百姓の協力なしでは行えなかったであろう。[19]

やがて、荘園領主の百姓にたいする支配の弱体化と雁行して、在地領主は独自に百姓にたいする支配を強化してゆくが、百姓側の「御百姓意識」に阻まれ、その支配強化の道はけわしい。百姓を支配するためには、この「御百姓意識」を逆手にとった論理で対抗する以外にない。それが、在地支配力を浸透せんとしつつあった戦国大名権力が創出し、自らがそれを体現した「公儀意識」である。

3　荘園制支配と中世国家について

さて、以上で明らかにされたごとくの支配体制をもつ荘園制社会（これを「荘園公領制社会」と呼ぼうと同じこと）を、いかに理解したらよいであろうか。

律令制社会においては租税と地代とが一致している、という見解は支持されるべきであろう。しかし、調・庸・雑徭は成人を中心とした男子に賦課されるものであり、口分田班給との関連は薄いものであった。また、租は共同備蓄的性格が濃く、これも地代とはいいがたく、どちらかといえば租税とみなせよう。つまり、律令制社会における収取体系は、租税と地代とが一致している、といえるものであっても、むしろ租税的色彩の強いものであった。しかも、在地においては、賃租などによる「田主」の地代収取が認められていた。

さて、荘園の成立は、この律令制的収取（物）の免除あるいは収取権の譲与というかたちでなされている。たとえば、墾田地系荘園においては政府の収納権の譲与であり、雑役免系荘園は正税物の荘園化のコースにそって成立したものであり、また寄進地系荘園における荘園領主の得分は本来国衙に入るべきものであった。要するに、荘園は、本来ならば国家が一度は収納すべき、租税的色彩の濃い収納物・収納権の譲与・免除によって成立したもの、といえよう。ただ、その後、荘園領主は独自の動きを展開し、その地代化をはかってゆく、とみなければならない（たとえば、「不輸」「不入」などはその動きの一つの現われであろう）。

ところで、律令制社会は「個別経営」の展開によって解体し[20]、十世紀以降は、その「個別経営」から収取する体制としての「名」が成立するに至る。そのばあい、「名」の責任者たる「負名」は、「農奴主」（ないしは在地領主）とみなせよう（『今昔物語集』巻二九第一七話に「田十余町ハ名ニ負ヒ侍リ、此ノ隣ノ郡マデ知タル下人ハ数侍リ」とみえる)。すなわち、私は、日本においては、二つの意味での封建化が進行したと考えたい。第一は、支配＝収取の対象が「個別経営」＝「小経営」にあること、第二は、その収納の現地での実行が「農奴主」(在地領主)によってなされていること、以上の二つである。そのことより、日本封建制は、この「名体制」を基礎とする「荘園制」の成立とともに、院政期(あるいは延久ごろ)に成立した、と考えたい。それは定田および百姓を主たる支配の対象とし、在地の「農奴主」(在地領主)にそれを実行させる社会体制である。そして、その基本的収納物は、律令制社会からの系譜上、租税的色彩の強いものであるとみなければなるまい。

要するに、私は、荘園制を「租税型封建制」と理解したいのである。そして、それに対応する国家形態が「権門体制」であると思う。またそのさいには、「在地領主制」の過大評価はつつしまねばならないと思う。

それにたいし、在地において収納官としての地位を持ち、荘園制支配秩序を下から支えながらも、門田・「自名」の枠をのりこえ、独自の所領経営を進めている在地領主こそ、真の意味での地代取得者というべきであろう。すなわち、「在地領主制」は「地代型封建制」とみなせるのではあるまいか。そして、私は、日本の中世社会は、この「二つの型の封建制」の絡み合い、つまり、荘園領主の「地代領主化」の方向、それと在地領主との対立、「領主」と百姓らとの対立、そして「租税」と地代との乖離、等々が進行した時代であった、と考える。

ところで、ここで念のために、「租税」という概念を用いた理由およびその内容を明らかにしておこう。私は、日本中世における収取(物)には三つの異なった性格のものがあったように思う。

(ⅰ)　租税……国王・国家行事用のもの(たとえば、造内裏役・即位段銭・伊勢役夫工米など)

(ⅱ)　「租税」……国家に結集することにより荘園領主(あるいは「領主」)が収納するもの(たとえば「本年貢」)

(ⅲ)　地代……「領主」が個々に実現するもの(たとえば加地子)

の三つである(公事は「租税」と地代の複合的存在と考えている)。このうち、「租税」という概念を用いるには異論があろう。「租税という形をとる封建地代」といってもよいわけであるが、ことさらにその概念を用いるのは次の理由による。①アジアにおける封建制の問題として、このような概念を用いる必要があると思うから、②「本年貢体系」の母胎となった律令制収取体系の性格から（つまり、系譜論として）、③農民は、「本年貢」を在地領主の収納する加地子等とは異なったものと意識していた、と思われるから、④荘園制支配の主たる対象たる百姓の中核を「自営農民」ととらえる理論的要請から、以上である。

さて、私は、日本の荘園制社会は、同じく「荘園制」を形成する重要な因子であっても、どちらかというと租税収納者的色彩の濃い荘園領主と、地代取得者的色彩の濃い在地領主との絡み合いにより展開していった、と考える。そして、両者の独自の地代取得実現の方向と在地領主の優位化、それにともなう「租税」と地代との乖離、農民の抵抗と成長、そういった状況が進展したのが中世であったと理解している。この克服は、「租税」と地代との統一によってなされるが、それを実現したのは、いわば旧地代取得者＝在地領主であった。しかし、農民側の「御百姓意識」（これが「租税」を支えていた）により、在地領主としての性格を自らが否定し、城下に集住せねばならず、また統一された「租税」と地代とは、再び「租税型（封建制）」といわざるをえないものであった。

注

（1）拙稿書評「泉谷康夫『律令制度崩壊過程の研究』」『史学雑誌』八二―一〇、一九七三年、拙稿「封建制の形成と解体1日本中世(1)中世前期」『現代歴史学の成果と課題』2、青木書店、一九七四年
（2）山崎勇「鎌倉時代の東国における公田」『慶応義塾志木高等学校研究紀要』4、一九七四年、一三頁
（3）七二年度歴研大会報告『歴史学研究』別冊特集、七五頁
（4）入間田宣夫「公田と領主制」『歴史』三八、一九六九年、二〇頁
（5）同右、一九頁。

(6) 同右、三頁
(7) 網野善彦「『職』の特質をめぐって」『史学雑誌』七六―二、一九六七年、七五〜七六頁、註(7)
(8) たとえば、文永六年若狭国太良荘における大番雑事賦課の例(網野善彦『中世荘園の様相』塙書房、一九六六年、九一頁)を参照。
(9) 田沼睦、(A)「公田段銭と守護領国」『書陵部紀要』一七、一九六六年、(B)「中世的公田体制の展開」同上二一、一九七〇年
(10) 前注(B)論文、一八頁
(11) 前掲注(3)書、六九頁
(12) 稲垣泰彦「律令制的土地所有の解体」『日本中世社会史論』東京大学出版会、一九八一年、第一部第四、一六五頁
(13) 同右、一五八頁
(14) 永原慶二『日本中世社会構造の研究』岩波書店、一九七三年
(15) 同右、一六五頁
(16) 同右、一六八頁
(17) 同右、一六八頁
(18) 黒田俊雄「鎌倉時代の荘園の勧農と農民層の構成」『日本中世封建制論』東京大学出版会、一九七四年
(19) 「年月日未詳二俣村荒野開墾免許状断簡」(『千葉県史料』中世篇香取文書所収旧源太祝家文書一二)を参照。
(20) 拙稿「律令制社会における家族と農業経営」(『律令制社会解体過程の研究』塙書房、一九七九年、所収)を参照。

〔附記〕本論文は歴史学研究会大会の予備報告「一九七五年度大会に向けて　荘園制支配と中世国家」(『歴史学研究』四二〇、一九七五・五)と、大会報告「荘園制社会と中世国家」(『歴史学研究別冊特集』一九七五・一二)とに別けて発表したものを一つにしたもので、重複する文章の一部を削除・訂正したが、内容には変更はない。ただし、表1で、「Ⅲ2」に分類した「貞応2年　石見国惣図田帳」を、「Ⅲ1」に移動した。

あとがき

大学に入ったころは平氏政権を研究しようと思っていた。少し前に完結した吉川英治の『新平家物語』を読み、その歴史観に共感できる面があったからである。彼の小説には主人公を最初から最後まで見守り、あるときは狂言廻しになる脇役が必ず出てくる。『新平家物語』でいえば阿部麻鳥であり、『宮本武蔵』でいえば本位田のお婆・又八、お通がそれである。それを私は「歴史の証人」と名づけたが、私には彼らが吉川英治そのものであるように感じられ、それに魅力を感じたのである。

大学に入り、萩原龍夫先生が荘園制成立の講義をされたことから荘園に興味を持つようになっていたが、ある日萩原先生とつぎのような会話を交わしたことがある。

先生「平氏政権はどんな歴史の中から生まれたのか」
中野「院政の中からではないのですか」
先生「院政の経済的基盤をどう考えるか」
中野「荘園ではないのですか」（陰の声：こんな答えでいいのかな〜？）
先生「荘園はどのようにしてできたか」
中野「律令制の中から生まれてきたのではないですか」
先生「律令制について知っているか」

中野「知りません。勉強してみます」

そんなことがあり、荘園の前史としての律令制を勉強するようになったが、萩原先生の後任には私の研究テーマにはこの上ない阿部猛先生が来られた。かくして卒業論文は「律令制社会における家族と農業経営――日本における小経営の生成――」となった。阿部先生が週一度『平安遺文』の講読会をしてくださったのも忘れられない。その第一巻を読み終えたとき、記念に何かまとめるようにいわれたので、律令制から荘園制へという視点から「調庸制の変質について」というレポートをまとめたことがある。大学院に進んでからは、そのレポートを完成させる研究を進め、修士論文は調庸制の変質を基調とした「王朝国家期における農民と国衙支配――律令制収取体系の解体と「中世」的収取体系の形成――」となった（以上は拙著『律令制社会解体過程の研究』所収）。

大学院では近江国愛智荘の歴史地理学的調査をも手がけた。これには稲垣泰彦先生から大和国櫟荘調査でお教えいただいた調査方法が大いに参考となった。とくに櫟荘域の水掛かり図（下書き）を、別に清書したものがあるからといただいたのに感激し、愛智荘の調査では早速それをまねて水掛かり調査を行った。愛智荘の調査にはかなりの時間をかけたが、今でも鮮明に覚えているのは、八尾飛行場からセスナ機で現地まで飛んで現地景観写真を撮ったことである。古墳を空から見た人がいるとは聞いたことはあるが、飛行機で荘園を見に行った人はいないのではあるまいか。

大学院を終えて岡山の大学に勤務するようになったが、当初は「中央」の学会ばかり意識していて、岡山地方の歴史にはあまり目を向けなかった。その後、一生岡山にいるつもりがないのなら、岡山にいるうちに岡山の歴史（荘園）を勉強しておこうという気持ちになり、岡山の歴史を研究し始めた。その手始めが備前国香登荘であるが、そのきっかけは、石井進先生の玉葉講読（学部ゼミ）の際に香登荘の名が出てきたことによる。石井先生は大学院進学のころ小早川家文書を講読してくださったが、先生はその頃『中世武士団』（小学館）の原稿執筆最中であった。先生が現地調査の報告をされたのも刺激となった。石井先生は調査後の史資料整理はかなりの時間をかけておられたようで、れは重要なことに違いないが、私には今もってできないことである。

岡山時代は荘園（所領）史料を収集しては紀要に投稿し、その抜刷を学生に配って演習を進め、現地にも出かけた。その成果が出始めたころ、岡山県史編纂事業が始まり、さらに岡山地方の研究に没頭した。その後東京の大学に移ったが、岡山県史の仕事は以後も続き、岡山には頻繁に通った。本書に収めたもののかなりの部分は、そのころにできたものである。

東京に移ってからは、『壬生家文書』・『九条家文書』に見られる荘園（所領）の史料を大学院生と講読したが、その中に都志郷、田原荘・蔭山荘などがあった。現地調査がきっかけで、都志郷の故地兵庫県津名郡五色町（現洲本市）の『五色町史』、田原荘・蔭山荘の故地兵庫県神崎郡福崎町の『福崎町史』などにもかかわった。さらに『五色町史』調査が縁となり、兵庫県三原郡南淡町の（現南あわじ市）の護国寺の文書調査を行い『護国寺誌』を作成した。なお、史料は読んだが論文としてまとめるに至っていないものも多い。それらをまとめられるかは心許ない。

これらの調査にあたっては、地元自治体・教育委員会、あるいは地元の方々などのご協力を得た。だいぶ時も経っているので、逐一お名前を挙げるは省かせていただくが、お礼を申し上げる。

その間、いろいろなきっかけから、自分で学びまた教えてきた「日本史」は真の日本史といえず「日本《ヤマト》」史に過ぎないのではないかと感じるようになり、琉球・アイヌについて関心を持つようになった。かくして、日本の文化は一枚岩ではなく、ごく大雑把にいっても「日本《ヤマト》」、琉球・沖縄、アイヌ、に分けて考える必要があるのではないかと考えるようになり、その方面の勉強も進めるようになった。

昨年勤めていた大学を辞めたので、時間はたっぷり取れようになった。日常の刺激はあまりなくなったので、私的な勉強会が励みになっている。ひとつは『後二条師通記』講読で、これは阿部猛先生と二人で行っており、その過程で暦に関心を持つようになった。成果は初歩的ではあるが少しずつ上げつつあり、また「記録」の読解ということを強く意識するようになった。今ひとつは、奇しくも同じ中学校の出身であり家も近いということで、伊藤正敏氏と『天台座主記』の講読を行っている（お教えいただいている）。この分野にはまったく素人なので、成果を上げるというより幅を広げるといったところである。

数年前、脚を痛めたので、野外調査はあまりできなくなった。それもあって、このところ家の中でもできる古記録・古文書・暦などの研究に関心を寄せるようになった。そんな昨今、暖かく見守り指導してくださるのが阿部猛先生である。

最後になったが、本書の校正に力を貸してくださった千葉哲司氏、私のわがままを聞き流して本書刊行にこぎつけてくださった同成社の山脇洋亮氏、そして愛想をつかさずに時々旅行に付き合ってくれる妻に厚くお礼を申し上げる。

二〇〇六年一一月一六日

中野栄夫

荘園《しょうえん》の歴史地理的世界《れきしちりてきせかい》

■著者略歴■

中野栄夫（なかの　ひでお）

1943年　東京都に生まれる

1976年　東京大学大学院人文科学研究科博士課程（国史学専門課程）単位取得退学

1976〜2005年　岡山大学講師・法政大学教授・國學院大學講師・青山学院大学講師・立正大学講師などを経歴

現　在　沖縄大学地域研究所特別研究員
日本異文化研究会代表

主要著書

『律令制社会解体過程の研究』（塙書房、1979）、『中世荘園史研究の歩み—律令制から鎌倉幕府まで—』（新人物往来社、1982）、『日本中世史入門』（雄山閣出版、1986）、『コンピュータ歴史学のすすめ』（名著出版、1994）、『護国寺誌』（編著、南あわじ市・護国寺、1996）、『日本中世の政治と社会』（編著、吉川弘文館、2003）、『アイヌの治造物語—思いはこずえからこずえにつなげて—』（編、同成社、2006）ほか

2006年12月25日　発行

著　者　中　野　栄　夫
発行者　山　脇　洋　亮
印　刷　㈲協　友　社

発行所　東京都千代田区飯田橋 4-4-8 東京中央ビル内　㈱同成社
TEL 03-3239-1467 振替 00140-0-20618

ISBN4-88621-374-X C3321